一页 folio

始于一页，抵达世界

中国增长模式下的
城乡土地改革

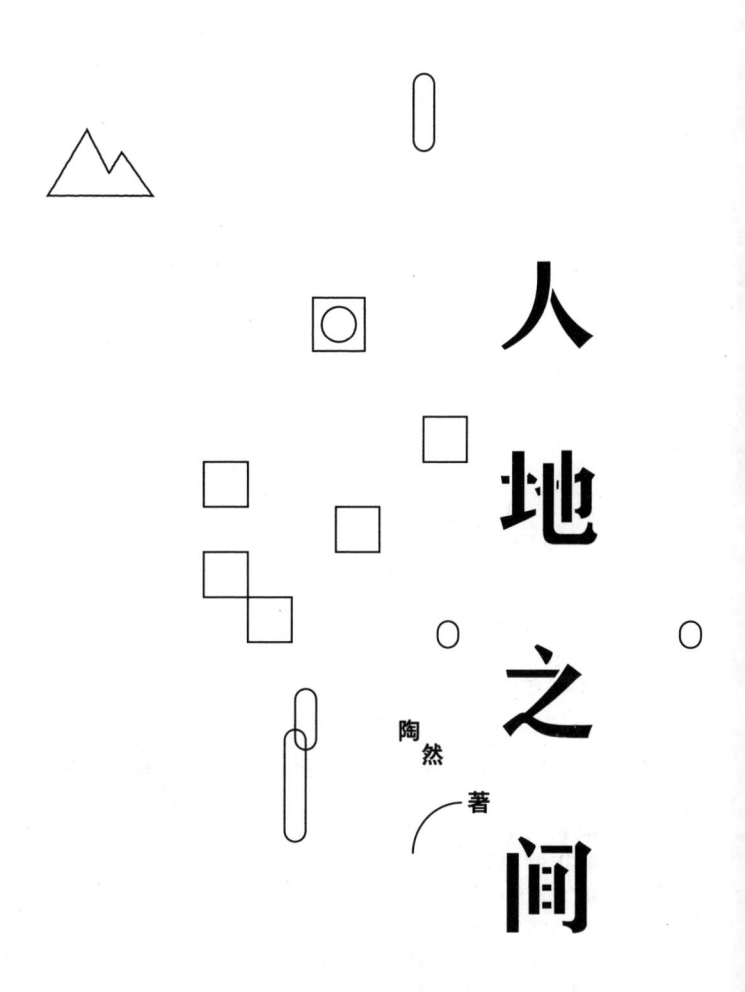

人地之间

陶然 著

© 陶然 2022

图书在版编目(CIP)数据

人地之间：中国增长模式下的城乡土地改革 / 陶然著. —沈阳：辽宁人民出版社, 2022.12（2023.6 重印）
ISBN 978-7-205-10557-0

Ⅰ.①人… Ⅱ.①陶… Ⅲ.①土地制度－经济体制改革－研究－中国 Ⅳ.①F321.1

中国版本图书馆CIP数据核字(2022)第165596号

出版发行：辽宁人民出版社
地　址：沈阳市和平区十一纬路 25 号　邮编：110003
电　话：024-23284321（邮　购）　024-23284324（发行部）
传　真：024-23284191（发行部）　024-23284304（办公室）
http://www.lnpph.com.cn

印　　　刷：	北京九天鸿程印刷有限责任公司
幅面尺寸：	152mm×228mm
印　　张：	25.5
字　　数：	319千字
出版时间：	2022年12月第1版
印刷时间：	2023年6月第3次印刷
责任编辑：	盖新亮
封面设计：	陈威伸
版式设计：	燕　红
责任校对：	吴艳杰
书　　号：	ISBN 978-7-205-10557-0

定　　价：89.00元

目 录

序　言　转型发展的"中国模式"之问 1

绪　论　中国城乡土地制度的整体挑战 11
　　　　一　矛盾与挑战 11
　　　　二　城乡土地制度改革的进展与局限 14
　　　　三　本书各章主要内容 23

第一章　中国增长模式与"土地财政"的兴起 25
　　　　一　两个背景 26
　　　　二　两个流行的备择假说 32
　　　　三　驱动中国增长的结构性变化与机制 50
　　　　四　一个系统性分析框架 63
　　　　五　中国增长模式 68

第二章　"土地财政"下的策略性出让及多重扭曲 79
　　　　一　"土地财政"模式下的策略性出让 79
　　　　二　过度土地城市化与不完全人口城市化 89

三　房价泡沫化与地产调控难题..................101
　　四　"土地金融"和地方债务风险..................114

第三章　征地改革和集体经营性建设用地入市..................129
　　一　进展缓慢的征地制度改革..................132
　　二　关于征地政策的争议..................136
　　三　集体经营性建设用地入市及前景..................151
　　四　集体经营性建设用地入市的解决方案..................157
　　五　土地征收与公共利益..................165

第四章　"涨价归公"、公平补偿和征地合法性..................173
　　一　土地征收补偿标准和征地合法性..................174
　　二　从"留用地安置"迈向"留用物业安置"..................183
　　三　再论"涨价归公"：土地增值收益的形成和分配....196
　　四　中国的实践和改革方向..................207
　　五　改革思路的一个小结..................220

第五章　传统农区土地改革的局限和进路..................225
　　一　从"两权分离"到"三权分置"..................227
　　二　农地的确权和抵押困局..................231
　　三　农村宅基地制度的困境与改革..................236
　　四　传统农区土地制度改革的解决方案..................241

第六章　耕地保护和土地指标交易..................255
　　一　当前耕地保护制度..................257
　　二　既有耕地保护制度的局限..................262
　　三　"土地发展权"与"增减挂钩"政策..................266

  四 浙江模式 273
  五 土地发展权转移和市场化交易的顶层设计 287

第七章 产业升级与城市存量低效用地再开发 305
  一 工业用地：挑战、政策和探索 306
  二 南海实践："工改工"+"工改居" 316
  三 基于一个模拟案例的一般化讨论 319

第八章 城市更新的困局和模式创新 329
  一 反公地困局 330
  二 珠三角"三旧改造"经验考察 332
  三 模式创新：两个竞争加一个腾挪 345
  四 一个可行性测算 367

结 语 383
致 谢 397

序言
转型发展的"中国模式"之问

一

中国过去70年的经济变化，尤其是过去40年的快速成长，无疑是人类经济发展史上最为重大的事件之一。作为占全世界人口近20%的超大规模国家，中国发展与否、业绩如何、可持续性怎样，对当代全人类的命运，尤其对广大欠发达国家的众多人口能否有效走出贫困，都具有重大意义。更重要的是，在过去70年的不同发展阶段中，中国政治和经济系统互动方式的变化带来了前后迥异的经济发展策略，也引发了非比寻常的跌宕起伏。

过去40年间，中国逐步跳出传统计划经济体制的捆绑，从一个绝大部分人只能获得最基本生存资料的贫困国家，变成一个相当比例人口初步达到小康生活水平的中等收入国家，从一个开放程度很低的国家变成全球最大的贸易国、第一大制造业生产国和第二大经济体。面对这沧海桑田的变化，学者，特别是政治经济学的研究者，应该不断就这些变化给出更通透、更本质的解释。

生活在这个时代，并全面经历、直接见证和亲自体验中国转型发展整个过程的社会科学研究者，肩负着重大责任，具体而言，需要去很好地回答如下问题：

70年前的中国从哪里出发？

前30年的计划经济体制给中国带来了什么？

改革开放为什么在"文革"结束两年后就可以很快启动？

转型发展第一阶段（改革起始到20世纪90年代中期），到底发生了什么？

转型发展第二阶段（20世纪90年代中期至今），中国经济又出现了哪些重大的结构性变化？

为什么中国的改革开放可以带来持续40年的高增长？

为什么经过40年的转型发展，改革开放仍然处于进行时？

中国经济体制在哪些主要方面还面临重大挑战？

我认为，只有从理论上和实证上回答好这些"实然"问题，才能更扎实地去判断中国未来可能向何处去：是否存在多种不同的发展前景，到底有哪几种不同的可能前景，以及需要做出怎样的努力才能避免出现不利的局面，并最终实现全面转型。

为此，我准备用三部著作尽可能准确回答上述问题，分别是第一部《人地之间：中国增长模式下的城乡土地改革》、第二部《天人之际：关键历史节点下的中国转型模式》和第三部《无食我黍：东亚发展型国家视角下的中国增长模式》。

"三部曲"将努力给出中国过去70年转型发展的一个系统性的理论分析框架。这个分析框架的基本立论是，基于国际比较和对中国过去70年不同阶段典型事实的分析，转型发展的"中国模式"不仅存在，而且在不同时期还依次出现了具有前后延续性，但参照系有所改变的多个"中国模式"：在计划经济时代就存在一个与苏联计划经济模式有很大相似性，但因资源禀赋不同、政经互动模式有别而又有所不同的"计划经济的中国模式";而从20世纪70年代末期到20世纪90年代中期,虽然中国面临着和苏联、东欧国家在相应阶段遭遇过的相似挑战,仍然出现了一个转轨路径及增长绩效都呈现重大差别的"经济转型的中国模式";从20世纪90年代中期到现在,又逐步演化出了一个与传统"东亚发展型经济体"有诸多相似,但仍存在多方面结构性差别的"经济增长的中国模式"。

基于不同参照系的比较分析,"三部曲"将对中国不同时期的政治、经济、社会体系之间的互动展开全方位的分析,建立一个考察政府和企业之间、不同产业之间、中央和地方之间三组关系的整体性理论分析框架,并从历史制度主义的视角出发,研究不同阶段相应"中国模式"产生的背景、运行机制、演化路径和发展绩效,系统评估国家和社会两组力量互动的变化趋势及其对经济增长、收入分配、社会和环境治理等多方面所具有的意义。

二

要讨论中国的转型发展模式,就不得不涉及国内和国际学术界近年围绕"中国模式"这个概念出现的巨大争议。

无论是学术界、思想界,还是大众媒体,乃至政府部门,对"中国模式"的提法并没有取得一致意见,甚至对是否存在"中国模式"都有巨大的争议。支持论者认为,存在一个值得研究也可被其他后发国家借鉴的"中国模式",并能为现有的资本主义世界体系提供一种可行的别样发展路径。

从"制度决定经济发展"的立论出发,不少学者开始探寻各种可能引发中国转型期高增长的特殊性制度安排。相当长一段时间内,经济学、政治学、社会学文献中充满了对中国特有政治、经济乃至社会体制安排的搜寻。

有学者认为，20世纪80年代的"财政承包制"带来了中国转型早期的高速增长，更有一些学者将此观点扩展到整个改革时期，认为中国过去40年一直存在的"分权型经济管理体制"激励了地方政府发展本地经济。还有一些学者认为，在中国，存在一个以经济增长率为主要指标，自上而下且层层加码的"地方主官考核和提拔体制"。因而，地方官员不仅有财政激励，更有很强的政治激励去推动本地经济增长，中国也因此取得了不同凡响的转型业绩。近年来，这两种观点开始合流，并提出，"政治集权、经济分权"是转型期中国实现高增长的特有制度组合。

与以上支持"中国模式"的观点相反，有不少论者从根本上否定存在任何意义上的"中国模式"。在这些否定者看来，改革时期中国经济之所以取得了较快的增长，恰恰是因为政府和国企不断退出各个领域，市场机制和私营企业发挥了更大的作用。

他们倾向于认为，中国的经济崛起，是拥抱市场和全球化的直接结果，中国的改革或许是历史上规模最大的一次市场经济试验。尽管当下西方国家的经济和金融情势黯淡，但不应掩盖这样一个事实，即市场经济的确改变了中国。虽然中国政府确实打造了国家冠军企业，兴建了基础设施，并能在发生自然灾害和出现经济下滑时迅速作出反应，但在许多方面尚需进一步改善和提升，在相当时间内，仍面临着诸多困境。

他们还提出，如果说中国经济还存在着很多隐患和挑战，恰恰是因为市场机制还在很大程度上被抑制，国有企业仍在一些部门保持垄断并发挥不当作用。甚至一些论者还对中国推行的"渐进式改革"本身提出了质疑，认为即使改革在实效层面有所成功，顺利推动全面转型的风险却日益增大。

更有论者认为，中国的治理实践尚不足以称为"模式"，而只能被归纳为一种不断适应社会变化的"反应性理政"，更进一步给出否定"中国模式"存在的几个"标准化"理由，即某个体制要被称为一种"模式"，必须满足如下四个方面的标准：（1）模式应有一种制度化的稳定性；（2）一种模式应跟其他模式不同，具备独特性或差异性；（3）模式一旦确立后便能够被他人模仿，即具有"扩散性"；（4）模式应不仅被实行主体承认，还应该被他人认可。

首先，中国的治理模式并没有趋于稳定，体制的变化反而是常态，不断有之前备受肯定的政策后来又被否定；其次，迄今为止中国取得的进步，与其说是独特的，不如说是因学习市场化而取得的进步。即使非要说中国模式的特点是由国家主导经济，但也早就有 20 世纪 80 年代"东亚模式"的先例，中国不能算是例外。而且，如果说现代化导向的威权体制是中国模式的特点，则又有新加坡模式的先例，因此也很难说是中国的独创。总之，如果某个模式的特点既不清楚，也不稳定，就更谈不上可以被模仿以及"被他人认可"。

在观察中国的转型发展时，那些同意中国政府在过去 40 年发挥了重要作用的论者，一般倾向于认为存在"中国模式"，并具有重要的理论价值，甚至有部分论者认为，"中国模式"可以为他国所借鉴。那些对中国政府在转型发展中的作用评价不高的论者，则倾向于否认存在任何意义上的"中国模式"。因此，关于"中国模式"的争论多少都存在着以先验价值判断甚至是意识形态站队来决定立场的问题，这都不是学术讨论应该采取的态度。

没有人可以否认中国政府在中国经济改革和经济增长中扮演的重要角色，而且，在中国经济转型发展的不同阶段，在国民经济的不同领域，政府的积极和消极作用也是此消彼长。

一味地鼓吹"中国模式"当然也有失客观，这容易使人忽视中国经济、社会乃至国家治理在过去40年经历的曲折和低潮，无法清醒地认识经济和社会仍隐含较大风险的客观现实，更会忽视中国制度转型仍在进行时，迄今并没有全面实现的现实。

但是，因为不认可中国政府在转型发展中发挥的作用就从根本上否认"中国模式"的存在，这在概念和逻辑上都有失严谨。对此，我们不妨以前述判别某个治理或发展模式是否存在的四个标准来说明。

首先来看"要称为模式，必须有一种制度化的稳定性"的说法。对转型国家而言，它们大都面临着从计划体制向市场体制的转型和再造，此外还有国家和社会治理等多方面的转型，这当然就很难谈得上"制度化的稳定性"。但也不能就此断言不存在一个转型发展的"中国模式"。

一个更为准确的理解是：在不同的转型经济体中，改革的初始条件、关键历史节点两者之间的互动，以及这些互动所处的国际和国内环境，都发挥着非常重要的作用，共同塑造了各国不同的转型发展路径，并带来了不同的转型发展模式和迥异的发展绩效。因此，需要研究这些初始条件和关键历史节点如何互动，考察国际、国内环境怎样引发了在关键历史节点上出现的各种冲击，又如何塑造了不同的转型模式和发展绩效，而不应该对"模式"做一个非常机械和静态的定义。

当然，这里并不否认"制度化的稳定性"概念本身的价值，因为它恰恰涉及部分"中国模式"存在论者的一个立论基础，即转型中国存在的一些特殊的，甚至是独有的政治、经济体制是中国转型期业绩突出增长的关键所在。

虽然我支持"中国模式"的提法，还认为不同发展阶段甚至存在参照系有别但前后紧密关联的多个"中国模式"，但反对通过寻找某种特定的、中国独有的制度安排来解释中国的转型发展路径和业绩。实际上，现有文献中较为流行的"经济体制持续分权理论"和"地方官员晋升锦标赛理论"，都首先假定存在着一个较为稳定的地方财政体制或地方主官考核提拔体制，再因这些特殊的制度安排造就了地方政府（或地方主官）发展经济的强激励和地方经济的持续高增长。

但如果对中国地方财政体制和官员考核体制的历史缘起和运行机制做一些更深入的考察，就不难发现，这些文献讨论的各类特殊制度安排，无论是财政体制（20世纪80年代的"财政承包制"和1994年之后的"分税制"），还是"地方官员考核体制"（包括地方领导干部的"德能勤绩廉考核"和"地方党政领导班子综合责任制考核"），在转型期都是不稳定的，甚至还发生过重大的调整，而且这些特定制度安排的出现及其变化恰恰内生于中国整体转型发展的过程，内生于一些更基本的结构性因素。换句话说，它们都是应该被解释，也完全可以被一些更根本因素解释的现象。但上述理论用这些内生的、不稳定的制度安排来解释中国转型阶段的高增长，自然就很容易出现归因谬误，甚至因果倒置的问题。

更进一步来看，用特殊制度安排解释中国增长的理论基础，是主流经济学的"制度决定发展"理论。但是，对"制度决定发展"理论的一个更为准确的理解，是更具包容性的制度，尤其是政治制度，有助于国民经济实现长期的繁荣。

但是，"制度决定发展"理论根本没有否认这样一种可能性，即对一些后发经济体而言，完全可以利用其"后发优势"，在只学习先发国家技术和部分（市场经济）制度的情况下实现短期乃至中期的高增长。这个短期乃至中期的高增长并不依赖某种特定的政治和经济体制安排，尤其是当这些特定的体制安排本身都不稳定的时候，贸然归因可能会漏洞百出。

特别是对中国这个目前只达到了中等收入的转型发展国家，机械地套用"制度决定论"，不仅无法揭示过去40余年高增长的关键所在，还会带来对现有模式运作机制及其内在矛盾的错误理解。

显然，转型中的体制不稳定并不成为断言某种特定模式不存在的充分理由，在研究社会主义计划经济向市场经济转型问题时，尤其如此。

如果我们把经济转型比喻为一个从此岸到彼岸的过程，那么从此岸到彼岸完全可能存在多种不同的路径。既然制度变迁的路径受到初始条件和关键历史事件互动的影响，那么不同的互动效果及其后的演化路径就可能对应着不同的转型发展模式。究其本质来看，主流经济学对"渐进式改革"和"休克疗法"的区分，即使存在一定的争议，但也说明现实中确实存在着多种不同的转型发展路径，或者说存在不同的经济转型模式。

当然，可能有人会反驳说，上述说法过于泛化地定义了"模式"，中国和苏联最多可以说存在转型路径的差别，而不应该称之为转型发展的"中国模式"或"苏联模式"。

然而，有价值的社会科学研究，要求我们必须深入理解为什么会出现中苏转型的不同路径。如果首先就否认"转型路径"或"转型模式"，就很容易阻碍对转型国家一般性及特殊性的社会科学研究，更不用说进行系统性的比较分析。换句话说，简单否认无助于提出正确的研究问题，甚至还可能是一种学术研究上的懒惰，很容易造成在转型研究上只看"彼岸"有什么进而采取"缺什么补什么"的简单化态度，最终阻碍对重大社会经济变迁的深入研究。

更进一步，如果观察20世纪末之后中国逐步建立的依赖投资和出口导向的经济增长模式，我们将发现，中国的主要经济体制安排近年来已趋于稳定，甚至在某些方面还出现了固化，进而使全面市场化转型举步维艰。那么，这种日益成形的经济体制是否可以被称为一种"模式"呢？

再来审视关于"模式"是否存在的第二条判别标准，即某个特定"模式"应该和其他"模式"不同，需要具备独特性或差异性，而中国的政府对经济的主导，早有20世纪80年代"东亚发展型国家模式"和现代化导向的"新加坡威权模式"的先例，因此"中国模式"并不存在。

应该追问的是，中国是"东亚发展型国家模式"和"新加坡威权模式"的简单加总吗？且不说"贤能选拔的威权体制"这个说法是否充分刻画了新加坡的国家治理模式，中国的官员选拔体制和新加坡的官员选拔模式是一样的吗？虽然中国政府干预经济的方式和"东亚模式"中的日本、韩国、新加坡的干预方式有一定相似之处，难道不存在几个关键维度上的重大差别吗？

如果对前面两个问题的答案是否定的，对最后一个问题的回答是肯定的，那么用缺乏独特性和差异性来否定"中国模式"的存在就自然没有说服力。

再来看关于"模式"是否存在的第三条和第四条判别标准，即成为一种"模式"必须能被他国模仿和被别人认可。这显然是把"模式"误解成了"模范"，用价值判断替代了事实判断。

正确的态度是首先把"模式"当成一个中性词，先"实然"地分析特定初始条件和关键历史节点二者间的互动如何诱发了特定的转型路径和发展模式，仔细辨析各种转型路径和发展模式背后的结构性机制和偶然性因素。在没有对重大社会经济现象的产生原因和发展逻辑深入研究之前，就对某种"模式"展开价值判断，或者因为不支持就直接否定其存在，和简单肯定某种模式相比，不过是五十步笑百步。

三

在我看来，迄今为止，经济学和社会科学界在转型发展研究上的进展仍然非常有限。大部分文献根本没有抓住问题的本质，更没有提出和建立简洁且有足够解释力的分析概念和理论框架。基于扎实的理论构建、实证研究和国际国内的比较分析，对不同参照系下不同阶段的中国转型发展模式进行全面刻画，深入研究各时期相应模式的产生背景和运行机制，厘清不同时期模式前后转换的经济学和政治经济学逻辑，这些不仅是社会科学研究必须面对的学术挑战，更是中国社会科学工作者应该承担的学术责任。

从这个意义上讲，有关转型发展及其不同模式的学术研究才刚刚起步，研究者不仅需要对既有框架的洞见和谬误在理论、实证层面进行清理和重估，还需要提出正确的研究问题。只有如此，才能有效地重设中国转型发展研究乃至转型发展一般研究的议程。

如果理论本身就是贫困的，而且对本国和他国现实世界的观察严重不足，还受到先验概念和思维框架的约束，我们就很难真正了解真实世界到底发生了什么，为什么会这样发生，因而也就不可能提出重要的研究问题，更不用说在研究基础上预测和提出未来变化的可能方向和解决问题的潜在思路。

我设想的读者，是关心中国转型发展的经济学、政治学、社会学研究者，还有城乡发展、土地制度、城市规划及更新领域的相关工作人员。当然，我更期望可以抵达更广泛的读者，也就是关心中国前途的所有人。

绪论
中国城乡土地制度的整体挑战

一 矛盾与挑战

城乡土地制度改革是我国过去40年转型发展过程中最重要的几个内容之一。20世纪70年代末启动的改革开放,始于农村的土地生产经营制度改革。通过赋予农民对土地生产的决策权和收益权,农村土地承包责任制改革充分调动了农民生产的积极性,极大地促进了中国农业的增长。

农村土地改革不仅很快解决了大批农村居民的温饱问题,显著提升了城乡人口的食品消费水平,而且改革带来的农村收入水平上升,更是为20世纪80年代以轻工消费品生产为导向的乡镇企业大发展创造了市场需求。进一步看,我国农村土地改革创造的承包制和随之而来的市场化经验,还为乡镇企业更灵活经营体制的建立,20世纪80年代推动的城市国有、集体所有制企业利润分成改革,城乡经济体制比较顺利地跳出传统计划经济的束缚,以及之后更全面的市场化改革,提供了宝贵的借鉴。

从20世纪90年代中后期开始,日益体系化的城乡土地征收、储备和出让体制,助推了20多年的高速工业化和城市化,特别是为大批工业开发区、经济技术开发区、高新技术园区和新城区基础设施的超常规建设，提供了主要的融资来源。与此同时，伴随20世纪90年代中期以后从沿海到内地一波又一波的工业化和城市化建设浪潮，各级城市的空间范围大幅度扩张，从农村向城市迁移的人口数量也迅速增加。

但从中国城市化的两个主要维度，即"人口城市化"和"土地城市化"来看，一系列矛盾也很突出。其中尤为突出的，是以"完全市民化"为指标的"人口城市化"远远慢于以城市建成区空间扩张为主要表现形式的"土地城市化"，结果出现了"土地过度城市化"和"人口不完全城市化"并存的不协调局面。这些矛盾的出现和激化主要是因为现有城乡土地制度以及相关的户籍、规划、地方财政体制没有被全面理顺，进而给地方政府带来了方向有偏的激励。

首先，地方政府利用"土地财政"和"土地金融"生财并推动超常规的城市空间扩张和基础设施建设。在快速的空间扩张中，城市发展很容易出现多方面的问题：农民被低价征地，财产权益受到侵犯，生活水平和长久生计受到影响，征地拆迁引发的群体性事件频发，工业开发区和新城区过度扩张，工业用地价格过低，商住用地价格过快上涨，"土地财政"收支缺乏透明度，地方债务加速攀升，以及农村"法外"建设用地大幅度增加，"以租代征"和"小产权房"大量涌现等。

其次，由于城乡土地制度和相关户籍、规划及地方财政体制改革滞后，大批已经进入城市打工的农村人口仍然难以具备在城市定居的两个关键性互补条件，即举家居住的住房条件和子女的平等就学和升学条件。如果农村外出打工人口难以在就业所在地城市实现举家永久性迁移，他们就无法放弃其在传统农区的耕地及宅基地。这就进一步带来如下两方面的不利后果：第一，在外出人口"离乡不放土"的背景下，农地产权的稳定性必然会面临压力。农村社区内不同家庭之间人口相对变动，农民要求按照"社区成员权"增地、调地的呼声不断提高，结果是农地规模小、农地破碎化的局面难以改变。这不可避免地带来两个矛盾：农业小规模生产和农民增收之间的矛盾，农地破碎化经营与农业科技推广及农田水利基础设施建设之间的矛盾。第二，由于农村外出打工人口无法实现举家永久性迁移，农村新增家庭就要求配置更多宅基地，因而农村建设用地持续增加且占用优质耕地的局面难以遏制。与此同时，农村的基础设施建设水平低下，一户多宅和"空心村"现象严重，闲置用地多、农村居民点外延式扩张，以及粗放利用等问题非常突出。

最后，城市过快扩张，尤其是不断扩建和新建各类工业园区。这意味着宝贵耕地资源被不断占用，而且，全国耕地保护压力普遍加大，不同区域之间在建设用地指标分配上也苦乐不均。一方面，各类土地发展权指标在不同地区之间相对平均的计划配置模式，使得经济发达地区用地指标相对短缺，进而制约了发达地区推动城市化并吸纳外来劳动力的能力。发达地区耕地保护和工业化、城市化占地之间的矛盾日益突出，违法用地的情况一度猛增且防不胜防。另一方面，欠发达地区建设用地效率更为低下，尤其是2008年国际金融危机后，中央政府的财政货币刺激政策更导致各地的开发区、新城区的不断新建和扩建。但大部分城市招商引资的效果不彰，甚至还出现了大规模的已征用土地是已出让土地低效利用乃至闲置的情况。在过去10多年的政策操作中，中央推动的"城乡建设用地增减挂钩"政策被部分地方政府过度使用甚至滥用。为获得计划指标之外的新增建设用地指标，一些地方政府过度推动"宅基地换房"，强迫传统农区的农民"集中居住"，引发了一系列尖锐的社会矛盾。

我国仍处于人口城市化中期，人口流入地主要城市对建设用地的需求在未来10—20年间仍将有所增长，而很多人口流出地城市的"土地城市化"已明显过度。有鉴于此，在未来相当长的一段时间内，下面这几个问题都会对我国城乡土地改革构成重大挑战：

未来我国应该通过怎样的顶层设计和政策改革措施，逐步跳出已经带来了多种扭曲的既有城市化道路？

如何调整现有农转用的征地体制，才能确保实现中央政府提出的被征地农民"原有生活水平不降低，长远生计有保障"？如何协调政府征地与集体经营性土地入市之间的矛盾？

如何通过传统农区农村土地制度的调整，尤其是所有权制度的调整，有效促进传统农区的土地流转，切实提高农村多类土地资源的配置效率？

如何进一步完善现有的耕地保护制度，才能在有效保护耕地数量和质量的同时，兼顾城市发展的需要，切实优化土地资源在城乡之间，以及建设用地指标在不同区域之间的配置？

如何有效改变目前几乎所有城市都存在的外延型扩张过度，而存量工业用地效率却极其低下的局面？

如何解决人口流入地主要城市住宅用地严重不足，而人口流出地城市住房供应全面过剩的问题？

二 城乡土地制度改革的进展与局限

近年来，为了应对现有城乡土地制度运行中出现的一系列重大挑战，中国政府着力推行以人为本的新型城市化建设，先后出台多份重要政策文件与一系列改革措施，如《国家新型城镇化规划（2014—2020年）》和国务院颁布的《关于进一步推进户籍制度改革的意见》等。这些文件都提出，未来将进一步调整户口迁移政策，

"全面放开建制镇和小城市落户限制，有序放开中等城市落户限制，合理确定大城市落户条件，严格控制特大城市人口规模，有效解决户口迁移中的重点问题"；提出了"三个1亿人"计划，即"2020年，通过实施户籍制度改革方案，使大约1亿具备条件也有意愿的农业转移人口落户各类城市和城镇；通过加大棚户区、城中村的改造力度，使大约1亿生活在棚户区和城中村的常住人口改善居住条件；通过加快中西部地区发展和城市化进程，引导约1亿人在中西部地区实现就近城镇化"。

2017年，党的十九大报告提出，经济体制改革必须以完善产权制度和要素市场化配置为重点。2019年，党的十九届四中全会更进一步提出了推进要素市场制度建设，实现要素价格市场决定、流动自主有序、配置高效公平。2020年1月1日正式施行的《中华人民共和国土地管理法》（以下简称《土地管理法》），在破除农村集体经营性建设用地入市的法律障碍、改革土地征收制度、合理划分中央和省级政府的土地审批权限、完善农村土地承包制度与农村宅基地制度等方面做出了重大调整。

2020年4月出台的《中共中央 国务院关于构建更加完善的要素市场化配置体制机制的意见》以及2020年5月出台《中共中央 国务院关于新时代加快完善社会主义市场经济体制的意见》，都进一步明确落实了关于建立现代要素市场特别是新型要素市场的基本指导思想。在土地要素市场化改革方面，要着力增强土地管理灵活性。一是灵活产业用地方式，推动不同产业探索增加混合产业用地供给。二是灵活土地计划指标管理，探索建立全国性的建设用地、补充耕地指标跨区域交易机制。2021年的《建设高标准市场体系行动方案》，更把推动土地要素市场化配置放到突出位置。

同时，许多地方政府在中央政策文件的指导下进行了一些非常有益的改革探索。例如，建立土地征收公共利益用地认定机制、缩小土地征收范围，集体经营性建设用地入市，城市存量土地特别是工业用地集约节约利用，城中村、城边村与老旧小区的更新改造，建立传统农区农地、宅基地"三权分置"体制，耕地占补平衡指标和城乡建设用地增减挂钩节余指标跨省域调剂机制，等等。

虽然中国城乡土地制度改革与相关户籍体制改革已取得了一定的进展，但各级政府所构建的整体框架与具体管理政策仍然远远不足以解决当前城市化与城乡发展所面临的挑战。整体而言，现有改革措施仍然缺乏整体性与前瞻性，更多是对现有体制中矛盾的被动反应，仍然不足以改变地方政府在既有利益格局中的扭曲性激励，也就难以全面打破城乡土地制度对我国经济、社会、环境可持续发展所施加的制度性约束。结果是改革措施仍然难以有效打破既有城乡土地制度对土地资源"配置效率"和"投资效率"的限制，仍然不足以有力地推动城市产业升级与土地集约节约利用，仍然无法改变目前人口流入地主要城市房价过高，而人口流出地城市住房供应严重过剩的局面，也仍然无法实现从目前"离乡不放土"的半截子城市化向"人口完全城市化"的正确方向全面转型。

具体而言，现有城乡土地制度与相关体制改革的局限性表现在如下几个方面。

一是与城乡土地制度改革紧密相关的户籍改革目前仍停留在主要依靠地方政府自行推动的阶段，"农民工市民化"与"人口完全城市化"的进展明显不足。虽然中西部的一些城市尤其是中小城市（镇）的户籍改革进展较快，但因就业机会有限而难以得到较大响应；各类大城市，尤其是人口流入地主要城市，尽管户籍改革与流动人口落户政策有更多更强烈的政策宣示，如买房落户、就业落户、积分落户、学历落户，少数特大城市甚至宣称租房即可落户，但与城市户籍挂钩的公共服务配套在具体落地上常是"但闻楼梯响，不见人下来"。

迄今为止，针对跨区，尤其是跨省中低收入农民工的户籍改革进展非常有限。大批流动人口在就业所在地城市实现举家永久性迁移必须解决的两个关键问题——可支付的体面购住或租住家庭住房和子女在迁入城市公立学校的平等就学与升学——仍然没有得到很好的解决。结果是大批跨区跨省流动的农民工，大部分仍然难以获得就业城市的户籍并享受相关的公共服务。

二是在传统农区的土地制度改革上，农地产权稳定与宅基地利用仍然面临巨大挑战。中央不仅以《中华人民共和国农村土地承包法》赋予了长久土地承包权，更进一步推动了农村土地的"三权分置"改革，包括"坚持农民集体对农地所有权，严格保护农地承包权，放活土地经营权"，"有效平衡和配置宅基地的所有权、资格权和使用权"。但是，近年完成的最新一轮土地确权仍然是在农地相对破碎化、农地产权不完整并难以实现抵押的情况下进行的，这不仅给未来的农业连片开发带来困难，而且也难以避免农地低效利用乃至抛荒。毕竟，由于农村宅基地使用权只能在农村社区的小范围内流转，市场太小、太薄，这自然会压低交易价格和抵押价值。

正是因为户籍改革滞后导致"农民工市民化"进展缓慢，传统农区外流人口才会"离乡不放土"，而传统农区的人口若不能有效减少，又会加剧农地破碎化、产权不稳定以及宅基地低效利用并不断占用更多耕地的局面。

三是在不推动城市土地供给制度改革的前提下，中央政府的房价调控政策并不利于房地产市场的正常运作和健康发展，而多轮宏观刺激下还出现了人口流入地城市房价的过快上升与住房供应严重不足，而人口流出地城市住房供应严重过剩的局面，这更进一步提高了人口流入地主要城市"农民工市民化"和"流动人口完全城市化"的难度。

过去10多年来，中央政府为调控人口流入地城市房价，屡屡采取了多种多样的行政性措施来调控房地产市场，包括在高房价城市相继实施"限购""限贷""限价"政策，以及要求地方政府大规模建设保障性住房等。为消化一些人口流出地城市过高的商品房库存，2015年以来更以大规模"棚户区改造"的方式推动住房过剩的城市"去库存"。这些政策在一定程度上有助于实现政府调控楼市与房价的短期目标，但也不可避免地干预了房地产市场的正常运作，甚至还扰乱了地方政府、开发商以及购房者对房地产市场的预期，长期看并不利于我国城市房地产市场的健康与平稳发展。

在中央政府为"稳增长"而不断放松银根的财政信贷刺激下，地方政府乘势以"土地财政"为基础加杠杆推动"土地金融"，大规模举债推进城市基础设施建设。但地方政府把精力集中在"以地生财"后，自然就缺乏积极性为大批流动人口提供与"城市户口"相匹配的公共服务，更缺乏积极性推动城乡接合部的土地制度改革，尤其不可能通过允许集体建设用地进入城市住宅用地市场来有效降低人口流入地城市的房价与房租水平。

四是虽然征地制度改革提高了地方政府征地的公益性要求，但过高的公益用地比例门槛可能带来多方都不乐见的结果。2020年新《土地管理法》更明确界定了土地征收的"公共利益"范围，要求动态调整征地货币补偿的"区片综合地价"标准，放松了原有土地征收补偿的上限，以"征地批前公告"等完善土地征收程序的措施，进一步确保被征地的集体经济组织与农民在整个征地过程中的知情权、参与权和监督权，但也留下了对"成片开发"实施征收的操作空间。

恰恰是为防止地方政府过度使用征地权，中央在"成片开发"实施征收中又增加了一系列的程序性约束，如公益用地面积不低于征地面积40%的硬性要求。虽然该要求本意是规范地方政府过度使用征地权，但在实际操作中可能造成如下局面：或因为发现难以达到这个要求，地方政府只有放弃征地，或地方政府不得不规划超出实际需求的公益用地，再对"成片开发"的土地实施征收，结果是开发地块容积率过高，经济平衡也难以实现；甚至还可能"上有政策、下有对策"，地方政府会采取各种方法"绕道"，避开上述公益用地面积比例要求。

五是集体经营性建设用地入市面临地方政府以城市规划和土地用途管制方式施加的约束，前景并不乐观。考虑到传统征地方式所带来的各种社会矛盾，加上集体经营性建设用地入市一度给村民与村集体带来的可观土地增值收益，新《土地管理法》对集体经营性建设用地制度也作了相当重大的调整，允许集体经营性建设用地在符合规划、依法登记，并经本集体经济组织三分之二以上成员或者村民代表同意的条件下，通过出让、出租等方式交由集体经济组织以外的单位或者个人直接使用。同时，使用者取得集体经营性建设用地使用权后还可以转让、互换或者抵押。

显然，规定旨在扫除集体经营性建设用地入市的法律障碍，提高其市场流动性，有效盘活原本闲置或低效的大批集体经营性建设用地，结束多年来集体建设用地不能与国有建设用地"同权同价、同等入市"的二元体制。但在现有"土地财政"，尤其是财政压力加大的背景下，地方政府仍然可以而且也一定会毫不犹豫地以城市规划与土地用途管制的方式，严格限制集体经营性建设用地入市的区位、用途及开发强度，减少集体经营性建设用地入市对国有工业、商住用地出让以及地方财政利益的冲击。换句话说，地方政府掌握了各种规划与政策手段，完全能有效限制农民从集体经营性建设用地入市中所获的土地增值收益。在这种情况下，中央所希望的结果，即集体经营性建设用地入市带给农民更高土地增值收益，很可能无法实现。

六是我国既有的耕地保护政策难以有效实现耕地保护的质量目

标，也导致土地发展权指标跨区配置的低效率。在耕地保护上，中央通过"农转用"计划管理和分级审批制度控制耕地占用，并划定了永久基本农田保护区，同时推动了"耕地占补平衡"政策。但整体上，"农地转用计划管理和分级审批制度"并未真正实现控制建设占用耕地的预期目标，"基本农田保护制度"刚性有余而弹性不足，地方政府缺乏保护的激励，因而基本农田保护的效果不佳。

在既有体制下，中央一方面通过建设用地指标与"耕地占补平衡"政策限定了各个地区一定时期可以使用的农转用建设用地总量，另一方面通过"城乡建设用地增减挂钩"政策给地方政府在中央计划指标之外获得新增建设用地指标开了口子。实际上，"增减挂钩"政策很容易被地方过度使用（农村"撤村并居"中不少农民"被上楼"），而且通过宅基地复垦来增加耕地的做法不仅成本很高，增加耕地的质量往往也难以保障。

在土地指标的跨区交易上，我国虽然已开始逐步推动"城乡建设用地增减挂钩节余指标跨省域调剂"和"跨省域补充耕地"政策，但全面建立一个更有效率的全国性多种类土地指标市场体系还需时日。现有耕地保护制度仍然有明显的计划经济痕迹，不仅制度运行的效率低下，政策执行成本也相当高昂。未来全面完善耕地保护制度，通过跨省区的各类土地发展权指标交易，实现指标配置效率的提升和土地增值收益在全国范围内的更公平分配，是我国耕地保护制度改革必须要面对的重大政策挑战。

不可否认，自20世纪90年代中后期以来，现行城乡土地制度和城市化模式在实现高增长方面都发挥了重大作用，也推动了城乡基础设施的超常规建设。但更不可否认的是，既有城市化模式同时导致了城乡土地利用的严重扭曲和工业园区"大跃进"，带来了城市大量低效利用的存量土地，引发了突出的"人、地、房脱钩"现象。

综上，虽然中国城乡土地制度及相关体制改革已取得了一些进展，但仍然没有实现体制的导向性重塑，更没有在关键政策改革领域取得有效突破，仍然难以为实现以人为本的新型城镇化提供坚实的体制性支撑。

党的十八大以来，尤其是十八届三中全会以来，就实现经济社会可持续发展而言，中央政府希望的一个主攻方向，就是通过土地、住房、户籍和配套财税改革，从"以地谋发展"的传统城镇化转向以人为本的新型城镇化，最终为主要来自农村、数以亿计的流动人口在就业定居地提供均等化的公共服务。但迄今为止，流动人口的"完全市民化"进程仍严重滞后。

要真正推动向新型城镇化的转型并实现高质量发展，中国必须在城乡土地改革上推动渐进而又坚决的突破，让市场机制在城乡土地要素配置上真正发挥"决定性作用"。

可以毫不夸张地说，城乡土地改革已成为当前我国经济发展和社会转型面临的最重大挑战。要应对这个挑战，不仅要对土地制度、户籍制度、地方财政制度等关联体制进行全方位的理论考察和实证分析，更应该基于整体性研究做制度的顶层设计，找到城乡土地制度和相关体制改革的突破口。

我国城乡土地制度的一系列问题之所以一直没有得到有效解决，除既有经济增长、工业化和城市化模式造就的利益格局已相当固化，要实现有效调整的难度超大这个主要原因，还有一个原因是既有的顶层设计和政策改革框架忽视了城乡土地制度不同维度之间、土地制度和其他体制之间的紧密关联。这种认识上的不足使得政府难以找到有效的改革突破口和启动点，既不能通过上一步的改革为下一步的改革创造条件，还难以实现一个领域改革和其他领域改革的相互协力，最终无法建立一个适应新发展格局的城乡土地管理体制。

本书的分析表明，大量农村外出打工人口及其家庭成员之所以无法在城市实现举家永久性迁移，就是因为没有推动城乡接合部的集体土地制度改革及配套户籍改革，无法建立一个良性的机制让迁移人口从农村逐渐但又彻底地转移出来；而正是农村人口的不完全迁移，"离乡不放土"才成为我国城市化中的普遍现象，并带来了传统农区农地破碎化及新批宅基地不断占用耕地的现象，增加了传统农区农地和宅基地以更完整权利为基础实现市场化流转和抵押的难度。

因此，要实现"农村人口逐步永久性外迁——农地与农村建设用地有效整理——农地产权稳定、宅基地占地不再扩大——农地与宅基地有效流转——农业经营规模扩大、村庄建设用地集约利用"的良性循环，就必须在推动城市户籍改革的同时，切实推动城乡土地制度的系统性改革。尤其是在物业税之类的地方税收在可预见的短期乃至中期难以全面引入并替代土地出让金的情况下，地方政府必然不愿意放弃其对城市商住用地，尤其是住宅用地出让的垄断。

这就要求中央政府在推动征地体制改革和集体经营性建设用地入市的同时，采取一些更有针对性的政策措施，确保地方转型期的过渡财源，同时激励地方逐步摆脱现有的扭曲性"土地财政"和低效率的土地利用。只有通过城乡土地改革为"人口完全城市化"创造有利条件，才能实现向未来更合理的地方财政、城市建设融资体制的平稳转型。

总之，以一个整体性的分析框架来推动学术和政策研究，将不仅有助于理解我国特有的经济增长、工业化、城市化模式，有助于理解城乡土地管理领域出现的各种矛盾和扭曲，有助于把握城乡土地制度及相关户籍、规划和地方财政体制之间的紧密关联，还有助于进行城乡土地制度的顶层设计，并探索具有前瞻性和可操作性的渐进式改革政策组合。

三　本书各章主要内容

第一章主要考察我国从20世纪末逐步发展起来的经济增长模式，以及同一时期地方政府以"土地财政""土地金融"为依托推动的工业化和城市化。

第二章考察在"土地财政"下，地方政府对不同用途土地的策略性差别出让及其引发的多重扭曲。

第三章分析既有财政和土地管理体制塑造的利益格局，并考察征地体制改革与集体经营性建设用地入市之间的关系。

第四章从"涨价归公"理念出发，分析如何通过提高征地补偿标准，尤其是推动多元化征地补偿，增强政府征地行为的合法性。

第五章分析我国传统农区的土地"三权分置"改革，考察传统农区土地改革的已有进展、局限及未来出路。

第六章主要关注如何完善现有的耕地保护制度，尤其是进一步推动土地指标跨区配置和市场交易的问题。

第七章考察产业升级背景下的工业用地再开发，以及城市低效存量土地的集约节约利用。

第八章探讨以城中村和城市老旧小区为主要对象的城市更新，提出通过创新模式来突破既有更新困局。

最后的结语，则总结贯穿本书的六个主题，讨论城乡土地改革的方向、突破口和力度的拿捏。

第一章
中国增长模式与"土地财政"的兴起

20世纪90年代中后期以来,尤其是中国加入世界贸易组织并全面融入全球化之后,中国城市的空间扩张速度显著加快,政府对农村土地的征收规模也开始大幅度增加。在既有土地征收制度下,征地补偿标准主要由地方政府单方面决定,因此,农民土地财产权益被侵害的情况屡见不鲜。同时,地方政府出让土地时对工业用地和商住用地采取了非常不同的策略:政府往往将超过40%的征收土地以非常低的价格,通过协议或挂牌,出让给制造业用地者,而对商住用地,政府更多进行垄断式的限量供应,以"招拍挂"等更具竞争性的方式高价出让,由此获得了巨大的级差地租。

与此同时,从苏南地区开始,地方政府开始了一波又一波以制造业投资为主要目标的工业开发区建设,并在制造业的带动下大力发展本地服务业,大规模建设以住宅、商业、办公为主体的新城区。非常有意思的是,自20世纪末开始的、从沿海到内地的一波又一波大规模开发区、新城区建设热潮,却是在"分税制"财政改革的背景下启动的。1994年之后以及2002—2003年间开始的"分税制"改革,使得中央财政不断集中一般公共预算财政收入,改革后,地方法定税收分成比例显著下降。尽管如此,地方政府却在"分税制"

改革后逐步表现出推动本地经济增长的很强，甚至是越来越强的激励，这是为何？

回答这个问题，首先需要分析我国特定的工业化、城市化乃至整体增长模式所处的政治经济学背景。在此之后，还要进一步考察地方政府以土地为主要工具进行的激烈的招商引资竞争和利用"土地财政""土地金融"展开的超常规城市建设背后的经济学逻辑。

一　两个背景

自20世纪90年代中后期以来，中国的地方政府为争夺制造业投资展开了日益激烈的区域间竞争。首先从东部沿海，尤其是长三角的苏南地区开始，通过大规模征地建设工业园区，地方政府竞相为制造业投资者提供低成本土地和补贴性的基础设施。

与为争夺工业投资而大幅压低工业用地价格不同，地方政府在出让商住用地时采取了非常不同的策略：大部分市、县政府都成立了"土地储备中心"，在城市商住用地一级市场上进行垄断式的限量供应，以使出让金收入最大化。不同于工业用地大都以"一对一"的协议或挂牌方式低价出让，地方政府主要通过"招标、拍卖"等更具竞争性的方式出让商住用地。21世纪早期商住用地的平均出让价格只是工业用地价格的2—3倍，但随着时间的推移，商住用地价格已经是工业用地价格的十倍，甚至几十倍。

要理解工业化和城市化模式在用地方面的差异，我们必须首先分析两个重要背景：首先是1992年邓小平南方谈话后的产能过剩和之后地方公有制企业的民营化改制，其次是20世纪90年代中期以来的中央财政和土地管理集权。

产能过剩与民营化改制

20世纪80年代到20世纪90年代中期，地方政府大力新建、扩建了很多乡镇企业和国有企业，逐步实现了国民经济从"重工、军工优先"的传统计划经济向"民生、消费优先"的市场经济转型。

不过，20世纪80年代以地方公有制企业为主体的发展模式，虽然通过提高资源配置效率和劳动激励效率带来了一段时间的高增长，却也很容易引发重复建设、经济周期性过热、区域间贸易保护主义等多方面的问题。因此，当中国在20世纪80年代末和20世纪90年代初被迫进行以压缩投资、抑制消费为主要目标的宏观经济调整时，产能过剩的矛盾就开始出现了。此时，各个地区都逐步面临一种难以突破的"两难困境"，即本地企业既要在区外寻找市场，又需要本地政府的保护以减少外地企业的竞争。

以1992年邓小平南方谈话为起点的新一轮市场化启动之后，各地很快又兴起了一波国有企业和乡镇企业的新建、扩建高潮，同一时期，国外直接投资和私营企业的投资也实现了较快的增长，这进一步加剧了经济中原来就存在的产能过剩问题。此外，产品市场的激烈竞争进一步压缩了地方国有企业和乡镇企业的盈利空间，地方公有制企业难以再像20世纪80年代产能不足时那样，通过利润分成的"企业承包制"激励企业经理人和员工。此时，产能不足、容易盈利时期表现尚不明显的公有制企业的"预算软约束"问题开始凸显。[1]

1993年之后，中央政府推动了金融集权。央行对信贷更严厉的控制、利率工具的更多使用，以及国有银行的商业化等措施，都大幅压缩了地方政府施压国有银行分支机构以扶持本地公有制企业的空间。在整体产能过剩的背景下，地方举办的公有制企业开始大面积亏损，商业化改革后的银行对地方公有制企业坏账的容忍度大幅降低，后者逐步变为地方政府的"负资产"。此后，一个大规模的地方国有企业和乡镇企业破产、重组、改制浪潮开始了。从 20 世纪末到 21 世纪初，绝大多数地方的国有及乡镇企业完成改制，同一时期，包括外资企业在内的私营企业逐步壮大。

本地公有制企业大规模改制后，地方财政难以再依靠本地公有制企业获得利税收入，地方政府逐渐转向吸引包括外资在内的民营制造业投资。[2]20 世纪 90 年代中期以后，地方政府在经济发展中扮演的角色，就逐渐从地方企业的"所有者"转换为引导企业在本地生产和纳税的"征税者"，开始向集中于下游消费品生产的民营企业提供优惠土地、补贴性基础设施等多种便利条件。

相比于原先那种必须在本地生产，并为本地产生利税的地方国有企业和乡镇企业，这一阶段逐步发展并在消费品生产领域占据主导地位的民营企业开始掌握了更大的主动权，能够依据地方优惠条件选择生产区位，因此也就有了更大的流动性。随之而来的自然是地方政府展开了以民营制造业企业为主要争夺对象的招商引资竞争。20 世纪 90 年代早期中国经济因宏观紧缩而表现低迷时，地方政府为保护本地公有制企业，开始采用各种行政手段限制外地产品的市场准入，但当 20 世纪 90 年代中后期大规模改制完成后，地方政府就不得不积极寻求流动性更大的民营企业的投资。此时，任何想要成功招商引资的城市，都不太敢实施过度的地方保护主义措施，因为整体产能过剩时，本地政府既要提供各种优惠条件来招商引资，还要确保本地企业产品不会在其他区域受到准入限制。此时，如果某地区对其他地区的企业实施市场准入限制，就很容易引致相应的报复措施，此时本地区的招商引资就会变成无用功。因此，在整体产能充分甚至过剩，投资日益具有流动性的背景下，区域保护主义和市场分割不再是地方发展经济和稳固税基的占优策略。

很多文献认为 20 世纪末和 21 世纪初中国主要消费品市场仍然

存在严重的地方保护主义,甚至很大程度上一直是"以邻为壑"的发展,这实在是对这一阶段我国制造业产品市场整合程度的误判。虽然在地方政府仍保留较多国有股权的一些行业,比如烟酒行业,仍然存在较强的地方保护主义;或者在一些地方政府可以通过发牌收租的行业(如出租车、出租车采购等)也存在一定程度的地方保护主义(如限制采购外地生产的汽车),但这些行为恰恰是地方政府持续保有这些特定行业生产厂商的股权所带来的保护主义。在大部分消费品乃至资本品生产部门,只要制造业投资是私营投资为主,就必然有越来越多的流动性,因而这些制造业产品的地方保护主义就难以为继。

中央财政和土地管理集权

第二个值得深入考察,也更容易引起误解的背景是1994年开始的,以"收入权力逐步集权、支出责任维持下放"为基本特征的分税制改革,以及中央政府在土地管理、环境保护乃至食品药品质量监督、安全生产等领域的逐步集权,尤其是在土地管理领域的"建设用地指标集权"。

1994年分税制及其后的一系列央地财税收入分成调整,保持了政府间支出责任划分大体不变,同时显著增加了中央财政的法定分成比例。分税制确定了消费税、关税作为中央独享税,营业税、所得税等作为地方独享税,增值税作为央地共享税种,其中,增值税成为主体税种。此外,分税制还建立了独立的国税系统,进一步强化了中央政府的税收征管能力。[3]

上述税收分享和征税方式的重大调整,与同一时期逐渐展开的地方公有制企业改制一起,使地方政府难以继续沿用之前将本地公有企业收入转移到"预算外"乃至"体制外"以避免上级收入集中的做法。[4] 此时，地方能用于争取制造业投资的税收手段只限于企业所得税，而企业所得税在2002年和2003年的央地分享后更只限于所得税的地方部分。

分税制还显著加大了不同级别政府之间财政的纵向不平衡，结果是地方一般公共预算支出日益依赖中央的转移支付，尤其是有利于中央部委加强控制的专项转移支付。[5] 相当一段时间内，地方40%以上的一般预算支出依赖中央转移支付，而通过转移支付控制地方本身就是强化中央财政集权的一个主要目的。这就解释了分税制之后出现的如下情况：虽然原则上具有较强规则性和透明度的一般转移支付更有利于公共服务均等化，但我国转移支付体系中，各种不按公式分配、部委自由裁量权更高的专项转移支付一直保持了高比例。[6]

再来看土地管理领域中央和地方的权力配置。从20世纪90年代中后期起，中国的土地管理体制开始了以控制土地指标为主要手段的中央集权。1998年的《中华人民共和国土地管理法》（以下简称"1998年《土地管理法》"）强化了中央政府在以下三个方面的法律和政策权力：一是强化了对建设用地总量和城市建设用地规模的控制，规定下级土地利用总体规划中的建设用地总量不得超过上级土地利用总体规划确定的控制指标，城市建设用地年度规模应当符合年度计划指标；二是耕地总量动态平衡，即所谓"耕地占补平衡"制度，明确了省级政府的耕地保护责任，并规定非农业建设经批准占用耕地的，按照"占多少，垦多少"的原则，由占用耕地的单位负责开垦与所占用耕地数量和质量相当的耕地，没有条件开垦或者开垦的耕地不符合要求的，应当缴纳耕地开垦费，专款用于开垦新的耕地；三是"基本农田保护制度"，要求"各省、自治区、直辖市划定的基本农田应当占本行政区域内耕地的百分之八十以上"。[7]

相比于之前的土地管理体制，以1998年《土地管理法》为依据实施的政府间法定职权划分，意在加强中央的土地管理权，引导地方更多利用城市存量土地，减少对耕地的过度占用。通过中长期的土地总体规划和短期的年度土地利用计划，中央确定了一定时期内每个地区可新增的建设用地总量指标，并在空间上落实到具体地块。换言之，1998年之后，只有同时获得"规划指标"和"计划指标"，农用地尤其是耕地，才可以合法地转换为建设用地。

以1990年中期为界划分为前后两个阶段，至少就中国政府财政体制和土地管理体制而言，都从相对的分权走向了日益的集权。相较于世界上其他可比的大型经济体，无论是财政的中央集权程度，还是专项转移支付占总转移支付的比例，都相当高[8]，而通过规划指标和年度计划指标实施跨年度总量限定和年度计划管理的土地管理体制，集权程度更高。[9]

若其他条件不变，中央持续提高其法定财政分成比例，将压制地方发展的积极性。尤其是1994年分税制后，中央分享了制造业增值税的75%，而制造业增值税当时占预算内财政收入的45%。实际上，地方政府的积极性确实出现了明显的下降：20世纪90年代中期后，在财政和金融体制集权化、国有银行商业化的同时，各地普遍加速推进了对本地国有企业、乡镇企业的破产、清算和民营化改制进程。

但到了20世纪90年代后期和21世纪初，地方政府尤其是因分税制受损最大的沿海城市政府，在经历一段调整期后，又逐步开始建设各类工业开发区并招商引资。需要了解的一点是，2002年开始，继1994年抽取增值税的75%后，中央政府又将所得税变为央地共享税。可正是2002年之后，中国经济开始步入"黄金增长期"。随着越来越多的城市卷入招商引资竞争，各地开发区建设的规模和招商引资的力度不断加大。

如果吸引制造业投资获得的直接财税收入大部分由中央分享，

为什么地方还要"大干快上"新建、扩建各类工业开发区？为什么地方政府会在这一阶段逐步发展出一个以"土地财政"为支撑、具有中国特色的工业化和城市化模式？更有意思的是，为什么1994年财政集权后，地方一般公共预算收入占比和地方财政总收入（一般公共预算加基金预算收入）占比都在早期有所下降之后，又出现了较快的回升？

对上述看似"反常"的现象给出准确的解释非常重要，因为这不仅涉及对我国各级政府间政治、经济关系的准确认知，还关系到对过去20多年我国逐步形成的增长模式及其驱动因素的理论阐释。

二　两个流行的备择假说

就20世纪90年代后期以来中国"地方发展主义"引致的经济增长，学术界目前有两种较为流行的理论解释，一种是"经济体制持续分权理论"，一种是"地方官员晋升锦标赛理论"。

经济体制持续分权理论

为解释改革时期的高增长，一些学者提出，中国的经济体制，尤其是财政体制，在过去40年中一直是一个"分权体制"。[10] 我们称之为"经济体制持续分权理论"。

如前所述，改革时期中国财政体制从1994年前相对分权的"财政承包制"，走向了之后更集权的分税制，而土地管理从20世纪90年代中期之前不严格控制各类土地指标的分权体制，逐步走向之后严格控制土地指标的集权体制。因此，"经济体制持续分权理论"显然忽略了20世纪90年代中期前后转型第一阶段和第二阶段政府间经济管理权力出现的重大变化。实际上,支持该理论的学者不仅没有厘清"集权—分权"的基本概念,还混淆了"财权"和"财力"。

严格说来,中国现有的政府间财政体制,至少就一般公共预算而言,是一个财政责任(即所谓"事权")下放程度很高,但收入权力(即"财权")相当集中的体制。经过1994年的分税制改革及其后一系列央地收入分享规则的调整,中国的财政体制变得日益集权化。

支持者争辩说,虽然分税制后中央不断集中了以正式税收为主体的一般公共预算收入,但过去20多年来,以土地出让金收入为主体的地方基金预算收入实现了超高速增长。比如,2020年国有土地使用权出让收入达到8.41万亿元,而同年全国一般公共预算收入为18.29万亿元,包括中央的8.28万亿元和地方的10.01万亿元。虽然1994年后一般公共预算收入开始集权,但地方政府仍通过土地出让金收入保持了相当高的实际财政权力。和1994年刚推动分税制后的那个时点相比,中国财政分权的程度甚至显著提升了。

但是,无论是只考虑一般公共预算收入,还是加上基金预算收入后的总财政收入,简单依据中央和地方实际收入比例判断财政的分权程度,不仅存在概念混淆的问题,还存在因果推断方面的问题。

我国财政体制到底是"集权"还是"分权"?对这一问题,大量文献都存在非常严重的误解。英文文献中,中国的财政体制一般被称为"highly decentralized"的体制。但是,对"decentralization"的更准确理解是"下放"或"非中心化"。以政府间财政关系为例,严格说只有政府收入(税收)才是一种"权力",而与"收入权"相反,政府支出构成了一种责任。因此,"fiscal decentralization"既可能是收入"权力"的下放(revenue decentralization),或者叫"分权",也可能是支出"责任"的下放(expenditure decentralization)。不加区分地把"decentralization"都称为"分权",或将中国现有财政体制称为"分权",显然具有误导性。中国的财政体制,至少就一般公共预算部分而言,是一个收入权力集中,而支出责任下放的"集权"体制。

此外,只看到1994年后地方财政收入实际比例上升,就认为中国存在着"事实上的财政分权"(de facto decentralization),则更是混淆了以法定分成比例度量的"财权"和作为事后结果的"财力"。不少学者用反映事后结果的地方"财力"比例论证地方政府发展本地经济的积极性,并论证地方在"财权"(de jure rules)下降的同时,却因"事实上的财政分权"保持了发展经济的积极性,所以中国取得了持续的高增长,这更是"倒果为因"。[11]

此类论证是把一些更根本的结构性因素驱动的经济增长,归因于这些结构性因素同时驱动的另一个结果,即地方财力的不断上升。这实际上是把相关关系当成了因果关系,"以果释果",甚至"倒果为因"。

首先来看一般公共预算收入。不妨对比一下1994年后央地"财权"变化和央地"财力"变化之间存在的差别。根据历年《中国统计年鉴》,1994年分税制后,中央通过分享增值税的75%显著集中了财力,而只给地方保留了当时总量相当有限的所得税、营业税以及其他十几个小税种。1994年改革的即时效果,是中央一般公共预算收入比重从1993年的22.0%迅速增加到1994年的55.7%。

但如果观察地方实际财力比例随时间的变化,我们又可以看到如下的情况:1994—2001年间,在央地税收分成法定规则基本没有变化的情况下[12],地方一般公共预算收入占比从1994年的44.3%提高到2001年的47.6%。

如同1994年分税制短暂降低了地方财力一样,2002年和2003年的所得税集权也小幅且短暂地降低了地方的一般公共预算收入占比,从2001年的47.6%降为2002年的45.0%和2003年的 45.4%。此后 8 年，在央地法定分成比例没有任何变化的情况下，2010 年地方一般公共预算收入财力占比上升为 48.9%，2011 年和 2012 年分别进一步增为 50.6% 和 52.1%，2016 年更达到 54.7%，到 2020 年依旧保持在 54.7% 的高位。[13]

换句话说，从 2003 年到 2020 年，一般公共预算的地方"财权"没有发生变化，但"财力"占比提高了 9.3%。即使 2002 年和 2003 年中央分别分享了所得税的 50% 和 60%，2020 年的地方一般公共预算收入财力占比，还是比分税制刚启动的 1994 年提高了 10.4% 之多。

那么是否可以说，从分税制改革之前的 1993 年到目前（2020 年）为止，中国仍然保持了相当程度的一般公共预算财政收入分权呢？或者说，从分税制刚刚实施后的 1994 年到现在，中国的财政体制变得更"分权"了呢？

答案显然是否定的。实际上，从分税制改革前到现在，中国经历了一般公共预算收入上的两次"财权"集中。1994—2001 年和 2003—2020 年这两个阶段，地方"财权"基本没有变化，地方实际"财力"却不断上升。而且，2002 年和 2003 年，即使中央分别集中了 50% 和 60% 的所得税，但到了 2020 年，地方财政收入实际比例（54.7%）仍然远远高于规则变动前的水平（2001 年的 47.6%）。

实际上，上述"财权"和"财力"的明显分异，主要来自中央、地方各自独享和共享税基（即相关行业、企业、个人可征税的营收）的相对变化，而后者甚至不主要取决于中央和地方的相对税收征缴努力，而是来自一些更基本的国内、国际因素变化引发的结构性效应。

不妨考察一下 1994—2001 年包括营业税、所得税在内的各类地方独享税相比于央地共享税（增值税）和中央独享税（如关税与消费税）的相对增长速度。1994—2001 年，中央独享税（消费税和关税）占总税收的比例从14.8%下降到11.6%，到2016年及以后更进一步下降到10%以下。地方独享的企业所得税在1994—2001年间从13.8%上升到17.2%，而2002年之前地方独享的个人所得税比例从1999年（有数据开始）的3.9%很快上升到2001年的6.5%。2002年和2003年之后，地方独享税收入的更快增长主要是后文将详细考察的两类结构性效应发挥作用的结果。

21世纪初以来，在高速工业化和城市化进程中，与耕地占用、土地出让，尤其是商业、办公、住宅等地产开发相关的地方土地增值税、契税、土地使用税、耕地占用税，以及（主要对商业地产征收的）房产税，其增长速度都高于这一阶段全国税收的平均增速。

考察以土地出让金为主的基金预算收入时，应该遵循同样的逻辑。自有土地出让金以来，此项收入就一直归属地方。甚至在地方国有企业、乡镇企业尚未大规模改制前，乃至于计划经济时期，地方政府就直接划拨土地给自己兴办的企业，土地租金其实已经隐含在这些公有制企业给地方政府上缴的利税中。

从这个意义上讲，建设用地的收入权力从来就归属地方，从来没有被中央集中过。只是在转型第一阶段（1978到20世纪90年代中期），土地收入，无论是显性收入还是隐性收入，都不是地方财政收入的主要来源，甚至不是当时地方预算外收入的主要来源。

20世纪90年代中后期以来，尤其是21世纪前20年，无论是从绝对值，还是从其占地方公共预算财政收入和全国公共预算财政收入的比例看，地方土地出让金收入确实有逐步提升，累积起来这种提升还非常显著。2000年中国的城市土地出让金还不到600亿元，但2001年到2003年的三年间几乎每年翻倍，2003年就达到5,421亿元。自2007年首次突破万亿元（1.2万亿元）后，2010年又突破2万亿元（2.75万亿元），2013年突破4万亿元（4.37万亿元），2020年更达到创纪录的8.41万亿元。

显然，这是一个增速上前高后缓、绝对量及占比持续放大、长达20余年的中期演变过程。在这个过程中，地方政府以放量、低价方式供应工业用地以招商引资，再通过限量、高价供应商住用地获得垄断地租，最终形成了工业用地的"全国性买方市场"和各城市商住用地的"局域性卖方市场"。

所以，"土地财政"恰恰是过去20多年中国逐步涌现的一个新现象。对这一重大现象必须进行理论解释，但"经济体制持续分权理论"反过来将实际土地出让金收入占比的提高理解为"土地出让收入分权"的结果，并以此解释中国这一时期的持续增长。这自然会面临如下挑战：如果说中国土地财政分权是1994年一般预算收入集权后高速增长的关键解释变量，那么，为什么1994年之前的土地收入分权不能解释转型第一阶段的高增长？显然，那个阶段地方政府的土地收入并不重要，而这意味着该理论必须首先解释土地收入为什么在20世纪90年代中后期的重要性日益增加。显然，如果不能找到引发"土地财政"现象的更根本原因，那么这个理论就是不成功的。

让我们再回过头来讨论土地管理体制。虽然1998年《土地管理法》开始利用"土地指标"加强中央的土地管理集权，但该法律还同时强化了地方强制征地并单方面决定补偿标准的权力[14]，为20世纪末以来地方政府实施大规模强制低价征地，进而大建开发区和新城区创造了有利条件。

因此，一定会有人争辩说，20世纪90年代后期征地强制性的加大，难道不就是中国土地管理体制仍然"分权"的证明吗？但1998年《土地管理法》之所以加大征地的强制性，恰恰是因为1994年分税制后地方财政受到较大冲击。而且，1997—1998年中国刚经历了较为激进的"去杠杆"，经济增速明显放缓，地方国有及乡镇企业大范围亏损、破产和改制，银行坏账迅速增加。此时，国际上的中国经济"崩溃论"有所抬头,国内则是各级政府都面临"稳增长、保就业"的巨大压力。这个历史背景有助于我们理解1998年《土地管理法》修订时,为什么"送审稿"希望的限定征地范围,在新法出台后,反而变成了加大地方政府征地的强制性。

换句话说,1998年《土地管理法》加大地方征地强制性的相关条款,可以被理解为中央为缓解分税制带来的负面激励而推动的法律行动,是中央为帮助地方应对增长乏力所采取的一个补救性措施。

正是从这个意义上讲,这次修法行为本身就是一个应该被解释的现象。即使1998年《土地管理法》确实对之后地方大规模征地及超常规工业开发区、新城区建设起到了一定的支撑作用,仍然不能将之理解为其后高经济增长的根本驱动因素。

地方官员晋升锦标赛理论

"财政分权论"认为,20世纪90年代中期前实施的"财政承包制"是转型第一阶段高增长的关键制度基础,财权上收的分税制本应压制地方政府的发展激励并导致经济增速下滑,但实际发生的情况似乎与此预测不符。虽然20世纪90年代中后期,中国的增长一度低迷,但自20世纪末开始,从东部到西部,从南方到北方,中国地方政府逐步出现了一波又一波的工业园区建设高潮,与此相伴但稍微滞后的,还有各地新城区基础设施建设和房地产开发的热潮,此一时期中国经济保持了高速的增长,2002—2008年还步入了"黄金增长期"。

在此背景下,"地方官员晋升锦标赛理论"浮出水面。该理论的逻辑如下:在中国的政治体制中,上级官员对下级官员的任命和提拔具有决定权,存在一个中国特有的,从中央到省、从省到地市、从地市到县、从县到乡镇的"地方主官考核体制",而考核的主要指标是地方经济增长率。正是这种主官考核和提拔体制引发了中国独有的"地方官员晋升锦标赛",并使得各级地方主官有了努力拉升本地增长的超强激励,于是,中国实现了转型中的高增长。[15]

根据该理论,在中国特有的"地方主官考核体制"下,那些带来更高增长率的地方主官获得提拔的概率要更高,结果是经济增长目标设定"层层加码",地方官员为获得提拔而努力参与经济增长的"逐顶式竞争"。所以,即使分税制降低了地方的"财权",地方主官发展本地经济的积极性依然强大。我认为,这个理论不仅无法解释中国转型时期的增长,更不能为转型不同阶段中国经济出现的各种丰富动态提供洞见。

其之所以缺乏解释力,首先是因为现实中根本就不存在一个依据增长率考核地方主官,并作为主要提拔依据的层层向下式考核体制,自然就不可能依此展开所谓的"地方官员晋升锦标赛"。在上级任命下级的党政体系下,地方主官多少都有获得提拔的愿望,也一定存在为实现这个目标而努力表现的激励。但"地方官员晋升锦标赛理论"显然要走得更远,提出"为提拔而竞争"是改革时期中国实现高增长的关键所在,而以增长率为主要考核和提拔依据的"地方主官考核体制",就成为中国转型业绩的特定制度基础。

但仔细考察改革时期的地方主官考核体制就很容易发现,至少从正式制度上来看,中国改革时期根本不存在(实际上也不可能存在)一个将政治提拔和地方经济增长直接挂钩的"地方主官考核体制"。

各级组织部门在考察任用领导干部(包括各级地方主官)时,采取的是所谓"德(思想政治素质)、能(组织领导能力)、勤(工作作风)、绩(工作实绩)、廉(廉洁自律)"考核。这是一种定性考核,在此类考核中,从来不会对地方主官"政绩"进行任何形式的打分排序。因此，至少就正式体制而言，干部提拔和其辖区增长之间的关系，根本就不明确，不仅候选人的业绩只是五个提拔标准中的一个，而且业绩也不仅仅代表经济增长。

事实上，此类考核更侧重于广泛征求主管领导及下属对被考核者的意见（一些政府窗口单位或基层单位有时也会征求群众意见），然后汇报给上级党委。虽然组织部门可能参考"地方党政领导班子综合责任制考核"的结果，但这一结果在干部任免中占多大权重并没有一个明确公认的标准。

在中国，唯一在上下级政府间打分排序的考核，是20世纪90年代中期之后才在市与县、县与乡之间逐步推广的"地方党政领导班子综合目标责任制考核"。但其考核的对象是整个地方党政领导班子，而非地方主官个人。

这类考核最早于20世纪80年代后期开始在部分地区县乡出现。[16]到20世纪90年代中期之后，才逐步在一定地区推广，晚至21世纪初才在更大范围有所推广。[17]到目前为止，此类考核主要还是在市与县、县与乡之间展开。

这类打分排序的考核，不仅出现的时间晚，且不针对主官个人，其考核结果也更多地与对个人的经济奖励及对地方的政策优惠挂钩。2008—2009年，我们在河北、江苏、福建、吉林、陕西和四川的30县59乡镇，针对乡镇主要领导干部进行的县乡一级政府考核的调查表明，考核结果更多与经济奖励挂钩而不是与政治提拔挂钩。例如，调查中我们发现，59个乡镇中绝大多数（超过40个）乡镇领导报告考核成绩突出会带来一定的物质奖励，只有31个乡镇领导干部认为考核结果和政治提拔有一定关系，还有10位乡镇主要领导表示上级会视考核成绩给予财政分成激励，或会视考核成绩给予配套政策优惠（如税收减免、土地征用、干部人员调用）。

我们对沿海和内地10余个省份的调研也表明，至少2008年之前，由地市对县级领导班子进行的综合目标责任制考核并不普遍，而省对地市领导班子进行的类似考核就更少。例如，广东省在2008年才研究并起草了省对地市的"落实科学发展观的评价指标体系和干部政绩考核办法初稿"。[18] 又如，至少在2008年之前，浙江省委对各地市的领导班子没有具体的目标责任制考核，部分地市对于县领导班子采用了目标责任制考核，如温州在2006年开始考核各个县领导班子，但杭州市一直没有采取类似做法。再以招商引资最突出的江苏为例。2010年，江苏才出台《关于建立科学发展评价考核体系的意见》，考核对象为省辖市，内容主要是经济社会领域，指标体系分为经济发展、科技创新、社会进步、生态文明和民生改善五大类28项指标。[19] 即使招商引资最活跃的苏州市也没有对下属县区领导班子进行目标责任制考核。又如，虽然河北省沧州市从1994年就开始对各县区进行综合目标责任制考核，但直到2004年，河北省才为了让各级组织部统管"干部任用德能勤绩廉考核"和领导班子目标责任制考核，出台了针对地市领导班子的考核文件。虽然考核确定了具体目标，但是没有规定各个分项目的权重。据了解，在执行过程中，该考核也并不太受到领导重视。但在领导班子的综合目标责任制考核中，被确定为"不称职"的干部，政治前途有可能受影响。以沧州为例，组织部的考核中有类似措施，但是惩罚的面很小，低于1%。

直到2006年，中组部才第一次发文制定了围绕科学发展观的具体目标考核体系。[20] 该文件虽然明确了综合考核评价的指导思想、遵循原则和方法，但没有规定各个考核目标之间的具体权重，实际难以操作。还需要指出，这个考核办法对地方政府并无强制力，仅仅是提供一些参考性信息。

最近10多年，更多的省开始对地市推行"地方党政领导班子综合目标责任制考核"。但总体来看，此类考核主要在县乡之间、市县之间、省市之间的覆盖度依次递减。为了给上级留下更多的自由裁量空间，还有不少省市对市县党政领导班子仍然没有进行此类考核。即使一些建立了类似考核体制的地区，往往也没有明确考核指标的具体含义，或没有规定不同指标的具体权重，甚至相应的激励措施都不明确。迄今为止，中央和省之间也没有开展"地方党政领导班子综合责任制考核"。

因此，虽然理论上无法否认这种打分排序的"地方党政领导班子综合目标责任制考核"可能对领导班子具体成员的仕途产生影响，但其根本目标是帮助上级政府将自身关于地方治理的意志和思路传递给下级领导班子，并通过奖惩措施引导下级观察上级精神并落实上级指令。[21]

进一步看，改革之后，不论是在经济发达的东部，还是在欠发达的中部地区（它们难以像最不发达的西部那样得到较多转移支付），基层政府都面临着财政层层集权后的较大压力，确实出现了比之前更强的财政预算约束和一定的强制性财政支出责任。

在这一背景下，县政府加强对乡镇政府领导班子的综合考核并打分排序，就成为县级政府对上述财政压力做出的一个理性反应：一方面，县政府可以通过施压乡镇政府，通过征地、招商引资、行政性收费等多种途径创造更多可与上级政府分享的财政收入；另一方面，也是"上级请客，下级买单"，进一步下放支出责任。

在讨论了地方官员考核体制的现实之后，还可以进一步从逻辑和实证两个维度评估"地方官员晋升锦标赛理论"。我认为，利用"地方官员晋升锦标赛理论"解释中国转型期的高增长，至少存在着以下六个方面难以克服的困难。

第一，在中国，政治权力的配置，尤其是政治提拔，是否可能遵循"地方官员晋升锦标赛理论"提出的规则？显然，"锦标赛理论"要成立，必须存在从委托人和代理人的角度看都可衡量的、客观的竞赛指标,如地区生产总值增长率、财政收入、出口创汇量等,如果委托人基于一些模糊和主观的标准决定参赛人的晋升,那么参赛人就会无所适从,最后胜负的结果也难以让参赛人心服口服;如果下级官员的政治升迁与可衡量的、客观的竞赛指标挂钩,那么上级领导将在很大程度上丧失其在官员任命和提拔上的自由裁量权和最终控制权。因此,"地方官员晋升锦标赛理论"提出的地方官员提拔机制,在本质上不能兼容现实体制的运作逻辑。

如前所述,中国各级官员在提拔时,必须进行"德、能、勤、绩、廉"考核,而在这类官员任用和提拔的考核中,从来没有、也根本不可能明确给出量化的指标。在地方主要官员提拔考核的实践中,上级组织部门只会对候选人提出定性的推荐意见供上级领导参考,根本不可能对各个候选人进行政绩排序。

第二,考虑到全国各省,一省各市,一市各县,乃至一县各乡的经济基础、地理区位乃至辖区人口规模与地域面积的差别都很大,而影响辖区增长率的因素不仅很多,而且存在交互作用,很难相信辖区增长率主要取决于地方主官的个人能力及作为。即使在特定地区和一定时期内,地方主官个人对辖区增长可能起相当重要的作用,但其作用,尤其是对辖区增长率的相对贡献必然会随时间、地区、官员个人乃至政府层级的不同而变化。[22]

在这种情况下,上级领导显然难以推断地方主官对所辖地区生产总值增长的贡献率,更难以据此推断官员的能力。此外,上级领导如何能推断地方主官对增长率的影响是来自地方主官的个人能力,而不是由于一些更根本的原因,例如官员政治网络带来的更多资源?

第三,该理论没有考虑到上级政策导向、地方主官个人能力、个人施政导向,以及整体地方机关执行能力等多种因素,都会对本地经济增长产生影响。该理论简单地把辖区增长主要归结于地方主官个人，而且还进一步将其归结于地方主官能力的高低，直接推断地方主官考核体制是一个"绩优选拔体制"。

出于历史原因，相比于其他很多发展中国家，中国的确建立了一个组织上更严密、动员及控制能力都更强的地方党政机关。虽然随着20世纪晚期公务员体制的引入和完善，该体系日渐职业化，但不同地区党政机关的整体能力（不仅仅是主官个人的能力）仍然存在着显著差别。因此，即使要实现的政策目标相同，不同地区的党政机关仍会因其执行能力不同而表现出目标实现上的显著差异。

更重要的是，特定时期，地方主官领导下的地方党政机关要完成的主要政策目标，不仅受到本地机关的整体能力和官员个人能力的影响，还会受到地方主官个人政策导向的影响，而后者往往受到一些更根本因素的制约。例如，地方主官在整体政治网络中的相对位置完全可能极大地影响地方政策导向。[23]

从以上案例可以看出，恰恰不是地方官员带动辖区增长后提高了自己的晋升概率，反而是地方官员没有机会晋升，甚至维持现有政治地位都很困难时，才不得不选择了更市场化、更有利于民间和地方机关利益的发展政策，最后带来更高的本地增长。如果把这种因地方官员政策导向引致的增长绩效差异简单地归结为主官个人能力的差异，显然是对现实的严重误读。

第四，即使假定地区生产总值增长率确实是地方主官政治提拔的主要考核指标，那么地方官员一定有很强的激励扭曲这个指标，此时上级领导该如何去判别这种扭曲的大小，并据此推断地方主官"谋发展"的眼光和"搞建设"的能力？

事实上，统计数据的扭曲并不鲜见，甚至相当一段时间，根据各地增长率加权平均推算的整体增长率，显著高于国家统计局公布的相应指标。该理论提出，增长目标设定上的"层层加码"最终会放大地方官员的发展激励并提升经济的增长率。但是，此类增长目标的"层层加码"及各地加总超过全国增长率的情况，可能更多反映了数据采集和统计上的扭曲。

关键是，该理论还要假定上级不知道这种数据扭曲的存在，或者至少有能力判别不同地区扭曲数据的程度。实际上，计划经济时期乃至改革开放后的相当一段时间，都存在高报数据的情况，但这种情况之所以发生，恰恰是因为"出数字"的成本要低于实际达到目标的成本，而且并不是所有地方官员都有同等的激励和胆量造假。

如果各级政府都明确知道甚至参与了这种数字扭曲，上级领导怎么可能相信地方报告增长率的真实性，并以此作为政治提拔的主要依据？实际上，那些因为"出数字"而被提拔的干部，即使被提拔的表面理由是做出了政绩，但实际能被提拔的主要原因绝不可能是能"出数字"，毕竟"出数字"很容易被其他官员复制。官员被提拔除了要有"数字"，往往还有难以复制的具体因素。[24]

因此，将官员提拔和地方经济的绝对或相对增长率放在一起做回归分析，不仅存在"度量误差"问题，还有对其他因素没有充分控制的"遗漏变量"问题。即使发现了相对或绝对增长率与地方官员提拔之间存在统计的相关性，也根本不能当成因果关系，更不能作为"地方官员晋升锦标赛"存在的证据。

第五，研究中国政治的学者早就注意到个体官员在政治网络中的地位对其提拔所起的关键作用。[25]即使我们假定政绩考核中经济增长率确实是地方主官提拔的首要决定因素，那些在更大政治网络中拥有更强关系的官员完全可能被派到更易出政绩的地方任职后再升职，或带着更多资源去特定地区任职，待取得政绩后再实现升职。因此，即使计量分析发现高增长和地方主官提拔概率正相关，也不能推论说上级主要依据地方增长率做出提拔的决策。换句话说，如果无法有效处理集权体制下，上级对下级官员的策略性布局，就不能推断地方主官的提拔基于其增长业绩，更不能推断转型期中国经济增长来自奖励高增长的"地方主官考核体制"。

可以毫不夸张地说，就经济增长率这个非常内生的变量而言，基本上找不到任何好的外生冲击来帮助我们识别增长率和任何被解释变量之间的因果关系，因此把增长率作为关键解释变量去解释官员提拔，其结果基本没有任何可信度。

第六，一个最根本的问题在于，我们是否非得借助"地方官员晋升锦标赛理论"来解释中国转型期的高增长。与此类理论相关的一些文献强调政治领导在经济发展中的重要作用，但往往面临难以建立因果链的窘境。[26] 实际上，对任何一个国家而言，尤其是对中国这样一个转型发展中的大国来说，经济增长启动及持续的驱动力几乎肯定来自一些更根本的结构性效应，不太可能主要由领导人，特别是地方领导人及对这些领导人的考核体制决定。

到目前为止，已经有越来越多的实证分析发现，至少在省级和市级，一旦采用达到符合要求的经验设定，地方官员提拔和标准化后的地方增长率之间都不存在相关关系，更不用说因果关系。即使部分研究发现了正相关关系，往往也是没有考虑官员网络等其他影响因素的结果，更没有辨析地方官员的策略性布局及相应的资源配置对结果的影响。[27]

两个理论的合流和"制度决定论"的短中期适用性

值得一提的是，"地方官员晋升锦标赛理论"意在替代解释中国转型第一阶段高增长的"中国式财政联邦主义理论"。后者认为，从改革早期到20世纪90年代中期，中国经济的快速增长来自当时的分权式"财政承包制"。由于在"财政承包制"下，地方政府获得了财政收入的较高边际分成，因此这一时期出现了一个"保护市场的中国式财政联邦主义"。[28]

近年的一些研究对"财政承包制"的经济增长效应提出了如下质疑：一方面，20 世纪 80 年代中央政府在"财政承包制"下经常单方面调整财政承包合同，缺乏财政联邦主义理论要求的"有效承诺效应"[29]；另一方面，这一时期地方政府都是在本地直接设立国有企业和乡镇企业，因此制造业投资缺乏流动性，区域间的招商引资竞争基本可以忽略不计，甚至从 20 世纪 80 年代后期到 20 世纪 90 年代早期，我国制造业产能从不足较快地转为过剩，还一度出现严重的地方保护主义。[30] 只是到 20 世纪 90 年代中后期地方乡镇企业与国有企业大规模改制之后，全国制造业产品市场的一体化才逐步实现。因此，20 世纪 80 年代并不存在激烈的区域间制造业竞争。

1994 年分税制实行后的一段时间内，中国经济确实出现了增长率的快速下降，当时中央甚至提出了"保 8"的增长目标。[31] 当然，此一阶段的增长率下滑，不仅仅是因为分税制压制了地方发展的激励，同时还与那一时期中国经济的过度投资、产能过剩和之后的紧缩式宏观调控有关。只是到了 21 世纪初，中国更深地融入国际经济大循环并实现迅速的出口增长后，中国经济才逐步走入"黄金增长期"。

换句话说，1994 年的分税制改革，加上同时进行的金融集权化、国有银行商业化和之后强力的宏观紧缩，共同带来了地方公有制企业的大规模改制，还压制了 20 世纪 90 年代中后期的经济增长。虽然难以从实证上区分各因素对增长下滑的具体效应，但断言分税制并没有显著压制地方发展的激励，且主要是由于地方官员有拉动本地增长的政治激励，实在缺乏扎实的逻辑基础和实证依据。

一个值得注意的现象是，以上两个理论近年来出现了合流的趋势。例如，兰德里等提出，"政治集权—经济分权"体制是中国转型发展的关键。[32] 现有文献中最具代表性的是许成钢教授提出的"分权式威权制",强调中国改革时期不仅在经济管理体制上保持了分权,而且还有一个以地方增长率作为地方主官考核、提拔主要依据的政治集权体制。[33]

如是,两个流行的理论开始合流。不仅两组学者经常彼此正面引用,而且都毫不犹豫地将自己理论的适用范围扩展到整个改革时期:"经济体制持续分权理论"争辩说分税制后中国因"土地财政"仍然维持了经济分权,而"地方官员晋升锦标赛理论"更暗示改革以来一直存在一个按增长率评估地方主官并作为主要晋升依据的考核体制。

仔细考察,以上两个理论本质上都是某种意义上的"制度决定论",似乎与"制度决定发展"的主流经济学文献相当契合,这也有助于解释两个理论的流行。此外,以上两个理论还吸引了不少学者的跟随研究,大量经济学、政治学乃至社会学研究将这些本身并不稳定,甚至根本不存在的"经济分权体制"和"地方主官考核体制"当成既定前提,然后再从多维度考察其引申含义。

不妨仔细讨论一下"制度决定经济发展"这个主流经济学关于国家发展的理论。这个由诺思等人开启,近年来由阿西莫格鲁、罗宾逊等学者从理论、实证上进一步阐释的新制度经济学理论[34]提出,一个国家的制度,尤其是政治制度,而不是该国的地理、文化、政策因素,最终决定了国家能否实现长期的繁荣和发展。

毫无疑问,"制度决定经济发展"这一主流经济学理论意在探求经济发展的制度性基础。诺思、阿西莫格鲁、罗宾逊等人的开创性研究确实显著提升了经济学者对现实世界和历史发展的认知。但是,对这个理论必须有一个准确的理解。

"制度决定经济发展"是指更为包容性的政治和经济制度安排,尤其是政治制度安排,有助于实现长期繁荣。但这个理论并没有否认,反而完全承认如下的可能性:当一些先发国家通过建立包容性

第一章 中国增长模式与"土地财政"的兴起

的政治和经济制度首先实现了创新驱动的增长之后，欠发达国家完全可以利用其"后发优势"，在只学习先发国家技术和/或部分（市场）经济制度的情况下，取得短期乃至中期的经济增长，甚至完全可以突破"贫困陷阱"，进入中等收入水平。

当然，要实现此类短中期的经济增长，往往需要出现一定的内外冲击，继而引发既有政治、经济的博弈格局变化，并因此带来学习先进技术和/或部分（市场）经济制度的激励，但这种增长本身不需要后发国家必须具备某种特定的政治和经济体制作为支撑。[35]实际上，如果在学习过程中，后发国家的这些特定体制的安排本身都不稳定，或者本身就是发展过程中新出现的现象，那么将学习技术或部分制度而带来的短、中期经济增长归因于特定的制度安排，就很容易走入研究误区。

正是从这个意义上讲，考察特定国家、特定时期的具体政治与经济博弈到底受到哪些内外冲击而出现变化，这些变化如何为技术和制度学习创造特定的条件，以及这些特定条件如何约束了学习过程并带来怎样的发展后果，应该是更为明智的研究进路。[36]

以上的分析表明，"经济体制持续分权理论"和"地方官员晋升锦标赛理论"，不但误读了转型期中国政府间的政治和经济权力安排，更误读了中国整体的政治和经济体制。无论就理论逻辑而言，还是就实证证据来看，这两个理论都面临着难以克服的挑战，不仅无助于寻找驱动过去40年，尤其是过去25年中国特定增长模式形成和演化的关键原因，还无法解释这个增长模式下出现的丰富动态，包括收入差距扩大、环境污染加剧、城市建设用地结构失衡、房地产泡沫泛起、基础设施建设过度、地方债务飙升等典型事实。

在20世纪90年代中期之后的中国转型发展第二阶段，中国地方政府推动经济增长的主要方式是超常规地建设工业园区、新城区的基础设施。但以上两个理论主要解释的是经济增长率，这就使得它们难以有效阐释中央和地方政府各自推动经济增长的具体政策和实施路径：既不能解释各级政府为什么会使用特定的政策工具支持增长和出口，也无法解释为什么政府在对一些行业的企业提供政策支持的同时，又从其他领域抽取高额的税收和行政性垄断租金，更不能解释中央和地方行动如何引发了宏观杠杆率、收入和财富分配以及社会和环境治理等多维度的不利局面。

最后，研究中国增长模式如果局限于考察中国国内的情况，尤其是局限于研究地方政府的行为，而不对曾处于类似发展阶段的其他经济体做比较分析，同时还忽略中央政府及其政策行动的重要作用，那就很容易出现研究层级的误设，自然不能得到可靠的结论。

三 驱动中国增长的结构性变化与机制

如何理解20世纪90年代中期以来逐渐兴起的中国增长模式？为什么经过1994年和2002—2003年的两轮财政集权，地方政府"大干快上"工业开发区和新城区的激励反而逐步增强？如果不存在一个以地区生产总值增长率为主要依据并进行提拔的"地方主官考核体制"，地方政府发展的激励来自何方？哪些更根本的因素推动了过去25年中国经济的持续增长，还同时导致了地方财政收入比例的先降后升，并引发了"土地财政""土地金融"的兴起？

对"分税制"效应的误读

1994年的分税制将地方政府的一般公共预算收入比例，从1993年的78%迅速降低到1994年的44.3%，特别是中央一举分享了制造业增值税的75%，增值税一个税种就占当时所有税收收入的 45%。在这种情况下，为什么过去 25 年地方政府还会掀起一波又一波的工业开发区建设热潮？

这个浪潮首先从苏南地区启动，先逐步延伸到东部沿海的其他城市，2005 年前后开始向中部地区扩散，2009 年大规模宏观刺激后又进一步席卷广大西部地区。

实际上，建设工业开发区的成本相当高。首先，地方政府必须大规模征地，即使大部分城市的征地成本因政府强势而相对较低，但工业开发区的基础设施建设成本不仅很难降下来，而且还会随着日益激烈的招商引资竞争而不断上升。

过去 20 多年，各地工业开发区的基础设施建设标准不断加码，已经从早期的"三通一平"到"五通一平"，又到后来的"七通一平"乃至"十通一平"，各地工业用地的单位成本持续攀升。[37]

我们近年在各地的调研表明，只有少数城市的工业用地出让金，可以超过或勉强打平地方为提供这些土地所需支付的征地补偿成本和基础设施建设成本。很多经济基础较差或区位条件较弱的城市都在净亏损供地。

如果对于制造业缴纳的增值税，地方的分成很低，为什么地方政府的招商引资动力还这么强？一个常见的解释是，虽然分税制后地方财政分成的比例显著下降，但地方财政支出相对刚性。甚至"分税制"后，省级政府向市、县下压的支出责任有所增加，地方政府只能大搞"土地财政"来补齐收支缺口。这可以被称为"财政压力论"。

但"财政压力论"存在逻辑上说不通的地方，即在其他条件不变的情况下，如果地方（制造业）税收分成比例显著下降，地方政府发展制造业的积极性应该下降才对。毕竟，地方政府大建工业开发区必须支付相当高的征地补偿成本和基础设施成本，甚至还要支付因低价征地、环境污染、劳工保护不足等导致的诸多社会维稳成本，而且这些成本还会随着更多区域加入竞争而不断上升。如果这些成本增加过快，甚至超过收益的增幅，就会有效地约束地方政府发展制造业的冲动。

当然，不能否认地方政府确实存在一定的财政支出刚性，但这种刚性不仅不是绝对的，更不是无条件的。例如，分税制后的相当一段时间内，一些地方政府在教育、医疗等公共服务领域大力推进所谓的市场化改革，但其本质是以市场化为名的甩包袱。即使地方政府不得不"保基本运转"，也未必一定要通过"大干快上"地兴建工业开发区来补充财源。如果建设工业开发区的成本很高且收益难以有效覆盖成本，地方官员完全可以选择不作为，或是少作为。

事实上，至少在 2009 年实施大规模的财政信贷刺激政策之前，一些区位条件较弱和经济基础较差地区的政府更倾向通过"跑部钱进"来获得转移支付，而没有积极性去大建工业开发区。但实际情况是，20 世纪末和 21 世纪初，财政集权受损最大的沿海地方政府选择的是加入并强化招商引资的区域竞争，而在 2009 年之后，全国各地都开始超常规地建设工业开发区和新城区。这些显然都是必须在理论上给予有效解释的重大现象。

伴随分税制发生的结构性变化

要对 1994 年分税制后地方政府一波又一波的"大干快上"做出一个比既有理论更有力的解释，必须深入分析 20 世纪 90 年代中期以来，地方政府面对的国际和国内竞争环境以及二、三产业之间的互动关系，考察一些对地方政府成本和收益产生重大影响的更根本因素。

如前所述，地方政府大规模、有意识的"以地谋发展"，是 20 世纪 90 年代后期从苏南地区开始的。那时，绝大多数城市的房地产市场还没有发育起来，住宅用地出让金可忽略不计。当时苏南地区的地方政府，在招商引资时，主要还是考虑制造业的税收。

虽然分税制降低了地方的税收分成比例，但相比于分税制前对地方国有和乡镇企业征收的诸如产品税之类的综合税税率，分税制后的增值税税率较高[38]，如果再加上分税制新引入的企业和个人所得税，制造业的综合税率就更高一些。因此，地方在工业上"谋发展"的积极性不会下降很多。

尽管如此，如果制造业的综合税率有所提高，那么其他条件不变时，更高税率应该对制造业产出带来负面影响，而且鉴于原有税率在拉弗曲线上的位置，地方的总税收未必增加。但实际情况是，分税制后，中国制造业的产出不仅迅速增加，甚至在2002年加入世界贸易组织后，还成为很多中低端消费品生产的"世界工厂"，地方政府的增值税和所得税收入都实现了超常规的增长。

基于以上观察，我们有理由做出如下推断：一定还有其他一些影响制造业产出的条件同时发生了变化，并导致更高税率对制造业产出的压制不仅被抵消了，而且还在很大程度上提高了制造业的产出。

那么，分税制后还有哪些条件发生变化并带来了制造业产出的不降反升？

实际上，"国际和国内两层逐底竞争"与"二、三产业交互强化型溢出"这两类结构性效应在这一阶段逐步浮出水面并形成共振，造就了中国以出口制造业和城市房地产业双轮驱动的增长引擎，同时引发了同一阶段中国工业化和城市化进程中日益重要的"土地财政"和"土地金融"现象。

国际和国内两层逐底式竞争

20世纪90年代中期，因产能过剩、内需不足，经济出现下滑，当时，中央和地方分别在国际竞争和国内区域间竞争中，以政策逐底的方式，压低制造业生产成本，并提高中国出口产品的国际竞争力。这一协同行动就是我所说的"国际和国内两层逐底式竞争"。

1994年年初，美元兑换人民币的官方汇率从5.8元一次性贬值到8.7元，而且改变了之前只有部分出口商品享受退税的政策，转而实行基于增值税的全面出口退税制度，退税率平均超过10%。可以说，1994年的人民币贬值和出口退税构成了当时中央政府推动"国际逐底式竞争"的两个主要政策工具。这两个政策不仅吸引国际制造业开始大举投资中国，同时刺激了国内厂商大幅增加面向出口的制造业生产。[39] 显然，在分税制提高了法定制造业综合税率之后，1994年开始全面执行的出口退税政策是中央政府再"开口子"，降低了出口产品实征的有效税率。换句话说，为了拉动出口和增长，中央政府放弃了分税制后增值税分成的很大一部分。

必须指出，出口退税主要是对增值税的中央分成部分退税，地方则可根据自身财力和中央制定的年度退税额度自主决策。实际情况是，大部分地方基本不对增值税的地方分成部分退税。因此，无论是人民币贬值，还是出口退税，都有助于解释中国制造业及其出口在最近20多年的高速增长，有助于我们理解分税制后地方政府依然存在的制造业发展激励。

但是，只考察中央政府的"国际逐底式竞争"政策是远远不够的，还必须引入更多的结构性变化，即20世纪90年代后期在地方政府之间逐步展开且日趋激烈的"国内逐底式竞争"。

20世纪末和21世纪初，各地逐步完成公有制企业改制，地方政府除了通过各类产业园区压低工业地价并大举供地，还有意放松了劳工保护和环境管制的政策力度。[40] 此外，由于把主要精力放在招商引资和基础设施建设上，地方政府自然缺乏激励为大量农村流动人口及其随迁家庭成员提供与城市户口对应的公共服务。

与中央政府推动的"国际逐底式竞争"一起，地方政府推动的"国内逐底式竞争"使中国很快成为全球劳动密集型以及部分污染密集型产业的"投资天堂"。由于压低工业地价、放松劳工和环保管制而发生的成本主要由失地农民、农民工和全社会居民承担，地方政府就可以在不降低税率的情况下，通过非税工具向全社会转移成本，最终实现地方的税收最大化目标。

尽管如此，如果地方政府在制造业竞争中所获好处仅限于制造业的直接税收，我们也不会看到21世纪初到2008年之间东部和中部一波又一波的开发区建设浪潮，更不会看到2009年之后进一步席卷全国的开发区和新城区建设"大跃进"。为此，还需引入这一阶段出现的第二个不断强化的结构性效应，即"二、三产业交互强化型溢出"效应，具体说来，则又分为二产对三产的"财政溢出效应"和三产对二产的反向"金融溢出效应"。

二、三产业交互强化型溢出

自1998年住房制度改革后，随着中国城市人均收入水平的提高，城市的住房和服务需求逐步上升。至少在2008年国际金融危机爆发之前，我国大部分二线城市，以及几乎所有的三、四、五线城市，如果没有吸引到足够的制造业投资，那包括住宅、商业、办公在内的城市第三产业就很难形成足够的规模，自然谈不上为地方政府带来高额的商住用地出让金，以及相关税收收入。[41]

正是在这一时期，大部分二线及更低级别的城市，只要制造业招商引资成功，就会出现一些中高收入群体对房地产业、商业、办公等第三产业服务的强劲需求，地方政府也因此获得高额的税收及商住用地出让金，尤其是在中国特有的城市商住用地垄断供应体制下，地方政府可以在土地上捕获二产对三产的全面"增值溢价"。

二产对三产的"财政溢出效应"

随着21世纪初中国逐步融入制造业产品的国际市场,从沿海到内地,越来越多的城市主动或被动地卷入了招商引资的激烈竞争,开始了一波又一波开发区建设浪潮。从开发区招商引资到形成产能一般至少需要两到三年,而只有制造业发展起来才能带动对本地第三产业服务的强劲需求。在区域间"逐底式竞争"的格局下,大部分卷入竞争的城市一旦加入就"欲罢不能"。一个例子就是长三角和珠三角自21世纪初展开的竞争。

20世纪末和21世纪初,苏州、无锡、常州等苏南城市先后展开了大规模的工业开发区建设,甚至还利用包括低工业地价在内的各种优惠条件吸引珠三角的企业,给珠三角地方政府带来了巨大的压力。其结果是,珠三角的地方政府也不得不建立国有工业园区来留住企业。这一时期,珠三角地区"自下而上"的农村工业化和政府主导的"自上而下"的园区工业化在土地利用方面的冲突日益凸显。[42]

21世纪初,地处珠三角的东莞市政府也有把土地的转用开发权拿到自己手里的冲动,而且这种行为很大程度上就是发现自己可能落后于苏州之后不得不学习"苏州模式"的结果。[43]

实际上,2001年5月,东莞市委工作会议就确定了"一网两区三张牌"的战略思路,其中"两区"指建设城市新区和松山湖科技产业园区。到2005年,东莞共规划了松山湖科技产业园、东部工业园和虎门港的开发建设以及20个镇级特色园区。其中,松山湖科技产业园征占了寮步、大朗、大岭山三镇接壤处的72平方公里土地。2009年7月,东莞市委十二届五次全会提出"镇里要敢于向村里统筹拿地",打算剥离村里抓经济的职能,主张土地由镇统一管理、经营,村里等着分红。[44]

从21世纪初开始,"国际和国内两层逐底式竞争"就已带来中国经常账户的较大顺差,人民币升值压力逐步累积。当地方政府,尤其是新卷入招商竞争的城市政府还没有完成"政府贷款或垫资建设工业开发区—制造业形成投资—制造业产品出口—带动本地第三产业发展—获取相关税收和商住用地出让金—覆盖政府早期投入成本"的循环时，如果人民币因贸易顺差加大开始升值，那么地方借贷后新建、扩建的开发区就难以实现出口增加，自然无法完成制造业对本地服务业的有效带动，无法捕获二产对三产的"财政溢出效应"，最后也就难以覆盖前期开发区建设的巨大投入。

因此，地方政府有很强的激励反对人民币的市场化升值，而由于出口保证了高增长和高就业，中央同样缺乏积极性去推动人民币汇率形成机制的市场化。在这一发展格局下，中央财政收入也实现了快速增加。相当一段时间内，中央政府和国有银行的日子都非常好过，自然缺乏推动改革的积极性。

正是因为"国内逐底式竞争"下的工业用地、劳工和环境成本过低，"国际逐底式竞争"导致人民币低估且无法及时升值，中国贸易顺差持续加大，投机者开始向中国注入大量热钱。1995年，中国的外汇储备只有736亿美元，到2000年就增加到1656亿美元，2004年又迅速增加到6099亿美元。2006年、2009年和2011年则分别突破1万亿美元、2万亿美元和3万亿美元，并于2014年6月达到接近4万亿美元的历史高点。

在强制结汇的制度安排下，央行为对冲外汇储备超发了20多万亿元的人民币基础货币。在2002年到2008年这轮黄金增长期，中国年均国内生产总值增长率略高于10%，但人民币基础货币增长率超过17%，其中的差距主要来自人民币升值过慢导致的外汇累积和央行为此超发的人民币基础货币。

相比于20世纪80年代中后期从地方政府及企业先是向中国人民银行地方分支机构，最后是向央行传递的"信贷倒逼机制"及其引发的严重通胀[45]，虽然21世纪以来人民币基础货币的过度投放大幅增加了流动性，却只带来了相对温和的通货膨胀。这恰恰是因为中国制造业的产能早已过剩，而大量流动性可以被新发育起来的房地产和股市吸纳。相比于监管不严且较容易增加供给的股市，被地方垄断限供的商住用地和房地产市场，自然成为过去20年中国经济吸纳过剩流动性的首选。

可以观察到的一个现象是，从2002年开始一直持续到2008年，北、上、广、深等一线城市，以及杭州等少数二线城市的住房价格就开始快速上涨。但在此一黄金增长期内，随着外汇储备的积累和人民币基础货币的超发，央行进行了一定的金融"逆向操作"以防止流动性的过度泛滥。2010年，时任央行行长周小川提出了"池子理论"，即央行通过创造一个"蓄水池"，把过剩的流通人民币蓄积起来，缓解流动性过剩带来的问题。[46]

除提高利率这样的传统手段，央行主要通过提高存款准备金率，直接抽走商业银行的可贷资金并以此限制总的贷款投放量。存款准备金率从2003年的7%一路提升到2012年的20%，锁住了相当部分的流动性。建立这样一个资金"蓄水池"的结果，就是2009年之前中国只有一线城市和少数二线城市出现了房价的快速上涨，而大部分二线及更低级别的城市，只有当制造业招商引资成功了，房地产业才会相应地发展壮大，且房价上涨幅度远远低于同期一线城市的涨幅。以制造业非常发达的东莞为例，2008年前后商品房的价格每平方米只有5000元左右，和现在动辄每平方米3万元以上的价格不可同日而语。至于那些还没有吸引到太多制造业，自身又缺乏煤炭等自然资源的城市，一般而言，本地房地产业的规模就非常有限了。

在出口增速最快的21世纪初到2008年之间，中国东部地区很多二线及更低级别城市，以及部分中部地区区位较为优越的城市，都先后建设了面积极为可观的各类工业开发园区。到2003年7月为止,全国各类开发区就已达到 6866 个,规划面积 3.86 万平方公里。经过中央政府的清理整顿,到 2006 年底我国的开发区被核减至 1568 个,规划面积也压缩到 9949 平方公里。但是,很多被核减掉的开发区只是摘掉了"开发区"名称而已,大多数转为所谓的"城镇工业功能区"或"城镇工业集中区"。通过"一区多园"的模式,地方政府有效回避了中央对开发区的清理整顿,而原有的诸多开发园区在数量和功能上几乎没有任何改变。

在这一阶段,当工业园区实现了快速的制造业出口增长之后,城市政府就开始启动大规模的新城区建设并进行相应的商住用地出让。垄断性商住用地供应带来的高额土地出让金净收益,一部分用于归还为建设工业开发区和新城区基础设施举借的贷款,一部分又进一步投入开发区扩建所需的增量土地征收和基础设施建设,从而在二产招商成功并带动了三产后,再利用商住用地的盈利横向补贴工业用地的亏损。

总之,21 世纪以来中国地方政府的工业用地低价供地,以及制造业大规模发展所致的环境污染、劳工保护缺乏、社保缴费人员比例过低等现象,并不是分税制本身带来的结果,而是国内和国际经济环境变化,以及中央和地方对这些变化所做政策反应共同引发的结果,而且"国内逐底式竞争"的白热化强化了中国在"国际逐底式竞争"中的价格优势。在这一阶段,中国的国际贸易争议之所以还没有发展到白热化的地步,主要是因为西方国家处于经济周期的繁荣阶段。

三产对二产的"金融溢出效应"

为应对 2008 年的国际金融危机,中国政府过去 10 多年中多次推动了宽松的货币政策,开启了主动超发货币和大规模信贷刺激的进程。[47] 2009—2010 年、2013 年、2015—2017 年以及 2020 年新冠肺炎疫情后四次大规模的信贷投放，实际上是把 2009 年之前人民币超发后通过"蓄水池"锁住的那部分人民币，以降低准备金率等方式全面地释放出来，结果是房地产价格在各线城市都出现了大幅的轮番上涨。

如表 1.1 所示，广义货币供应量 M2 从 2008 年的 47.5 万亿元扩张到 2012 年的 97.4 万亿元，四年间增长了 1 倍；之后进一步增加到 2017 年的 167.7 万亿元，年均复合增长率为 15%，远高于同期国内生产总值增速；同时，M2/GDP 这一指标在 2008 年、2012 年、2016 年分别达到 149%、180%、208%，尔后才稍微下降至 2017 年的 203%。[48]

从 2009 年大规模信贷刺激开始，中国就开始出现了"经济下滑—加杠杆—杠杆上升过快—控制杠杆—经济下滑压力—再加杠杆"的"刺激、控制、再刺激"的循环往复。

2009—2010 年的大规模信贷刺激政策，加上中央对一线城市住宅地产的调控，让地产泡沫不仅从住宅地产向商业地产、养老地

表 1.1　金融危机后的中国广义货币投放

时间（年）	M2 供应量（亿元）	GDP（亿元）	M2/GDP（%）
2008	475167	319516	149
2009	610225	349081	175
2010	725852	413030	176
2011	851591	489301	174
2012	974149	540367	180
2013	1106525	595244	186
2014	1228375	643974	191
2015	1392278	689052	202
2016	1550067	743586	208
2017	1676769	827122	203

产、旅游地产等方向扩散，还从一、二线城市向三、四线城市扩散，从东部地区向中西部地区扩散。2009—2011年，基本各线城市房价都增加了100%—200%。

如图1.1所示，为应对国际金融危机，2009年中国就出现了超过100%的信贷增长。虽然2010—2011年在货币和贷款发放上有所控制，但2012—2013年、2016—2017年又两次重新启动了宽松的货币政策，并迅速带来两次"地王潮"和基础设施建设的高潮。[49]

2009年的第一轮刺激效应退潮带来经济增速下滑后，其后两轮信贷刺激又在2013年9月和2016年6月引发了两次"地王潮"：2013年"地王潮"得益于前期（2012年）两次降准和两次降息，而2016年的"地王潮"则对应着该年第一季度的天量信贷，且前期（2015年）央行已经进行四次降准和四次降息，2016—2017年间很多三、四线城市的房地产市场出现了购销热潮。[50]

各线城市房价全面"泡沫化"的一个后果，是2008年国际金

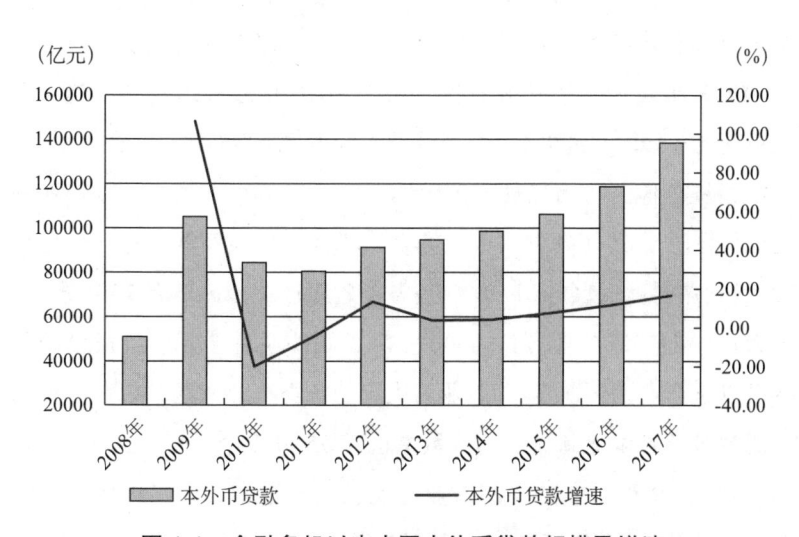

图1.1 金融危机以来中国本外币贷款规模及增速

融危机后，因宏观刺激引发的商住用地出让金激增又反过来刺激地方政府新建和扩建了更多、更大的工业园区。在这一阶段，一些原来制造业基础较差的城市开始新建大面积的工业开发区，然后再以更低的工业用地价格和配套优惠政策招商。

2008年以前，主要是二产对三产的"财政溢出效应"，这从经济角度看还算健康，而到2008年后，三产对二产的"金融溢出效应"开始凸显。中央的货币宽松政策带动了城市房地产业发展，高额的商住用地出让金又激励了欠发达地区（乃至所有地区）的城市政府借债，进而大规模推动开发区的基础设施建设。

2009年以来，中国的地方政府，包括很多原本制造业基础较弱的市县，以"土地财政"为基础，利用地方投融资平台进行"土地金融"的加杠杆操作，新建和扩建了更多数量、更大面积的工业开发区。在2009—2013年的五年中，中国以工业用地为绝对主体的工矿仓储用地出让总计90.7万公顷（9070平方公里），比2004—2008年的56万公顷（5600平方公里）还要高出62%。

在2009年之后的几轮大规模政策刺激下，很多省、市、县都在扩建和新建各类开发区。如贵州这样的西部欠发达省份，每个县都大规模地建设了工业开发区。截至2016年6月，我国已建立国家级新区18个，各类国家级经济技术开发区、高新区、综合保税区、边境经济合作区、出口加工区等约500个，其中，高新技术产业开发区145个，其他各类园区（综合保税区、边境经济合作区、出口加工区、旅游度假区等）150多个；各类省级产业园区已有1600多个，较大规模的市级产业园区1000多个，此外还有上万个各类县级与县级以下产业园区。除制造业为主导的各类产业园区，以服务业为主的县级及县以上新城、新区数量也有3500多个。[51]

到2009年，中国的制造业产能已全面过剩，出口再实现国际金融危机之前年均20%以上的超速增长又明显不可能，为什么地方政府还要大建工业开发区？

首先，2009年后，多轮宏观刺激带来了各级城市房地产市场的全面"泡沫化"，很多地方的商住用地出让金大幅飙升，给地方政府带来了"财政幻觉"：未来本城市的商住用地价格会保持高水平，甚至还可能更高，会为地方政府以商住用储备土地做抵押，大规模负债建设开发区、新城区创造条件。

其次，地方政府从国有金融机构贷款时普遍存在"道德风险"。地方债务的主要债权人是以银行为主体的各类国有金融机构，既然中央现在鼓励地方通过借贷拉动投资和刺激内需，而负债推动工业开发区和新城区建设，至少有助于改善本地产业增长和城市发展的环境，地方政府何乐而不为。即使未来出现债务偿还困难，只要银行是国有的，中央就一定会兜底救助。在这一背景下，地方债务余额在2009—2010年就翻倍达到10.7万亿元，在其后10年继续高歌猛进，显性和隐性债务累计超过60万亿元。[52]

总之，2009年之前的城市发展模式，是地方政府先借债或垫资建设工业园区，低价出让工业用地吸引制造业，然后带动房地产业为主的第三产业发展，最后从第三产业取得财政收益并还债；但2009年之后，反而是房地产业先行，地方通过"土地金融"加杠杆建设开发区，再以更低价格出让工业土地，其结果是国内不同区域招商引资的"逐底式竞争"进一步强化。正是在这一阶段，中国和作为主要出口目的地的西方国家之间的贸易冲突开始加剧。

四 一个系统性分析框架

过去25年，我国逐步发展出了一个与传统东亚发展型国家的发展模式有诸多相似，但仍在几个关键维度存在显著差别的"中国增长模式"。

在传统的"东亚发展型国家"模式下，集权政治的领导者秉持经济增长优先的目标，采取对资方友好的政策。在政策实践上，东亚发展型政府主要通过抑制劳工、压低（存贷款）利率、出口退税、研发补贴、对外企实施市场准入限制等政策工具，为政府希望推动的行业发展创造条件，尤其是为出口导向的制造业成长提供便利。虽然这些政策措施有效地拉动了投资，但东亚发展型经济体的产业政策及配套的财政、金融、劳工政策同时压低了国内工资收入和储蓄利息收入，从而抑制了国内消费。与此同时，压低要素价格又刺激了投资，并使得国内产能远远超过国内需求，于是政府不得不通过压制本币汇率和出口退税政策促进出口，向国际市场倾销产品来消化国内过剩产能。

最近25年来，中国政府在经济发展中多多少少也推动了与前述类似的政策措施。但是，中国并不仅仅是日本、韩国发展模式的简单扩大版。即使和东亚发展型经济体的相应发展阶段对比，20世纪90年代中期后，中国经济对投资的依赖和对内需的抑制都更为严重。从20世纪90年代后期开始，中国投资占国内生产总值比例，从不到40%迅速攀升到2008年接近50%的超高水平，不仅超过日本、韩国相应发展阶段的30%—40%，更远远超过全世界20%—25%的平均投资率。

最近10年，中国的投资率虽有所回落，但仍维持在40%以上的高位。与此相对应，从2000年到2010年，包括政府消费和居民消费在内的最终消费占比下降非常快，从60%以上跌落到50%左右，下跌超过10个百分点。2010年之后，最终消费占比有所回升，但到2018年仍只有55%左右。

中国居民消费占比要显著低于日本和韩国，更低于全世界的平均水平。日本居民消费占比从20世纪70年代的50%左右逐步上升到 21 世纪的 60%，但仍低于世界平均水平（65%）。从 20 世纪 70 年代后期到 20 世纪 80 年代前期，中国和韩国的居民消费占比都降至世界平均水平之下，但韩国居民消费占比一直在 50% 上下，而中国居民消费占比却从 20 世纪 90 年代初期的 45% 下降到 2008 年的 36%，之后 10 年有所上升，到 2018 年达到 46% 左右。

对中国这样一个内需本应占绝对主导的大国而言，如此低的居民消费占比显然严重失衡。为了消化过剩的国内生产能力，中国不得不通过人为压低人民币汇率和出口退税等方式刺激出口。数据表明，2006 年到 2007 年中国净出口达到了国内生产总值的 9%—10% 的超高水平，只是近年才出现了显著下降。1980 年，中国出口才占到国内生产总值比重的 10%，但到 2006 年该指标达到历史最高的 39%，尽管 2008 年国际金融危机之后有所下降，但 2019 年和 2020 年仍维持在 17% 的高位。

二战后，包括日本、韩国、新加坡和我国台湾地区在内的"东亚发展型经济体"，都成功地从低收入经济体顺利达到中等收入经济体，并最终迈入发达经济体行列，还实现了发展过程中较平等的收入分配和顺畅的产业升级，这一过程大约花了 30 年的时间。

与此相比，虽然过去 25 年中国取得了与日韩快速成长期相当的增长率，但在收入、财富分配、环境和劳工保护、城乡土地利用、农民工市民化、农业和农村发展等方面的表现却明显落后。然而，20 世纪 90 年代中后期的中国，特别是沿海地区，在劳动力、土地资源禀赋、产业基础等方面的初始条件，和这些"东亚发展型经济体"的起步期相似，甚至有些方面还要更好，那么，为什么会出现这些发展绩效上的明显差距？

总体来看，除了前文提出的"国际和国内两层逐底式竞争"，我国现有增长模式中还大致存在着三个领域的行政性垄断：第一，能源、原材料行业（石油石化、煤炭、电力、矿业和冶金）和非金融高端服务业（邮电通信、民航铁路等）的资源性和行政性垄断；第二，以国有银行为主体的金融业行政性垄断；第三，地方政府对城市商住用地的行政性垄断。[53]

至此，结合前述提出的"国际和国内两层逐底式竞争"，中国当前的增长模式主要有三个关键要素：第一，民营企业在制造业下游部门的"一类市场化竞争"；第二，中央和地方政府在国际、国内推动的"两层逐底式竞争"；第三，国企在上游部门、银行在金融领域、地方政府在商住用地领域的"三领域行政性垄断"。

图1.2给出了一个思考当前中国增长模式及其绩效的基本框架。其中，国有企业在能源、原材料和非金融高端服务业上游的行政性垄断，民企在消费品制造业下游部门的市场化竞争，二者分别来自20世纪90年代中后期公有制企业改革进程中推动的"抓大"和"放小"政策。[54]地方政府商住用地的行政性垄断是20世纪末之后的"国际和国内两层逐底式竞争"和"二、三产业交互强化型溢出"两个效应共振所带来的，以"土地财政"和国有银行支持的"土地金融"为特色的"中国式地方发展主义"。[55]

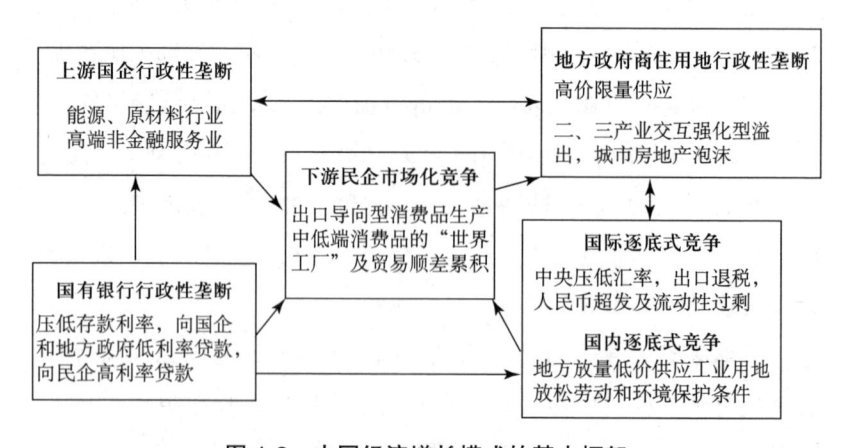

图1.2 中国经济增长模式的基本框架

在此路径下，各城市都在商住用地上构建了具有高度垄断性的"局域性卖方市场"，而工业用地却因"国内逐底式竞争"出现了"全国性买方市场"。如前文所述，正是这个工业用地的"买方市场"，和地方的劳工、环保政策及中央的汇率、出口退税政策一起，共同带来了中国制造业的大发展、出口的超常规增长、外汇储备的迅速累积，以及人民币的超发，从而最终导致城市房地产价格的全面泡沫化。

这里仅以二产对三产的"财政溢出效应"来简要说明这个增长模式的运行机制。前文指出，至少在2008年国际金融危机爆发之前，在我国大部分二线及以下各级城市，只有制造业招商引资成功了，才会出现对住宅和商业服务业的规模化需求，而其中规模化商品房销售更是地方政府取得高额土地出让金净收益的基础。但这些城市购买商品房的主力人群，并不是数量巨大的外来农民工和城市低收入群体，而是以下四类人为主的城市中高收入群体：一是民营制造业企业的管理层和中高级技术人员；二是国有企业为主体的金融业高收入员工；三是国有企业为主体的能源、原材料上游部门和非金融高端服务业的高收入员工；四是地方财政供养的公务员和事业单位人员。显然，后三类人群之所以有中高收入，是因为其所就业的国有企业和公共部门具有行政垄断地位。

综上，可以将中国当前的增长模式总结为：集权的经济管理体制下，民营企业在下游制造业行业进行"一类市场化竞争"；中央和地方政府在国际、国内展开"两层逐底式竞争"；国企在上游部门，国有银行在金融行业，地方政府在商住用地出让上实施"三领域行政性垄断"。

其中，中央和地方政府展开的"国际和国内两层逐底式竞争"非常有力地支持了"一类市场化竞争"下民营企业的快速成长和出口，并最终为中央、地方政府取得税收收入，为上游国企、国有银行和地方政府通过"三领域行政性垄断"抽取高额租金创造了条件。

与"东亚发展型经济体"一样，中国当前的经济增长模式表现出金融和劳工抑制、投资主导、内需不足和出口导向等特点。但典型的"东亚发展型经济体"大致用了 30 年就实现了现代化，而且在发展过程中，基本没有出现大范围的环境污染、收入和财富差距的持续扩大、人口不完全城市化和城乡土地利用结构的严重扭曲。究其根本原因，还是在于这些经济体没有出现前述"三领域行政性垄断"的全面叠加。在这些"东亚发展型经济体"的发展中，确实存在着政府对金融行业的严格管制和对战略产业私营财阀的资金支持与市场保护（例如日本和韩国），甚至我国台湾地区还直接垄断金融系统并以公营企业直接紧密控制上游战略产业。[56]但这些"东亚发展型经济体"都没有通过上游国企、银行和地方政府全面实施"三领域行政性垄断"，因此，在发展过程中，它们无须卷入过于激烈的"两层逐底式竞争"。从每个细分领域来看，中国大陆和"东亚发展经济体"之间存在的是"量"而非"质"的差别，但一旦这类"量"的差别在多个领域叠加起来并形成共振，就可能导致长期发展绩效上"质"的不同。

五　中国增长模式

前面的分析表明，中国并不存在一个以增长率为主，考核并提拔地方主官的"地方官员考核体制"，而现有的干部考核体制对地方主官行为塑造方面发挥的作用非常有限。这就意味着通过改革干部考核体制去扭转地方行为的思路不会有什么效果。从中国改革的历史经验来看，抑制地方投资冲动主要还是依靠中央部委对地方政府进行强力的权力制衡。实际上，20世纪80年代和20世纪90年代的多次"去杠杆"，基本都是依靠中央政府的集权性管制来实现的。

实际上，中国的财政体制和经济管理体制，已经从转型第一阶段的相对分权走向了转型第二阶段的日益集权。经过40年的转型发展，中国初步建构了一个相对稳定的集权型、半市场化的经济体制，改革已到深水区，倘若不深化体制改革，其对经济、社会、环境的可持续发展造成的整体性挑战将是巨大的。

以土地管理体制为例。中国过去20多年的城市化，伴随着土地指标管理的日益集权化和建设用地供应的日益地方垄断化，结果是地价的日益非市场化，工业用地价格过低、商住用地价格过高，地方政府"土地依赖症"越发严重。同理，在货币政策宽松的前提下，地方政府可以通过大量举债来扩大基建规模，结果，不仅市场力量很难对地方政府形成制约，市场本身反而会被地方政府的发展导向扭曲。

因此，要改变目前地方政府过度建设的倾向，并推动其逐步向服务型政府转变，首先要逐步降低地方政府利用土地、资金等关键生产要素直接干预市场的能力。这就意味着必须通过改革，让市场和社会力量对地方政府形成一定的制约。换句话说，地方政府控制生产要素配置的能力越弱，外部市场和社会力量的发育程度越高，地方政府的工作目标就越接近服务型政府的要求。

要想实现上述目标，不仅需要中央通过"去杠杆"硬化地方政府的预算约束，还需要推动市场化改革，切实降低地方政府对基层和市场的资源汲取水平。只有通过一个更市场化的分权体制推动地方政府的职能转换，才能调动基层政府的积极性，发挥市场机制的约束力。

例如，在城市住宅用地供应领域，虽然打破地方垄断是正确的方向，但明确这个方向并不意味着就可以顺利解决问题。目前，中国地方财政高度依赖住宅用地的出让金，主要人口流入地城市房价已达到非常高的水平。如果打破垄断的力度太大，比如推动集体建设用地直接进入城市住宅用地市场，那么地方财政马上就会遭遇重大的冲击，城市房地产泡沫大概率会迅速破裂。过快推动房地产税落地的举措也会产生类似的效果。因此，即使改革方向对了，改革突破口也找到了，仍然需要设计巧妙的政策组合来把握政策的实施力度。为此，本书第三、四章将提出一种解决方案，此不赘述。

再以打破国有企业行政性垄断为例。改革必须创造有利于打破垄断的环境条件和适度压力：一方面，必须在能源、原材料、重化工等周期性行业，全力推动国企的有效去产能和降杠杆；另一方面，对于一些因进入管制而导致产能有所不足、增长潜力尚未充分发挥的上游制造业和高端非金融服务业部门，包括电力、电信、交通运输及教育、医疗等行业，要尽快动手打破行政性垄断，实现国有企业之间、国有企业与民营企业之间、公立机构与民营机构之间的市场化竞争。

历史经验表明，打破国有部门行政性垄断的关键，是以对外开放加速对内开放，以技术进步降低行业准入限制。当前，全球正在兴起一轮以互联网、信息技术、生物医药、新能源、新材料等为支撑的新技术革命浪潮，中国完全可以创造性地利用过去曾成功实施的"双轨制"思路，设计相应领域的改革方案，推动新技术在能源、原材料、电信、航空运输等垄断行业乃至医疗和教育等多领域的应用，逐步引入和扩大市场轨，并最终实现渐进式并轨。[57]

总之，未来中国要实现高质量发展，首先要通过国企、金融、住宅用地供应体制三个领域的市场化改革，逐步打破"三领域行政性垄断"，如此才能有效降低民营企业的生产成本与城市低收入人口的生活和居住成本。与此同时，切实推动人民币汇率形成机制的市场化改革，推动提高征地成本和集约利用存量低效用地的城乡土地改革，加快"农民工市民化"的户籍改革和保护劳工、环境的社会与生态治理体制改革，最终跳出"国际和国内两层逐底式竞争"，通过建立一个全面、平衡的良性市场经济体制，来实现以国内循环为主的"国内、国际双循环"。

从经济泡沫化的起点开始推动改革，将不得不面对宏观经济管理的严峻挑战。如果只是持续放水，不能在稳定宏观杠杆率的同时，推动有助于拉动实体经济增长的结构性改革，那么即使仍有一定的货币和财政政策空间，也不过是让泡沫化的经济再多撑一段时间。倘若本轮经济转型还像20世纪90年代中期那样，以经济、财政、行政全面集权的方式"去杠杆"，不仅很容易因破坏市场机制而难以完成改革，还可能直接刺破经济泡沫。

当前，体制改革在目标和策略上难以达成共识，改革呈现部门化和碎片化的特征，而相关利益集团也在不断施加阻力，因此，结构改革难以取得突破。正因如此，政府为应对经济下行所做的政策反应更多是被动甚至主动的放水，多次"微刺激"累积成"中刺激"甚至"大刺激"，"去杠杆"反而成了"加杠杆"。一旦因为"加杠杆"导致泡沫进一步被吹大，政府又开始采用各种行政性集权措施控制杠杆，如此便破坏了市场运行。结果便是经济出现"刺激、控制、再刺激"的循环，国民经济的杠杆率不断上升，主要人口流入地城市房价越调越高，政策左右为难，进退失据。

要突破以上困境，光靠过去那种行政、财政和经济集权的政策难以奏效。当前经济的泡沫化要比以往更为严重，而且，当前稳定乃至降低经济"杠杆率"的操作还面临过去不曾出现的严重挑战，如央企尾大不掉、财政集权带来支出刚性过大，同时既有中央集权对产业升级约束更大等。[58]未来要实现高质量发展，必须着力向市场和地方合理放权。[59]与此同时，在地方政府和市场之间，也要通过市场化改革，降低地方政府利用对土地和资金要素的控制直接干预经济增长的能力，进一步强化社会力量，反制地方政府可能的"乱为"。

注释

1. 参见张清勇:《中国农地转用开发问题研究》，商务印书馆，2013年版。
2. 参见张建英:《中国地方政府经济职能的转型研究》，苏州大学，博士学位论文，2009年。
3. "分税制"建立了相互独立的国税和地税系统，前者负责征收中央独享税和央地共享税，后者只负责征收地方独享税。2002年和2003年进行了两次收入所得税集权后，国税系统又增加了部分所得税的征税职能。2016年全面推动"营改增"后又出现了国税、地税系统合一的趋势，2018年国税和地税合并。
4. 参见周飞舟:《分税制十年:制度及其影响》，《中国社会科学》2006年第6期，第100—115页。
5. 参见陶然、刘明兴:《吃饭、建设，还是公共服务？》，《大众日报》，2015年1月12日。
6. 参见吕冰洋、毛捷、马光荣:《分税与转移支付结构：专项转移支付为什么越来越多？》，《管理世界》2018年第4期，第25—39页。
7. 参见魏莉华:《〈土地管理法〉的变与不变》，《中国自然资源报》2020年6月29日。
8. 参见袁飞、陶然、徐志刚、刘明兴:《财政集权过程中的转移支付和财政供养人口规模膨胀》，《经济研究》2008年第5期，第70—81页。
9. 参见魏莉华:《〈土地管理法〉的变与不变》。
10. 参见 Xu, Chenggang. "The Fundamental Institutions of China's Reforms and Development," *Journal of Economic Literature* 49: 1076-1151。
11. 既有中英文文献中都有不少研究用地方财力占总财力的比例或者地方收入占地方支出的比例度量地方分权的程度。由于这些变量本身就是结果，因此用作解释变量会具有严重的内生性，所以此类分析的结果基本不可信。
12. 这一时期只有一个相对较小的财税分配变化，即证券交易印花税上的央地分享变化，但印花税占比较低。

13 2016年5月开始，中国全面推动了"营改增"并重新调整了央地对增值税的分享比例，央地增值税各自分享50%。由于这次"营改增"的基本原则是在改革前后保持地方一般公共预算税收的分成比例基本稳定，所以2016年之后该比例基本上每年都保持在53%—54%的水平，到2020年该比例回到2016年的54.7%。

14 1998年《土地管理法》增设了如下一系列不利于被征地者的条款，参见张清勇：《中国农村土地征收制度改革：回顾与展望》，中国社会科学出版社，2018年版。

15 参见 Edin M., 2003, "State Capacity and Local Agent Control in China: CCP Cadre Management from a Township Perspective," *China Quarterly* 173, pp35-52；Tsui, K. and Y. Wang, 2004, "Between Separate Stoves and a Single Menu," *China Quarterly* 177, pp.71-90；Li, H. and L. Zhou, 2005, "Political Turnover and Economic Performance: The Incentive Role of Personnel Control in China," *Journal of Public Economics* 89, pp.1743-62。

16 参见陶然等：《经济增长能够带来晋升吗？对晋升锦标竞赛理论的逻辑挑战与省级实证重估》，《管理世界》2010年第12期，第13—26页。

17 文献中可见的最早研究，是荣敬本等人对河南新密市的党政领导班子综合目标责任制考核的考察。参见荣敬本等：《从压力型体制向民主合作体制的转变：县乡两级政治体制改革》，中央编译出版社，1998年版；王汉生、王一鸽：《目标管理责任制：农村基层政权的实践逻辑》，《社会学研究》2009年第2期。

18 广东省对市党政领导班子和领导干部的考核评价中，包括实绩考核、民主测评和群众满意度三个方面。实绩考核采取定量考核的办法，民主测评和群众满意度采取定性考核的办法，定量与定性考核有机结合。实绩考核，指标设计充分体现了科学发展的要求。在指标设计上，增设了人均GDP指标（人均GDP发展速度与GDP发展速度之比），其中，经济发展指标只占30%左右的权重。但实绩考核和民主测评及群众满意度之间是什么关系，分别有多少权重，都没有明确规定，也不可能明确规定。

19 江苏省委组织部、江苏省统计局《关于认真做好2009年度县（市）党政正职科学发展实绩量化考核工作的通知》，明确了考核县（市）党政正职的五大类15项指标，由省统计局、财政厅、农委等14个部门和各省辖市统计局分别提供。

20 参见中央组织部印发实施的《体现科学发展观要求的地方党政领导班子和领导干部综合考核评价试行办法》，2006年7月3日印发。

21 参见陶郁、刘明兴、侯麟科：《地方治理实践：结构与效能》，社会科学文献出版社，2020年版。

22 比如，虽然不能否认在改革时期中国的省级政府，尤其是主要领导在本省政策制定、推进改革等方面能够起到一定的甚至较为重要的作用，但即使在20世纪80年代，省级主要领导对本地经济增长到底能有多大影响也很难确定。实际上，

20 世纪 80 年代推进的地改市、市辖县等改革，大大强化了地市级政府在地方经济发展中的功能。20 世纪 90 年代中后期以来，至少从介入本地经济增长的程度看，省级政府的作用进一步降了。比如，不同地区对包括外资在内的外来投资展开大规模招商引资竞争，实际上是在 1994 年分税制之后，特别是在 20 世纪 90 年代后期才开始出现，最开始主要集中在沿海一些政策改革先行或产业基础条件比较优越的地市，最近 15 年甚至 10 年左右才开始渐次向沿海欠发达地区、中部乃至西部地区延展。这种大规模招商引资竞争的主体主要是市或县级政府。

23 章奇、刘明兴的研究表明，20 世纪 80 年代早期，当中央上层就是否推动市场化转型还存在较大争议时，大部分地区的地方主官因政治稳妥起见，选择了相对保守乃至限制市场化的政策立场，而少数地区的较低级地方官员却积极支持和全力保护本地民营企业和乡镇企业。参见章奇、刘明兴：《权力结构、政治激励和经济增长：基于浙江民营经济发展经验的政治经济学分析》，格致出版社，2017 年版。

24 地方不仅存在高报增长率数据的情况，还存在不少低报数据的情况。比如，出于对来自上级政府可能进行收入集中的担忧，一些南方富裕省份的官员会有意识地隐藏某些财政收入，甚至低报地区生产总值增长率。实际上，不同官员被提拔的意愿也非常不同，受到更多因素的影响。

25 Nathan, A., 1973, "A Factionalism Model for CCP Politics," *China Quarterly* 53, pp.34-66; Shih, V., 2006, *Factions and Finance in China: Elite Conflict and Inflation* (Cambridge).

26 比如，T. Besley、J.G. Montalvo 和 M. Reynal 的研究就将教育水平作为能力的度量，甚至说教育高的人道德水平高，愿意为百姓服务。参见 T. Besley, JG Montalvo, M. Reynal, 2011, "Do Educated Leaders Matter?", *The Economic Journal* 121 (554), pp.205-227。还可以参考 Jones, B. and Olken, B., 2005, "Do Leaders Matter? National Leadership and Growth Since World War Ⅱ," *Quarterly Journal of Economics,* vol. 120(3), pp.835-64。

27 近年来，有越来越多的学者开始质疑"地方官员晋升锦标赛理论"的实证分析结果。最近的一例是英属哥伦比亚大学的学者 Michael Wiebe，通过收集中国地市层面的数据，他发现 GDP 增长与官员晋升之间并没有关联性。同时，作者考察了三篇主要的锦标赛文献的实证结果，或者无法复制，或者发现变量的设定相当特别。

28 Oi, J., 1992, "Fiscal Reform and the Economic Foundations of Local State Corporatism in China", *World Politics* 45, pp.99-126; Montinola G., Y. Qian and B. Weingast, 1995, "Federalism, Chinese Style", *World Politics* 48, pp.50-81.

29 Cai, H. and D. Treisman, 2006, "Did Government Decentralization Cause China's Economic Miracle?", *World Politics* 58, pp.505-535; Tsai, K., 2004, "Off Balance: The Unintended Consequences of Fiscal Federalism in China", *Journal of Chinese Political Science* 9, pp.1-26; Tsui, K. and Y. Wang, 2004, "Between Separate Stoves and a Single Menu", *China Quarterly* 177, pp.71-90.

30 Naughton, Barry, "How Much Can Regional Integration Do to Unify China's Markets?" (pp. 204–231), in Nicholas C. Hope, Dennis Tao Yang, and Mu Yang Li (Eds.), *How Far across the River? Chinese Policy Reform at the Millennium*, Stanford, CA: Stanford University Press, 2003.

31 参见 Thomas G. RAWSKI, "What is happening to China's GDP statistics?" *China Economic Review* 12 (2001), pp.347-354。

32 Landry Pierre F., 2008, *Decentralized Authoritarianism in China: The Communist Party's Control of Local Elites in the Post-Mao Era*, Cambridge University Press; Zhang, Xiaobo, 2006, "Fiscal decentralization and political centralization in China: Implications for growth and inequality", *Journal of Comparative Economics*, vol. 34(4), pp.713-726.

33 Xu, Chenggang, 2011, "The Fundamental Institutions of China's Reforms and Development", *Journal of Economic Literature* 49, pp.1076-1151.

34 参见［英］道格拉斯·诺思:《经济史上的结构和变革》,厉以平译,商务印书馆,2011年版; Daron Acemoglu and James A. Robinson, 2012, *Why Nations Fail: The Origins of Power, Prosperity, and Poverty*, Deckle Edge。

35 阿西莫格鲁和罗宾逊一再强调,自有历史以来,大多数社会都曾被攫取型制度主导,而一个社会如能形成某种程度的秩序,就能创造有限的增长,当然这些攫取型社会都未能实现持续的增长。参见 Daron Acemoglu and James Robinson, *The Narrow Corridor: States, Societies, and the Fate of Liberty*, Penguin Press, 2019。又如,一些研究"发展型国家"的学者还提出,虽然市场经济和私营企业是推动经济发展的基础性制度安排,但如果政府拥有一批具有强烈发展意愿的精英并相对超脱于社会力量或利益集团的左右,且有能力自主地制定高瞻远瞩的国家发展战略,就可以挑选出未来的"赢家"(即产业发展的战略制高点),并最终动员有限的资源实施产业政策,相比于政府不干预的情况,这可能更有助于推动产业发展和经济增长。这些学者认为,作为后发国家的一种,发展型国家能带来经济增长是因为其较强的国家能力 (state capacity) 以及行政管理体系能与利益集团保持一定距离 (bureaucratic insulation),从而避免了被后者俘获。

36 参见陶然、苏福兵:《关键历史节点与初始制度差异:中苏转型的比较》,《二十一世纪评论》2019年总第171期，第4—20页。

37 "三通一平"是指通水、通电、通路与土地平整，"五通一平"则增加为通给水、通排水、通电、通路、通信、平整土地。"七通一平"又增加了通燃气、通热力。"十通一平"还要在工业区通铁路专用线、通宽带网、通有线电视。

38 1994年制定分税制改革方案时，设定制造业增值税率的基本原则就是征收增值税要至少确保之前的制造业税收收入不下降。

39 参见管涛：《从1994年汇率并轨看当前如何进行汇改》，2016年，中国金融四十人论坛。

40 参见 Elizabeth Economy, 2010, *The River Runs Black: The Environmental Challenge to China's Future*, Cornell University Press。

41 因城市级别较高，一线城市与少数二线城市往往更少依赖制造业带动本地服务业，尤其是房地产业的增长。这是因为一线城市与少数二线城市作为部分上游制造业与高端服务业的总部基地，本身就集聚了相当数量的高收入人群，直接对住房需求和各类高端服务形成较为强大的购买力。

42 丛艳国、魏立华：《珠江三角洲农村工业化的土地问题——以佛山市南海区为例》，《城市问题》2007年第11期，第35—39页。

43 中共东莞市委政策研究室编：《谋事之基，成事之道：2006年东莞市重要调研成果》，广东科学技术出版社，2007年版。

44 从1998年至2007年间，东莞市、镇和村三级财政（可支配纯收入）的格局发生了巨大的变化，市财政占三级收入的比重逐年稳步上升，由15.6%上升到了35.2%，而村级可支配纯收入由55.1%下降到了34.7%，可见政府的大手已经全面伸出、张开。参见张清勇：《中国农地转用开发问题研究》。

45 钟朋荣提出了"超额货币量形成的倒逼机制"概念，概括了我国20世纪80年代超额货币量的形成与通货膨胀的特殊原因和特殊过程，分析了银行不得不为填补企业资金缺口发放贷款的原因。参见钟朋荣：《中国通货膨胀研究》，江西人民出版社，1990年版。

46 参见周小川2010年首届财新峰会致辞，见 https://video.caixin.com/2010-11-05/100195748.html。

47 实际上，前一个阶段外汇占款带来的基础货币增加一直持续到2014年6月达到顶峰（27.35万亿元）之后才开始下降。参见陶然、李泽耿：《中国金融体制的风险与改革路径》，《中央社会主义学院学报》2018年第6期，第145—155页。

48 2012年之后，央行外汇占款增速开始减缓，2014年6月后，外汇占款带来的基础货币甚至开始收缩。在这一背景下，为刺激下滑的经济，中国政府开始更多依靠贷款等派生货币扩张，央行则开始通过降低存款准备金率、扩大央行再贷款等各种市场工具，推动贷款等派生货币加快增长。

49 根据国际清算银行（BIS，2018）的测算，我国债务总额与国内生产总值的比值从 2008 年的 144.7% 增长到 2017 年三季度末的 256.8%，这一数字不仅高于新兴市场国家 191.9% 的整体水平，也超过了发达国家 246.0% 的宏观杠杆率。

50　根据姜超等人对投资项目的估算，"棚户区改造"带来的地方隐性债务规模约为 4.5 万亿元。参见姜超、朱征星、杜佳：《地方政府隐性债务规模有多大？》，海通证券研究所，2018 年 7 月 26 日。

51　参见冯奎：《中国新城新区发展报告》，企业管理出版社，2017 年版。

52　根据 IMF 的测算，2019 年我国地方政府隐性债务规模达 42.17 万亿元，几乎是显性债务（21.31 万亿元）的两倍，加上显性债务，当年的地方政府负债率高达 247%。转引自孙晓霞《地方政府债务风险值得关注》，中国财富管理 50 人论坛，见 https://mp.weixin.qq.com/s/rwBaLsGSRYx7NRPwFGqgww。

53　通过对利率、汇率、市场准入和银行信贷（规模和结构）的管制，再加上通过对金融体系的国有制和对高层人事任免的控制，中国政府对金融体系保持了强大的控制和干预能力。其中，一个以国有银行直接融资为主的金融结构是中国政府能够管控融资格局的核心所在。参见章奇：《政治激励下的省内经济发展模式和治理研究》，复旦大学出版社，2019 年版。

54　"放小"是指通过破产、转让和转制，让中小国有企业和乡镇企业由市场决定命运；"抓大"是在"放小"的同时，把更多的资源更集中地向剩下的国有企业（尤其是中央企业）倾斜，支持后者的发展壮大。参见 Nicholas R. Lardy, 2019, "The State Strikes Back: The End of Economic Reform in China?" Peterson Institute for International Economics, Washington, DC。

55　参见陶然、苏福兵：《中国地方发展主义的困境与转型》，《二十一世纪》2013 年总第 139 期，第 25—37 页。

56　参见陈玮、耿曙：《发展型国家的兴与衰：国家能力、产业政策与发展阶段》，《经济与社会体制比较》2017 年第 2 期，第 1—13 页；陈玮、陈博：《发展型政府的多样性：政企关系与产业体系》，《经济与社会体制比较》2021 年第 1 期，第 137—148 页。

57　比如，充分利用分布式能源技术与新兴的能源互联网技术，就有助于逐步打破国家电网在电力供应上的垄断；又如，充分利用大规模在线教育与医疗服务，将有助于降低对既有公立教育、医疗体系的改革压力，提高高质量教育、医疗服务对所有人群的可达性；再如，鼓励基于无线互联技术与全球定位技术发展出来的专车服务，有助于打破城市出租车行业一直难以打破的垄断，而在全球精确定位技术基础上建立的针对大中城市拥堵时段、拥堵地段的动态收费体系，还有助于中国很多爆堵城市走出因轿车存量过多而难以逾越的交通拥堵死局。

58　参见刘明兴、陶然：《以双轨制破解民生政策困局》，见 http://www.ftchinese.com/story/001060673?full=y&full=y&archive。

59　比如，一种观点强调通过自上而下的行政管制来直接改变地方政府职能的异化，从而为市场化和产业升级创造条件，即所谓的"行政审批权清单"改革。反映在财政体制改革上，其思路就是要中央和省级政府严格控制市、县政府部门的各项收费权。但这种改革本质上还是一种行政加财政集权的改革，与历史上的税费改革一样，同样也很容易陷入"活乱循环"的周期。

第二章
"土地财政"下的策略性出让及多重扭曲

基于第一章对中国增长模式及其运行机制的考察，本章将对过去20多年地方政府对土地的策略性出让及其所带来的多重扭曲，进行更为详细的考察。

一 "土地财政"模式下的策略性出让

地方政府在不同类型用地上的策略性出让

21世纪初，在我国一些较发达的东部县市，大部分乡镇都设有"开发区"或"城镇工业功能区"。为吸引工业投资者，这些开发区开始了"三通一平"等配套基础设施的建设，同时制定各种优惠政策来招商引资。在2003年前后的一波开发区热潮中，各地在招商引资时几乎毫无例外地设置了工业用地的优惠政策，包括以低价协议出让工业用地、按投资额度返还部分出让金、允许利用部分工业用地建设职工宿舍和办公场所等。甚至每隔一段时间，地方政府还会根据招商引资的进度，分析本地商务环境、生产成本的优劣，随时调整包括用地优惠在内的招商引资政策。

经常出现的情况是，地方政府将基础设施完备的工业用地以名义价格，甚至是所谓的"零地价"出让给投资者50年。同时，地方政府需事先付出土地征收成本和基础设施配套成本，这意味着从土地征收到招商入门，收支相抵后，地方财政往往是净亏损的。

在土地资源最为紧缺的浙江，征地和基础设施配套成本高达10万元/亩的工业用地，平均出让价格也只有8.6万元/亩，大约有四分之一的开发区，出让价不到成本价的一半。2002年后的一段时间，很多市县工业用地的价格都在下降，降幅达到每平方米40—50元。[1]以"苏南模式"著称的苏锡常地区，在竞争外来投资上更加激烈。例如，作为中国吸引外资最成功的城市之一，21世纪初，苏州的征地和建设成本高达每亩20万元，但其工业用地的平均出让价格只有每亩15万元。为了和苏州竞争国外投资，周边一些城市甚至为投资者提供出让金低至每亩5万—10万元的工业用地。在这些地区，土地征收和建设成本较为类似，由此可见，地方政府要付出多大的代价。

在现有土地管理体制下，集体土地转用一般必须经过地方政府的"先征再用"，而且征地的补偿标准、补偿方式都由政府主导。因此，在土地征收补偿方式和补偿标准的谈判中，不论是农村土地的所有者（村集体），还是使用者（个体农户），都处于弱势。正是因为地方政府可以单方面制定较低的补偿标准并强制性征地，21世纪的大规模土地出让和开发区建设才成为可能。

征地结束后，地方政府有充分的自主权来选择土地供应方式，其中划拨供应通常限于公益性用地；而土地出让则用于工业和商住用地。在土地出让中，又分为透明度和竞争性较低的协议出让与透明度和竞争性较高的"招拍挂"出让。

观察各地土地出让的实践，很容易看到地方政府在工业用地出让和商住用地出让上的方式迥异：在商住用地出让中，几乎所有的城市政府都成立了土地储备中心，全市、全县"一个口子供地"，基本垄断了城市商住用地的一级市场。与此相反，绝大部分的工业用地却是通过协议方式，或表面上挂牌实则协议的方式出让。一个城市建立的多个开发区，乃至乡镇级开发区，都可以独立供地并招商引资。

《中国国土资源统计年鉴》2004—2006年的数据表明，2003—2005年，全国出让工业土地153176宗，共计279735公顷，其中以更具竞争性的"招拍挂"方式出让的土地，以宗数计算只占5.18%，以面积计算只占5.04%。而且，协议出让的平均价格只有"招拍挂"价格的三分之一。

从2006年开始，国土资源部规定工业用地必须纳入"招拍挂"范围。但为了吸引投资，很多地方在工业用地出让中普遍采取有意向的挂牌出让，继续低价供应工业用地。不仅如此，一些地方政府在出让工业土地后，还经常将部分或全部土地出让金按投资到位的情况返还给企业，结果是，工业用地实际支付的价格要更低。

从表面上看，地方政府似乎在采取自相矛盾的行动，为什么地方政府会在工业和商住用地上采用迥然不同的出让策略？这就需要我们考察地方政府土地策略性出让中的财政收入流。在考察"国际和国内两层逐底式竞争"和"二、三产业交互强化型溢出"效应时已指出，其中的关键在于地方政府在土地出让中的财政收入激励，而后者又受到二、三产业各自特点及其产业流动性差异的约束。

从地方财政的角度看，土地出让能给地方政府带来两种收入（流）。在出让本期，地方政府获得土地出让金并划入地方基金预算收入。与一般公共预算收入相比，地方政府在基金预算收入及支出上都有更高的自由裁量权。而且，一旦土地出让完毕，企业开始建设和运营后，地方政府还可获得相关产业的税收，包括制造业增值税的地方分享部分，从服务业部门抽取地方独享的营业税，以及制造业和服务业缴纳的企业、个人所得税的地方分享部分。其中，所得税在2002年之前为地方独享税，2002年后需和中央分享50%，2003年之后中央分享比例提高到60%。此外，在工业和商住用地开发中，地方政府还可以抽取土地增值税、契税、土地使用税、耕地占用税、房产税等其他各类与土地利用和房地产开发相关的小税种。

在这种情况下，地方政府需要考虑的问题是，即使提高工业用地价格可以获得更多的出让金收入，但这种收入是一次性的，而且地价过高势必影响本地的招商引资。因此，高价供应工业用地不仅会牺牲本地制造业发展直接带来的、相对稳定的增值税收入流，还会牺牲制造业因带动本地服务业发展而间接带来的第三产业用地出让金及其他各类税收。因此，以跨期财政收入最大化为目标的地方政府，需要进行整体性谋划，尤其考虑第二产业对第三产业的"财政溢出效应"。

实际上，地方政府在招商引资中面对着两类特点非常不同的用地者：一类是包括商业、住宅业在内的服务业用地者，另一类是制造业用地者。从税收角度看，这两类用地者表现出了非常不同的特点。

服务业主要带来营业税及相关的企业所得税、个人所得税，特别是商业服务业地产和住宅地产在销售过程中能为地方带来很高的短期营业税、所得税、土地增值税、契税等收入。由于中国迄今为止还没有开征对普通商品房的年度房地产税（现有房产税主要针对商业、办公类地产），因此，虽然包括商业在内的各类服务业营业后还会持续产生相对稳定的营业税和所得税，但对于建筑业和住宅地产开发销售业来说，营业税的高点一般在土地出让后房地产建设及销售过程中。一旦地产建设和销售完毕，来自建筑业和住宅开发业的营业税就没有了。制造业的情况则不同：一旦制造业形成了生产能力，对其征收的增值税和所得税一般会保持相对的稳定。

一旦考虑了不同产业的特点及其带来的相关税收及出让金收入，就更容易理解地方政府在工业和商住用地出让策略上的差别。制造业，特别是那些中国具有比较优势的中低端制造业，一个重要的特点就是缺乏区位的特质性。换句话说，大部分制造业并不主要为本地消费者生产，而更多为其他地区乃至其他国家的消费者生产可贸易品。在国内各地区乃至全球各国争夺制造业投资的激烈竞争中，制造业企业对生产成本非常敏感，也更容易进行生产区位的调整。

面对制造业部门更高的流动性，日益卷入"国际和国内两层逐底式竞争"的地方政府，就不得不为制造业提供整体优惠政策包，其中包括廉价土地、补贴性基础设施，以及放松劳动及环境保护管制等。此时，地方政府通过协议或挂牌方式，以低价乃至零地价供应工业用地就不足为奇了。地方政府不仅不预期工业用地出让能为地方政府带来净收入，甚至还愿意接受短期的净损失。

与制造业生产的可贸易品不同，大部分服务业提供的是被本地居民消费的非贸易服务品。这些企业一般必须在本地提供和销售这些服务，而前提就是企业必须在本地取得办公用地和办公场所，结果必然是地方政府在提供商住用地上具有相当强的谈判能力，可以通过垄断城市的商住用地一级市场来最大化相应的出让金收入。因此，虽然在工业用地上，由于制造业招商引资竞争而形成了一个"全国性买方市场"，但在商住用地上却出现了每个城市的"局域性卖方市场"。在每个城市的"局域性卖方市场"上，地方政府很容易将高地价转嫁给本地服务业、住宅业的消费者。

上述不同产业的流动性差异，加上不同产业的纳税类型及其可持续性的差异，共同引发了地方政府对不同产业用地的策略性差别出让，最终体现为商住用地和工业用地之间不断扩大的价格差异。

根据各年《中国国土资源统计年鉴》，2003—2017年，全国工业用地的平均价格只上涨了115%,而同一时期,商业服务业用地平均价格上涨幅度达到了793%,居住用地价格上涨幅度更高达808%,其中普通住宅用地上涨了686%。2003年,商业服务业用地与工业用地比价只有2.84,到2017年就上升到11.79。2003年住宅用地与工业用地比价只有4.78,到2017年上升为20.19。

需要补充的一点是,上述比价的测算还没有考虑很多城市在工业用地出让后又根据投资到位情况返还部分乃至全部出让金的情况。如果考虑到这个情况,我国商住用地和工业用地净价格差距还会大幅度增加。

工业园区的"大跃进"

20世纪末21世纪初,我国地方政府积极加入"逐底式竞争",推动了一波又一波工业园区的"大跃进"。

以苏州为例,20世纪90年代中期以来,当地政府大规模征地、建开发区,为外商提供投资环境。从1995年到2008年,苏州5个国家级、12个省级开发区的已开发面积,从136.84平方公里扩大到了518.96平方公里。其中,5家国家级开发区从55.6平方公里扩大到242.13平方公里,12家省级开发区从81.24平方公里扩大到284.96平方公里。

与通过开发区推动经济发展的模式相一致,苏州的城市化由原来从农村发端的自下而上,转变为政府的自上而下规划。[2] 2001年,苏州市第九次党代会提出"大力实施城市化战略,加快推进城市化进程"的发展思路。2003年4月,苏州首次召开全市城市化工作会议。2003年4月29日,中共苏州市委、苏州市人民政府发出《关于加快城市化进程的决定》,提出"到2007年,苏州中心城市、县级市城区和中心镇建成区总面积比2002年翻一番,全市城市化率在现有基础上提高 10 个百分点左右",部署了"积极开展城市经营"的工作。[3] 在"经营城市"的思想指导下,苏州市和各所属市县级政府开展了规模巨大的城市扩展活动,城市规划区范围一举达到了 2014 平方公里左右。[4]

不可否认,这一工业化与城市化模式确实带来了 2002—2008 年中国经济的超常规增长,尤其是很多城市制造业特别是出口行业的超常规扩张。但恰恰是因为地方政府更多地依赖各种非税收的手段来招商引资,这种增长模式付出的代价也是相当之大的。

过去 10 多年来,为了应对国际金融危机,中央政府推动了几轮大规模的财政信贷刺激,引发了中国房地产业、基础设施建设、上游能源及原材料行业的全面过度投资。在激烈的"国际和国内两层逐底式竞争"中,作为地方政府首要招商工具的土地被过度使用,出现了全国各地的"工业园区大跃进"和日益严重的城市土地利用结构失衡。

20 世纪 90 年代中后期以来,从苏南地区首先开始,越来越多的沿海城市展开了大规模的工业开发区建设。到 2003 年 7 月,全国各类开发区已达到 6866 个,规划面积 3.86 万平方公里。经过中央政府的清理整顿,到 2006 年底,全国开发区被核减至 1568 个,规划面积也压缩到 9949 平方公里。但是,很多被核减掉的开发区只是摘掉了"开发区"的名称,大多数转为所谓的"城镇工业功能区"或"城镇工业集中区"。通过"一区多园"的模式,地方政府有效回避了中央对开发区的清理整顿,而原有的诸多开发园区在数量和功能上几乎没有任何改变。

2008 年国际金融危机爆发后,各地大规模建设工业园的势头不仅没有下降,反而还出现了加速上升。工业用地出让规模在 2009 年和 2010 年分别达到 12.3 万公顷和 13.8 万公顷,而危机前的高点是 2006 年和 2007 年的 13.8 万公顷和 13.5 万公顷。2012 年和

2013年，全国工业用地出让甚至达到了历史最高的18.2万公顷和18.3万公顷。之后虽然有所下降，但每年依然保持在10万公顷以上的高水平。[5]

在2009年之后的几轮大规模刺激政策下，很多省、市、县都在扩建和新建各类开发区，一些西部欠发达省份，如贵州、云南等，每个县都在大规模地建设工业开发区。

2007—2016年，从工业用地整体规模占比全国总规模情况来看，东部、中部和东北地区均呈现下降趋势，分别由2007年的43.64%、27.00%和10.24%，下降至2016年的40.10%、24.10%和4.73%。在西部地区，工业用地配置规模相对来说保持了增长态势，由2007年的19.00%增长到了2016年的31.06%。2007—2016年，中部和西部的工业用地规模持续提升，占全国的比重由46.01%增至55.16%。相对于东部而言，中部和西部的土地利用集约度较低，尤其是西部的土地利用集约度最低。虽然东部地区的土地利用集约度相对较高，但面临着土地指标供需不平衡的难题。[6]

截至2016年6月，我国已建立国家级新区18个，各类国家级经济技术开发区、高新区、综保区、边境经济合作区、出口加工区等约500个，其中，高新技术产业开发区145个，其他各类园区（综保区、边境经济合作区、出口加工区，旅游度假区等）150多个；各类省级产业园区已经达到了1600多个，较大规模的市级产业园1000多个，此外还有上万个各类县级与县级以下产业园。除了制造业为主导的各类产业园区，以服务业为主的县级及县以上的新城、新区数量也超过3500个。[7]

毫不夸张地说，中国过去20年的工业园区和新城区建设，无论是从用地和投资规模来看，还是从建设速度上来看，在全世界工业化和城市化历史上都是空前的，而且肯定也是绝后的。

城市土地存量与增量结构的双重失衡

前述城市土地出让模式的结果，便是城市存量用地结构的严重失衡，具体表现为工业用地的比重显著偏大，而住宅等第三产业用地和环境绿化等用地的比重明显过低。

当前，中国城乡建设用地总计约 24 万平方公里，其中约 5/6 为分散在农村的农民集体非农建设用地，剩下的大约 1/6 是城市建设用地。从 1990 年到 2004 年，中国城镇建设用地从 1.3 万平方公里扩大到近 3.9 万平方公里。到 2004 年，城镇人均建设用地已达 155 平方米[8]，而 1998—2014 年，城市建设用地面积更从 2.05 万平方公里增加到 4.99 万平方公里，增长高达 143.7%。

世界各国城市工业用地一般不超过城市存量用地的 10%[9]，但我国工业仓储用地占全部城市建设用地面积 25% 左右，即使扣掉大约 3 个百分点的仓储用地，也达到 22%[10]。2004 年，全国城市的工业仓储用地规模已达到 7900 平方公里，2009 年又进一步增加到了 9853 平方公里，2011 年进一步增加到 10303 平方公里。2012 年后，中国城市居住用地比例基本没有变化，但主要由于基础设施类用地比例有所增加，导致工业仓储用地比例有所下降。但扣掉仓储用地之后，中国城市工业用地的比例仍然在 20% 左右，显著高于国际 10% 的平均水平。

根据《中国城市建设统计年鉴》中的相关数据统计，工业用地占比高于 30% 的城市多集中于我国东部地区，以工业型城市为主，规模多为超大及特大城市，而工业用地占比低于 15% 的城市多集中在西部地区。从省域层面来分析工业用地占比情况可以看出，工业用地占比低于 15% 的地区，如山西、青海、宁夏等，呈现出扁平化的低水平集聚特征。

总体来看，中国现有城市，包括很多特大城市，产业用地的比例都明显过高，住宅用地比例则明显偏低。例如，在上海和苏州，工业用地面积占比居然分别达到了 25.77% 和 31.79%。与此同时，我国城市生态用地比重只有 10%，居住用地比重则一直在 30% 左右徘徊。[11] 因此，未来必须将部分存量工业用地转化为住宅用地，提高土地使用效率，降低征地规模，并实现产城有机融合。[12]

再来看一下城市建设用地出让的增量结构。除了 2004 年工业用地出让占总出让用地比例为 49%，2003—2017 年各年该比例都在 50% 以上（2009—2012 年缺乏数据）。住宅用地出让占比在大部分年份都低于 30%。[13]

上述扭曲的土地出让结构，显然是因为在地方政府策略性供地背景下，不同类型用地的出让价格存在差异。以 2006 年为例，全国主要城市总体综合地价水平值为 1544 元 / 平方米，其中商业用地平均地价为 2480 元 / 平方米，居住用地平均地价为 1681 元 / 平方米，工业用地平均地价为 485 元 / 平方米。到了 2010 年，全国主要城市综合地价水平值为 2882 元 / 平方米，比上年增长了 229 元。其中商业用地地价最高，为 5185 元 / 平方米，其次为居住用地，4245 元 / 平方米，工业用地地价最低，629 元 / 平方米。[14]

地方政府策略性出让的负面效应相当突出。一方面，由于工业用地出让价格很低，加上工业用地出让占比很大，地方政府自然有很强的积极性去尽可能压低征地补偿的标准，结果是不少失地农民的土地财产权益乃至长久生计都受到严重影响；另一方面，低地价使工业用地的利用非常不集约，城市主要依靠不断征用和出让土地来实现"平面扩张"。

工业用地的低价出让还带来了"名为二产投资、实则三产套利"的"圈地""囤地"现象。在工业用地出让之后，地方政府很难对企业具体的用地情况实施有效的监管，很容易助长一些企业借机"圈地""囤地"的做法。在低价取得工业用土地后，很多用地者经常只使用一小部分，其余部分则直接闲置或搭盖一些简易建筑物，浪费了宝贵的耕地资源。一些企业在厂区内进行大面积的绿化和景观建设，城市里的"花园式工厂"屡见不鲜。

虽然园区内的厂区土地大量闲置，但企业仍可以用土地向银行抵押融资。甚至"囤地"和"圈地"本身就是希望在未来城市空间扩展后，地方政府会去调整用地规划，进而待工业土地用途变更为商住用途后，再从中套利，获取土地用途转换后的"增值收益"。

最近10年来，虽然多轮次宏观宽松政策刺激了工业开发区的大规模新建、扩建，但受到国际市场需求不足和国内经济较快下行的影响，近年来中国制造业的增速明显放缓。各城市之间、同一城市不同工业园区之间的招商引资竞争日益激烈乃至白热化，存量制造业企业多多少少出现了过度竞争。

一些区位条件和经济基础较差的工业开发区，甚至出现了土地征收后无人问津，土地资源大规模闲置浪费的现象。即使一些开发区千辛万苦吸引到企业入驻，后者也经常是"多圈少建、圈而不建"。虽然地方也制定了诸如"未动工开发满一定时间后无偿收回建设用地使用权"的政策，但大都难以执行。有时候政府催一次，企业就动一点，政府无法认定土地为闲置状态。即使地方政府有时希望收回土地，但操作上往往难上加难。尤其是当园区层级较低时，政府更因担心影响未来招商而不敢对企业过度施压。

二　过度土地城市化与不完全人口城市化

虽然"土地城市化"如火如荼、花园式工业开发区比比皆是，城市政府却不愿意配置足额的居住用地，结果是城市的房价过高。一旦地方政府卷入制造业投资的"逐底式竞争"，就更缺乏积极性为以农民工为主体的外来常住人口提供有助于后者实现举家永久性迁移的相关公共服务，因而人口的"完全城市化"和"农民工市民化"迟迟难以实现。

过度土地城市化

我们来看表2.1，从2001年到2008年，中国城镇人口平均年增长率只有3.55%，而同一时期的城市建成区面积年均增长率却高达6.20%，城市建设用地面积年均增长率更高达7.40%，城市化过程中，人口城市化的速度只有城市空间扩张速度的一半多。2008年国际金融危机爆发后，我国城市建成区面积和城市建设用地面积的平均增速也仍然显著快于人口城市化的速度。

表2.1 中国城镇人口和城市建设用地面积年均增长比较

年份	城镇人口平均年增长率（%）	城市建成区面积平均年增长率（%）	城市建设用地面积平均年增长率（%）
2001—2005	4.13	7.70	7.50
2006—2008	2.57	3.73	7.23
2001—2008	3.55	6.20	7.40
2008—2019	2.59	4.32	3.38

注：表中数据为作者参照《中国城乡建设统计年鉴》《中国统计年鉴》统计得出。2005年城市建设用地面积缺北京和上海数据，系采用2004年和2006年数据的平均值替代。

"过度土地城市化"的突出标志是，城镇用地扩张显著快于城市常住人口的增长。2000—2015年，全国城镇建成区面积增长了113%，远高于同期城镇常住人口59%的增幅。从1990年到2000年，我国城市建成区面积从1.29万平方公里扩张到2.24万平方公里，增长了约0.74倍；到2016年，城市建成区面积增长到5.43万平方公里，比 2000 年又增长了 1.5 倍。城市群建设用地规模增长更快，1990—2012 年，全国 20 个城市群建设用地规模扩大了 6.36 万平方公里，增长 4.13 倍；2012 年，长三角、山东半岛、珠三角、京津冀和长江中游城市建设用地规模分别为 1990 年的 10.4 倍、7.3 倍、10.6 倍、3.6 倍和 4.3 倍。[15]

不完全人口城市化

当前，我国人口城市化率指标有相当大的水分。虽然根据公布的数据，常住人口城市化率从 20 世纪 90 年代末期的 30% 左右提高到 2010 年的近 50%，并在 2020 年达到了 63.9%，但户籍人口城市化率只有 45.5%，相差 18.4 个百分点。

按照全国 14 亿人口测算，城市常住人口和城市户籍人口的差距已经达到 2.58 亿，这个差距中的绝大部分是以农民工及其随迁家庭为主的跨区农村迁移人口，规模有 1.7 亿到 1.8 亿，还有 0.6 亿—0.8 亿的城乡接合部农村户籍人口。[16] 实际上，当前 45.5% 的户籍人口城市化率指标也有一定的水分，其中至少有 0.2 亿左右是在城市郊区居住，半工半农甚至以务农为主，但已因部分土地被征收而转为城市户籍的本地农民。

因此，当前的常住人口城市化率，甚至户籍人口城市化率，都存在不同程度的虚高，尤其考虑到还存在 1.7 亿—1.8 亿农村向城市的跨区迁移人口和几千万的城乡接合部农民，常住人口城市化率的水分更大。如果挤掉上述水分，"人口完全城市化率"将下降 18%—20%，只有 43%—44%，这显然与中国人均国内生产总值超过 1 万美元的经济发展阶段严重脱节，而脱节的原因就在于城乡土地制度改革和户籍改革的严重滞后。

进展缓慢的户籍及配套改革

显然，当地方政府为招商引资而加入"逐底式竞争"时，必然会选择过度偏向资本，忽视普通劳动者，尤其是那些没有本地户籍的外来劳动者及其家庭人口，没有积极性为他们提供相关的公共服务。很多城市对所谓"外来人口"的态度，就是利用他们年轻时可为工业发展和城市建设提供的廉价劳动，而不想看到他们年老后成为负担。

相当一段时间内，我国人口流入地的主要城市，尤其是一些大城市和特大城市，纷纷施行所谓的"积分入户"政策。这些政策以户籍改革为名，实际上基本排除了大批农民工及其家庭成员获得本城市户口并实现举家永久性迁移的可能性。更有甚者，不仅没有采取有效的措施去约束，反而在某一时期还鼓励地方探索这些具有严重歧视性的"积分制"改革。

户籍改革的严重滞后，加上城市房价的飙升，共同导致我国绝大部分农村外出打工人口难以实现举家永久性迁移，并进一步引发了农村建设用地和农地利用中的诸多矛盾。

过去10多年，中央政府不断强调要推动以人为本的新型城镇化，也先后出台了多个主要的政策文件，包括《国家新型城镇化规划（2014—2020年）》、国务院颁布的《关于进一步推进户籍制度改革的意见》以及与其配套的《国家新型城镇化规划（2014—2020年）》等。这些文件提出，未来将进一步调整户口迁移政策，更提出了"三个1亿人"计划。

相当一段时间内，我国城镇化政策的主旨是严格控制大城市和特大城市的人口规模。但无论是我国改革开放以来的实践，还是国际城市发展的经验，都非常清楚地表明，控制大城市和特大城市人口规模的难度很大，即使成功也会带来巨大的经济代价和社会成本。

近几十年全球城市发展的经验更进一步展示，如果大城市、特大城市可以通过好的管理体制和定价机制来实现有效的水土资源利用、环境保护以及交通流量管理，将有助于充分发挥大城市和特大城市的规模经济和集聚效益，甚至全面推动国家的产业升级和技术进步。管理得好，这些特大城市不仅比中小城市更有经济活力，甚至还更有利于节能减排和土地集约利用。[17]

不妨看一下改革以来，尤其是最近20多年来我国创新发展方面最成功的城市——深圳。当地很多制造业企业的蓬勃发展，正是依赖居住于城中村的大量中低端劳动力，这些劳动力的相当比例凭借廉价的城中村居住环境实现了举家永久性迁移。举家永久性定居有助于外来劳动力不断提高自身技能，也能在城市一直工作到退休，为制造业产业升级提供了更多更好的人力资本。

虽然近年来深圳的商品房价格已相当之高且还在持续飙升，但迄今还尚未对深圳的产业发展和技术创新带来致命的影响。这是因为深圳还有大量的城中村为中低收入人群及部分具有较高学历的年轻人提供了起步的空间。实际上，很多深圳的企业家早期就是从城中村开始创业并一步步发展壮大的。可以说，没有深圳的城中村，就不可能有深圳今天的繁荣。但未来深圳的繁荣正受到超高房价的严重制约，处理不好有可能会如香港那样出现产业空心化。

与深圳相比，北京、上海等特大城市虽然有更好的科技基础乃至高端人才优势，但缺乏为大量中低收入人口提供体面居住的空间。这不仅增加了高收入人口的生活成本，还难以为发展具有活力的制造业和生产、生活型服务业提供足够的熟练劳动力，最后反而大大抑制了城市经济发展的活力。

就我国一线城市的现状来看，北京、上海、广州、深圳四个城市都已有几百万甚至上千万的外来流动人口在城市长期生活和工作。虽然《国家新型城镇化规划（2014—2020年）》已大幅度提高了特大城市的人口标准（城区常住人口500万以上），但中国的特大城市和超大城市（常住人口1000万以上）仍有16个，其吸纳的外来人口占到中国跨区外来流动人口的相当比例。从流入地来看，东部沿海的大城市、特大城市是我国流动人口的主要去向。[18]

聂日明、潘泽瀚指出，目前"七普"公布的有限数据显示，人口向东部发达地区集聚的趋势未变。[19]过去10年，人口增速有所下降，但流动性进一步增强。从流动方向看，人口的流动总体上呈现出京津冀、长三角和珠三角等以中心城市为主的城市群集聚特征。与2010年"六普"相比，东部地区人口所占比重上升2.15个百分点，中部地区人口所占比重下降0.79个百分点，西部地区人口所占比重上升0.22个百分点，东北地区人口所占比重下降1.20个百分点。人口流动的另一个特征是现在的城城流动大幅上升，尤其是中西部省内迁移越来越向省会等中心城市集中。城城流动以后，已城市化人口向中心城市集中趋势不会改变，体现了城市群的集聚效应。[20]

因此，新型城镇化战略能否成功，就取决于这个战略是否可以尽快解决已有存量流动人口中，大部分人的住房和与户籍相关的公共服务覆盖问题。尤其考虑到我国的大城市和特大城市，流动人口数量特别多，但住房价格特别高，子女进入城市公立学校平等就学难度特别大，因此，能否解决这些问题，更成为决定未来新型城镇化和户籍改革成败的关键所在。

实际上，我国南方的不少人口主要流入地城市，尤其是珠三角地区的城市，本地城中村、城边村的村民利用集体土地，尤其是宅基地建设了大量的出租屋，不仅为大批外来人口提供了可支付住房，而且解决了城市扩张后失地农民的收入问题。但是，由于这些住房多为"法外"建设，大部分城中村存在基础设施缺乏、城边村道路过窄、消防隐患突出、卫生状况较差、政府公共服务不到位等问题，远远没有实现土地的"最高最佳利用用途"。

"农民工市民化"的两个关键条件

当前阶段，我国流动人口若要完成举家永久性迁移，实现"完全市民化"，需要首先具备两个关键的互补性条件：第一，在就业地城市的家庭居住；第二，子女在城市公立学校平等就学和升学。

如果人口流入地城市的房价过高，而保障性住房又基本不覆盖外来的流动人口，如果流动人口子女在城市公立学校的就学和升学困难，那么以单身、临时性迁移为主体的人口流动模式就难以避免，或者举家迁移的那些流动人口就会持续陷入非常不利的生存状态。

先看城市流动人口子女的就学情况。无论是1992年的《义务教育法实施细则》，还是2001年的《关于基础教育改革与发展的决定》，都明确提出以流入地政府管理为主、以全日制公办中小学为主的保障机制。从2003年的《关于进一步加强农村教育工作的决定》到2011年的《国务院关于深入推进义务教育均衡发展的意见》等文件，都要求地方各级财政部门将农民工的子女就读纳入正常的财政预算支出范围。2014年以来，对流动儿童义务教育问题的解决方式又转向"两纳入"，即将常住人口纳入区域教育发展规划和将随迁子女教育纳入财政保障范围。中央层面也出台政策，要求生均公用经费基准定额资金随学生流动可携带、钱随人走，鼓励地方政府接纳随迁子女。

虽然部分城市的地方政府曾经一度努力推动流动人口子女在城市公立学校就学和升学，但总体看，大部分人口流入地城市执行中央政策的力度仍然远远不够。不少人口流入地城市，特别是一、二线城市，并不愿意在城市公立学校为随迁儿童提供足够的学位。根据全国妇联课题组2013年的估计[21]，中国不仅有大批的农村留守儿童，还存在3106万的城市流动儿童，其中农村户籍的流动儿童达到2877万，而义务教育阶段在城市就读人数只有1367万。[22]

根据教育部发布的2017年教育统计数据，2017年义务教育阶段随迁子女和父母双方都外出的农村留守儿童数量分别为1,897.45万人和1550.56万人，合计约3448万人；教育部在《国务院关于实施〈国家中长期教育改革和发展规划纲要（2010—2020年）〉工作情况的报告》中披露，2011年全国进城务工人员随迁子女在公办学校就读比例约79.2%，比2010年增长了12.7%。但在2011—2016年间，进城务工人员随迁子女就读公办学校的比例一直徘徊在80%左右。因此，有至少两成、超过300万的农村流动儿童在条件较差的民办学校就读。2016年和2017年，初中招生中的随迁子女数量少于小学毕业生中的随迁子女，其主要原因就是有大量随迁子女因流入地城市学位不足或升学门槛高而被迫返乡，其中大部分成为留守儿童。[23]

再来看流动人口的居住情况。从全国来看，除了几千万居住在集体宿舍或工棚的农民工，还有更多的流动人口通过租赁城中村、城边村出租屋以及其他城市存量住宅来解决居住问题，人均租住面积只有15—20平方米，大约为城市户籍人口居住面积的一半，[24]更不用说我国城市户籍家庭有接近90%已拥有一套住房，其中20%以上的家庭还有两套或更多套住房。[25]显然，中国城市住房市场已出现了居住鸿沟，而在一些作为主要人口流入地的大城市，这个鸿沟还要更宽。[26]

以北京为例，北京市能租赁成套住房的大体上是外来人口中的精英群体，如企业负责人和专业技术人员。占外来常住人口比例84.4%的新移民工人大多只能选择"城中村"、地下室、工棚及群租房等非正规住房来寄身，流动人口的人均住房使用面积为5.6平方米，其中40%的流动人口的人均居住面积不足10平方米，71%的流动人口的人均居住使用面积低于20平方米，只有大约20%的流动人口人均居住面积超过20平方米。同时，平均来说，在狭小的居住空间内，平均居住人数大约为4人。其中，超过30%的流动人口均选择以两人合租的方式居住。其次是3人合住及1人独居，比例分别约为25%和19%。[27]

其他特大城市的流动人口居住条件也明显低于户籍人口。根据南开大学课题组在上海、天津、广州、武汉、成都、兰州、哈尔滨七大城市开展的"2013年流动人口管理和服务对策研究问卷调查"，流动人口的居住面积非常有限，七城市流动人口人均居住面积只有13.5平方米。以上海市浦东新区为例，当地户籍人口的人均居住面积为27.1平方米，而流动人口人均居住面积仅有11.4平方米，仅为当地户籍人口的42.06%。

近年来，由于劳动力供需局面的变化，我国农村流动人口收入开始有所提高。根据2015年原国家卫计委的流动人口调查数据，流动人口家庭月收入一般在7500—8000元（男性流动人口月均工资4500元，女性3500元左右）。如果人口流入地主要城市可以为流动人口子女提供平等的就学和升学条件，很多外来人口将愿意为家庭团聚和子女教育支付更多的房租。如果可以住进基础设施和公共服务更好的租赁公寓，哪怕房租占到家庭月收入的25%—30%，也都是可以接受的。[28]

在我国，很多来自农村的女性流动人口30多岁后就选择返乡，原因就在于其子女在义务教育阶段无法在城市公立学校顺利就学，因而不得不回乡去照顾孩子上学。而且，很多来自农村的男性劳动力到了40—50岁时，也因定居及购房无望不得不退出城市劳动力市场。

反过来看，如果很多作为人口流入地的大城市、特大城市的房价没有这么高，也不存在户籍制度对流动人口子女在城市公立学校平等就学的限制，那些外出打工的农村劳动力完全可以在城市一直工作到退休。当前中国的实际情况是，虽然城乡生产力差距接近3倍、农村仍然有不少剩余劳动力，然而，近年来城市的中低收入劳动力工资却迅速攀升。[29]

国家统计局发布的《2016年农民工监测调查报告》显示，1980年后出生的新生代农民工已逐渐成为我国农民工的主体，占全国农民工总量的49.7%。[30]和"离土不离乡"或"离乡终返乡"的父辈相比，即使整体来看我国人口流入地主要城市对外来农民工并不十分友好，但1980年后出生的新生代农民工已不太可能再回乡，而是期望未来可以落脚城市。举家迁移，夫妻、孩子甚至带上老人一起外出已经成为近年来我国人口流动的新趋势。根据原国家卫计委流动人口司的调查，2015年我国流动人口中的未婚人口比例为24.9%，已婚流动人口比例达到76.1%，而已婚流动人口中有89.82%是夫妻一起外出，至少带一个孩子外出的家庭比例也达到63.5%。甚至还有6.92%的流动人口会带父母外出，超过60岁的流动老年人口数已接近1800万，占流动人口总数的7.2%。

保障性住房还是住房保障？

另一个需要讨论的问题就是如何为流动人口提供其在流入地城市的住房保障。

一段时间以来，中央政府都在要求地方大幅度增加城市的保障性住房供应。可以想见，完成这一要求需要建立一种覆盖面很广的保障房体系，这不仅要求地方政府有激励，更要求其有财力和能力去建设、管理好如此"面广量大"的保障性住房，让其惠及高达两亿的城市流动人口及三四亿的随迁家庭人口。

不过，在讨论上述解决办法的可行性和可能性之前，应该首先回答这样一个问题：建立一个覆盖面如此之广的保障性住房体系，是解决广大百姓，尤其是最需要住房的大批农民工和城市新就业人群住房问题的最好方法吗？

从全世界各国的情况来看，一个健康的城市房地产发展模式应该是这样的：保障性住房主要覆盖那些连市场水平租金也支付不起的城市最低收入阶层，而绝大多数城市家庭的住房，无论是购住的还是租住的，都应该而且完全可以通过健康的房地产市场发展来提供。[31]

如果城市的房价已经高到迫使政府必须要为占人口相当高比例的中低收入阶层全面提供保障性住房，那么政府就应该反思，为什么目前的土地供应体制，会导致人口流入地城市的住宅用地供给这么少，而城市房价又为何会如此之高？答案非常简单，房价里面包含了过高的各类税费，尤其是高额的土地出让金。

如前所述，2002年以来，中国城市的房价一路上涨，主要还是由于中国经济发展模式，尤其是土地供应体制存在着重大的矛盾。这些矛盾不仅使我国经济的整体流动性极度膨胀，还导致了住宅用地被人为地限量过少供给。当过高的流动性，或者说过多的货币追逐经济中特定的、因地方政府垄断操控而缺乏供给弹性的居住用地时，居住用地以及相应的商品住房价格就会不可避免地"泡沫化"。

因此，要解决目前我国主要人口流入地城市房价畸高的问题，短期增加一些保障性住房供应，采取一些行政性措施去抑制房地产投机可能会有一定的效果，但这些措施不应该是政府应对房价泡沫的主要对策。在城市房价如此高的情况下，地方政府根本不会有积极性去大幅增加保障性住房的供应。此外，当前我国的城市政府大都没有建立一个良好的保障性住房的分配与管理体制，无法确保那些最需要住房保障的外来流动人口获得保障房。即使短期内政府通过限购、限贷等行政性调控措施来抑制房价上涨和房地产投机的措施能奏效，最多只能治标而难以治本，甚至还会严重干扰城市房地产市场的正常运行。

在既有的"土地财政"格局下，地方政府忙于招商引资搞建设，仍然掌握本地户籍改革主动权，完全可以控制落户及提供相应公共服务进度。因此不能指望人口流入地主要城市会大规模地为外来人口提供保障性住房，甚至不能指望地方政府会努力为中低收入的流动人口子女提供平等的公立学校就学和升学条件。

实际上，不少城市近年来的确开始进行了较大规模的保障性住房建设。一方面是为了遵循中央政府房价调控的要求，另一方面是为了保障本城市中低收入户籍人口的居住条件，甚至是为了顺利推动本城市的拆迁工作。目前，中国城镇住房保障的覆盖面已超过20%，仅2011年到2017年间，全国累计开工建设的各类保障性安居工程住房就达到了5338万套，基本建成的超过4000万套。但即使如此，这些城市的保障性住房基本只针对本城市的户籍家庭。在很多城市，一方面是户籍人口已得到足够保障甚至"过度保障"，而另一方面，绝大部分常住的外来流动人口却很难被纳入城市住房保障体系。

从短期看，保障房建设对稳定经济增长和改善城市户籍中低收入家庭居住条件具有一定的效果，但只要"土地财政"模式不改变，地方政府为城市非户籍常住人口提供保障房的积极性就不会太高。毕竟保障房建设的力度会直接影响到城市的商品房供给量，而后者又会影响地方政府的土地财政收入。过多建设保障房不仅会使地方政府商住用地出让金收入显著下降，而且还会增加保障性住房的建房和维护支出，明显存在着"激励不相容"问题。

因此，推动我国"人口完全城市化"和"农民工市民化"的关键，不在于为流动人口大规模建设保障性住房，甚至也不在于中央向地方施压去降低入户条件，而在于从中央启动渐进的，但更为实质性的城乡土地制度改革，全面降低农民工举家迁移并实现永久性定居所需支付的成本。这就要求逐步扭转地方政府垄断高价供应住宅用地的局面，并在中长期彻底缓解因制造业招商引资"逐底式竞争"引发的产能过剩、贸易顺差和流动性过高等问题。显然，要完成上述改革，需要相当长期的系统化努力，但中国的城市现在已经有超过3亿的存量流动人口，如果把他们的家庭人口也算入，总量将很容易超过4亿。在这种情况下，根本性的改革措施很可能是"远水解不了近渴"。因此，除了要推动一些从根本上缓解房价泡沫的改革，还必须采取一些更直接的政策措施加快户籍改革，推动存量流动人口尽早完成举家永久性迁移。本书将在第四章和第八章提出一些针对性的建议，这里暂不赘述。

三　房价泡沫化与地产调控难题

如前所述，在占用大量土地资源用于工业园区建设的同时，中国的城市发展却没有将足够数量的土地配置到需求最迫切的居住用途上。为最大化地方财政收入，城市政府对住宅用地实施了严格的垄断限量供应。而且，当"国际国内两层逐底式竞争"带来了巨额外汇储备并引发人民币过度超发后，政府（2009年后）又通过多轮次的信贷刺激政策，释放了"人民币池子"里的巨大流动性，结果是各级城市房地产价格的全面泡沫化。

房价泡沫化

为应对国际金融危机，2009年后，中央政府几次推动了财政和信贷刺激政策，主动开启了一个货币超发进程。尤其是2012年后，外汇占款增速已经开始减缓，甚至2014年6月外汇占款带来的基础货币也开始收缩。在这个背景下，为实现"稳增长"的目标，中央政府开始更多依靠贷款等派生货币扩张。央行开始通过降低存款准备金率、扩大央行再贷款等各种市场工具推动贷款等派生货币加快增长。

此时，2009年前通过提高存款准备金率等方式锁住的大量外汇占款，逐渐被释放出来，并以更高的货币乘数刺激了城市发展。中国经济出现了一个"经济增速下滑—加杠杆—杠杆上升过快—控制杠杆—经济增速再度下滑压力—重新再加杠杆"的不断刺激、控制、再刺激的循环。

当住宅地产价格因宏观刺激快速上涨之后，中央就开始对商品房价格进行严格的行政性调控，于是，地产泡沫开始向商业地产、养老地产、旅游地产等方向扩散，从一、二线城市向三、四、五线城市扩散，从东部地区向中西部地区扩散。

至此，中国城市房地产全面泡沫化的局面开始出现。如图2.1所示，我国城市房价在2009—2011年间出现了非常明显的上涨。而一旦第一轮刺激政策退潮、经济增速下滑，政府又推动了两轮较大的信贷刺激，并由此带来2013年9月和2016年6月的两次"地王潮"。

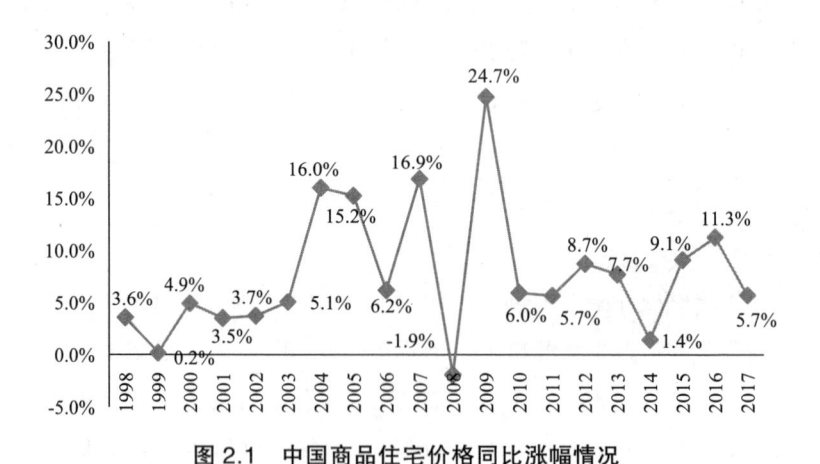

图2.1　中国商品住宅价格同比涨幅情况

中国商品房市场从21世纪初才开始加速发展。由于这一段时间房价总体保持上涨的态势，于是不断有人强调中国城市房价是一个"坚硬的泡沫"。但房价收入比、空置率、租售比等指标都显示，这个泡沫被吹得过大了。21世纪以来，中国一线城市及部分大中城市的房价上涨幅度远远超过合理水平，相当一部分城市的房价上涨了10多倍乃至20倍，房价增速大大超过经济增速和居民的承受能力。一旦中国城市的房地产泡沫破裂，就可能给中国金融乃至经济、社会带来更为严重的后果。[32]

值得一提的是，2016年推动的房地产"去库存"和"棚户区改造"政策，构成了2015—2017年之间新一轮信贷刺激的主要政策抓手，也成为一段时间大量三、四线城市房价飙涨的关键。

作为民心工程，"棚改"政策原来意在帮助"城市棚户区"的住房困难群众"出棚进楼"。[33]但是，在这轮大规模"棚改"之前，很多一、二线城市的房价已经上升，城市更新速度有所加快，城市内部的"棚户区"相对较少，而且，这些人口流入地城市在各轮调控后的住房库存本来就不太高，所以，地方政府自然缺乏积极性去推动"棚改"。相反，很多作为人口流出地的三、四线城市却非常积极地支持申请"棚改"政策。之所以如此，是因为这些城市在之前几轮刺激后积累了大量的商品房存量，且城市本身的"棚户区"面广量大，自然就希望利用"棚改"政策来给地方政府和开发商"解套"。在此过程中，甚至还出现了个别地区对别墅型商住楼实施"棚改"的乱象。

在推动"棚户区改造"政策的过程中，国家开发银行首先通过PSL（抵押补充贷款）获得央行资金，而地方政府在规划一批棚改项目后就向国开行申请专项贷款，再以货币化安置的方式向棚户区居民发放拆迁补偿款，"棚改"的拆迁户则以拆迁补偿款去购买本地多年累积的库存住房。

在这种直接"放水"式的强力政策刺激下，"棚改"货币化的比例从2014年不到10%跃升至2016年的48.5%，2017年更上升到 50% 以上。截至 2017 年年末，国开行累计发放棚户区改造贷款 3.4 万亿元，而到 2018 年 5 月末又发放"棚改"贷款 4369 亿元以支持"棚改"续建及 2018 年 580 万套新开工项目的建设。[34]

从 2015 年到 2017 年，"棚改"带来的"大水漫灌"刺激了很多城市房价的再度上涨，不少城市的房价在两年内再度翻番。现在看来，这次以"棚改"为抓手、以去房地产库存为主要目标的新一轮刺激政策不仅没有缓解一、二线主要人口流入地城市住房供应短缺的问题，反而还带来了不少三、四线城市"去库存"后地方债务过快攀升的新问题。很多三、四线城市，尤其是人口流出地的三、四线城市，在前一轮刺激政策下已经累积了相当数量的未出清存量商品房，甚至一些开发商本应支付的土地出让金都没有缴清。为了给开发商和地方财政"解套"，这些城市的地方政府自然有积极性申请"棚改"，以此获得中央政策支持下的国开行和其他商业银行贷款。

但这里存在一个非常不利的情况，就是大部分积极推动"棚改"的城市恰恰是人口流出地城市，本地产业发展和经济增长情况并不太好，所以才会在上一轮刺激后出现了大量的商品房库存。与此相反，很多人口流入地的大城市、特大城市，其商品房的库存本来就很少，地方政府就没有利用"棚改"政策来消化库存的迫切需要。结果是，这些需要大幅度增加住房供应、控制房价过快上涨并为流入人口提供可支付住房的城市，其商品房和租赁住房供应仍旧短缺，房价居高不下，甚至放水后还出现了进一步的上涨。

虽然一段时间内，"棚改"政策为很多人口流出地城市消化了不少库存，但也给这些城市带来了更多隐患，尤其是中长期的地方债务隐患。

这些城市未来能够顺利偿还银行贷款的前提，就是地方政府在"棚户区"拆迁后必须以更高的价格向开发商出让被拆迁土地，然后再用土地出让金去偿还贷款。但这些大规模推动"棚改"的三、四线城市，大部分并非人口净流入地，反而是人口净流出地。之所以"棚改"前这些城市商品房库存很高，恰恰就是前一轮刺激政策的结果。正是因为这些城市的发展前景并不乐观，才会出现"棚改"前商品房库存高居不下的局面。

因此，非常可能出现的情况是，开发商通过这轮"棚改"去库存后，不会继续在这些城市拿地，而如果地方政府无法获得"棚改"后腾出土地的出让金，就难以偿还此轮"棚改"的巨额贷款。[35]

更不利的一个情况是，在这一轮"棚改"推动期间，很多三、四线人口流出地城市还一度大力鼓励农民工回老家城市购房。一些城市向购房的农民工提供了每平方米几百元的购房补贴，甚至还以子女到城市公立学校就学来鼓励农民工购房，结果是消耗了农村外出打工人口多年积累的现金资产，甚至还背负了相当的房贷。一旦未来经济下滑，那么由此导致的较大规模失业，就可能影响金融稳定和社会稳定。

实际上，无论现在还是未来，这些外出打工人口的主要就业地并不是他们购房的老家城市，而是目前工作的城市或其他人口流入地城市。外出打工人口积累的现金资产本来可用于自己及随迁家庭成员在人口流入地城市的短期租住支出、子女就学和升学支出，以及中长期（房价回归正常后）的住房购住支出，现在却被配置到难以提供就业且长期来看发展前景有限的人口流出地城市，这显然是一种严重的资产误配和巨大的资金浪费。

2020年新冠肺炎疫情以来，为稳增长而推动的货币宽松政策导致一线城市及部分二线城市的房价再次上扬。国家统计局公布，2021年1月，四个一线城市二手住宅价格上涨9.6%，2月四个一线城市二手住宅销售价格同比增长10.8%，其中深圳二手房价格同比上涨16%。

整体而言，我国城市的房地产市场已从供不应求转向供求基本平衡[36]，城镇家庭的户均住房套数已经超过1套，城市户籍家庭拥有1套及以上住房的比例也超过90%，房地产主要矛盾已从总量问题转向结构性、区域性问题。一方面，全国城镇拥有两套及以上住房的家庭比例已经超过20%；而另一方面，人口净流入城市中，大部分农民工和新毕业大学生却难以支付高昂的房价和房租。

更进一步来看，在上述具有中国特色的"房地产和基础设施建设泡沫"下，还出现了以下四类主体的高杠杆。

第一，高负债的房地产企业。在中国特有的商住用地"招拍挂"制度下，房地产商为支付高地价，往往不得不高度依赖外部融资，尤其是银行体系贷款。仅以上市房企为例，截至2018年一季度末，整体负债率已经达到79.42%，较2017年年报的79.08%继续上涨，达到2005年以来的最高点。房地产行业资产负债率在28个一级行业中位居第三位，仅次于银行业和非银行金融业，其中有近一半的企业资产负债率超过70%。而且，最近几年开发商融资结构中，房地产信托、房地产私募基金和民间高利贷比例也不断增加，且利息更高于银行贷款。一旦高负债开发商不能很快回笼资金降低杠杆，不仅会带来银行坏账，还可能在房地产信托、房地产私募、民间高利贷等多点引发兑付危机。

第二，高度依赖商住用地出让金的地方政府投融资平台。地方平台公司融资主要依赖抵押商、住用地储备获得贷款，除发行"城投债"和成本更高的融资租赁、信托私募等商业融资，银行贷款比重最高，而土地抵押是获得银行贷款乃至发行"城投债"的常用选项。土地抵押贷款和"城投债"的偿还也主要依赖未来土地增值收益，特别是未来商住用地一次性的土地出让收入。因此，一旦商住用地价格在未来快速下行，地方政府还债就会出现巨大困难。

第三，高度依赖房地产和地方基础设施建设的国企和部分民企。

特别是在房地产上游产业，如钢铁、水泥、有色、电力、建材乃至煤炭和铁路货运等行业，国企特别是央企依然占据较大份额。2009年大规模刺激政策后，这些行业的很多国企过度扩张产能，甚至很多还进军房地产行业，最近这几年又大幅度介入政府和社会资本合作（PPP）项目。从2012年到2017年，全国所有央企的负债累计规模从28万亿元急速扩张到51万亿元，年均涨幅13%；资产规模则从43万亿元扩张到75万亿元，5年时间增长了73.5%，年均涨幅12%。一旦未来房地产市场下行，不仅房地产开工量大幅降低，地方也将大幅收缩基础设施建设。此前因预算软约束而过度借贷的很多上游能源、原材料乃至重工业的国企就可能带来大规模坏账。

第四，家庭部门的高杠杆。2016年，人民币贷款增加了12.65万亿元，2017年更创出13.53万亿元的历史新高。这轮刺激政策导致很多二、三线城市房价上涨，结果，尽管地方政府和部分房地产企业的杠杆率保持稳定甚至有所下降，但家庭购房支出增加，导致家庭部门杠杆率的快速上升。

2016到2017年，很多地方政府在"棚户区改造"中采用所谓的"货币化安置"，加上对外出农民工等群体采取购房补贴和落户鼓励政策，激活了本地萎靡的房地产市场，确实加快了很多二、三、四线城市房地产"去库存"的速度，但同时也迅速加大了居民的负债率。根据国际清算银行估计的数据，居民杠杆率由2008年的17.9%上升到2011年的27.7%到2017年第三季度达到了48%，年均增幅近3.5个百分点，而近两年的平均增幅更是高达4.9个百分点。[37]

进退失据的房地产调控

经过多年的发展，房地产业已成长为中国经济的支柱性行业，并为几亿城市家庭居住条件的改善做出了巨大贡献。但 2009 年以来，政府推动的多轮财政和信贷刺激进一步助长了城市房价的虚高。

为解决房价过快上涨的问题，各级政府出台了各种行政性调控措施。但从已有的政策实践来看，无论是房价的行政性调控，还是针对外来人口的保障性住房建设，都收效不大。人口流入地主要城市的房价越调越高，已严重脱离经济发展和百姓收入的基本面，而政府的行政性调控措施往往又扰乱了市场预期，反而加剧了房地产市场的波动。近年来，调控政策过快"变脸"，调整频繁，让各方无所适从；各级政府虽然在保障性住房建设方面做了相当的投入，但仍然存在诸多问题，如供应区域、地段与需求不匹配、地方政府缺乏积极性、基本没有覆盖流动人口等。

让我们简单回顾一下过去 20 多年来，城市住房体制改革和房地产调控政策的演变。

1998 年 7 月《国务院关于进一步深化城镇住房制度改革加快住房建设的通知》(国发〔1998〕23 号，以下简称"23 号文")的发布，标志着我国住房市场化的制度框架正式确立。在此之后，针对不同时期房地产市场形势的特点，政府的住房（调控）政策还经历了以下八个阶段的变化。

第一阶段（1998—2002 年），启动住房消费。23 号文中深化城镇住房制度改革的内容包括：1. 停止住房实物分配，逐步实行住房分配货币化。2. 建立和完善以经济适用住房为主的多层次城镇住房供应体系。3. 建立了住房金融制度，包括全面推行住房公积金制度，并出台住房信贷政策，鼓励居民以首付形成购房。

第二阶段（2003—2004 年），加快推进住房市场化。为进一步鼓励居民扩大住房消费并解决部分城市住房供求矛盾，2003 年 8 月 12 日，《国务院关于促进房地产市场持续健康发展的通知》(国发〔2003〕18 号，以下简称"18 号文")出台。建设部等相关部委为落实18号文出台了如下政策:1.更明确提出住房市场化改革方向,强调要搞活住房二级市场,尤其18号文提出要清理影响已购公有住房上市交易的政策性障碍,鼓励居民换购住房,此后规模庞大的"存量房"开始进入市场,"卖旧换新"需求大量增加。2.政府开始加强土地市场调控。提出"土地供应过量、闲置建设用地过多的地区限制新土地供应,而普通商品住房和经济适用住房供不应求、房价涨幅过大的城市,可以按规定适当调剂,增加土地供应量"。国土资发〔2004〕71号文件更规定经营性用地必须采用招标、拍卖、挂牌方式供应,明确各地在2004年8月31日后,不得再以历史遗留问题为由,继续采用协议方式出让经营性土地使用权。

第三阶段(2005—2008年),政府开始加强住房市场调控。18号文及相关意见出台后,房地产投资过快增长的势头得到一定控制,但一些地方,主要是一线和少数二线城市住房价格上涨过快。为此,《国务院办公厅关于切实稳定住房价格的通知》于2005年3月26日发布,此后相继出台了如下的稳房价政策:1.税收政策。自2005年6月1日起,对个人购买住房不足2年转手交易的,销售时按其取得售房收入全额征收营业税,住房转让环节营业税免征期限由2年提高到5年。2.调整住房供应结构。明确新建住房结构比例,要求套型建筑面积90平方米以下住房(含经济适用住房)面积所占比重必须达到开发建设总面积的70%以上。3.金融政策上开始有区别地调整住房消费信贷政策,提高个人住房按揭贷款首付比例,并从2007年9月27日起要求对二套(含)以上住房的贷款首付比例不得低于40%,贷款利率不得低于人民银行公布的同期同档次基准利率的1.1倍,且贷款首付款比例和利率水平应随套数增加而大幅度提高。4.为解决城市低收入家庭住房困难问题,2007年8月7日国务院发布了《国务院关于解决城市低收入家庭住房困难的若干意见》,提出"加快建立健全以廉租住房制度为重点、多渠道解决城市低收入家庭住房困难的政策体系"。

第四阶段（2008—2009年），政府又开始采取稳增长和鼓励住房消费的措施。为应对国际金融危机和国内房地产市场销量大幅下降的情况，2008年12月，国务院办公厅出台了《关于促进房地产市场健康发展的若干意见》，在加大保障性住房建设力度，鼓励住房消费，促进房地产市场健康发展等方面提出一系列政策措施：1.加大保障性住房建设力度，强调主要以实物方式解决、结合发放租赁补贴，解决城市低收入住房困难家庭的住房问题。2.加大对自住型和改善型住房消费的信贷支持力度，对自住型购房贷款利率实行七折优惠，五年期以上贷款利率的实际水平处在住房制度改革以来的最低水平，公积金贷款政策也在降低首付比，上调贷款限额，延长贷款期限方面进行了调整。3.住房转让环节营业税暂定一年实行减免政策。对个人首次购买90平方米及以下普通住房的，契税税率暂统一下调到1%，免征印花税、土地增值税。

第五阶段（2010—2014年），遏制房价过快上涨和加大住房保障力度。针对2009年以来一些城市房价上涨过快，2009年12月14日国务院常务会议决定综合运用土地、金融、税收等手段以加强和改善对房地产市场的调控。2010—2013年政府多次出台了相关调控政策，明确房地产调控以遏制房价上涨和加大保障房建设、增加普通商品住房供给为主要目标。这一阶段的主要调控措施包括：1.部分城市开始实行限购政策。2.进一步强化税收调控。营业税免征年限从2年恢复到5年，并在上海和重庆两市进行了房产税试点。3.推动差别化信贷政策。2010年10月1日起各商业银行暂停发放居民家庭购买第三套及以上住房贷款；对不能提供一年以上当地纳税证明或社会保险缴纳证明的非本地居民停发购房贷款；商品住房首付比例调整到30%及以上；第二套住房家庭严格执行首付款比例不低于50%、贷款利率不低于基准利率1.1倍的规定。4.进一步加快保障房建设。2010—2012年共开工建设了2400万套保障房，全面落实2013年城镇保障性安居工程基本建成470万套、新开工630万套的任务。5.运用土地调控进一步增加普通商品住房的有效供给。

第六阶段（2015—2017年），政府开始推动房地产的去库存。为解决2014年以来住房销售面积和新开工面积明显下降以及库存快速增加问题，2015年后政府逐渐将政策目标聚焦于去库存，包括：1.除北京等少数一线城市，绝大部分实行限购城市相继取消限购。但由于热点大中城市价格反弹，2016年10月后，多地再次出台限购政策。2.住房金融政策再次调整，贷款利率持续下调，并积极支持居民家庭住房贷款需求。3.再次调整税收政策。2015年3月30日《财政部　国家税务总局关于调整个人住房转让营业税政策的通知》正式发布，提出"个人将购买不足2年的住房对外销售的，全额征收营业税；个人将购买2年以上（含2年）的非普通住房对外销售的，按照其销售收入减去购买房屋的价款后的差额征收营业税"。4.保障房建设重点开始从公租房转向棚户区改造，2015年以来开始提高棚户区改造中货币化拆迁安置的比例。

第七阶段（2017—2018年下半年），全面控制房价。针对2015年下半年以来热点城市出现的房价过快上涨趋势，以及2016年上半年热点城市周边的三、四线城市出现的地价、房价普遍上涨现象，2016年10月起政府开始加强住房用地供应管理，改进土地供应方式，严防高价地；金融方面，实施差别化信贷政策，加强各类资金监管，严防各类资金违规进入房地产市场；税收方面，加强交易环节税收对住房需求的调节力度，加快房地产税立法进度；市场秩序方面，开展多轮专项整治，严厉打击房地产企业和中介机构的违法违规行为。一些城市还相继恢复或实行了"限购、限售、限贷"等行政性措施，行政性、需求性调控有所强化。

第八阶段（2019年至今），一、二线城市房价下行后部分地方政府放松楼市调控，而为应对经济下行，中央刺激经济导致房价再度上涨，于是政府再次调控房价。2018年下半年和2019年，受中美贸易摩擦及民营企业发展动力不足等因素的影响，中国相当一些地区，特别是一些一线城市，经济增长趋缓，二手房地产市场成交量大幅萎缩，房价呈下降趋势。与此同时，国家有关部门的主要领导在2019年"两会"上强调"防止房市大起大落"，致使个别城市错误地理解了国家有关部门的房价调控政策，出台了有利于活跃房地产市场，防止房价过度下降的调控政策[38]，对冲了近几年国家对房地产调控的实际效果。加上对违规炒房风打击不力，出现了二手房价格倒挂严重、新房抢购的社会热点，使一线城市和一些大中城市的房价越调越高。

为了抑制房价，在深圳等一线城市和一些大中城市，政府开始对一手商品房市场进行直接行政管制，房地产企业的商品房什么时候卖、卖多高价格、卖给谁等都需要经政府有关部门"备案"批准。2021年年初，一些城市对二手商品房价格也开始了价格管制，对所有二手商品房公布了所谓"参考价"，采取了房价高于政府"参考价"的卖主不能挂牌、买主不予产权过户登记等特别手段。

整体来看，在中国当前扭曲的城市住宅用地和商品房供应体制下，各级政府往往只能对楼市进行"应激性"和"反射式"的行政调控，于是我们就观察到很多其他国家从来没有见过的各式楼市行政性调控政策，例如"限房价、竞地价""限地价、竞房价""限地价、竞配建或竞自持""一次竞价、综合评标"之类的多元出让，以及地方政府直接干预住宅用地"招拍挂"以避免出现"地王"等五花八门的行政性措施。

但是，近20年来中国房地产市场调控的实践表明，运用行政手段，尤其是以价格管制的方式调控房地产，其效果总体看并不成功。房地产交易环节的税收政策调整就是一个明显的例子。为了抑制投资投机性需求，2005年后，政府开始增加交易环节的税费政策，但在2008年国际金融危机后又通过降低税费来鼓励住房消费。从住房市场的运行情况看，税收政策在实现市场平稳运行、抑制房价过快上涨方面发挥的作用并不明显，但对市场交易量的影响很大，结果是，房地产价格没有被抑制，但市场波动急剧加大。

可以说，相对于目前中国居民的收入水平，我国城市的房价已极大脱离了经济发展的基本面，并严重制约了实体经济的正常发展。值得深思的是，中国城市的房地产泡沫基本上就是在过去短短10多年的多轮财政和信贷刺激下一步步吹起来的。

需要强调的是，我国城市出现的房地产泡沫不仅和货币超发带来的投机性需求有关，而且还与地方政府对商住用地的垄断有关，但基本和中央对建设用地指标的区域配置和管控无关。这是因为，从现有城市存量用地来看，即使在沿海发达地区的绝大部分人口流入地城市，现有城市建设用地规模都完全足以支撑比现在多得多的住宅用地供应和好得多的居住条件。地方政府每年手上掌握的用地指标中只有不到30%用于居住用地，而这个比例的居住用地出让量，恰恰就是地方政府垄断供应体制下，最大化土地出让金净收益的供应量，因此，通过增加发达地区的用地指标，而不是打破地方政府对城市商住用地垄断，根本无助于房价泡沫的缓解。[39]

如前所述，在一个正常发展模式下的城市土地和住房市场中，政府应该发挥的作用是，通过制度设计来保证城市住房的充分供应，确保房价增长和居民收入增长基本一致，同时还要确保最低收入人群，即市场水平房租都支付不起的那部分家庭获得基本的住房保障。但由于中央政府是房地产市场的调控者，地方政府却是土地的垄断经营者，即使中央希望房地产市场稳定有序发展，但这一目标必然与地方政府"财政收入最大化"的目标相冲突。

更为不利的是，过去10多年来，包括土地制度改革在内的各种结构性改革进展迟缓，一旦出现经济增速下滑，政府就习惯性地把刺激房地产市场及城市基础设施建设作为"稳增长"的手段，这很容易过度刺激房地产市场。一旦泡沫吹大，中央又不得不采取各种行政性手段来抑制泡沫，或运用刺激性政策去消化过高的库存，最后必然导致各线城市房地产价格普遍过快上涨，国民经济被房地产"绑架"。一旦因过度刺激导致房价过快上涨，经济整体杠杆率过高并可能导致系统性金融风险，此时，中央又频频出手调控，这虽然暂时抑制了住房投机的需求，但同时也更有效地压制了住宅用地和商品住房的供给，为经济下滑和下一轮刺激重启后的房价暴涨创造条件。

四 "土地金融"和地方债务风险

和"土地财政"紧密关联的另一个问题是，我国地方政府最近10多年来日益依赖"土地金融"。所谓"土地金融"，就是在城市化过程中，地方政府以"土地财政"为基础，大力搭建地方政府投融资平台来筹集各类信贷资金，为开发区、新城区扩建和新建进行大规模融资。

"土地金融"泛滥

近年来，城市政府设立了各种类型的地方融资平台推动城市基础设施建设，包括各类开发区和园区平台、交通运输类融资平台、公用事业类融资平台、土地储备中心、国有资产管理中心等。

实践中，地方政府一般先将储备土地、国有公司股权、规费、国债收入等资产划拨注入，然后再从银行取得贷款或通过发行城投建设债券从债市融资。还有一些城市通过融资租赁、项目融资、信托私募等方式以更高利率从资本市场上融资，以缓解地方基础设施建设、公用事业项目建设资金不足的问题。

地方政府平台公司的融资有三种形式，即银行贷款、"城投债"，以及以融资租赁和信托私募为主要形式的商业化融资。其中，银行贷款所占的比重最高，而土地抵押是获得银行贷款的常用方式。据某省审计局调查，当地融资平台90%的负债来自银行，其中70%以上的贷款是通过土地抵押，偿债资金主要来自土地出让金、房地产开发收入和财政收入。虽然发行"城投债"融资的方式较为规范，但受到市场偏好的限制，很多欠发达地区难以从债券市场获得资金。虽然其他商业融资方式融资成本较高，在融资平台的整体债务中只占据较小的部分，但对一些地区，尤其是对部分县级投融资平台而言也相当重要。

无论是哪一种融资方式，土地作为地方政府的重要资产都发挥着极为关键的作用。

首先，是地方政府以土地抵押获得银行贷款。土地抵押是地方融资平台公司获得银行贷款的主要方式。《中华人民共和国城市房地产管理法》《中华人民共和国城镇国有土地使用权出让和转让暂行条例》等法律法规规定，可设定抵押的土地权利仅限于出让土地使用权，如果房产抵押涉及划拨土地的，必须先补办土地出让手续、补交土地出让金或以抵押所获收益抵交土地出让金，并且土地使用权人必须是公司、企业等经营性组织或个人。以土地作为抵押物进行抵押贷款，必须有相应的土地证书作为抵押工具。[40]

这些土地抵押贷款在地方融资平台公司运营、开发区的基础设施投入、开发园区发展等方面发挥了重要作用，甚至房地产企业也从经营性土地抵押中获得了开发所需的资金。贷款偿还除了依靠项目本身产生的收益（基础设施等公益性项目的收益很低），更主要是希望通过开发区招商引资，带动当地工业、商业的发展，由未来土地相关税收增加和土地增值来埋单。图2.2描述了这种"以时间换空间"的融资方式。

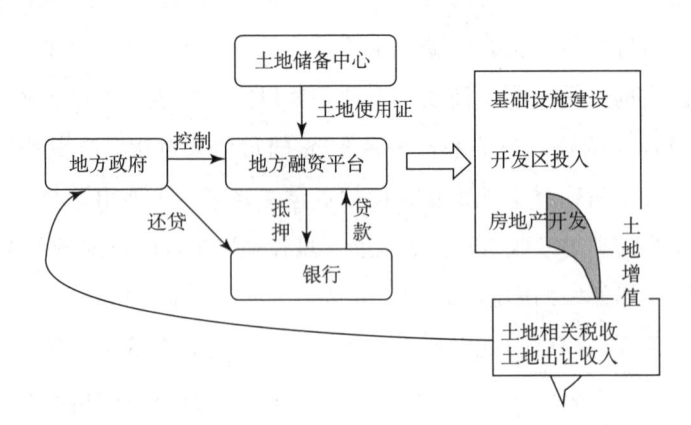

图2.2 地方融资平台公司通过土地抵押借款及还款流程

换句话说，土地抵押贷款的还款主要还是来自未来土地的增值收益。由于我国尚没有开征居住地产保有环节的税收，这种收益主要来自商住用地的一次性土地出让收入。无论是银行贷款、债券，还是信托等资本市场融资，其潜在抵押物都主要是政府的储备土地，尤其是商住用地，而一旦商住用地价格面临较大的下行压力，地方政府还债就会出现困难。

其次，是以土地为担保发行"城投债"。在这些发债的地方融资平台中，市级、县级融资平台呈现增多的势头。2007年以前发债主体主要为省级投融资平台，2007年以后市县级融资平台开始增加。众所周知，在中国目前的财政体制下，级次越低的政府，自有收入越有限，依赖上级转移支付和预算外收入的比例越高，这就使得财力较为薄弱的县市隐藏了一定的偿债风险。

土地资产和收益也是平台公司发行"城投债"的重要担保。不少"城投债"的公告中显示，有的直接以地方政府的土地或资产担保，有的由投融资平台公司之间相互担保，还有的则由为平台公司提供贷款的银行进行担保。但是相对银行贷款而言，"城投债"的债权人更加广泛，土地担保的变现也就更加困难。实际上，地方融资平台的发债成本一直高于企业债券的平均水平。

最近10多年来，随着我国政府债务，尤其是地方政府债务的迅速增加，政府债务的利息负担进一步加大。根据财政部发布的预算和决算报告，2020年中央和地方的显性债务利息负担已经接近1万亿元。[41]地方隐性债务数量更大，利率往往更高。

总体来看，地方政府投融资平台是地方政府突破财力限制，综合运用社会资源服务经济发展的一种体制创新。但由于缺乏清晰的法规约束和风控机制，随着融资平台债务逐渐到期，其隐含的债务风险也日益对地方财政构成压力。

2008年国际金融危机之后，中央政府的多轮次信贷政策和刺激政策的负面效应开始逐步显现：在金融体制仍然被严格管制，利率也没有充分市场化的情况下，大量廉价贷款被配给发放给地方政府建立的投融资平台和具有一定垄断地位的中央和省级国有企业。前者运用贷款进一步新建、扩建工业开发区和城市新区，改善包括地铁、城市道路等在内的城市基础设施，而后者一方面运用这些贷款在国内外收购包括矿产资源在内的资源和资产，另一方面还会投入国内市场的土地炒作，这进一步推升了城市地价，加剧了房地产的泡沫化。

2008年国际金融危机后，中国政府对待出口下滑的政策反应与20世纪80年代后半期日本政府在日元快速升值后为应对经济不景气而采取的政策措施有相似之处。具体表现为，在应对因外需突然减少而导致的经济下滑时，由于财政和金融体系中都掌握了不少资源，政府就采取了大规模财政刺激和信贷宽松政策。一方面，这些刺激政策使得中国经济短期内免受过大的冲击，实现了较为平稳的过渡；但另一方面，这些政策并没有逐渐扭转既有增长模式下国内消费严重不足的短板，反而更加依赖投资来拉动增长。与日本一样，在外需遭受负面冲击之后，城市房地产市场原本就存在的泡沫被进一步吹大。

"影子银行"和地方债

与日本20世纪80年代后半期房地产泡沫泛滥并最后破裂的情况有所不同的是，中国政府2009年以来进行的直接投资及政府引导的社会投资，不仅进一步加速了城市房地产的泡沫化，而且还带来了更严重的制造业产能过剩。中国的地方政府，包括很多内地地区的地方政府，更通过投融资平台的大规模扩张，继续新建、扩建开发区。正因如此，地方政府的债务余额不断增加。

以2014年通过的《中华人民共和国预算法》(以下简称"新《预算法》")的实施为节点，2014年之前地方政府债务规模处于不断增长的状态。根据审计署和财政部公布的相关数据，2010年年底地方政府债务余额10.72万亿元，到2014年12月为24万亿元，债务规模的年均增速为22%。新《预算法》实施后，我国开始对地方政府债务规模进行限额管理，根据财政部公布的数据，2015年和2016年地方政府负有偿还责任的债务为14.76万亿元和15.32万亿元。

一般估计，地方显性和隐性债务加起来要远远超过上述财政部公布的水平，而且平均利息也至少在5%—6%的水平，这实际上意味着一些地方政府未来不仅无法还本，甚至连付息都可能存在重大困难。

第二章 "土地财政"下的策略性出让及多重扭曲

值得注意的是，地方政府的举债资金主要是用于由当地政府安排的公共基础设施项目建设所需的资本性支出，而不是用于地方政府经常性服务项目的支出，在这种"以小财政撬动大城建"的城市化建设中，地方债务问题之所以一度不那么突出，主要还是因为房地产市场的持续繁荣，地方政府可以通过"土地财政"获取巨额的土地出让金收入。但当地方政府发现土地财政本身也无法满足地方投资需求后，就开始利用储备土地放大金融杠杆，然后通过地方融资平台获取巨额融资。在实际操作中，一些城市还出现了作为抵押品的土地重复计算和多次贷款的情况；部分银行因业务发展指标考核的压力，纵容地方政府和中介机构高估抵押品价值，致使抵质押率表面充足而实际不足，抵押品被人为高估。

无论是2009年后央企进行的资源、能源产能扩张和土地购买投资，还是地方政府进行的城市基础设施、新城区和新开发区投资，在当前经济下滑、房地产市场前景不乐观的形势下，都可能因为地方政府土地出让和税收增速的下滑成为坏账，并在未来带来巨大的金融风险。

应该说，2008年国际金融危机后，虽然中国的宏观刺激政策对全球经济起到了一定的支撑作用，但其后遗症是中国能源、原材料等行业产能的过度扩张，房地产泡沫和银行的过量信贷；尤其是地方债务很快从2008年的5万亿元左右增加到2010年的10万亿元以上。之后中央开始采取了一定的信贷紧缩政策，但由于之前的刺激很多并非中长期贷款，因此面临着到期偿付的压力和项目接续的资金压力，此时银行、地方投融资平台及房地产开发商就不得不从其他融资渠道找出路。在此背景下，理财产品、信托贷款、同业业务、"城投债"出现，逐步发展出一个日益庞大的"影子银行"体系，在正规银行体系之外继续信贷扩张。据统计，贷款占社会融资比例在2008年达到73%，但到2013年曾经降到55%。直到

2017年才恢复到70%的水平。

2010年后的不同阶段，我国"影子银行"的融资模式自身也出现了重要变化。2010—2013年，"影子银行"主要是通过资产驱动型的"银信合作"，来规避表内与信贷类业务相关的各种指标，如存贷比、贷款额度、投向、拨备、不良贷款等。在这个模式下，银行把不能达到放贷要求的贷款项目交给信托公司，后者经过股权质押、政府担保等增信手段将该项目做成信托产品，再交由银行向"储户"出售，利息收入在信托、银行和储户间分配。

2013—2016年，监管部门对信托和非标监管日益严格，银行通道业务的增量资金逐步转向监管相对宽松且通道成本更低的基金子公司和券商资管，即所谓"银证合作"。此时，券商作为通道接受银行委托发起定向资产管理计划，帮助银行贷款由表内转向表外。

2015年以来，利率市场化加速，银行间竞争也日益激烈，很多中小银行遭遇了"存款荒"。加上传统信贷业务缺乏优势，一些银行不得不通过同业业务进行各类违规放贷，来达到既不占贷款额度，又可以向"违规"企业贷款的目的。

总体来看，中国的"影子银行"已经完成了从无到有、从小到大的形成过程。当然，对"影子银行"规模的测算也存在不同口径的差异。根据国际清算银行（BIS）、穆迪公司和瑞银（UBS）等机构的统计，目前中国"影子银行"规模已经达到65万亿元左右，占银行总资产规模的30%左右。而且从资金来源上讲，"影子银行"大都是"银行的影子"，各类银行理财产品也以计入资产负债表之外、监管要求偏弱的非保本类型为主，表外理财产品占比达75%以上。[42]

一段时间，不同类型的"影子银行"发展受到鼓励，被认为是推动利率市场化和资金优化配置的渐进式改革，可以为在监管过严、利率偏低的正规银行体系下无法获得资金支持的民营企业提供资金。即使国有企业效率较低，也可以在获得优惠信贷后转借给私营企业，并带来帕累托改进。[43] 但实际情况是，资金往往在绕开监管后投向风险更高的地方融资平台、产能过剩行业国企以及房地产企业。

2013年后，由于产能过剩、地方债务比例过高，于是中央在2014年出台《国务院关于加强地方政府性债务管理的意见》以及后续整理规范地方债务的多份文件，让地方政府无论是直接通过银行信贷，还是通过发债或通过"影子银行"借钱都受到较大政策约束。[44]

在这样的背景下，党的十八届三中全会明确提出允许社会资本通过特许经营方式参与城市基础设施的建设和运营，之后财政部、国家发展改革委及相关部委又开始密集出台大量推广PPP模式的政策性文件，这又给地方政府带来了可以变相举债的新路径。[45]

实际运行中，地方政府的大部分PPP项目是完全政府付费，社会资本不参与项目的论证、设计、建设和运营，而仅向地方政府提供资金，地方政府则承诺通过回购股份、支付固定收益等方式承担还本付息责任，这就形成了隐性地方政府债务。出于投资冲动和银行理财投资非标等限制，各地方在上报PPP项目时会进行"包装"。一些地方把很多以往的难点项目包装成PPP项目，从而"混入"项目库，PPP开始异化为一种融资模式。类似被异化为融资模式的还有政府投资基金和政府购买服务，由于地方政府资金饥渴症，这三类新型项目模式都不同程度地沦为地方政府的举债工具。[46]

民营资本往往没有足够财力承担庞大公共项目，或缺乏中标所需的资源，结果是，项目优质、体量庞大的PPP项目多为中字头央企获得，尤其是很多央企本身在信贷资源获取上有优势，使PPP模式从"公私合作"（Public-Private Partnership）异化成"公公合作"（Public-Public Partnership），由国有金融机构、央企、地方政府参与并主导。地方政府和央企合作向国有金融机构借钱，把地方政府无法完成的融资交由央企完成。

上述操作模式，不仅加大了地方政府和央企的债务风险，而且很容易出现故意做大成本乃至寻租的问题。一些经济欠发达地区的 PPP 项目较多，退库项目也较多，而财政大省对 PPP 参与热情不高，反而是财政缺口较大省份如四川、内蒙古等 PPP 的申报项目很多。[47]

整体来看，我国近年来广义的地方债务，即政府及政府控制的企业负有偿还义务的债务还在逐年增加，[48]而且各种新的借贷形式层出不穷，存在规模大、成本高、结构乱、风险高等一系列问题，构成了地方债务风险的主要因素。[49]各地方政府都依靠从事公益性项目投资、基础设施建设的"城投"或者"融资平台"举债，包括近年来非常流行的"明股实债"的不规范 PPP、EPC+F（融资建设）、已被喊停的融资性政府购买服务等，地方政府都负有偿付责任。但由于未及时、足额纳入财政预算，上述多种模式的融资既加重了地方的债务负担，又存在一定的风险，有损害地方政府信用、产生违约事件的可能。虽然财政部在 2019 年推行了一轮"隐性债务置换"，通过财政协调金融机构对隐性政府债务进行置换，改善债务结构和降低成本，降低隐性债务的风险，但这一轮置换开展的时间不长、规模不大，从整体上来看，仍有许多存量债务未能解决。

特别需要指出，不少相对较低级别的县市政府，由于没有足够的资信和较强的正规金融系统网络关系，往往难以获得低息的融资，而这些地方政府又偏要"大干快上"，于是就只能通过本地融资平台企业去举借银行贷款、发行债券之外的所谓"非标"债务，主要是融资租赁、金融资产交易所定向融资产品、信托贷款等模式产生的债务。这些非标债务不仅相对隐蔽，而且利率显著高于银行贷款利率，此外，还存在期限短、到期后偿付压力大等问题。

第二章 "土地财政"下的策略性出让及多重扭曲　　123

　　近两三年来，我国产生的多起地方政府违约事件都源于这些非标债务。在中国特有的金融体系下，这些非标债务不仅牵涉地方债务，还涉及金融业的"影子银行"业务、违规募集等问题，可谓盘根错节，成为地方债务问题中的深水区。正是由于融资平台的非标债务规模过大，许多地区长期存在借新还旧的问题，产生的债务压力对地方综合财力产生了很大的挤压作用，处理不好就很容易出现系统性风险。

注释

1　黄小虎:《当前土地问题的深层次原因》,《中国税务》2007年第2期,第47—48页。
2　参见郑江淮、赵华、王成思、陈长江:《增强农民主体地位,消除发展差异——来自苏州社会主义新农村建设的观察》,《西北大学学报（哲学社会科学版）》2007年第3期,第12—18页。
3　参见《中共苏州市委、苏州市人民政府关于加快城市化进程的决定》（苏发〔2003〕21号）。
4　参见张建英:《中国地方政府经济职能的转型研究》,博士学位论文,苏州大学,2009年。
5　根据各年《中国国土资源统计年鉴》数据。
6　根据中国土地市场网相关数据。
7　冯奎:《中国新城新区发展报告》,企业管理出版社,2019年版。
8　谈明洪、李秀彬:《世界主要国家城市人均用地研究及其对我国的启示》,《自然资源学报》2010年第11期,第1813—1822页。
9　曾鹏、李晋轩:《存量工业用地更新与政策演进的时空响应研究——以天津市中心城区为例》,《城市规划》2020年第4期,第43—52页。
10　2010年前后,我国内地的工业用地比例已达到26%,在制造业比较发达的内地城市,工业用地超过40%,个别城市甚至超过了50%,远远高于纽约的7%、香港的6%、伦敦的2.7%、新加坡的2.4%。参见李正豪:《"城镇化"户籍改革总纲初步厘定》,《中国经营报》2013年4月15日第A4版。

11 王广洪、黄贤金、姚丽:《国家级园区用地相对集约度及其时空分异研究》,《中国土地科学》2007年第4期,第18—25页;戴雪芬:《城市土地集约利用的现状分析与建议》,《地矿测绘》2006年第2期,第42—44页。

12 参见杨伟民:《扩内需要把"三驾马车"拆分成"多驾马车"》,《二十一世纪经济报》2021年3月7日。

13 根据各年《中国国土资源统计年鉴》得出。

14 中小城市同样存在工业用地比例过高、增长过快的问题。如1990—2001年昆山市城市工业用地年均增长210.92公顷,占建设用地总量年均增长量的1/2,年均递增21.25%。昆山、吴江、张家港、太仓、宜兴、溧阳等地人均工业用地面积达40—70平方米。总体来看,中国人均工业用地面积也大大超过15—25平方米/人的国标范围。

15 参见董祚继:《稳中求进——农村土地制度改革进行时》,"政之本"微信公众号2018年4月12日。

16 参见陶然、徐志刚:《城市化、农地制度与社会保障——一个转轨中发展的大国视角与政策选择》,《经济研究》2005年第12期,第45—56页。

17 包括美国、英国、日本在内的很多发达国家,即使进入后工业化社会,人口依然不断向大城市和特大城市集聚。对此,美国哈佛大学经济学家爱德华·格莱泽(Edward Gleaser)在其著作《城市的胜利》中进行了系统性考察。他指出,高素质人才往往喜欢聚集在一起,而通常情况下,大城市、特大城市就是这些高素质人才和相应产业的聚集地:无论是高新技术企业,还是高端服务业部门,都几乎无一例外分布在繁荣发展的大城市区域,这些企业也极大地带动了所在城市的进一步发展。与此同时,大城市、特大城市的人才集聚恰恰给大量中低收入人口提供各种生活和产业服务创造了良好的就业机会,因此,即使某些特大城市出现了贫民窟,也是因为这些城市的发展机会吸引了大批希望增加收入的穷人。因此,利用大城市良好的经济基础去推动中低收入人群聚集区的基础设施和公共服务建设,改善中低收入者生活和就业环境,不仅有利于经济增长,也能实现社会公平。

18 2010年的"六普"数据显示,全国31个省级行政区中有18个处于人口流入状态,而人口流入区排名前五的省市为广东、上海、浙江、北京和江苏,其流入人口占18个省市总人口流入的82%。如果观察2014年的常住人口和户籍人口的统计数据,人口流入排名前5名城市的人口流入量就高达4800万。2021年5月公布的"七普"数据进一步显示,到2020年年底,全国流动人口为37582万人,其中,跨省流动人口为12484万人。在流动人口中,乡城流动占比进一步上升,城城流动数量也大规模增加。与2010年相比,2020年流动人口规模增长了1.548亿,比2000至2010年的增量多了0.55亿。当前我国总人口中有四分之一是流动人口,这表明在2010年到2020年,中国人口流动仍然活跃。由"五普"、"六普"查及"七普"数据，2000年、2010年和2020年，乡城流动占流动人口的比例分别为52.2%、63.2%和66.3%，表明乡城流动人口依然是流动人口的主要驱动力。

19　参见聂日明、潘泽瀚:《"七普"公报中的流动人口新态势》，《澎湃新闻》2021年5月14日，见 https://www.thepaper.cn/newsDetail_forward_12658600。

20　具体到各省市，聂日明、潘泽瀚在《"七普"公报中的流动人口新态势》中将七普公布的各省区常住人口数据与《中国人口与就业统计年鉴（2020）》公布的2019年年末各省区常住人口进行比较，观察各省区常住人口的高估与低估情况。即便是考虑到在统计年鉴截止的2019年末到"七普"以2020年11月1日零时为标准时点期间的可能人口流动规模，这两个数据依然有较大差距。多年来人口持续净流入的省份，统计年鉴数据大多低估，比如，"七普"中广东多了1080万人，浙江和江苏合计多了1012万人，而人口持续净流出省份的人口萎缩规模比非普查年份数据显示的更大，比如黑龙江和吉林分别减少了566万人和283万人。

21　参见全国妇联课题组:《农村留守儿童、城乡流动儿童状况研究报告》，《中国妇运》2013年第6期，第30—34页。

22　联合国儿童基金会公布的《2015年中国儿童人口状况——事实与数据》估算了中国的流动儿童和留守儿童约有1亿人（其中流动儿童3426万人、农村留守儿童4051万人、城镇流动儿童2826万人）。教育部每年发布的教育统计数据则能提供比较精确的义务教育阶段流动儿童和留守儿童的数据：2017年义务教育阶段流动儿童有1897.45万人、农村留守儿童有1550.56万人。

23　参见城市化观察网发布的《中国流动儿童图鉴2019》，见 https://zhuanlan.zhihu.com/p/73435747。

24　根据国家统计局流动人口调查数据，目前全国流动人口中30%—40%居住在雇佣单位提供的宿舍或工棚，而其他人绝大部分选择租住在包括城中村、城郊村在内的城市与城乡接合部出租屋，人均租住面积15平方米左右，这个数字大约为城市户籍人口人均居住面积的一半（全国城镇居民人均建筑面积40.8平方米，按高层72%的平均得房率，人均居住的使用面积为29.4平方米），而城市户籍人口家庭90%左右拥有住房产权，还有接近20%的家庭拥有两套甚至更多住房。

25　Huang, Youqin, Daichun Yi and William A.V. Clark, 2020. "Multiple Home Ownership in Chinese Cities: An Institutional and Cultural Perspective," *Cities: The International Journal of Urban Policy and Planning*. Vol. 97, Feb. Published online first in Nov. 2019. https://doi.org/10.1016/j.cities.2019.102518.

26　中国当前城市户籍居民家庭住房自有率超过90%，远高于西方国家水平，但大量城市流动人口却缺乏体面的可租住住房供应，这就为出租房建设创造了良好的发展机会。当前我国主要是通过自建房屋和购买商品房的形式来满足居民的住房需求，而相比经济较为发达的美国、英国、法国、德国和日本，其住房自有率分别在 50% 到 70%，其中德国更在 50% 以下，大部分人群以租赁为主要居住方式。

27　参见唐军、宋国恺、宋贵伦、岳金柱、胡建国：《2013 年北京社会建设分析报告》，社会科学文献出版社，2013 年版。

28　这个比例基本上和房租占收入比例的国际标准一致。本书第八章部分将进一步讨论如何推动主要流入地城市的城中村、城边村拆除重建式更新并为外来人口提供可支付体面租赁住房的问题。

29　参见陶然、史晨、汪晖、庄谷中：《"刘易斯转折点悖论"与中国户籍—土地—财税制度联动改革》，《国际经济评论》2011 年第 3 期，第 120—147 页。

30　参见国家统计局：《2016 年农民工监测调查报告》，见 http://www.stats.gov.cn/tjsj/zxfb/201704/t20170428_1489334.html。

31　从国际经验来看，城市住房供给体系的立体化是大势所趋，社会资本市场化供应为主体、政府为辅的供应结构是发展方向。尤其在中国，仅由地方政府提供住房保障远远不够，而引入社会资本、开展租售并举的供给侧改革应该是城市房地产行业发展的大方向。瑞典的非营利性组织拥有全国约 20% 的住房，美国的非营利性组织出资参与的保障性住房建设资金常年在 40% 以上。同时，在租赁住房中，美国等国只有不到 20% 的租赁住房由政府提供，剩余的可支付租赁住房则由住房协会、私营企业及业主、非营利组织、房地产信托基金和保险公司等多元机构提供，相对而言，我国的租赁住房供给则非常单一。

32　参见任泽平：《中国住房市值报告》，第一财经网，见 https://www.yicai.com/news/101033320.html。

33　这里的"棚户区"是指在城市规划区集中连片简易结构房屋较多、房屋密度大、基础设施简陋、房屋年限长、功能不全、安全隐患突出的片区，包括城镇棚户区、国有工矿棚户区、国有林区棚户区和国有林场与垦区危旧房等。

34　邵挺、田莉、陶然：《中国城市二元土地制度与房地产调控长效机制：理论分析框架、政策效应评估与未来改革路径》，《比较》2018 年第 6 期，第 54—87 页。

35　根据姜超等从投资项目的估算，"棚户区改造"带来的地方隐性债务规模约为 4.5 万亿元。参见姜超、朱征星、杜佳：《地方政府隐性债务规模有多大？》，"姜超的投资视界"微信公众号 2018 年 7 月 31 日。

36　王微、邓郁松、邵挺等：《房地产市场平稳健康发展的基础性制度与长效机制研究》，中国发展出版社，2018 年版。

37　BIS Working Papers No. 701, "Mapping shadow banking in China: structure and dynamics by Torsten Ehlers," Steven Kong and Feng Zhu.

38　参见张思平：《光靠行政手段消灭房地产泡沫是很难的》，《财经》杂志"微信公众号 2021 年 5 月 17 日。

39 邵挺、田莉、陶然：《中国城市二元土地制度与房地产调控长效机制：理论分析框架、政策效应评估与未来改革路径》，《比较》2018 年第 6 期，第 54—87 页。

40 一般的做法是，在土地储备中由土地管理部门根据规划确定储备土地的供应用途、年限等，向土地储备中心发放土地使用权证，以此作为向银行申请土地抵押贷款的凭证。土地储备中心还可以在储备土地的收益权上设立质押，向政府控股的开发区或平台公司进行贷款担保。

41 参见张晓晶主编：《中国金融报告 2020：新发展格局下的金融变革》，中国社会科学出版社，2021 年版。

42 汪涛：《中国影子银行的发展和规模》，《财经》2018 年 3 月 29 日。

43 Wang H, Wang H, Wang L, et al., "Shadow Banking: China's Dual-Track Interest Rate Liberalization," Social Science Electronic Publishing, 2015.

44 从 2015 年始，省级政府可直接发行债券，并通过这些债务来逐步置换地方政府通过设立平台公司或国企代为举债的额度。2015 年前被列入政府性债务的国企（包括平台公司）存量债务也于 2018 年第三季度末之前通过政府发行债券置换完毕。

45 在基础设施及公共服务领域引入 PPP 机制，本意是与社会、市场一起建立风险共担、利益共享的社会投融资机制，减轻地方政府财政支出压力和举债压力，也为社会资金创造市场发展空间。在使用者付费、使用者付费与政府补贴相结合、政府付费三类 PPP 项目中，真正具备前两种付费条件的主要集中在水电煤、公共交通等公共事务领域，但这类项目此前很多已基本完成民营化改制，剩下的项目少数只能符合政府付费和少量使用者付费兼有政府补贴的情况，大多数是政府完全付费的基建类的纯公益性项目。

46 王君凯、刘晨曦：《基于"善管"框架的隐性债务监管对策研究——以 PPP 导致的隐性债务监管为例》，北京晨报网，http://www.startppp.com/20180507/n251551249.shtml。

47 截至 2018 年 1 月，全国 PPP 总入库项目数 14,132 个，投资总额为 18.40 万亿元，很难相信各级地方会有如此高的真实投资需求。实际上，PPP 项目的央企参与度过高，而民企参与度很低、参与意愿不强，这本身就反映了 PPP 项目的融资本质。参见《PPP 大清理收官》，《财经国家周刊》2018 年。

48 参见穆迪：《地方政府实际支出需求与收入来源之间存在较大缺口》，《澎湃新闻》2018 年 5 月 15 日。

49 参见杨晓怿：《地方债务现状如何？有哪些风险？》，"杨老师的基建课堂"微信公众号。

第三章
征地改革和集体经营性建设用地入市

　　进入21世纪以来,中国土地征收领域表现出两个明显的新特点。

　　首先,征地规模迅速增加。20世纪80年代和20世纪90年代,全国年均征地面积分别为7.47万公顷和8.33万公顷,而2003年到2010年,年均征地面积上升为28.77万公顷,2009年到2017年,年均征地面积达到了31.55万公顷,其中2011年、2012年和2013年的征地面积更分别达到了56.87万公顷、51.77万公顷、45.31万公顷的超高水平。

　　其次,由于征地补偿过低,征地冲突一度大面积爆发。一项针对分布在四个省市1000多个被征地农户的调查显示,征地补偿费一般只够维持被征地农民6—7年的基本生活,在落后地区或者是公益性项目征地中,补偿标准更低,一般只够维持3—5年的基本生活。[1]还有调研发现,重点建设项目的征地费标准,其实际操作方式多是先确定较低的补偿安置费用总额,再推算需要补偿的被征用耕地的产值倍数,这样做的结果就是农民的合法权益受到侵害。

　　国土资源部征地制度改革研究课题组发现,"一些建设项目,特别是国家和地方重点基础设施建设项目,为节省投资,采取'省部协议''政府定价'的办法确定征地补偿标准"[2]。审计署对 2004 年度中央预算执行和其他财政收支的审计，以及对 2005 年度中央预算执行情况的审计也都发现，公路、水利等项目"拖欠工程款和征地补偿费，损害群众利益的问题比较突出"，"违规征地、拖欠工程款和农民征地补偿款问题严重"，补偿明显低于规定标准。[3]

被征地后，许多农民的生活和就业受到负面影响。国家统计局 2003 年上半年对 16 个省（市、区）的 2670 户耕地被占用农户的调查显示，耕地被占用前后农民人均纯收入增加的占 45%，持平的占 9%，下降的占 46%；[4]征地时，失地农户得到安置就业的仅约占劳动力总数的 2.7%，赋闲在家的约占 20%。[5]

由于强制征地、低价补偿以及缺乏争议解决机制，各地一度出现大量政府和村民之间因征地而引发的大规模冲突和群体性事件。一些地方甚至动用警力强行暴力征地，使得以征地纠纷为主的农村土地纠纷取代税费争议，成为一段时间内农民维权抗争活动的焦点，成为影响农村社会稳定和发展的首要问题。[6]

2006 年，国务院发展研究中心"推进社会主义新农村建设研究"课题组在全国 17 个省（市、区）的调查发现，土地问题是农村矛盾频发的一个焦点，其中尤以土地征用问题最为突出，2749 个村庄中有村民上访的占 28.9%，其中约 39.4% 的村民上访反映的是土地征用问题（东部地区为 48.1%，西部地区为 34.5%，中部地区为 26%）。[7]

张清勇根据《中国国土资源年鉴》的数据计算，发现 2004—2007 年国土资源部受理的群众信访中，征地信访的比例一直居高不下。人民来信中反映征地问题的一直处在 70% 以上，群众来访反映征地问题的也多在 50%—60% 甚至以上，而因征地引起的群体性事件一度占全部农村群体性事件的 65% 以上，以征地纠纷为主的农村土地纠纷成了农民维权活动的焦点，以及影响农村社会稳定的首要问题。

作为应对，2004年中央建立集中处理信访突出问题及群体性事件联席会议机制时，专门设立了"农村土地征用专项工作小组"，各级政府也都组建了"农村土地征用问题专项工作小组"。[8]

21世纪初以来，征地矛盾成为中国城乡土地问题的焦点所在。既有研究多从"分税制"改革后地方政府缓解财政困难的角度出发，考察地方政府的工作重点如何在20世纪90年代中期以后，由"经营企业"转向"经营城市"、由发展企业转移到以土地开发为主的城市化。另一些研究则指出土地使用制度改革深化、土地资本化、二元土地制度缺陷以及住房体制改革的作用。但应该指出，这些研究都忽略了带来这些转变的结构性因素和体制性因素。

与政府将农用地转为国有建设用地的征地行为相对应，改革开放之前中国农村发展的社队企业，20世纪80年代迅速增长的乡镇企业，乃至20世纪90年代各地农村，各种以合法、非法方式持续不断占用的农地，其实早就带来了巨大的集体经营性建设用地存量，并逐步开始发育出各地集体经营性建设用地的出让和转让市场。

由于传统征地制度带来的各种社会矛盾，同时考虑到集体经营性建设用地入市一度给村民、村集体带来的明显收益，2020年开始实施的新《土地管理法》同时对征地制度和集体经营性建设用地制度进行了较为重大的调整。

本章和下一章希望能够回答以下几个重要的问题：

为什么20世纪末的20年左右时间里，中国的征地制度改革一直缺乏实质性进展？

近几年关于征地制度改革和集体经营性建设用地入市的法律及政策调整，对中国未来城乡土地制度的走向到底意味着什么？

目前正在推动的征地制度改革和集体经营性建设用地入市是

否一定更有利于实现城市土地资源的优化配置？

当前缩小征地范围和完善集体经营性建设用地入市制度的改革举措是否足以保障农民的土地财产权益？

一　进展缓慢的征地制度改革

中国的征地制度有一个较长时间的历史演变过程，"高强制、低补偿"一直是新中国成立以来征地制度的总体特征。1998年在修订《土地管理法》时，原来拟定的草案本意是希望改变这个情况，尤其是缩小征地范围，但结果是不仅未能改变征地的强制性特征，反而加大了强制性，其根本原因在于20世纪90年代中后期，地方政府面临因分税制及经济放缓所带来的巨大财政压力，因此征地强制性增加可以被理解为中央为了减缓地方政府因"分税制"后财权下降、发展激励不足所采取的补救性行动，是当时中央为帮助地方度过增长乏力期采取的法律举措。

21世纪初以后，中国经济增长明显加快，但征地制度改革的进展仍然非常缓慢，征地的强制性有增无减，征地范围的缩小也非常有限。为什么会出现这个情况？

从1999年到2019年的20年间，不仅是新中国成立以来经济增长速度最高、政府财力增加最多、综合国力上升最快的时期，也是因地方政府大规模强制性征地带来社会矛盾最多的时期。至少从2002年开始，中国经济就逐步走出1998年前后的增长低迷期，进入新一轮"黄金增长期"，而地方政府大规模、强制性低价征地带来的征地冲突和社会矛盾也正是在这一阶段出现激增：因征地引起的群体性事件一度占全部农村群体性事件的65%以上，以征地纠纷为主的农村土地纠纷成为农民维权抗争活动的焦点，甚至是影响农村社会稳定的首要问题。[9]各级政府部门，尤其是中央政府，对此阶段大规模、强制性低价征地引发的巨大社会矛盾，都有相当清楚的了解，学术界基本上也是一边倒地不断主张征地改革，尤其是呼吁和建议缩小征地范围和提高补偿标准。正是为应对日益增加的社会矛盾，中央政府才推动多个轮次的征地制度改革，乃至整个城乡土地制度改革的试点工作。但总体来看，至少到2020年新法出台前，1998年《土地管理法》及其实施条例和释义，仍是征地领域的主要制度安排，在长达20年的时间里，征地改革不仅进展极为缓慢，改革试点的实质内容也不多。张清勇认为，征地制度改革的阻力主要来自四个方面。一是产业部门，二是依赖土地发展经济的地方政府，三是土地行政主管部门，四是为发展经济必须压低土地成本的思维方式。[10]

　　本书第一章对中国此阶段增长模式形成背景及运行机制的讨论，有助于解释20年间征地改革进展缓慢的原因。一方面，20世纪末和21世纪初为拉动增长，特别是充分利用2001年12月加入世贸组织后国际市场大开的机会，迅速增加出口，中国逐步开启了"国际和国内两层逐底式竞争"；另一方面，随着城市住房体制改革的推进，以及经济增长和城市居民收入水平提高后对服务业需求的增加，包括房地产业在内的第三产业逐步进入了一个加速增长的阶段。当越来越多的城市通过加入"国内逐底式竞争"参与全球市场的"国际逐底式竞争"后，"第二产业对第三产业的强化型溢出"效应开始强化：如果本城市不能在招商引资的竞争中以廉价土地和补贴性基础设施（以及放松劳工和环境管制）成功发展本地制造业并顺利实现出口，不仅制造业直接带来的税收将没有着落，本地制造业繁荣后间接带来的，往往也是地方独享的，且数额上甚至更为重要的房地产业、服务业相关税收及商住用地出让金，就更没有增加的可能。这一阶段，中国增长模式的本质就是以出口带动制造业投资，以工业化带动城市化，以工业园区带动新城区建设及本地商业、房地产业发展。在这个模式下，通过强制征地和有效操控各类土地出让数量，地方政府就可以推动制造业对服务业发展的溢出效应，并全面捕获制造业增长带来的商住用地"增值溢价"。

在这种以"土地财政"为核心的工业化和城市化模式下，每个参与国内"逐底式"招商引资竞争的城市，都不得不想方设法降低工业用地价格，持续加大对本地各类工业园区的基础设施投入。基础设施建设不断升级，唯有如此，地方政府才能把刚刚征来的"生地"转化为制造业厂商可直接使用的"熟地"。

那些没有做出此类巨大投入来"优化投资环境"的城市，很容易在日益激烈的招商引资竞争中处于劣势。不仅本地的工业化难以启动，地方财政的收益更是无从谈起。更重要的是，地方政府征来的土地中，有高达40%—50%要用作基本没有净收益甚至还经常亏钱的工业用地，15%—20%要用作完全靠财政投入的基础设施和公益事业用地，只有30%—40%的土地可以用作带来净收益的商住用地。要实现商住用地出让并最终获益的前提条件，是本地工业用地出让、制造业产能实现且产品销售完成，而这一般需要两到三年的时间。因此地方政府当然希望尽量保持土地征收的强制性，并单方面制定和尽可能压制征地补偿标准。

根据第一章所述，还要考虑在我国特定经济增长模式下中央和地方政府各自扮演的角色。为应对20世纪90年代中后期的经济疲软，中央和地方分别采取了各种"稳增长"的政策措施。实际上，1998年对《土地管理法》的修订可以被理解为中央政府试图部分减缓"分税制"对地方激励产生的负面影响，是中央政府为应对当时经济低迷、增长乏力而采取的举措之一。事实证明，上述法律措施，与其他中央和地方政策举措共同发挥作用，使得中国经济较快走出了困局，并在2002年进入了一个由出口和房地产"双引擎"推动的"黄金增长期"。

但上述政策和法律措施，与过去20年中国经济的主要结构性变化一起，推动中央和地方全面卷入了"国际和国内两层逐底式竞争"，城市发展中还出现了"二、三产业交互强化型溢出"效应。一旦"国际和国内两层逐底式竞争"和"二、三产业交互强化型溢出"两个效应发力并相互强化，各个地方政府就会越来越深地卷入以工业开发区为主战场的招商引资竞争，而且也只能通过新城区建设和相应的商住用地出让，来覆盖工业园区、新城区建设的征地成本和巨额基础设施投入。

正是自1998年《土地管理法》于1999年起实施后，伴随着工业化和城市化的加速，我国征地的规模开始剧增。与此对应，总土地出让面积也有相似水平的快速增长，之后逐年有所下降。

到21世纪初，当中国经济逐步走出低迷状态后，一些先行地区才刚刚从"强制征地、贷款建设工业区—招商引资带来制造业成长—贷款建设新城区并出让商住用地获得出让金—政府偿还债务"的闭环中尝到甜头，当然不会轻言放弃，而后发地区连"贷款—还款"闭环都还没有完成，更缺乏意愿退出区域竞争。

一些地方政府甚至想方设法尽量降低支付给失地农民的现金补偿，例如承诺给失地农民在达到一定年龄后可领取社保（退休金）等政策，这实际是把当前的矛盾直接后移给未来的各届政府。

不能否认，在一些特定情况下，地方政府不得不做出适当的经济让步，希望用"人民币来解决人民内部矛盾"，尤其是当被征地农民具备较强组织能力，不断进行抗争且难以压制时，这种情况更容易出现。然而，总体来看，强力压制征地矛盾和降低发展成本仍是大部分地区城市政府采取的行动。这就解释了为什么2008年国际金融危机之前，中央和地方政府在出口及经济高速成长期一直缺乏动力推动征地改革。

2008年国际金融危机爆发后，中央为加大内需推动的经济刺激政策，仍然依赖既有征地制度的配合，并为地方政府建设更多新城区和工业开发区创造了便利条件。此时，地方政府首先利用中央宏观刺激释放的流动性，大力建设新城区和发展本地房地产业，然后再反过来补贴本地工业开发区的新建和扩建，结果是征地体制的改革被进一步推迟。

总之，我国既有的经济增长、工业化和城市化模式，塑造了一个逐步自我强化，且各方参与者一旦卷入就"欲罢不能"的格局。本书第一章所提出的分析框架不仅可以解释为什么中国现有增长模式会出现严重的路径依赖，还可以解释地方政府为什么会在"土地财政"和"土地金融"中越陷越深，哪怕后者带来的增长效应越来越小、地方债务越来越大。[11]

一旦更大规模征地带来的社会矛盾再度凸显，城市地方政府招商引资难度急剧加大，而房地产市场却出现后劲不足的情况，到那时，地方债务就会加速累积。这就又把我们拉回到和20世纪90年代末期相似的逻辑：如果经济较快下行，即使中央希望通过《土地管理法》的修订实现征地改革的突破，但现实中却找不到地方政府积极配合中央改革的充分理由。

二 关于征地政策的争议

新《土地管理法》的出台历程

在1998年《土地管理法》中，征地制度最令人诟病的，就是征地权的行使加大了单方面的强制性。尽管2004年修订的《中华人民共和国宪法》第十条提出，"国家为了公共利益的需要，可以依照法律规定对土地实行征收或者征用并给予补偿",但相关法律并没有去规范非公共利益性质的征地行为,而是把包括基础设施、政府部门、公立学校和医院等公益目的用地,以及包括工业仓储、商业、办公、商品住宅之类的非公益目的用地,都全面纳入了政府的征收范围。

在经历了21世纪初以来征地面积的大规模增加和强制性征地引发的巨大社会矛盾之后,2008年的党的十七届三中全会审议通过的《中共中央关于推进农村改革发展若干重大问题的决定》指出,"改革征地制度,严格界定公益性和经营性建设用地,逐步缩小征地范围,完善征地补偿机制。依法征收农村集体土地,按照同地同价原则及时足额给农村集体组织和农民合理补偿,解决好被征地农民就业、住房、社会保障","做好被征地农民社会保障,做到先保后征,使被征地农民基本生活长期有保障"。

到2013年,党的十八届三中全会审议通过的《中共中央关于全面深化改革若干重大问题的决定》更要求"建立城乡统一的建设用地市场。在符合规划和用途管制前提下,允许农村集体经营性建设用地出让、租赁、入股,实行与国有土地同等入市、同权同价。缩小征地范围,规范征地程序,完善对被征地农民合理、规范、多元保障机制","建立兼顾国家、集体、个人的土地增值收益分配机制,合理提高个人收益"。

党的十七届三中全会和十八届三中全会的相关决定显然希望缓解既有征地制度过高强制性带来的弊端,在缩小征地范围的同时,提高土地征收的补偿标准。经过长达20年的征地实践,既有征地体制带来的问题已日益突出,不仅在一些地区恶化了地方政府和广大被征地农民的关系,而且还助长了地方政府过度依赖"土地财政"和"土地金融"并超常规建设城市基础设施的倾向。

正是由于中国现有经济增长、工业化和城市化模式塑造的利益格局存在一个内在的自我强化机制，制度经济学中典型的"路径依赖"在这一阶段逐步展现。虽然党的十七届三中全会和十八届三中全会制定了征地制度改革的相关决议，明确了"严格界定公益性和经营性建设用地，逐步缩小征地范围，完善征地补偿机制""缩小征地范围，规范征地程序，完善对被征地农民合理、规范、多元保障机制"的改革方向，但改革的实际进展仍然非常缓慢。[12]

只是到了2015年2月，全国人大常委会才授权国务院在33个试点县（市、区），突破既有《土地管理法》《城市房地产管理法》中的相关法律条款，开始了2000年以来第三阶段、第四轮次的农村土地制度改革试点；2015年6月，33个试点县（市、区）的试点实施方案经国土资源部农村土地制度改革三项试点工作领导小组批复，试点工作全面启动；到2017年9月，"由于农村土地制度改革试点任务重、要求高，为深入探索和总结试点经验，更好地支撑《土地管理法》修改，综合考虑试点进展情况和《土地管理法》修改进度"，中央又决定将原来计划于2017年年底结束的试点工作延期一年至2018年年底；到2017年11月4日，十二届全国人大常委会第三十次会议通过决定，"试点期限延长一年至2018年12月31日。延长期满，国务院应当就暂时调整实施有关法律规定情况向全国人民代表大会常务委员会做出报告。对实践证实可行的，国务院应当提出修改相关法律的意见；对实践证明不宜调整的，恢复施行有关法律规定"。

2018年年底，中央政府开始对农村土地制度改革三项试点经验进行系统评估、总结和验收。2019年《土地管理法》的修改工作最终完成并向全国人大提交后，该法终于在2019年8月27日由第十三届全国人大常委会第十二次会议表决通过，2020年1月1日开始实施。

由于这次修法之前的试点工作存在"试点范围窄、试点地块少、试点进展慢、信息披露少"等问题,即使相关部门做了大量努力,广泛汲取了各级政府相关部门、学术界乃至各行业的意见和建议,但新法在征地改革有所进展的同时,仍然保留了一些容易引起争议的条款。

新《土地管理法》的主要调整和争议

在2019年修改后颁布的《土地管理法》中,新增第四十五条首次引入了为"公益利益需要"可以依法实施征收的规定:

> 为了公共利益的需要,有下列情形之一,确需征收农民集体所有的土地的,可以依法实施征收:
> (一)军事和外交需要用地的;
> (二)由政府组织实施的能源、交通、水利、通信、邮政等基础设施建设需要用地的;
> (三)由政府组织实施的科技、教育、文化、卫生、体育、生态环境和资源保护、防灾减灾、文物保护、社区综合服务、社会福利、市政公用、优抚安置、英烈保护等公共事业需要用地的;
> (四)由政府组织实施的扶贫搬迁、保障性安居工程建设需要用地的;
> (五)在土地利用总体规划确定的城镇建设用地范围内,经省级以上人民政府批准由县级以上地方人民政府组织实施的成片开发建设需要用地的;
> (六)法律规定为公共利益需要可以征收农民集体所有的土地的其他情形。
> 前款规定的建设活动,应当符合国民经济和社会发展规划、土地利用总体规划、城乡规划和专项规划;第(四)项、第(五)

项规定的建设活动，还应当纳入国民经济和社会发展年度计划；第（五）项规定的成片开发并应当符合国务院自然资源主管部门规定的标准。

从上述新增的第四十五条看，新《土地管理法》以部分列举与概括的方式明确了土地征收的范围，意图是缩减征地范围，把真正的公益性用地通过征收方式从农民集体所有转化为国有，然后再提供给相关的公益事业使用。

但新《土地管理法》引起最大争议的地方，恰恰就是只对"公共利益需要"进行了部分列举，特别是其中第五项"在土地利用总体规划确定的城镇建设用地范围内，经省级以上人民政府批准由县级以上地方人民政府组织实施的成片开发建设需要用地的"可以依法实施征收。虽然该条款的后半部分还追加了"第（四）项、第（五）项规定的建设活动，还应当纳入国民经济和社会发展年度计划"这个限定，并规定"第（五）项规定的成片开发并应当符合国务院自然资源主管部门规定的标准"，但"成片开发"可以依法实施征收的问题很快成为新《土地管理法》争议的焦点。

按照自然资源部相关负责人的解释，把"成片开发"纳入可以征地的情形，是为"在征地范围上与经实践检验比较可行的《国有土地上房屋征收与补偿条例》相衔接，同时将成片开发纳入可以征地的情形，以免对经济社会发展影响过大"[13]。

但到底如何拿捏"成片开发"的适用范围，中央自然资源主管部门显然希望听取更多意见和建议后再制定相关的标准。晓叶指出："出于稳妥的考虑，2020年6月5日自然资源部发布公告，公开征集土地征收'成片开发'标准的意见建议。"为此，法学界、公共政策研究者、实践管理者也展开了热烈的讨论并给出了非常不同的思路。[14]

第一种思路是必须以开发用途来界定"成片开发"的公益性。因为从新《土地管理法》条文设置来看,"成片开发"可以依法实施征收的前提是"公共利益需要",而"公共利益需要"等同于开发后土地用途必须为公益性质,即只有公共服务设施项目建设才可以征收土地。但考虑到目前土地出让收入仍是大部分城市政府进行基础设施建设的主要资金来源,也有一些主张出于平衡开发成本的考虑,建议"成片开发"后的土地用途可以不完全是公共服务设施项目,但公益性用地在开发区域的土地利用结构上应该占据主导地位。

第二种思路则认为,"成片开发"土地征收不应局限于土地用途是否体现公共利益,而应看征收后的土地收益分配是否用于公共利益,即土地征收的公共利益不体现在前端的土地用途上,而应该体现在后端的土地收益分配环节。既然过去20多年中,地方政府通过"土地财政"在城市规划区内的建设都可以被视作公益性开发,那么"成片开发"带来的综合社会经济效应是衡量其公益性的重要依据。

第三种思路强调,既然称为"成片开发",那么只要达到一定规模就可以按照开发规模实施分层审批。例如,张茂鑫、吴次芳就提出,鉴于不同区域"成片开发"规模尺度把控的复杂性和现行规定,开发规模的设定应具有弹性,既要确保规模经济,又要防止城市低效蔓延。[15] 按这种思路,无论是工业、商业类的经营性用途,还是住宅开发,只要达到相应开发规模,报上一级政府批准备案后就可以实施征收,甚至根据国家战略发展需要,还可以适度放宽上述规模要求。

与第一种思路强调"成片开发"的公益性,并要求公益性用地为主才能实施征收的想法不同,第二种和第三种显然更为接近的思路,都认为"成片开发"不应局限于土地用途是否要直接和主要体现为公共利益用途，而应该考察征收后的土地收益分配是否用于公共利益。与第二种思路相比，第三种思路只是增加了"成片开发"不同级别政府审批规模方面的要求。显然，第二种思路和第三种思路基本上延续了《土地管理法》修法之前地方政府的征收模式，就是不问土地用途，只要达到所界定的"成片开发"规模都可以依法实施征收，因此也比较符合地方政府继续大规模、低成本征地的期望。[16]

比如，陈力、陈瑶恬就提出，武汉市目前实行的"统征储备"模式值得借鉴："以整村征收而非按项目征收的方式开展工作。各区土地储备中心在区人民政府的组织下对'旧村'改造规划范围内的集体所有土地实行一次性统征、一次性报批、一次性储备，并对所有储备土地进行必要的前期开发和管护，在收储完毕达到上市条件后，按照规划要求和招商情况，分期出让土地进行建设。这种方式有效保障了区域统筹开发和被征收人的公平合理补偿，避免了开发建设中由于实施周期、征收时点不一致带来的同地不同价补偿现象引发的社会矛盾；同村人之间按照统一标准进行补偿，也有利于项目推动，缩短储备周期。"

又如，叶斌依据南京的经验提出："土地征收行为一般分布在四种地区。第一种是城市新城新区建设地区……第二种是建成区及城郊接合部的插花地，包括建成区既有的农村集体农用地和建设用地，以及城郊接合部的插花地，城市需要对这类插花地填平补齐；第三种是在建制镇规划镇区范围的土地，镇区内有很多空地，镇区外围有向外发展的规划空间……第四种是城市开发边界外的广大的农村地区点状新经济用地。"[17]

但有学者对上述第二种和第三种思路提出了不同看法，例如，唐健就指出："新《土地管理法》中关于公共利益的界定，很大程度上借鉴了《国有土地上房屋征收与补偿条例》的规定。对比两部法律对公共利益的定义,《国有土地上房屋征收与补偿条例》第五款中明确规定旧城改造是公共利益,在新《土地管理法》中没有明确界定,而是统称为成片土地。那么,成片土地开发中除了旧城改造外,还应包含哪些类型?对于纳入其中的类型,如各类园区、城市新区,以及商品房开发是否属于公共利益范畴?"

唐健提出:"上述问题也许可以从刚结束的农村土地制度改革中寻找答案。农村土地制度改革的任务之一就是征地制度改革。了解征地制度改革试点地区是如何缩小征地范围、界定公共利益的,对于制定成片土地开发标准有借鉴意义。整齐划一的土地管理模式已难以回应实际需求。针对争论问题,农村土地制度改革实践已有探索。如对于开发区、工业园区是否一定征为国有,可以参考成都蛟龙工业港和广西北流集体建设用地入市试点在集体土地上建立工业园区的经验,也可以借鉴广东等省份对城市范围内的城市更新、'三旧改造'是否征为国有由原权属人自由选择的做法。"[18]

"成片开发"实施征收和集体用地入市的协调问题

讨论到此,可以看出关键在于如何处理 2020 年新《土地管理法》"在土地利用总体规划确定的城镇建设用地范围内"的"成片开发可以依法实施征收"条款和"集体经营性建设用地入市"条款之间的关系。两者是并行不悖,还是只能二中择一?

2020 年新《土地管理法》第六十三条规定:

> 土地利用总体规划、城乡规划确定为工业、商业等经营性用途,并经依法登记的集体经营性建设用地,土地所有权人可以通过出让、出租等方式交由单位或者个人使用,并应当签订书面合同,载明土地界址、面积、动工期限、使用期限、土地用途、规

划条件和双方其他权利义务。

前款规定的集体经营性建设用地出让、出租等，应当经本集体经济组织成员的村民会议三分之二以上成员或者三分之二以上村民代表的同意。

通过出让等方式取得的集体经营性建设用地使用权可以转让、互换、出资、赠予或者抵押，但法律、行政法规另有规定或者土地所有权人、土地使用权人签订的书面合同另有约定的除外。

集体经营性建设用地的出租，集体建设用地使用权的出让及其最高年限、转让、互换、出资、赠予、抵押等，参照同类用途的国有建设用地执行。具体办法由国务院制定。

显然，对地方政府而言，在"土地利用总体规划确定的城镇建设用地范围内"，经"土地利用总体规划、城乡规划确定为工业、商业等经营性用途，并经依法登记的集体经营性建设用地"，就自然会面临如下两种前景：第一，市县政府继续征地，但需"经省级以上人民政府批准"；第二，政府选择不再征地，允许原有依法登记的集体经营性建设用地，或者通过空间置换后新创设的集体经营性建设土地直接入市。

从前述讨论可以看出，各方争议焦点是如何协调"成片开发"实施征收和集体经营性用地入市两者之间的关系。一些学者强调对"成片开发"实施征收必须设立较高的门槛，而不能只依据土地出让金使用方向，或征地规模来决定是否符合"成片开发"，达不到这个门槛则宁可不实施征收，但允许片区内的集体经营性建设用地入市。

他们认为，如果跟《土地管理法》修订前一样，只要是"土地利用总体规划确定的城镇建设用地范围内"的"成片开发"，不管什么用途都可以进行征收，那么如何保障这个范围内失地农民和村集体的利益？又如何实现集体经营性用地入市这个有利于维护农民利益的农村土地改革方案？

不可否认，上述担忧确有相当的道理，但过度强调集体经营性建设用地入市并约束"成片开发"实施征收却可能带来严重的问题。例如，当地方政府原来拟"成片开发"实施征收的片区内是集体经营性建设用地，而且也达不到"成片征收"设立的较高标准，那么当然可以让后者直接入市。但如果片区内都是农地或主要是农地，地方政府却可能因为难以达到"成片开发"的实施标准而无法进行征收，但这些农地显然也不能以集体经营性建设用地方式入市，难道这块土地就不能开发了吗？

又如，当地方政府希望将某块集体经营性建设用地征转为国有后再进行房地产开发，而且这块地的"最高最佳用途"确实是商品房开发，那么就只有"成片开发"实施征收这一条途径，因为目前集体经营性建设用地不能直接进入商品房用地市场。此时，地方政府将因难以达到"成片开发"实施征收的较高标准，而不得不放弃征地。

换句话说，在集体经营性建设用地入市还受城市规划和土地用途管制限制，而无法进入城市商品住宅用地市场的前提下，过度限制"成片开发"不仅不能提高集体经营性建设用地入市的增值空间，大概率还会压缩地方政府继续通过征地进行城市建设，尤其是供应商品房建设用地的空间。

《土地征收"成片开发"标准（试行）》的出台及其可能效应

继2020年6月5日就土地征收中的"成片开发"标准向社会公开征求意见和建议后，自然资源部2020年10月20日提出了《土地征收"成片开发"标准（试行）》（征求意见稿），并再次公开征求社会各界意见，最终于2020年11月5日印发了《土地征收"成片开发"标准（试行）》（以下简称《标准》）。

该《标准》要求：

三、县级以上地方人民政府应当按照《土地管理法》第45条规定，依据当地国民经济和社会发展规划、国土空间规划，组织编制土地征收成片开发方案，纳入当地国民经济和社会发展年度计划，并报省级人民政府批准。

土地征收成片开发方案应当包括下列内容：

（一）成片开发的位置、面积、范围和基础设施条件等基本情况；

（二）成片开发的必要性、主要用途和实现的功能；

（三）成片开发拟安排的建设项目、开发时序和年度实施计划；

（四）依据国土空间规划确定的一个完整的土地征收成片开发范围内基础设施、公共服务设施以及其他公益性用地比例；

（五）成片开发的土地利用效益以及经济、社会、生态效益评估。

前款第（四）项规定的比例一般不低于40%，各市县的具体比例由省级人民政府根据各地情况差异确定。

《标准》还要求：

五、省级人民政府应当组织人大代表、政协委员和土地、规划、经济、法律、环保、产业等方面的专家组成专家委员会，对土地征收成片开发方案的科学性、必要性进行论证。论证结论应当作为批准土地征收成片开发方案的重要依据。

六、有下列情形之一的，不得批准土地征收成片开发方案：

（一）涉及占用永久基本农田的；

（二）市县区域内存在大量批而未供或者闲置土地的；

（三）各类开发区、城市新区土地利用效率低下的；

（四）已批准实施的土地征收成片开发连续两年未完成方案安排的年度实施计划的。

七、本标准自公布之日施行，有效期三年。

总体来看，自然资源部在"成片开发"标准制定中设置的门槛相当之高，远远没有达到地方政府"不问用途，只要达到和城市级别相应的成片开发规模就可以依法实施征收"的期望。除了满足各种程序性要求并达到城市现状用地效率等标准外，有关公益用地比例的条款最值得关注。

虽然在工作标准具体实施上给了省级人民政府一定的自主权，但仍然要求"依据国土空间规划确定的一个完整的土地征收成片开发范围内基础设施、公共服务设施以及其他公益性用地比例"一般不低于40%。

实际上，绝大部分城市新开发的片区很难达到各类公益性用地面积比例不低于40%的要求。即使是商品住宅片区，因其道路、公立学校和医院、公园绿地用地较多所需的公益用地面积比例最高，一般不会需要40%的公益用地。

这就意味着《标准》给地方政府对成片开发实施征收设置了一个过高的门槛。如前所述，这个过高的门槛可能带来如下问题：如果政府希望把一片农村土地，无论是现状的农用地和/或现状农村集体建设用地（如工业用地或有偿收回的闲置宅基地、废弃的集体公益性建设用地），规划用于进行以工业、商业为主的开发建设，地方政府就必须安排40%的公益用地才能实施征收，否则还不如允许集体经营性建设用地直接入市，但在集体土地入市的相关利益分配没有谈妥的情况下，地方政府又不可能像在国有土地上那样进行高标准的投入。

如果地方政府规划某片集体土地进行以住宅为主的开发建设，但难以达到上述40%公益用地比例的要求，当这些集体土地是农地时，也不能以"成片开发"方式实施征收。但即使这些土地是集体建设用地，在现有政策框架下仍不能进入城市的商品房用地市场。此时，地方政府只能放弃征地。

如果严格执行上述政策，那么当地方政府发现确实难以达到40%标准时，可能会允许集体经营性建设用地只能用于工业或商业、办公用途并直接入市。但这又意味着地方政府不能再考虑征收存量集体建设用地转化为商品住宅用途，甚至还意味着地方政府不能再征收农用地进行任何的工业和商住开发，除非地方政府通过用地规划满足上述40%公益用地比例的要求。如前所述，要实现40%公益用地比例要求的难度相当之大。地方政府非要征地的话，就只能显著提高其中住宅建设地块的净容积率，并同时规划出一个超出实际需求的公益用地面积。

还有一种地方政府可能采取的应对措施，就是通过跨年度片区规划来规避40%的公益用地比例要求。例如，地方政府会想办法尽可能划大征收片区的范围，然后做出一个多年度的规划开发方案并将整个片区中用于公益的大部分土地，尽可能安排在跨年度规划的最后少数年度，然后等待《标准》三年的试行期满后再去集体施压寻求调整标准的机会。

如果实践中地方政府采用了后一种方法，且合理预期三年试行期结束地方政府施压后中央调低了40%的标准，就意味着现有《标准》并没有发挥出限制地方政府过度征地的效果，或者可以说现有《标准》在实施中无效。一旦三年后调低了这个标准，地方政府基本上就实现了其所期望的"不问用途，只要达到界定的成片开发规模，都可以依法实施征收"，这基本上又回到了2019年《土地管理法》修订前的情况。

一个"成片开发"实施征收的解决方案

我们认为，可以考虑如下思路，解决目前"成片开发"实施征收工作标准带来的问题，即采用如下的工作标准认定方法，在40%公益用地面积的比例认定中，除包括直接用于基础设施和公共服务的用地，还可以包括为这些基础设施和公共服务建设融资所需的"融资地块"面积。

毕竟地方政府在征地之后肯定要出让一部分土地，才能为本片区公益建设筹措资金。因此，只要这部分"融资地块"出让所获资金都用于本片区的公益建设，就有充分理由将这部分融资地块计入40%的公益用地。

这一方案可以避免如下两种不利局面：或者地方政府发现根本达不到标准而难以实现成片开发征收，或者地方政府不得不规划超出实际需求的公益用地再进行成片开发征收，并带来诸如开发地块容积率过高，甚至难以实现经济平衡的情况。

实际上，上述思路也有其他国家、地区"土地重划"的经验数据支持。在世界各地的"土地重划"和城市更新中，有以抵费地（含公共设施用地和拍卖以为公共设施建设融资的土地）的名义，由土地所有权人承担土地重划的成本，从而实现增值收益平衡的做法。例如，在德国，城市建设中有30%—35%的土地来自土地重划。该国法律规定，重划项目中用于公共基础设施的用地占25%，为此所需的融资地占5%；在日本，全国城市30%建设用地通过土地重划获得，该国法律规定重划项目中用于公共基础设施用地和相应的"融资地"占比在20%—25%之间，一般不超过30%；韩国首尔84%

的土地通过土地重划获得，而法律规定重划项目中用于公共基础设施的用地占30%，融资地占10%；在我国台湾地区，城市建设35%的土地来源于市地重划，根据台湾的相关规定，市地重划中公共基础设施用地和抵费地的比例以不超过45%为限，实践中一般公共设施用地所占比例为35%，抵费地为10%。

上述"土地重划"的操作实践和相关经验数据表明，"成片开发"中纯公益用地面积40%的比例显然过高，确实会降低城市规划和土地利用的经济合理性，但如果40%的面积中可以包括相应的"融资地"面积，就不仅具备规划的合理性，而且还有逻辑的合理性。

相反，如果因坚持纯公益用地比例40%的要求而导致地方政府难以继续征地，那么一些城市本来可以而且也应该进行的征地及相关建设就难以启动。当然，一定有人会争辩说，这样不就最终实现了限制地方政府过度征地的目标？限制政府过度征地后，不正好可以推动"集体经营性建设用地入市"？

答案是未必。因为地方政府完全可以采取规划限制等多种手段不批准集体经营性用地入市。即使假定地方政府不刻意限制，而是尊重集体经营性用地入市的权利，按刘守英[19]提出的"权利在前、规划在后"，是否集体建设用地入市对村集体、村民而言就一定是最好的利益保障呢？

对这个问题要有一个更为准确的回答，必须首先回答如下几个更基本的问题：推动集体经营性用地建设入市的改革最终要实现什么目标？如果"成片开发"继续实施征收，是否就一定意味着继续传统的征地模式？是否可以在"成片征收"中以更高补偿有效保护农民和村集体的利益？就短期乃至中期而言，如何有效协调高度依赖住宅用地出让金的地方政府和财产权益应得到更有效保护的农民之间的矛盾？长期来看，我国城乡接合部的农村集体土地应该逐步走向全面国有化，还是应该保持集体所有制？

三 集体经营性建设用地入市及前景

集体经营性建设用地的概念

根据现行《土地管理法》，农村的集体建设用地包括如下三种类型：一是村民建设住宅经依法批准使用本集体经济组织农民集体所有的土地；二是乡（镇）村公共设施和公益事业建设经依法批准使用农民集体所有的土地；三是农村集体经济组织兴办企业或者和其他单位、个人以土地使用权入股、联营等形式共同举办企业经依法批准使用本集体经济组织农民集体所有的土地，也就是农村集体经营性建设用地。本节集中讨论第三类土地的入市问题。但需要指出的是，近年来我国允许村集体在农民自愿的前提下，依法把有偿收回的闲置宅基地、废弃的集体公益性建设用地转变为集体经营性建设用地。因此，第一类、第二类集体建设用地也可能转化为第三类并入市。

根据相关测算，可大致估计出我国农村集体经营性建设用地的存量规模接近5000万亩[20]，主要分布于如下三个区域：第一是沿海地区，随着改革开放以后农村工业化的推进和出口导向型发展战略的实施，大量非农产业在集体土地上生长和扩张，形成在集体土地上长出的工业和城镇；第二是在不同类型城市的城乡接合部地带，在政府征收土地推动城市不断外扩的同时，农民集体也利用集体存量建设用地和宅基地发展非农产业；第三为传统农区，存量集体建设用地量大面广，近年来，其中有不少以指标交易方式，或用于城镇建设，或用于农村产业发展。[21]

首先，在上述三类区域中，沿海地区不仅集体经营性用地数量大，分布也很广，尤以广东、江苏、浙江最盛，主要形成于20世纪80年代和20世纪90年代。当然，三省的发展模式也不尽相同，江苏、浙江以工业园区和小城镇发展为主，地方政府对用地的管控较强；广东以出口导向企业发展为主，用地的形成受市场影响很大，地方政府控制较弱。

其次，城乡接合部也是集体经营性建设用地分布较多的区域，且在空间上更为集中，利益关系也更为复杂。此类用地在各城市的周边都有，尤以大城市、特大城市的周边居多。既有本地企业占地，也有外地流动人口从原住民租用从事各类产业的用地。据估计，北京、广州、武汉、太原、西安、郑州这几个城市的"城中村"面积分别达到190平方公里、266平方公里、214平方公里、215平方公里、144平方公里、70平方公里。

最后，广大传统农村地区也有不少的集体经营性建设用地分布，从全国看，总量甚至有可能超过前两类地区的用地面积，主要是过去的村办企业和乡镇企业用地，但其中不少现在已处于闲置状态。据估计，全国农村居民点的2.48亿亩用地规模中，闲置地近三分之一，废弃地近四分之一，土地整治潜力达到上亿亩，其中近半数是集体经营性建设用地。

上述各类集体经营性建设用地中有大约五分之一的"非法"用地，总数有1000万亩左右。其中，1978年以前的社队企业用地以及1987年《土地管理法》实施前的乡镇企业用地，总数大约3000万亩，虽然审批不规范、手续不完善，但应该尊重历史可不算为"违法用地"。[22]此外，过去的违法用地经过执法处理并予以保留的用地不再是"非法"用地。[23]最后，各地集体经营性建设用地存量中都不同程度地存在着"非法"用地。

在空间上，前述三类区域集体经营性建设用地都有一定比例的"非法"用地，其中以沿海地区和城乡接合部的"非法"用地居多，而内地和传统农区集体经营性建设用地中的"非法"用地相对较少，但近年来也有增多的趋势，并得到地方有关部门的支持。[24]例如，许多农户出租房屋给投资人开办酒吧街、餐饮街、民俗街等，受到旅游和文化部门的支持；一些地方利用集体土地开办滑雪场、度假村等，得到体育和旅游部门支持；还有一些地方出租土地和房屋办企业，当地农村经济管理部门也乐见其成。这些被称为土地"黑市"或隐形市场，在我国的中西部省份也普遍存在。

综上，农村集体经营性建设用地构成复杂，其中缺乏合法手续的用地占相当比例。这就要求政府一方面要尊重历史，实事求是，合理解决遗留问题，尽可能盘活利用存量用地；另一方面，也需要合理制定"非法"用地处置政策，防止形成"负向"激励。

集体经营性建设用地入市的巨大挑战

到目前为止，集体经营性建设用地入市在使用权能上仍然受到相当程度的限制。现有法律规定，对于集体经营性建设用地，无论是所有权的权属人，还是通过初次流转获得使用权的权属人，以及通过再次流转获得使用权的权属人，都可以在符合规划和用途管制的前提下，利用集体土地从事工业、商业、旅游等经营性活动。

从 2017 年开始，国土资源部、住房和城乡建设部又开始在多个城市推动集体建设用地建设租赁住房试点。[25] 可以肯定的是，未来相当长一段时间，我国将不仅严禁集体经营性建设用地用于商品房开发，而且在集体建设用地上建设的商品化住房将仍然属于非法"小产权房"，并且近年来各地也显著加大了对此类违法建设的查处和拆除力度。

之所以会出现上述情况，是因为住宅用地出让金目前已经成为地方"土地财政"的主要支柱，或者说是地方财政的"命根子"。在缺乏替代性财源的情况下，如果允许集体经营性建设用地直接进入城市普通商品住宅的用地市场，不仅很多地方政府的财政利益会受到显著的负面影响，而且马上会对已严重泡沫化的城市商品房市场带来巨大的冲击。不仅地方政府难以协调"小产权房"购买者和城市商品住房购买者之间的巨大利益差异，甚至还会引发严重冲突。出于这个考虑，不仅地方政府坚决反对，中央政府也不敢轻易进行这样的政策调整。

这就回到前文讨论的焦点问题，即如何协调新《土地管理法》允许对"成片开发"实施征收条款和允许"集体经营性建设用地入市"条款之间的关系。在地方政府高度依赖住宅用地出让金的现状下，短期甚至中期都不可能推动集体建设用地进入城市商品房用地市场，而只能进入工业及商业用地市场。虽然2017年开始，中央就集体建设用地进入城市租赁住房用地市场允许进行试点，但到目前为止，由于担心影响财政收入，地方政府的积极性仍然不高，规模也相当之小。[26]

在这种情况下，我国未来推动集体经营性建设用地入市的前景到底有多大？

在扣除基础设施和征地补偿成本之后，地方政府在"逐底式招商引资竞争"中提供的工业用地净地价往往非常之低，甚至很多地区还在土地出让和投资到位之后返还一半乃至全额的土地出让金。在这种情况下，与政府配套服务更为到位，基础设施水平日益完善，且所建工业厂房因使用国有土地获得了"大产权"的国有工业用地相比，集体经营性建设用地严重缺乏竞争力。即使考虑到经营性用地为集体自有土地，供地无须支付征地成本，地方政府还是可以压低工业地价并提供更完备的补贴性基础设施。由于垄断了城市商住用地供应，地方政府可以用商住用地出让金净收益来补贴工业用地，即本书第一章分析的"二、三产业交互强化型溢出"效应。与地方政府相比较，村集体经济组织缺乏这种横向补贴能力，大幅降低了其在工业用地上的市场竞争力。

即使在珠三角地区，也就是全国范围内村集体直接以"村级工业园"或更零散模式向制造业供地最多的地方，其集体经营性建设用地基本上是已出租的存量土地，而且大部分存量形成于20世纪90年代末期以及21世纪的前10年。由于这一时期珠三角出口的增长非常快，而地方政府所建开发园区当时尚未形成规模，村集体就有很好的机会向一些私人制造业厂商出租和出让土地，甚至其中一些出让地块还由受让人补办手续后转成国有土地。

最近10多年来，随着经济增速放缓，制造业产业升级，低端制造业产品国际竞争力有所下降，珠三角不少城市已经出现了制造业出口增速下降，停止增长甚至出口绝对值有所下降的情况。近几年来，珠三角很多村集体的工业用地租金基本没有增长，甚至还有不少集体土地因工厂直接倒闭或向欠发达地区的国有工业园乃至其他后发国家迁移而出现了较大规模的闲置。即使村集体仍有部分集体建设用地还在出租，其对象也大都是未来大概率会被淘汰的一些低端产业。至于中国的长三角、京津冀等主要都市化区域以及其他大部分地区，集体经营性建设用地进入城市工业用地市场的整体规模要小得多，地方政府举办的国有工业园占据绝对主导的地位。

正是从这个角度看，即使在村集体工业用地早已大规模入市的珠三角地区，由于国有工业园的强大竞争，集体经营性建设用地为村民持续创收和增收的前景并不乐观。根据我们在珠三角的调查，之所以一些业主继续租用集体的工业用地，有不少是期望这些土地未来被政府征收并转为商住用途后可以"套利"。

集体经营性建设用地入市的前景

再来看一下集体经营性建设用地进入城市商业、办公用地市场的前景，应该说也不容乐观。

首先，地方政府很容易通过城市规划实施土地用途管制，来限制村集体经营性建设用地实现增值的机会。特别是地方政府有用途的国有土地可以出让时，往往会毫不犹豫地去约束集体经营性建设土地入市。

其次，由于相当一段时间内政府为应对城市住宅价格过快上涨实施了多轮商品住房市场的调控措施，我国经济中的大量过剩流动性早就大规模涌入了各级别城市的商业、办公及酒店等行业，并进行了相应的土地开发和资产运营。到目前为止，中国大部分一、二线城市，乃至三、四线城市的商业、办公、酒店等商业地产已出现严重的供应过剩。近年来，不少城市甚至还出现了商业地产租金明显下跌、资产回报率迅速下降等情况。与此相对应，不少城市政府已经出现商业、办公用地出让单价下降，出让总金额停滞的不利局面。

可以预期，随着经济增速的下行和地方政府还债压力的加大，未来相当一段时间里，地方政府利用城市规划限制集体经营性建设用地进入商业用地市场的积极性将进一步强化。除非村集体经营性用地的区位非常优越，地方政府实在难以限制，但这样的情况显然并不普遍。

上述讨论意在表明，中央政府希望通过大力推动集体经营性建设用地入市并结束多年来国有、集体土地的"二元体制"的法律行动，未来将会面临诸多的利益冲突和现实困难。这不仅仅是因为中央和地方之间存在着"激励不相容"，而且还有存量工业、商业、办公用地已整体过剩，难以为集体经营性建设用地入市提供太多增值空间的问题。

四 集体经营性建设用地入市的解决方案

那么，大面积的存量集体经营性建设用地应该往何处去？如果整体来看集体经营性建设用地"直接入市"的前景不容乐观，是否意味着未来还是要回到传统的"征地—收储—出让"模式？应该说，这恰恰是很多地方政府的期望，也是在2020年《标准》出台前各方博弈的焦点所在。

我们认为，回到传统的"征地—收储—出让"模式显然不是一个好的选择。如前所述，正是这个模式助推了过去20多年来我国出现的"国际和国内两层逐底式竞争"和"二、三产业交互强化型溢出"两个效应，逐步累积了社会、经济、环境的多重扭曲。其中最突出的一个扭曲，就是几乎所有城市的工业用地比例和总量都严重偏高，而主要人口流入地城市的住宅用地和商品住宅供应却明显不足。

要逐步缓解我国既有城市化模式下累积的各种扭曲，并同时协调好"成片开发"继续实施征收和"集体经营性建设用地入市"之间的关系，关键还在于考虑各方利益博弈的既有格局，并在此基础上"对症下药"，充分利用城市住宅用地和工业用地之间的巨大价差，以调整城市存量用地结构为主要突破口，降低城市低效建设用地的总量，有效增加城市住宅用地的供应。与此同时，还要采取有效措施调整城市增量土地的供地结构，逐步扭转我国主要人口流入地城市住宅用地比例过低、住房价格过高，以及工业用地价格过低、利用低效浪费的局面，以此实现"人口完全城市化"和城市产业结构升级的双重目标。

增量供地和存量挖潜并重

本节将提出这样一种解决方案：在允许地方政府继续利用（以

前及未来征地所获）储备土地提供新增住宅用地的同时，上级（中央）政府必须要求地方通过挖潜现有城市存量低效用地来提供部分新增的住宅用地。

换句话说，解决方案要求地方政府采取有效措施，集约节约利用存量国有和集体低效建设用地，特别是低效工业用地。地方政府必须通过规划调整，将现有城市存量低效用地的一部分转化为商品住宅用地，并确保这种通过存量转化渠道供应的商品住宅用地，达到城市所有住宅用地供应的某个比例，如40%—50%。

与此同时，在通过前述存量转化渠道供应的住宅用地中，地方政府还应该确保一定比例（如40%—60%之间）的住宅用地出让金返还给存量低效用地的业主，但在返还方式上，不是简单地转用了哪些业主的低效建设用地为住宅用地，就给这些业主让渡相应比例的住宅用地出让金，而是在一个相对大的低效用地片区内，在大部分业主支持的前提下，由政府出面全部收回整个片区的所有存量低效用地，然后依据规划将其中一定比例（如30%—40%）的工业用地转化为居住用地，剩下（如60%—70%）的工业用地同时收回并经整理后升级为高效能的新兴产业用地，用于容纳符合条件的原有产业并进行新产业的招商引资。

在上述收回整个片区所有存量低效用地的操作中，地方政府可以按照类似"区片综合地价"的方式来测算给予所有业主的补偿标准。具体方法如下：首先将整个片区中规划要转化的居住用地面积，乘以这些居住用地单位面积出让金的某个比例（例如40%—50%，这意味着在地方政府以存量转化渠道进行的住宅用地出让中，只拿走剩下的50%—60%的出让金），加上片区中升级为新兴产业用地面积乘以新兴产业单位面积市场出让金，得到整个片区总出让金，然后再除以片区总面积，结果作为片区内所有存量低效用地收回并进行补偿的"区片综合地价"。

上述"区片综合地价"既可以针对国有存量低效用地实施"收回",也可以针对集体存量低效建设用地实施"征收"。两者的区别在于后者还需将收回的集体土地"征转"为国有。因此,如果整个片区土地都是集体所有,或者片区内的集体存量低效建设用地达到一定比例,就可以纳入现行《土地管理法》规定的"成片开发"实施征收的范围。

这里有必要进一步解释一下前述城市存量土地高效利用和住宅用地供地创新模式的要点及其含义。

第一,整个片区内将转化为住宅用途的土地,即"工改居"用地的单位面积出让金可以按住宅用地实际的拍卖市场价格测算,也可依据周边商品房价格、容积率等因素给出一个合理的评估价格,而地方政府则让渡一定比例(如40%—60%)的住宅用地出让金给片区内所有业主;对片区中用于"工改工"并实现产业升级的那部分土地,地方政府可考虑让渡改造后的所有工业用地出让金给片区内所有业主,相当于政府为鼓励"工改工"类产业用地更新而不收取额外土地出让金。根据我们在珠三角的调研,即使政府不收取任何出让金,土地原权属人仍然缺乏积极性推动单纯的"工改工"。因此,地方政府在"工改工"中可以搭配部分"工改居",然后让出一定比例的住宅用地出让金并以"区片综合地价"方式去补贴"工改工"业主,最终整个片区内所有业主获得一个平均的"土地收回补偿"或"土地征收补偿",前者针对国有存量低效用地权属人,后者针对集体经营性建设用地权属人。实现改造后的土地均为新出让的国有土地,而土地原业主在这个含部分住宅用地出让金和含所有工业用地出让金的较高"区片综合地价"补偿下,可以选择拿走现金,也可以选择购买本片区内的住宅、配套商业或新产业物业,或者选择两种方式的任意组合。

第二,在上述创新模式下,原村集体的集体经营性建设用地被

"征转"为国有土地,但同时获得了片区内一定比例"工改居"的部分出让金收益和剩余"工改工"的所有出让金收益。村集体可以用这个收益的部分或全部去受让整个片区更新升级后新建的产业物业,相当于从政府购买这些物业及附带的国有土地使用权。政府既可以按上述"区片综合地价"方法收回土地后委托相关企业建设新型的产业物业,然后以市场价格出让给村集体,也可以直接允许村集体用其货币补偿收益去回购新型产业用地的使用权,然后建设为新型产业物业后自行出租。无论采用哪种方式,村集体都可以获得新物业的持久收益权以及这些物业的国有土地使用权到期后的优先续期权。如果整体改造的片区内有一些国有存量低效用地的业主,也按照同样方式进行补偿并享受同等的待遇。

第三,正是因为上述创新模式让集体经营性建设用地,在城市存量低效建设用地的再开发中,享受了部分"工改居"和所有"工改工"的溢价收入,因此,"直接入市"的必要性就显著降低了,而且"直接入市"可能出现的各种问题也被有效地回避掉了。换句话说,相比于现有的"直接入市"模式,创新模式以部分"工改居"实现了土地增值,并通过分享部分"工改居"后的住宅出让金和所有"工改工"后的工业用地出让金,以"区片综合地价"的方式实现了集体经营性建设用地的"间接入市",有效地保障了村集体经营性建设用地入市的增值收益。

由于村集体既可将这些财产收益直接变现,还可购买或投资建设具备"大产权"的物业,而后者在现有体制下显然要比利用集体经营性建设用地建设的相应物业更容易实现交易和进行抵押,土地的市场价值自然会更高。因此,对村集体和村民而言,这种"间接入市"是一个潜在的福利改进。当然,实际操作中完全可以赋予村民和村集体在"直接入市"和"间接入市"之间自由选择的权利。

第四,一旦上述方案因其补偿标准提高得到了大部分村民的支持，那么在存量集体经营性建设用地上推动"成片开发"并实施征收就不再困难，更不会再出现政府在征地过程中损害村民、村集体及其财产权益的情况。毕竟相比于现有的"直接入市"，创新模式更有效地保障了村集体和村民的土地财产权益。

正是从这个意义上讲，依据新《土地管理法》进行"成片开发"实施征收的合法性，更多地取决于征收中采用了怎样的补偿模式和补偿标准。如果创新模式下补偿标准显著提高了，即使地方政府推动"成片开发"并实施征收，也会比现有受规划限制和用途管制的"直接入市"，更能充分保护业主利益。此时，现有《标准》中一些过于严苛的限制条件就可以放松。

第五，创新模式不仅适用于存量的村集体经营性建设用地，还适用于其他低效利用的国有工业、仓储及商业办公用地，甚至还可适用于一些低效利用的国有划拨用地。这里必须补充的一点是，在创新模式中，上级政府需要制定相应的城市存量低效用地再开发规则，还应该要求地方政府通过前述特定的"区片综合地价"来制定补偿标准，以此引导城市存量低效用地的有效再开发。

相比于"直接入市"，一旦创新模式下的集体土地"间接入市"，将给予村民、村集体更高标准的土地征收补偿，更会激发后者配合政府对集体经营性建设用地进行"成片开发"和相应征收，甚至还可以有效动员城市的国有存量低效用地业主向政府交回其低效利用的土地。

只要政策设计合理，就完全可以让众多不同所有制、不同片区的城市存量低效用地业主为加入城市存量土地更新计划展开良性竞争。此时，国有土地和集体土地的"同地同权、同等入市"就真正实现了。一旦创新模式带来了存量低效用地的所有业主向政府争相供地的竞争性态势，地方政府在调整城市存量土地利用结构和推动城市产业升级上将掌握更多的主动权。这将彻底改变当前一方面地方政府征地过于强势带来严重社会矛盾，另一方面却只能放任大量城市存量土地低效利用乃至闲置的不利局面。当城市存量低效用地再开发降低了政府继续大规模征用农地的激励，也会更好地保护城市周边的宝贵耕地资源。

第六，虽然上述创新模式降低了地方政府继续征用农地的激励，但并没有排除地方政府在必要情况下继续征用农地再转用于工业及商住用途的可能性。只要地方政府满足了上级政府对城市存量低效用地挖潜增加住宅用地供应的比例要求，上级政府就可以放宽对现有"成片开发"实施征收施加的过度限制，结果便是，地方政府以征收方式进行农地转用后的"成片开发"反而能更顺利地进行。正是因为集体存量经营性建设用地的征收补偿有了显著提高，农用地转用的土地征收补偿标准也会相应地提高，而这会进一步激励地方政府推动本书第四章将讨论的征地补偿模式改革，即在农地征收时，除了进行动态调整的"区片综合地价"货币补偿，还进一步推动农地征用后的"留用物业安置"。

第七，上述创新模式的一个最重大价值是，它可以实质性打破城市政府对住宅用地的垄断，有效增加人口流入地主要城市的住宅用地供应。在充分考虑地方政府对住宅用地出让金高度依赖现状的同时，上述住宅用地供应的创新模式实质上是通过上级政府施加的合理要求，来引导地方政府将城市存量低效用地的一部分转化为住宅用地，同时分享部分出让金，以有效调动各类存量建设低效用地业主通过政府供地渠道间接增加住宅和新型产业用地供应的积极性。在对城市土地财政收入不产生过大影响的前提下，新模式可以一个相对温和且非常有效的方式，打破城市政府对住宅用地的垄断，最终增加住宅用地和商品住房的供应，逐步化解城市的房地产泡沫及其隐含的巨大风险。

城乡接合部集体土地的渐进式国有化

基于前述分析，我们认为，从中长期来看，城乡接合部的农村集体建设用地应该考虑逐步推动所有制上的渐进式国有化。

当然，这里的"国有化"并不是像国内某些城市那样一夜之间由政府直接宣布，实际却难以带来任何实质性改变的"国有化"，更不是直接由全国层次的立法宣布的"国有化"，而是在赋予农民和村集体自由选择权的基础上，通过国有化过程中及国有化之后农民可获得的诸多好处来引导并逐步实现的国有化。

前面已经讲过，在现有的地方财政利益格局下，考虑到地方政府手上掌握的各种规划和政策手段，推动集体经营性建设用地"直接入市"以确保农民土地财产收益的前景并不乐观。实际上，由于现有集体土地的配套法律制度仍然不完善，集体经营性建设用地市场的发育程度和交易频次也相当有限。因此，即使集体经营性建设用地使用权的存续期限一般要长于国有土地，但与区位及利用价值相似的国有土地相比，大部分集体经营性建设用地的市场转让价值和抵押价值明显偏低。考虑到相关法律法规的完善和市场的发育成熟需要一个漫长的过程，甚至在各方利益掣肘的情况下可能举步不前，因此通过完善法律和逐步培育市场来推动改革，可能"事倍功半"。

在我国各地，尤其珠三角的城市更新实践中，很多村民和村集体已经意识到土地及其上物业的国有产权价值高于集体产权价值。因此，无论是城中村、城边村的旧村居改造，还是集体经营性建设用地的升级改造，大部分村民和村集体都希望改造后的个人、集体安置物业可以转为国有土地上的"大产权"。因此，如果实现了前述"区片综合地价"补偿，就可以让村民分享集体经营性建设用地转住宅用途后的部分出让金。实际上，这相当于大幅提高了土地征收的补偿标准，同时还实现了合理的"涨价归公"。

城市在推行以上政策的过程中，当然可以赋予农民、村集体在"通过土地征收并获得相应补偿"和"通过集体经营性建设用地入市来获得收益"之间的自由选择权，农民和村集体自然会做出对自己更有利的选择。

总之，创造条件引导集体经营性建设用地逐步国有化，有助于把大量现有体制下利用效率低下但又受政府规划及政策限制难以全面进入城市土地市场（特别是住宅用地市场）的存量低效土地充分利用起来。将其中部分区位良好的低效用地转为住宅用地，并以地方政府让渡部分住宅用地出让金进行较高水准的"区片综合地价"补偿，将实现更多存量低效用地的更新升级和高效再利用，最终创造出一个显著的土地价值增量。换句话说，这相当于通过改革创新有效提升了既有低效建设用地资源的"配置效率"和"投资效率"，做大了社会财富的"蛋糕"，并为各方合理共享。显然，这是一个经济学标准意义上的"帕累托改进"。[27]

上述讨论还引导我们对中国语境下的"土地征收"概念做一个更为广义的理解。在这个语境下的传统"土地征收"模式中，政府不仅单方面实施强制征地，还单方面制定征地的补偿标准，所以，学术界才不断呼吁，要求地方政府不能滥用征收权、征地应局限于公益事业用途。但如果在公益事业用途征地之外，未来还能通过制定更公平的补偿标准引导集体土地权属人配合政府对其土地实施"成片开发"式征收，政府征地的合法性就会大幅度增加。

为进一步阐明土地征收的问题，本章接下来将对政府直接征地实施的"实体性土地征收"和政府通过城市规划、土地用途管制来实施的"规制性土地征收"这两个概念，展开进一步的讨论。

五 土地征收与公共利益

2020年《土地管理法》的最大争议在于"成片开发"是否可以纳入"公共利益"的范畴。也正是由于这个争议,国家自然资源主管部门才要求"成片开发"必须满足包括40%以上公益用地面积比例等一系列的苛刻条件,而正如上文指出,除非出现"上有政策,下有对策"的情况,征地实践中地方政府满足这些条件的难度相当之大。

关于"公共利益"界定的争议

为了进一步考察土地征收的问题,就必须进一步厘清"公共利益"的概念以及与之相对应的"私人利益"。

在全世界各地的土地征收实践中,什么样的项目符合"公共利益"(也称为"公共使用"或"公共目的"),是一个备受争议的问题。一种极端的看法认为,只要能拉动经济增长,增加政府税收,增加本地就业,就符合了"公共利益"。但这种对"公共利益"过于泛义的理解,会导致几乎所有建设项目都可以被囊括到征地范围之内。即使那些明显具有营利性且往往只带来少数人直接受益的项目,如商业和房地产开发项目,都会产生上述效果。

与此相对应,另一种极端的看法是,符合"公共利益"的项目必须是非营利的。但在现实中,这样的项目少之又少,只包括军事基地、公共团体、政府机关项目以及公共绿地项目等非常有限的土地用途。即使具有一定"公共利益"性质的项目,只要具有较强的排他性,哪怕受益范围较广,还是可以设计一套有效的收费体系来实现盈利,因此,在这种看法下无须征收。例如,收费高速公路就是一个典型案例。

因此，在社会经济发展实践中界定"公共利益"并不简单。在世界各地的法律制定和实施中，"公共利益"的界定一直存在着广泛的争议。即使是土地私有制主导的美国，2005年其最高法院也开始允许使用一个更宽泛的关于"公共使用"的定义，并在著名的Kelo判例中支持征地权可用于对一个贫困地区的经济再开发[28]，而1986年明尼苏达州也有类似的征地推动发展的案例。

"公共利益"的界定并非一成不变。在不同地区、不同发展阶段，法律规则都可能出现一定的变化，而在实践中都不免带来巨大的争议。尽管如此，一些国家，例如韩国和日本，还是通过立法明确界定了"公共利益"的范围。国内学术界和政府部门更是一直存在类似的争论。可以预期，此类争论将会一直持续下去。

作为一种"准征收"行动的城市规划

有关政府土地征收的讨论，其实应该进一步追问如下问题：除了政府直接征地，即所谓的"占有性土地征收"，政府实施的城市规划和土地用途管制到底算是一种什么性质的行为，是否一定体现了"公共利益"？

毫无疑问，政府实施城市规划不必然会体现和维护"公共利益"。土地利用的外部性可能会带来不同土地利用用途上的冲突，并因此降低部分土地的财产价值。因此，通过分区控制、土地用途及利用强度管制，以及城市道路等基础设施建设，城市规划可能有助于防止土地的不当使用。例如，假定一幅土地最佳的私人用途（Private Usage）是商业，最佳的容积率为10，城市规划却限定这一幅土地只能用于住宅建设，且最高容积率不得超过4，那么，这幅土地的市场价值将会因规划管制而大幅下降。

如果政府限定该幅土地的用途和使用强度是为了防止更大片区

内的土地整体价值下降，而且当政府不采取上述规划措施，更大片区内土地价值下降的绝对值及受影响人群的数目确实更大时，政府确实有较充分的理由来论辩该规划措施的合理性。但政府规划的合理性显然是一个见仁见智的问题，甚至还存在一个带来更大争议的可能性：从有效利用土地的角度出发，政府本应通过城市规划确保该幅土地的最佳私人利用用途，但多方博弈乃至分配性政治的结果却导致规划后该幅土地的最高利用价值无法实现。

不管哪种情况，政府利用规划手段实施土地用途管制都在实质上构成了对该幅私人土地开发权的"土地准征收"（Quasi-Land Takings），或可称之为"规制性征收"（Regulatory Taking）。[29]此时，政府就可能在损害部分私人利益的同时，增进了其他私人的利益，却没有实现"公共利益"的有效增进。

换言之，城市规划本身就对城市土地实施了某种意义上的征收，即所谓的"规制性土地征收"。与"占有性土地征收"（Possesory/Acquisitive taking）不同，"规制性土地征收"是通过城市规划并以土地用途和开发强度管制来实施的，而不是直接剥夺土地的所有权。在美国，通过城市规划限定土地发展权的"准征收"行为属于州政府的所谓"警察权"，甚至绝大多数情况下都无须对受影响业主进行赔偿。

以上就集体经营性建设用地入市问题的讨论表明，我国地方政府在现有"土地财政"和城市规划体制下，不仅具备足够的手段，而且还存在很强的意愿去利用城市规划对存量集体经营性建设用地进行积极的土地用途和开发强度管制，以此防止集体土地对国有土地的竞争并损害地方财政的利益。显然，这类限制会大幅压低村集体经营性建设用地的利用价值和土地收益。更糟糕的是，以这种方式进行的"规制性土地征收"，因其可以穿戴一个"科学规划"的"外衣"，一般要更为隐蔽，但对村民、村集体的损害往往比"占有性土地征收"还要大。

从这个意义上讲,"土地征收"不是一个"非黑即白"的概念,因此不能对它做过于狭义的理解。相反,应该将"土地征收"理解为一道连续的光谱,光谱的一端对土地利用不施加任何的限制,而另一端则是对所有权的强制的和单方面的剥夺。政府通过规划手段实施的土地用途管制,则可以被理解为介于两个极端之间的"规制性土地征收"。

既然通过城市规划和对土地用途、利用强度的管制,政府就可以间接限制特定地块的土地发展权,那么即使采取各种措施加大地方政府实施"占有性土地征收"的难度,也无法保证本可合理配置为非公益用途的集体建设用地不会因政府行为而遭受利益损失。在这种情况下,纠结于是否一定通过提高政府实施"占有性土地征收"门槛来保障业主利益,反而可能导致学术研究和政策改革上的失焦。

虽然越来越多的学术文献强调政府能力对经济发展的重要性[30],但缺乏制约的"有为政府"很容易过度强势,并最终带来巨大的经济和社会失衡。事实上,土地征收和房屋拆迁恰恰是过去20多年我国经济社会矛盾的最主要来源。在中国语境下的"土地征收"中,地方政府不仅单方面强制实施征地,而且还单方面制定甚至想方设法压低征地的补偿标准。强制和低价这两个特点共同导致地方政府对征地权的过度使用甚至滥用。在这种情况下,如果土地征收中的"公共利益"概念本身就存在短期内难以解决的争议,而政府出于特定发展阶段的建设需要又不得不给出一个相对明确的"公共利益"定义,那么,是否可以通过设定更为具体的"公平补偿标准"来增加政府征地行为的合法性,就成为解决问题的关键所在,而这将是下一章讨论的主要内容。

注释

1. 韩俊:《我国农村下一步改革的重点及政策走向》,《发展研究》2009年第7期,第26—31页。
2. 国土资源部征地制度改革研究课题组:《征地制度改革研究报告》,《国土资源通讯》2003年第11期,第48—53、55页。
3. 李金华:《关于2004年度中央预算执行和其他财政收支的审计工作报告》,《中华人民共和国全国人民代表大会常务委员会公报》2005年第5期,第408—417页;李金华:《关于2005年度中央预算执行的审计工作报告》,《中华人民共和国全国人民代表大会常务委员会公报》2006年第6期,第492—503页。
4. 国家统计局:《耕地占用中出现的问题和建议》,《统计报告》2003年第45期。转引自孔祥智:《城镇化进程中失地农民的"受偿意愿"(WTA)和补偿政策研究》,中国经济出版社,2008,第104页。
5. 韩俊:《中国农村下一步改革的重点和政策走向》,《经济体制改革》2004年第4期,第10—15页。
6. 于建嵘:《土地问题已成为农民维权抗争的焦点》,《调研世界》2005年第3期。
7. 国务院发展研究中心课题组:《中国新农村建设推进情况总报告——对17个省(市、区)2749个村庄的调查》,《改革》2007年第6期。
8. 参见王学军主编:《学习贯彻〈中共中央国务院关于进一步加强新时期信访工作的意见〉百题解读》,人民出版社,2008年版,第31—32页。
9. 参见程刚:《陈锡文:农村集体用地不能直接进入市场》,《中国青年报》2006年2月23日,第7版。于建嵘:《土地问题已成为农民维权抗争的焦点》,《调研世界》2005年第3期。
10. 参见张清勇:《中国农村土地征收制度改革:回顾与展望》,中国社会科学出版社,2019年版。
11. 刘守英、王志锋、张维凡、熊雪锋:《"以地谋发展模式的衰竭——基于门槛回归模型的实证研究》,《管理世界》2020年第6期。
12. 如前所述,2010年第二阶段新一轮征地制度改革试点由国土资源部先后批复了11个城市开展征地制度改革试点工作,开始触及缩小征地范围的问题,但没有得到试点城市的支持。由于这些试点城市对缩小征地范围基本没有什么积极性,结果是这些试点"未取得成效"。
13. 参见自然资源部部长陆昊2019年9月28日对全国人大常委会进行的"关于《〈中华人民共和国土地管理法〉、〈中华人民共和国城市房地产管理法〉修正案(草案)》的说明",载http://f.mnr.gov.cn/201908/t20190828_2462424.html。
14. 此前,自然资源部已先后两轮征求40余位专家和数百个地方政府的意见,对土地征收"成片开发"涉及的有关问题进行了研究。参见晓叶:《成片开发,困惑与期待同在》,《中国土地》2020年第10期。

15　参见张茂鑫、吴次芳:《公共利益需求下"成片开发"的规模和速度》,《中国土地》2020年第10期。

16　例如,陈力和陈瑶恬就提出,武汉市目前实行"统征储备"的模式进行"成片开发"建设值得借鉴,参见陈力、陈瑶恬:《"成片开发"土地征收标准的探讨》,《中国土地》2020年第10期。又如,叶斌依据南京的经验提出相关思路,参见叶斌:《空间规划视角下土地征收"成片开发"类型界定及相关问题研究》,《中国土地》2020年第10期。

17　参见叶斌:《空间规划视角下土地征收"成片开发"类型界定及相关问题研究》,《中国土地》2020年第10期。基于这样的分类,叶斌还提出要进行"成片开发"的土地征收类型界定,而且土地征收分类要与农村集体经济组织的空间分布与存在时间相关联。

18　唐健具体建议了成片土地征收可包括三种情形。但她认为,"成片开发"的土地性质以国有建设用地为主,可视情况兼容部分集体经营性建设用地。既可征收为国有,也可不征为国有,允许集体建设用地入市,给缩小征地范围留出空间。参见唐健:《成片土地开发制度演变及政策设计》,《中国土地》2020年第10期。

19　参见刘守英、曹亚鹏:《中国农民的城市权利》,《比较》2018年第1期;刘守英:《土地权利的体系性安排缺失有待矫正》,财新网,2020年9月8日。

20　目前关于农村集体经营性建设用地的存量没有权威估计,一个更为保守的估计来自有关部门根据土地调查数据的推算,到2013年底全国农村集体经营性建设用地约为4200万亩,占全国集体建设用地总量的13.3%,大约是农村宅基地总面积1.7亿亩的四分之一左右。参见叶兴庆:《农村集体经营性建设用地的产权重构》,《中国经济时报》2015年5月27日。

21　刘守英:《直面中国土地问题》,中国发展出版社,2014年版。

22　董祚继指出,历史形成但缺乏合法手续的用地未必都是"非法"用地。参见董祚继《农村集体经营性建设用地是怎样形成的、现状如何》。

23　自20世纪80年代中期全国土地统一管理机构,即原国家土地管理局成立以来,不仅每年的土地执法查处了不少违法用地,而且还多次集中开展了土地执法专项行动。如2007年的"百日行动"就查处违法用地330多万亩,其中除少数用地复耕外,大多数用地在依法处罚后也补办了用地手续而成为合法用地。粗略估计,历年查处后获得合法身份的农村集体经营性建设用地在1,000万亩左右。

24　比如,广东试点入库的"三旧"用地416万亩中,缺乏合法用地手续的比例达到35.1%,其中广州45.6%,惠州49.1%,东莞50.7%,汕头59.7%,中山69.4%,潮州73.1%,河源89.6%。

25 参见国土资源部、住房与城乡建设部关于印发《利用集体建设用地建设租赁住房试点方案》的通知。

26 自 2017 年 8 月 28 日，国土资源部、住房和城乡建设部印发《利用集体建设用地建设租赁住房试点方案》，确定第一批在北京、上海、沈阳、南京、杭州、合肥、厦门、郑州、武汉、广州、佛山、肇庆、成都 13 个城市开展利用集体建设用地建设租赁住房试点。由于多种原因，进展并不顺利。从 2019 年开始，中央政府又推动了鼓励住房租赁市场发展的中央财政奖补试点工作。2019 年 7 月，包括北京、上海、广州、深圳、福州、厦门、杭州、南京、武汉、重庆、成都、长沙、郑州、济南、长春、合肥 16 个城市分别获得为期三年、每年 8 亿—10 亿元中央财政奖补资金推动主要人口流入地城市市场化定价的租赁住房供应。2020 年 7 月，又有天津、石家庄、太原、沈阳、宁波、青岛、南宁、西安 8 个城市通过竞争性评选进入中央财政支持住房租赁市场发展试点范围。但迄今为止，地方政府在利用集体经营性建设用地增加市场化定价的租赁住房上的进展仍然有限，除北京供应较多，其他城市总量仍然较小。

27 同样的思路还适用于很多城市郊区的永久基本农田和传统农区各类土地。本书第五章将进一步讨论传统农区各类集体土地的所有制改革。第八章还将讨论城中村、城郊村的旧村居改造及其涉及的土地渐进国有化问题。与城乡接合部的土地改革相配合，传统农区所有制改革将为未来"人口进城""城市资本和人才下乡"创造条件。

28 1998 年，美国辉瑞制药公司开始在新伦敦城远郊的 Fort Trumbull 社区建造新的研究工业园。新伦敦城市政府指派一家由市政府控制的私人公司（新伦敦发展有限公司）进行 Fort Trumbull 社区的再发展，并鼓励辉瑞公司带来其他的经济活动。新伦敦发展有限公司不久提交了一个发展计划，新伦敦市政府于 2000 年通过了这个发展计划，并授权新伦敦发展有限公司征收 Fort Trumbull 社区的土地。Fort Trumbull 社区有 90 英亩，包括 115 块居住和商业用地。其中，15 块土地的主人不同意征收，新伦敦城决定使用征用权 (eminent domain) 来没收这 15 块私人土地。Kelo 等原告方认为，新伦敦有限公司的经济发展目的不能算作公共用途 (public use)，所以在 2002—2005 年先后将市政府告上州立最高法院，直至美国最高法院。最后，美国最高法院以 5:4 的裁决驳回 Kelo 的上诉，支持当地政府动用征用权。Kelo 判例引起了广泛的非议，作为对该案例的反应，从 2006 年起，在美国至少有 27 个州立法限制征地权的行使。比如明尼苏达立法严格界定了公共使用的定义：一般公众或公共机构对土地的占有、占用、所属，及其享用；公共服务的建立或运转；或减缓某个地区的衰败，挽救环境污染地区，降低不动产废弃程度，或者清除妨害公益的东西。但即便如此，新的公共使用或公共目的定义也并没有限制税收增额融资项目 TIF（Tax Increment Financing，经常用于衰落地区经济发展所需的基础设施投资和改善的融资项目）。

29 Stvens J. Eagle（1998）, *The 1997 Regulatory Takings Quartet: Retreating from the "Rule of Law"*, 42N.Y.L. Sch. L. Rev.345,399 n.337.

30 参见［美］弗朗西斯·福山:《政治秩序与政治衰败》，毛俊杰译，广西师范大学出版社，2015年版。

第四章
"涨价归公"、公平补偿和征地合法性

从政治经济学的视角看，一个社会中政府实施的土地征收补偿标准，是不同利益相关者进行法律博弈，甚至是激烈的现实博弈后出现的均衡结果。在行使征地权时，政府当然有积极性去尽可能压低征地补偿标准，而业主又肯定期望获得尽可能高的补偿，甚至还有对土地进行过度投资来提高补偿的激励。此时，就需要第三方机构，来判定土地征收的补偿标准是否实现了"公平补偿"。

在土地私有产权主导的西方发达国家，法律不仅对政府的土地征收权有比较严格的限制，而且大多数国家征收或征购农地都会按被征土地的潜在"最高最佳用途"价格进行补偿[1]，而不是按农业利用价值来估价和补偿。当然，按潜在"最高最佳用途"价格补偿之后，政府可以通过所得税、资本利得税或土地增值税等方式调节土地增值收益，实现土地增值收益的全社会共享。

相当长一段时间内，我国政府进行的农用地征收，既涵盖基础设施、公办事业之类的典型公益用途，还涵盖工业、商业、住宅等一般被认为不具备足够公益性的开发用途。更有甚者，在征地范围无限拓宽的基础上，政府大都单方面制定尽可能低的补偿标准，而低补偿恰恰是政府和被征地农民产生矛盾的主要原因。因此，本章将聚焦讨论土地征收补偿标准和政府征地合法性之间的关系。

一 土地征收补偿标准和征地合法性

"公平补偿"的概念辨析

相当一段时间内，国内学术界的不少研究者倾向于将土地征用补偿限定在被征土地的农用价值，坚持所谓的"不完全补偿"，而且以土地当前用途为补偿依据，也提出过不少细化现行征地补偿项目和提高各项目补偿标准的政策方案。

之所以会呈现出这样的研究脉络，主要是因为有一个倾向于"涨价归公"，并按此原则进行土地征收的强势政府，于是，学者就更倾向于以"涨价归公"为基础设计征地补偿标准。在"涨价归公"理念下，农地征用后的土地增值都是政府基础设施投入乃至整体经济发展带来的，农地用途转换的增值收益自然应为全社会公有，政府则当仁不让地成为公共利益的代表。

先不说政府在现实中如何代表"公共利益"，仅以某个项目或片区的建设是否体现足够的"公共利益"为出发点来评判政府征地权的合法性，也会带来争议，不同社会主体都会因其认知乃至自身利益差异，对特定项目或片区建设的"公共利益"性质争论不休。社会对于"公共利益"的范畴往往难以达成共识，而现实中，为了应对建设实践，政府却不得不给出有关"公共利益"的法律规定。

一旦法律明确地定义了什么是"公共利益"，那在一定程度上，政府就被赋予了实施征地的合法性。但这并不是实际上也不应该是政府征地合法性的唯一来源。法律不仅应该规定政府可以在哪些情况下实施征地，还需要确保被征土地业主得到所谓的"公平补偿"。

但到底何为"公平补偿",在实践上通常存在巨大的争议。一种极端看法是,只有按照土地的"最高最佳用途"进行估价并给予相应补偿才能称为"公平补偿"。例如,郑振源就提出,无论农地还是非农地都应按土地市场价格评估中通行的"最高最佳用途原则"和"预期收益原则"来估价,即考虑土地的潜在最高收益来估价,而与土地当前的用途无关。与此相对应,农地征用也应该按照"最高最佳用途原则"进行补偿,即如果某块农地最佳用途是住宅,就该按照住宅用地的市场价格进行补偿,而如果最佳用途是工业,就该按照工业用地的市场价格进行补偿。[2] 与此相反的另一种极端则是,在相当长一段时间内,中国大部分地方政府的征地补偿实践,基本上都是按土地的原用途价值进行征地补偿,并进一步规定了最高补偿的上限。

应该说,按原用途价值实施补偿确实是我国传统征地制度的一个硬伤,也是征地补偿标准长期偏低,不少被征地农民不满意的根本原因。尽管在我国的征地和房屋拆迁中确实存在着一定程度的土地原业主"过度投资"问题,例如征地前的抢栽、拆迁前的房屋装修和加盖,但政府低补偿政策带来的问题却远远超过此类过度投资引发的资源浪费,甚至很多过度投资本身就是政府制定补偿标准太低的结果。21世纪以来,征地补偿不足已成为农民上访的首要原因,不少地区因征地标准过低带来的纠纷引发了各种群体性事件,严重影响了社会稳定。

由于我国政府长期以来进行的征地实践,在现有体制下,农民对政府征收他们的土地财产本身,尤其对农地与农村经营性建设用地实施征收,未必完全不能接受,甚至多少还把政府征收当成一个"默认选项"。

因此,土地征收引发较大矛盾的关键原因未必是政府的征收行为本身,而是政府制定和实施的过低补偿标准。尤其是一些地区的农民失地后缺乏非农就业机会，如果征地得不到公平公正的补偿，就会直接影响长久生计。这也是过去 20 多年来中央政府不断调整征地补偿标准，并最终提出征地补偿应该保障失地农民"原有生活水平不降低，长远生计有保障"的原因所在。

中国征地补偿标准的演变

中国的土地征收补偿政策有一个历史的演变过程。计划经济时期以及改革开放早期，政府曾经对失地农民采取了"谁征地、谁安置"的做法，要求由企业自行安置因征地受到影响的农业人口，即所谓的"招工安置"。但在 20 世纪 80 年代，很多地方在安置部分失地农民到企业就业后，却往往无法提供就业的充分保障，企业裁员时，失地农民经常成为优先下岗的对象。那些无法得到安置而只能自谋职业的农民往往就业无门。还有一些地方则依靠集体经济如村办企业、乡办企业或者政府公共部门提供就业，但此类模式大都不具备可持续性。

1982 年，中央政府修改了《国家建设征用土地办法》，更为强调货币安置并提高了征地补偿费标准。该办法区分了土地补偿费、失地农民安置补助费和土地附着物补偿费，并将土地补偿费提高到前三年耕地平均年产值的 3—6 倍，安置补助费为每人平均占有耕地前三年耕地平均年产值的 2—3 倍，最高不超过 10 倍。由于土地为集体所有，农民只有使用权而没有所有权，所以土地补偿费归农村集体经济组织所有，而失地农民安置补助按照需要安置的农业人口计算，后者又根据被征地数量除以征地前被征收单位人均耕地占用量计算，地上附着物及青苗补偿费则归地上附着物及青苗的所有者所有。

从 20 世纪 90 年代开始，货币补偿日益成为各地政府主导的征地安置方式。据国土资源部2002年对16个省（市、区）2000年至2001年安置情况的调研看，多数省（市、区）60%—80%的被征地农民的安置都是采用这个办法，天津、浙江、陕西、广东、河北等省（市）达到90%以上，石家庄、哈尔滨、合肥、兰州、南宁等省会城市达到100%。[3]但失地农民一般需要自行解决养老、医疗、失业等社会保险待遇。

在加强征地强制性的同时，1998年《土地管理法》进一步提高了补偿标准。在土地补偿费、安置补助费以及地上附着物补偿费中，前两项的补偿标准分别定位为土地前三年平均产值的6—10倍和4—6倍。两项之和，低限为10倍，高限为16倍，特殊情况下最高不得超过30倍。

2004年10月21日，国务院下发了《国务院关于深化改革严格土地管理的决定》，开始提出确保"农民原有生活水平不降低，长远生计有保障"作为征地补偿的制定标准。为落实这个决定，2004年11月3日国土资源部印发了《关于完善征地补偿安置制度的指导意见》，其中比《土地管理法》更为优厚的规定，是如果土地补偿费和安置补助费合计按30倍计算，尚不足以使被征地农民保持原有生活水平的，由当地人民政府统筹安排，从国有土地有偿使用收益中划出一定的比例给予补贴。

在实践中，各地大都按"区片综合地价"实施征地。一般而言，各个县、市会被划分为3—5个区片，各区片则按不同农业年产值的30倍制定一个最高征地补偿标准。例如，如果农地每亩年产值定为1000元，则最高补偿就不会超过每亩3万元。只是在一些位于城郊的少数地段，按"区片综合地价"实在征不下来地时，政府会考虑再增加一点土地补偿费。

在这一时期的征地操作中，每征一亩地，铁路、高速公路等交通线性工程补偿一般是每亩5000—8000元；工商业用地对农民的补偿一般是每亩2万—3万元，发达地区和城市郊区相对高一点，最多也就达到每亩4万—5万元，仅相当于当时普通公务员一年的工资收入。

上述补偿模式运行的结果，是在经济较发达地区，因本地二、三产业繁荣，被征地农民可以实现非农部门就业，征地直接影响农民生计的问题较少。但恰恰这些地区的土地非农价值更高，征地规模也较大，地方政府和被征地农民之间的矛盾往往要更加尖锐。在我国中西部地区以及东部地区的一些传统农区，补偿标准通常更低，农民被征地后的非农就业机会有限，征地后的基本生活和就业都可能出问题。

整体来看，从20世纪末到21世纪初的相当一段时间内，我国土地征收的补偿日益货币化，而补偿标准主要由政府单方面制定且普遍偏低。一些地方在征地操作中执行低补偿标准，或迟迟不公布中央要求的新补偿标准。实际上，即使达到中央规定的补偿标准高限，甚至再增加额外的土地补偿费，也未必足以确保农民的"原有生活水平不降低，长远生计有保障"。

根据2018年北京新翰律师事务所统计的当时国内已公开的征地补偿标准[4]，河北省的补偿价格最高，"区片综合地价"平均为6.7万元/亩。石家庄市主城区价格达到了45万元/亩，京津冀一体化最集中的廊坊香河、大厂等地达到20余万元/亩，邯郸市一类地区补偿标准也达到了22万元/亩。山东省制定了最低补偿标准为5万元/亩，但该省青岛地区平均为20万元/亩。江西省南昌市的各个经济开发区实行"区片综合地价"，西湖区超过25万元/亩，景德镇市则最高为9.1万元/亩，大部分地区多在3万—6万元/亩浮动。福建省全省以县级行政区为单位，划分为四个地区类别，最低标准分别为一类区3.875万元/亩、二类区3.775万元/亩、三类区3.675万元/亩、四类区3.575万元/亩。上海市征地土地补偿费划分为 13 个等级 31 个片区，最低补偿标准为 4.05 万元 / 亩，最高补偿标准为 6.56 万元 / 亩。

广东省的征地补偿采用的是最低保护标准模式，一类地区耕地最低保护标准 11.6 万元 / 亩，最低的十类地区只有 3.13 万元 / 亩。重庆市征收耕地的一般价格为 7.2 万元 / 亩，包括了土地补偿、安置补助和青苗等地上物补偿。湖北施行"区片综合地价"和统一年产值相结合的方式，执行统一年产值补偿计算的地区为 3 万—6 万元 / 亩不等，而执行"区片综合地价"的地区补偿较高，最高的武汉市部分地区为 35 万元 / 亩，其他如黄石、襄阳、荆州三市，只有襄阳市部分地区高于 10 万元 / 亩，补偿一般都在 10 万元 / 亩以下。再如安徽也实施"区片综合地价"和统一年产值相结合的方式，合肥、淮北、淮南、马鞍山四市部分地区实行"区片综合地价"，补偿标准为 4.37 万—13.78 万元 / 亩不等，而实行统一年产值地区补偿差异较小，都在 4 万—5 万元 / 亩，只有安庆部分地区超过 5 万元 / 亩。

从上述数据可以看出，虽然各地补偿标准比 21 世纪初有所提高，但幅度并不显著，补偿标准的增速根本赶不上包括工业用地在内的城市平均土地出让价格上涨。以这种征地补偿价格来论断失地农民其实已享受了不低比例的土地增值收益，在 2000 年以来的大部分时间和大部分地区，显然缺乏数据的支持。

"区片综合地价"的动态调整机制

为缓解征地拆迁过程中出现的巨大矛盾，国务院办公厅于 2010 年 5 月 15 日发布了《关于进一步严格征地拆迁管理工作切实维护群众合法权益的紧急通知》，提出"要严格执行省、自治区、直辖市人民政府公布实施的征地补偿标准。尚未按照有关规定公布实施新的征地补偿标准的省、自治区、直辖市，必须于 2010 年 6

月底前公布实施;已经公布实施但标准偏低的,必须尽快调整提高"。

为此,2010年6月26日国土资源部发出了《关于进一步做好征地管理工作的通知》,提出"各地应建立征地补偿标准动态调整机制,根据经济发展水平、当地人均收入增长幅度等情况,每2至3年对征地补偿标准进行调整,逐步提高征地补偿水平。目前实施的征地补偿标准已超过规定年限的省份,应按此要求尽快调整修订。未及时调整的,不予通过用地审查"。但该通知对标准提高到多少为合理并没有给予明确的说明。

2020年新《土地管理法》再一次明确了土地征收补偿的基本原则是保障被征地农民"原有生活水平不降低,长远生计有保障"。政府希望通过这样一个规定来有效改变过去以土地征收的原用途来确定土地补偿,以年产值倍数法来确定土地补偿费和安置补助费的做法,转而以"区片综合地价"来取代原来的土地年产值倍数法。另外,在原来的土地补偿费、安置补偿费、地上附着物三项基础上,又增加了农村村民住宅补偿和社会保障费。[5]

至少从政策框架看,2020年新《土地管理法》为被征地农民构建了一个更加完善的保障体系,但其能否真正发挥作用,是否可以有效缓解因征地补偿标准过低而产生的矛盾,则仍是未知之数。

中央提出的确保被征地农民"原有生活水平不降低,长远生计有保障",在地方的征地实践中却很容易变成一个具有相当大弹性的概念。既然2020年新《土地管理法》提出以"区片综合地价"取代原有土地年产值倍数法,到底依据什么方法来确定"区片综合地价",就自然成为修法后政府征地能否实现"公平补偿"的焦点所在。

2019年12月自然资源部印发的《关于加快制定征收农用地区片综合地价工作的通知》提出:

> 新法规定的区片综合地价是征收农民集体农用地的土地补偿费和安置补助费标准，不包括法律规定用于社会保险缴费补贴的被征地农民社会保障费用、征收农用地涉及的地上附着物和青苗等的补偿费用。

虽然以"土地换社保"的方案在很多地方得到了实施，但这些方案基本还是政府主导的利益分配，在社保的范围和标准上，失地农民缺乏发言权，各地的做法也有很大差异。[6]

该《通知》还指出：

> 参考144号文基本规定，采用农用地产值修正法、征地案例比较法等方法综合测算区片综合地价。农用地产值修正法是以当地主导耕作制度为测算基础，将未来农用地预期产值还原到当期，并结合被征地农民安置需要，综合考虑土地区位、土地供求关系、人口以及经济社会发展水平等因素进行修正后测算区片综合地价的方法；征地案例比较法是选择区片内近三至五年来实施征地的典型案例，以政府实际支付的土地补偿费和安置补助费为基础，剔除政府支付的社会保障费用，根据经济社会发展情况等进行修正后测算区片综合地价的方法。

自2020年新《土地管理法》实施后，根据新法对土地征收相关规定的修改原则，全国各地的征地"区片综合地价"政策已经出台或正在制定中，那么，实践中地方如何制定和调整"区片综合地价"呢？

聂路豪、徐建春介绍了浙江的做法。他们指出："浙江省2014年确定的征地区片综合地价中，已经包含了农用地产值等要素，而目前推动区片综合地价不断上涨的主要因素，并非农用地产值的提高，而是经济社会的快速发展的综合效应。因此省级最低保护价和各地区片综合地价均广泛应用了指标体系测算法，以人口密度、经济总量、农村人均可支配收入等情况描绘多年来人地关系变化和经济社会发展状况，并根据指标体系计算结果，在原区片综合地价的基础上进行修正。"[7]通过该方法测算出的区片综合地价，以农用地生产价值为基础，以经济社会价值为主要推动力，使土地价值在价格上得到准确体现。

再看一下浙江省自2014年7月1日起调整的"区片综合地价"水平。浙江省规定，征地补偿最低"区片综合地价"按以下标准执行：征收耕地、其他农用地（除林地以外）和建设用地，一类地区不低于5.4万元/亩、二类地区不低于4.5万元/亩、三类地区不低于3.7万元/亩。浙江省国土资源厅又于2017年10月17日发布《关于重新公布全省征地补偿最低保护标准的通知》，重申了以上文件精神和补偿标准。

显然，浙江省这种只公布最低标准、长时间不调整的方法，有打法律"擦边球"，拒绝执行中央要求的嫌疑。当然，省内各地市实际执行的补偿标准一般都高于省里的最低标准，如杭州地区一般在20万元/亩左右，台州的征地价格一般在5万—8万元/亩。但在2020年相关政策出台后，浙江全省最低保护价上涨了15%—30%，许多地区"区片综合地价"普遍上涨20%—30%。

从自然资源部的相关文件和前述浙江的案例来看，所谓的"区片综合地价"，是地方政府在综合考量土地原用途、区位、产值、供求关系等要素后测算得出的结果。显然，在选取测算要素和决定不同要素权重上，地方政府具有相当高的自由裁量权，而且并不因《土地管理法》中要求"区片综合地价应至少每三年调整或者重新公布一次"的规定而有显著的改变。现实中，地方政府肯定会充分运用这些自由裁量权去"有弹性"地实现中央对被征地农民"原有生活水平不降低，长远生计有保障"的要求。

一旦地方政府被赋予这种自由裁量权，中央就必然缺乏制度化的手段去防止"弹性过大"的局面出现，很容易回到修法之前的情况。特别是对不少欠发达地区而言，即使当地政府会考虑中央压力、自身财力情况以及被征地农民对新补偿标准的反应等因素而相机调整"区片综合地价"，但在日益激烈的区域竞争格局下，地方政府有限的财力、过大的自由裁量权及既有的工作惯性，迟早会使其在补偿标准的制定上"就低不就高"。

那么，到底如何从制度上更根本地去解决征地补偿标准的制定问题，才能真正实现"公平补偿"，并以此增加政府土地征收行为的合法性与接受度，最终切实减少因政府制定补偿标准的自由裁量权过大而带来的社会矛盾？

我们认为，完全可以从中国一些发达地区的实践，尤其是"留用地安置"实践来总结有益经验，并在此基础上进一步创新和全面完善，探索出更体现"公平补偿"原则、更受农民欢迎，从而具备持久可行性的征地补偿模式。

二 从"留用地安置"迈向"留用物业安置"

观察我国一些发达地区最近10多年的征地实践，可以发现很多城市采取的"留用地安置"早就远远突破了同时期国家制定的补偿标准。因此，即使按照现有新法的"区片综合地价"标准补偿，肯定也难以得到这些地区农民的支持。

"留用地安置"的中央政策和地方实践

应该说,在20世纪80年代,与"留用地安置"类似的概念就已经出现于我国相关的法律中。1982年出台的《国家建设征用土地条例》,针对失地农业剩余劳动力首次提出了"留地安置""乡镇企业安置"等多种途径,改变了原先"以农安农"的征地补偿措施。1986年的《土地管理法》也将原先《国家建设征用土地条例》中的大部分内容纳入。

1998年的《土地管理法》和1999年国土资源部《关于加强征地管理工作的通知》在征地补偿上重点探索了市场导向下的多种安置途径做法,提出过"预留地"概念,意即经济发达地区可按照规划用途预留一定比例的国有土地给被征地的农村集体经济组织使用。

如《关于加强征地管理工作的通知》第3项规定:

> 各级土地行政主管部门要积极探索货币安置、社会保险方式安置等途径,形成以市场为导向的多种途径安置机制。经济发达地区或城乡接合部,可按照规划用途预留一定比例的国有土地,确定给被征地的农村集体经济组织使用,发展农业生产或从事多种经营、有条件的地区可允许被征地的农村集体经济组织以土地补偿入股,兴办企业。

2010年国土资源部出台了《关于进一步做好征地管理工作的通知》,重点明确了留地安置的规范性和科学性。该通知中第二条第5项规定:

> 规范留地安置。在土地利用总体规划确定的城镇建设用地范

围内实施征地，可结合本地实际采取留地安置方式，但要加强引导和管理。留用地应安排在城镇建设用地范围内，并征为国有；涉及农用地转用的，要纳入年度土地利用计划，防止因留地安置扩大城市建设用地规模；留用地开发要符合城市建设规划和有关规定要求。实行留用地安置的地区，当地政府应制定严格的管理办法，确保留用地的安排规范有序，开发利用科学合理。

2014年《中共中央 国务院关于全面深化农村改革加快推进农业现代化的若干意见》的中央一号文件，首次通过中央文件的形式明确"留用地安置"是征地补偿的重要方式之一。该文件第20条提出：

> 完善对被征地农民合理、规范、多元保障机制。抓紧修订有关法律法规，保障农民公平分享土地增值收益，改变对被征地农民的补偿办法，除补偿农民被征收的集体土地外，还必须对农民的住房、社保、就业培训给予合理保障。因地制宜采取留地安置、补偿等多种方式，确保被征地农民长期受益。

但到了2020年，新颁布实施的《土地管理法》中却没有出现与留地安置有关的任何法律表述。[8]

因此，"留用地安置"政策迄今为止并没有在全国范围内推广，也没有得到中央以正式法律表达的认可。目前，广东、江苏、浙江、上海、福建、湖北、湖南、河北、广西、陕西等10多个省（区、市）实行的"留用地安置"政策，都只是以地方政策与地方政府规定的形式进行的试点和一定范围的推广。

"留用地安置"的实践，都出现在民营经济相对发达，民营企业自身投资和用地需求较高，而且当地民间社会组织力量也相对更强的地区。如果按法律规定的货币安置标准，这些地区的城市政府不仅基本上难以征地，而且农民还会组织起来强力抵制。正是在民间力量"倒逼"的情况下，这些地方的政府才逐步探索出了"留用地安置"政策。

就全国来看，广东和浙江两省的"留用地安置"政策不仅实施最早，而且推进力度也最大，不仅都是在全省范围推行，而且还相继发布了一些地方性规定，在留用地比例、留用地使用及出让收益归属等方面都做出了具体规定。

在"留用地安置"政策的实施上，广东不仅一直走在全国的前列，而且在改革中也逐步将"留用地安置"政策以行政法规的形式加以明确。1993年出台的《广东省征地管理规定》就首次提出，实施征地时应对被征地单位发展经济和改善生活所需的用地做出统筹安排，一般可按不超过征用土地面积的10%留出土地，由被征地单位按规定统一安排使用；到2005年，《关于统筹城乡发展加快农村"三化"建设的决定》，明确要建立留用地补偿制度，其中第26条规定，要"妥善安置被征地农民，建立'留用地'补偿制度，按实际征地面积10%—15%的比例划给被征地单位作生产发展用地"。

2009年《广东省征收农村集体土地留用地管理办法（试行）》政策文件的出台，标志着广东将"留用地安置"政策以行政法规的形式进行了正式明确。其中第3条规定："留用地按实际征收农村集体经济组织土地面积的10%至15%安排，具体比例由各地级以上市人民政府根据当地实际以及项目建设情况确定。"

2016年，为明确留用地落实的指标兑换、用途、空间布局等重要内容，广东又出台了《关于加强征收农村集体土地留用地安置管理工作的意见》，针对留用地来源及指标、留用地地类、留用地权益、留用地用途、留用地指标兑换方式等进行了说明和规定。图4.1为广东"留用地"政策演变的一个简单图示。

第四章　"涨价归公"、公平补偿和征地合法性

```
首次提出"留出        明确建立留用        将留用地制度       明确留用地落实的
土地"概念           地补偿制度         以行政法规的        指标兑换、用途、
                                    形式加以固定        空间布局等重要内容
  1993              2005              2009              2016
```

| 《广东省征地管理规定》粤府〔1993〕94号 | 《关于统筹城乡发展加快农村"三化"建设的决定》 | 《广东省征收农村集体土地留用地管理办法（试行）》 | 《关于加强征收农村集体土地留用地安置管理工作的意见》 |

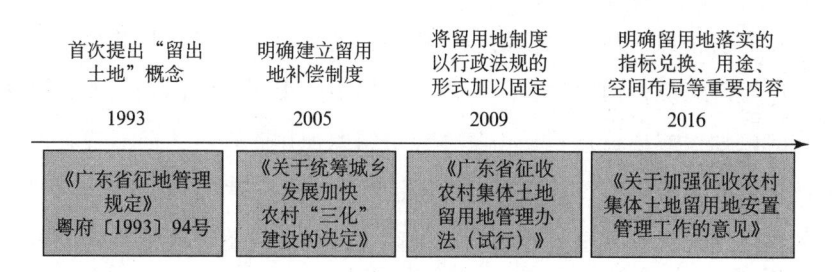

图 4.1　广东省留用地政策演变过程

再来看浙江的情况。《浙江省人民政府关于加强和改进土地征用工作的通知》《关于进一步规范村级安置留地管理的指导意见》规定："具体安置留地标准以实际被征收的农用地的土地面积为基数，按一定比例核定，但最高不得超过10%。"

以浙江温州为例，留用地指标基本按征收耕地面积大约10%的比例安排，由政府根据规划确定地块后给被征地村集体用于从事二、三产业经营。温州还规定，在符合规划的前提下，"留用地"指标可以按照7∶3的比例分别用于二、三产。政府划分一、二、三类地段，其安置用地面积分别按每亩120平方米、100平方米、80平方米计算，"留用地"也可以全部用于三产，一、二、三类地段分别为每亩45平方米、40平方米、35平方米核定。

根据董祚继的分析，各地在"留用地"比例上的差异也很大，从2.8%到15%不等，杭州从20世纪90年代初开始尝试进行"留用地"安置，对撤销建制的行政村按照10%的比例核发"留用地"指标；广东最初也是10%的比例，2009年制定的《广东省征收农村集体土地留用地管理办法（试行）》调整为10%—15%；武汉市在近年来城中村改造中推动"留用地"安置，产业用地面积在城区按照人均80平方米预留，其他项目按征地面积的10%预留；在南宁市的"留用地"安置政策中，产业用地按照人均不超过40平方米进行保障。[9]

需要指出，虽然"留用地"使用权及其出租、出让收益都归属集体经济组织，但大部分地区的"留用地"都明确为国有土地，由政府以划拨或出让形式交由集体经济组织使用管理。[10] 但不管农地征转后的"留用地"是国有土地还是集体土地，都需获得"农转用"的建设用地指标，这就导致很多地区"留用地安置"政策因建设用地指标不足而难以落地，并为一些地方废止或考虑废止这项政策埋下了伏笔。

"留用地安置"实施中遇到的问题

按我国现行的农用地转用审批制度，一个建设项目的用地指标申请只能包含项目本身的用地范围，而不能包含其他内容，因此"留用地"的农转用指标就无法和建设项目用地指标进行"打包"申请和报批。如此一来，地方政府承诺给农民的"留用地"所需的"农转用"指标，就只能从年度建设用地计划中专门划出部分来安排。由于很多经济发达县市的建设用地指标供需矛盾突出，每年上级政府下达的年度建设用地指标本来就不足以满足城市基础设施、工业园区建设及农民建房等常规项目的需要，结果是地方政府经常拖欠"留用地安置"用地指标。

因此，虽然理论上"留用地安置"可以为被征地村集体和村民提供更多的土地增值收益，一旦推动还可有效缓解征地补偿过低带来的问题，但广东、浙江等地的实践表明，由于受到"农转用"指标不足的约束，相当比例的"留用地"无法转为实际的建设用地。

一旦地方政府承诺的"留用地"不能兑现，政府和被征地农民之间的矛盾就会激化。以广东为例，"留用地"欠账较多并引发大量信访。广东全省总计"留用地"欠账接近承诺总量的六成，导致政府公信力下降，还引发了不少征地冲突。再加上地方政府和农民谈判时经常就"留用地"的比例和区位产生分歧,"留用地"落地往往面临土地利用和城市规划调整上的困难,近年来地方政府日益不倾向于采用"留用地安置"模式。例如,温州乐清市从2007年就废止了"留用地安置"并代之以单纯的货币安置。近年来,珠三角不少城市也开始考虑逐步废止"留用地安置"政策。

但对很多曾经大力推广"留用地安置"的发达地区而言,即使近期废止这项政策,仍会遗留很多历史的欠账需要处理。毕竟,地方政府已承诺的"留用地"必须落实,或者至少要想办法给予村集体一个等值的补偿。2016年广东省《关于加强征收农村集体土地留用地安置管理工作的意见》重点提出了"留用地"指标的兑换问题,即当政府因本地农转用指标不足而难以落实"留用地安置"时,村集体可以将指标折算为货币补偿款进而获得补偿,同时要求"留用地"折算的货币补偿标准不得低于所在地对应《全国工业用地出让最低价标准》的70%。该文件还提出,要本着"统一规划,集中安置"原则,鼓励集中连片安排"留用地"。

作为一项突破既有"货币安置补偿"的政策,在相当一段时间,"留用地安置"为不少发达地区顺利实施农地征收并给予被征地农民更公平的补偿起到了很好的作用。它打破了地方政府单方面制定货币补偿标准的局面,有助于实现被征地农民"原有生活水平不降低,长远生计有保障"的目标。更重要的是,由于"留用地安置"大都安排在国有土地上,所建物业是所谓的"大产权",租金收益和市场转让价值都更高,这就更有利于征地后村民从集体物业租金中获得更多分红。

除"农转用"指标难以落实,"留用地安置"还面临着其他的一些问题。例如,由于"留用地"主要在本村落地,而本村土地的非农利用价值可能偏低,还往往会和国有工业区或者其他国有商业土地产生竞争。大部分情况下,"留用地"往往因价格、区位、市场发育程度、法律地位以及村集体实力不足而缺乏竞争力。经常是用作工业项目的"留用地"即使落地，其投资强度和容积率也普遍较低；用作商服项目的"留用地"经常是档次低、层次低、设计简单、少人问津；部分村集体因引进不了外来项目且无力自行开发，甚至因资金短缺不能办理用地手续，就只能让"留用地"长期闲置；还有个别村集体将"留用地"转让给城市居民建房或直接建"小产权房"，部分"留用地"改作宅基地，以上种种都违背了政策设计的初衷。[11]

正是因为上述多方面的问题，在一些曾努力推动"留用地安置"的发达地区，城市政府发现自己已经"进退两难"：不继续推动，农民肯定会反对，未来征地会更加困难；而如果继续推动，就必须找到更好的办法来解决上述各方面的问题，尤其是"留用地"用地指标的问题。

从"留用地安置"走向"留用物业安置"

我们认为，借鉴"留用地安置"的思路并在此基础上大胆创新，逐步从"留用地安置"走向"留用物业安置"，是我国发达地区未来城乡接合部征地改革的主要方向。

如前所述，现有的"留用地安置"，即使落实了土地指标，仍然局限于工业、商业和出租公寓建设用途。特别是当传统工业用土地价值显著偏低时，一旦预留土地比例太低，农民就不会支持政府的征地行为。

更重要的是，未来"留用地"的收益是否有保障，关键还要看其具体落地位置、与附近国有工业园区及国有商业用地的竞争状况、村集体资金实力及开发能力等多种因素。因此，走到今天，就不难理解"留用地安置"模式为何后继乏力了。

第四章 "涨价归公"、公平补偿和征地合法性　　191

但如果在理解引发上述问题原因的基础上进一步开拓思路，以租赁住房物业、配套商业物业以及新型产业物业等可获更高租金的方式，推动"留用物业安置"，尤其是像 2016 年广东《关于加强征收农村集体土地留用地安置管理工作的意见》那样，以"统一规划，集中安置"来鼓励较大片区征地后实施集中连片安排"留用地"，不仅可以确保村民被征地后的集体物业租金和分红达到较高水平，而且还将大幅度降低落实"留用地"所需"农转用"指标的要求。

毕竟，当政府通过合理规划实现了区位更为优越的集中连片安置后，基础设施建设的规模效应和连片发展的集聚效应都会发挥作用，而相应建设的租赁住房、配套商业以及新型产业的容积率也可以明显提高，结果是"留用物业安置"政策所需的"农转用"指标将显著降低。

实际上，广东省的一些地区已开始探索"留用物业安置"模式（详见下文），而且在实践中取得了很好的效果。需要强调的一点是，我国很多人口流入地主要城市，利用留用的国有或集体土地建设租赁住房公寓其实具有非常好的市场前景。租赁住房建设不仅比目前各地普遍过剩的工业、商业地产占地更少，而且单位土地面积乃至单位建筑面积的租金往往更高。更重要的是，通过"留用物业安置"来增加租赁住房供应还有利于很多房价过高城市的外来人口，特别是中低收入人口实现可支付的体面家庭居住。

因此，在征地制度改革中，中央应该推动人口流入地主要城市的政府进行"留用物业安置"，尤其是留用较多的租赁住房物业。相比于"留用地安置"政策，这个模式是在既有政策基础上对征地体制的有效创新和全面完善。

本书第三章提出，可以考虑在农民支持的前提下推动城乡接合部集体土地的渐进式国有化，而农民愿意支持的前提就是他们可以获得相应国有土地的更高土地收益。"留用物业安置"的道理也是一样：利用现有集体经营性建设用地建设租赁住房或其他物业时，村集体由于自身缺乏建设资金，往往不得不和其他投资主体合资，但其代价是村民、村集体往往需要放弃相当比例的长期租金收益。如果地方政府能用诸如先出让后全额返还出让金的方式来分配"国有留用地"，就相当于创造了一个良好条件让村集体用国有"留用地"进行抵押来筹措建设资金，从而使村民征地后以"留用物业安置"实现的土地增值收益最大化。

只要采取合理的配套措施，逐步从"留用地安置"走向"留用物业安置"，且在"留用物业"上多考虑当地紧缺且市场价值较高的租赁住房物业或新型产业物业，不仅可以解决"留用地安置"政策的现有挑战，甚至还有助于处理好历史累积的欠账，以及实现城市住房市场"租购并举"的目标。更重要的是，"留用物业安置"能有效约束地方政府在单一货币补偿模式下制定"区片综合地价"时过高的自由裁量权，最终实现土地征收的"公平补偿"。

实际上，我国大部分地区的城市建成区规模已相当之大，城市存量低效用地更是面广量大。一旦可以在动态调整货币补偿的基础上，通过推动"留用物业安置"实现"公平补偿"，就不再需要过度纠结于政府的土地征收权本身，因为"公平补偿"本身将有效改变过去那种政府单方面压低货币补偿标准并过度征地甚至滥用征地权的局面，而且还会激励地方政府进行城市存量低效用地再开发，最后形成土地"集约节约利用"、土地"配置效率"和"投资效率"同时提升的局面，最终实现土地增值收益在全社会的更合理分配。因过度使用"征地权"出现的社会矛盾和群体性事件也将显著减少。因此，"留用物业安置"应该作为我国未来征地补偿制度改革，乃至于征地体制改革的一个主要方向。

第四章 "涨价归公"、公平补偿和征地合法性

广州南沙新区的"留用物业"补偿实践

在征地补偿体制上，广州南沙新区实际上已经开始了改革试点。对实施征地的"成片连片开发"项目逐步改变现有的一次性货币补偿以及珠三角一段时间内常用的"留用地"补偿方式，将征地农民利益和城市发展的红利捆绑起来。

首先是率先创新村"留用地"的开发方式。广州市国土资源和房屋管理局南沙分局于2012年发布《关于在我区试行货币加物业兑现村利用地工作指导意见》，拟将村留用地范围内未开发的国有建设用地盘活开发。将传统的"实物留地"改为"货币加物业"方式，核减村集体留用地的面积和位置，由政府收储并组织公开出让，按照市场价给予村集体补偿。补偿中采取小部分货币加大部分货币折算物业的方法。具体操作中，由政府收储国有留用地后进行土地出让拍卖，扣除垫付账目后将土地出让金的10%存入村集体公共账户（村集体可以根据本村实际申请提高支付现金的比例，但不得超过30%），其余90%支付到村集体物业的建设资金专户，用于村分成物业部分的开发建设，并折算为购买物业价款。

上述开发方式要求规划用途为商业或住宅的国有留用地产权清晰且可以分割。在保障村集体购买商业物业的基础上，企业可以灵活开发多业态项目。产业类型是以金融保险业、信息服务业和商务服务业为主的现代服务业，多为大型商业综合体。南沙正在探索采取"留用物业"乃至部分税收返还等补偿方式，将征地拆迁后开发地段的一定比例物业（包括工业、商业办公乃至部分租赁公寓）以及地方税收（扣除上缴部分）的特定比例返还给村集体，并在征地协议中明确下来，以此建立长期的利益共享机制。

其次是"货币加物业"兑现村"留用地"以全面推进旧村更新。为加快推进村留用地开发和旧村更新工作，2018年4月16日，南

沙新区城市更新局发布了《关于南沙区开展"货币加物业"兑现村留用地推进旧村庄更新改造工作的通知》，其主要内容包括：

1. 村集体表决同意以"货币加物业"形式兑现村留用地并同意同步开展旧村庄更新改造。改造主体可以是行政村也可以是自然村，拟开发留用地应是未开发利用的国有建设用地，同时须符合城乡规划。如果性质为集体建设用地的，应先依法征收为国有土地。

2. 整合开展基础数据调查，编制统筹结合方案。村留用地的开发应当与旧村庄更新改造工作统一协调规划，编制符合"一村一策"的统一方案，编制服务费可以作为前期费用，纳入旧村更新改造成本。

3. 统一招商，引入合作企业。各镇、街指导村集体经济组织按照相关程序和规定，统一招商引入有实力、有经验的村留用地投资开发意向企业和旧村庄更新改造合作意向企业。但旧村庄更新引入合作企业由《关于进一步规范旧村合作改造类项目选择合作企业有关事项的意见》及《南沙区旧村庄更新改造项目公开引入合作企业工作指引（试行）》进行规范，需走严格的招商程序。

4. 村留用地可先行开发，为旧村更新预留安置房源。村留用地的先行开发可以为旧村更新提供安置房、车位等有利于旧村更新的条件，保障村民及时安置，先期回迁，缓解村民对回迁周期长的担忧。

5. 在村留用地开发商品房办理预售许可和房屋初始登记等手续前，签订拆迁补偿安置协议的村民比例须达到50%以上。《广州市旧村庄更新实施办法》第二十二条规定："补偿安置协议在项目实施方案批复后3年内仍未达到80%以上权属人签约比例的，项目方案应当重新报批。"这就是所谓的"三年内过八"。在此基础上，为推进旧村更新和留用地开发同步进行，签约率达到50%以上后允许商品房办理预售许可和房屋初始登记，其目的是确保循序渐进推进两项工作，在村留用地先行开发时确保旧村居更新同时推进。

6. 村留用地开发和旧村庄更新按各自政策分别执行。"货币加物业"兑现村留用地工作按照《关于在我区试行货币加物业兑现村利用地工作指导意见》规定执行，旧村改造工作按照《广州市城市更新办法》及配套文件、《广州市人民政府关于提升城市更新水平促进节约集约用地的实施意见》执行。

总体来看，广州南沙新区已在征地改革上做出了非常有益的探索和突破，尤其是以"货币加物业"形式兑现村留用地，就是本章提出的货币补偿加"留用物业安置"，是我国发达地区未来相当一段时间内可普遍推广的征地补偿模式，有助于实现被征地农民"原有生活水平不降低、长远生计有保障"的要求。尤其是南沙探索的"各镇、街指导村集体经济组织按照相关程序和规定，统一招商引入有实力、有经验的村留用地投资开发意向企业和旧村庄更新改造合作意向企业"，更有利于确保"留用物业安置"后村集体获得较高的物业租金并壮大集体经济组织，确保村民长期分红。

广州南沙新区的征地改革创新还有非常重要的一点，就是将征地后的留用物业安置与旧村庄更新同步推动，进一步增加了村民对"成片开发"实施征收的支持，因为村民不仅希望征地后获得现金补偿和进行"留用物业安置"，还希望自己的住宅实现"以旧换新"。因此，能同时推动征地与旧村居改造将大幅增加村民对政府行为的支持度。

更有意义的是，南沙探索中部分村留用地可先行开发，这就为旧村更新改造预留了安置房源，相当于在旧村更新中有意识地创造了一个"腾挪空间",有助于大幅降低旧村更新中的谈判成本和临时安置成本。利用低建设密度的"留用地"或者低效村集体经营性建设用地先期建设旧村改造的安置房,乃至安排部分融资地块建设商品房,待村民搬迁入安置房后再利用宅基地拆除的土地去建设留用物业,或吸引新型产业入驻,是解决旧村更新僵局的有效方法,本书第八章将对此类创新做扩展性分析。

三 再论"涨价归公":土地增值收益的形成和分配

在一个工业化和城市化快速发展的社会中,土地具有长期增值的趋势,而土地增值带来的巨大收益必然会引起全社会不同利益相关者的关注和争夺。在城市土地的开发利用中,政府的职责是通过城市规划、土地政策和相关法律法规,建立一个良性的土地增值收益形成和分配的游戏规则。

在这个游戏规则下,要充分发挥市场机制的作用,优化和平衡土地资源的"配置效率"和"投资效率",确保相关的规划、法律和政策有助于做大"社会蛋糕",实现对业主财产权益的保护和全社会的"公共利益"。

这显然是一个高难度的任务。要土地利用兼顾效率和公平,不仅涉及对土地这种特殊的、具有一定"垄断性"资源的认识,还要考虑土地资源的"配置效率"和"投资效率"之间可能出现的冲突和权衡,更涉及土地增值收益的来源及归属等更为复杂的理论问题。

土地资源的"配置效率"和"投资效率"

众所周知,现代资本主义是由封建土地所有制演变而来的,后者对人们出售土地和劳动的自由进行了重大的限制，比如，封建土地所有制下由单一家庭控制土地的继承系统，农民必须对领主效忠。与此同时，封建制下的大量财产为公有，如牧民放牧羊群的公有牧场，牧民不能购买或出售放牧权，也不能独占这块共享的土地。

很多早期为资本主义发展"鼓与呼"的经济学家，例如亚当·斯密和早期的一些英国激进改革者，如杰里米·边沁和詹姆斯·穆勒（James Mill）都认为，过去的封建土地所有制阻碍了财产实现其最高利用价值，即无法实现土地资源的"配置效率"（allocation efficiency）。为了提高土地资源的"配置效率"，这些激进改革者一般支持确立能更明确界定、也可更自由交易的产权，例如要把公共区域（包括牧场和森林）围起来变成私有财产。

在美国的西部开发中，将开放牧场改造成家庭农场就是推动当地农业发展的第一步。如果人们可以得到任何自己投资于土地的报偿，不论是以自己享有土地的方式，还是以从未来买家那里收取高价的方式，土地所有者就有积极性对土地投资，这就避免了公共牧场被过度放牧且无人愿意维护的"公地悲剧"。私有财产不仅可以实现土地的"配置效率"，还能达到更高的"投资效率"（investment efficiency）。

从历史发展的情况看，资本主义早期，土地从封建领主占有到地主私有确实伴随着生产力的巨大提高，而19世纪欧美的发展也见证了资本主义生产方式带来的巨大财富增长。但发展的好处主要集中在少数人手中，而之前的农民大都处境悲惨。现代的社会保障体系建立和完善之前，大部分资本主义国家的收入差距一度急剧扩大。

土地财产的私有化也没有带来最高的资源"配置效率"和"投资效率"。例如，在19世纪的英国，不少贵族允许其大片土地闲置或被非生产性地利用，不进行任何投资，而只是从佃户那里收取租金。显然，这种情况似乎和"私有制有助于提高投资效率"的论断不完全一致。

更糟糕的是，即使早期的改革者成功废除了封建制度对财产转移的诸多限制，不少土地所有者仍然经常拒绝将土地卖给那些希望更有效利用的人，除非后者愿意支付一个荒唐的高价。结果是土地被闲置和荒废，城市发展受到阻碍。这显然与"私有制有助于提高配置效率"的论断有所矛盾。[12]

这说明土地并不是一个同质性高且具有很强竞争性的资源，而是一种在广义上存在一定"垄断性"的资源。因此，土地所有者其实可以被视为垄断者。由于土地在其性质和位置上往往独一无二，土地所有者就可以像垄断者一样等待出高价者并有效抑制土地的供应，而不是向第一个提供合理价格的人出售土地。[13]

土地所有者或土地权属人以广义垄断方式限制土地供应的情况，实际上就是农地利用、城市更新中经常会遇到的"土地破碎化困局"和"钉子户困局"。如果土地进行成片开发更有效率，那么破碎的私有产权配置经常会引发此类"反公地困局"。

与太多人都可使用同一资源并导致资源过度使用的"公地悲剧"相反，"反公地困局"中资源的所有权过于分散，而当该资源必须被整体利用才最有效率时，所有者却因互相限制而难以实现资源的整合利用。

例如，一块土地有几十甚至上百位业主，个别人为最大化自身利益成为"钉子户"，结果是资源整体开发和社会财富最大化都无法实现。因此，"反公地困局"不能通过产权私有化来解决，甚至产权私有化本身就是带来这些困局的主要原因。[14]"反公地困局"导致的土地资源闲置和利用效率低下，不仅在全世界仍然广泛存在，而且各国一直没有找到很好的解决方法。

如何通过包括所有制改革在内的城乡土地改革来有效解决"反公地困局"，将是本书后面几章持续探讨的主题。总之，私有制下，由于土地被所有者垄断，土地资源仍可能是闲置的或未被充分利用的。虽然通过土地产权私有化，资本主义制度一度放松了封建制度对土地（及劳动力）自由流动的限制，在很大程度上解放了生产力，但这种解放并不是完全的，仍然可能存在"配置效率"和"投资效率"同时低下的情况；而且，这种解放往往也是不平等的，因为地租的上涨会让地主过度攫取发展的成果。

上述情况为一些支持土地资源"国有化"并实施中央计划配置的论者提供了论据：如果政府拥有所有的土地并雇用所有的公民，那么就可以简单地要求对土地进行投资，并以最好的方式来利用它。只要政府是仁慈的，且土地资源的配置和投资决策是由见多识广的专家做出的，那么就不会存在前述垄断带来的"钉子户"问题，没有私人能拥有将他人排除在土地之外的权利。[15]

虽然大部分经济学家认同土地私有产权会带来一定的垄断权力，但主流意见仍然排斥用计划配置方法来解决问题，这不仅是因为计划者必然会存在缺乏信息、能力和激励做出最佳土地配置决策的问题，而且还因为计划者很容易滥用权力。毕竟，传统计划经济的实际绩效，特别是主要计划经济体在土地利用上的不良表现，已在多国的历史实践中被充分展示。

因此，大部分经济学家仍然支持以市场方式来配置土地，但同时又希望能适度避免私有产权可能带来的"广义垄断困局"。一种思路是由政府拥有土地和其他"自然的馈赠"，但必须对这种"自然资本"实施竞争性管理，而建设在土地上的厂房、商业建筑等"人造资本"保留为私人财产。这样，政府就可以把土地出租给那些被认为最可能有效利用土地的人，而且一旦有人愿意比现有租户支付更高价格使用某块土地，政府就可以终止现在的租赁。但这种做法的关键问题是政府需依租金竞价经常变换土地使用者，才能确保土地资源"配置效率"最高，但这样做可能降低土地的"投资效率"。

在政府拥有土地并实施竞争性管理的体制下，人们租用土地却不拥有土地，土地的私有产权实际被废除。因此，这种想法可被称为"竞争性公有制"。一般均衡理论的提出者瓦尔拉斯就曾指出："宣布个人土地所有权……意味着……阻止土地被社会最有效地利用，这样压制了自由竞争的有益影响。"他认为，土地应归国家所有，其产生的租金应作为"社会红利"直接返还或通过提供公共物品返还给公众。他希望通过结束"个人土地所有权和垄断"，来"抑制……封建制度……真正的成因"。[16]

可见，不少经济学家承认土地涨价是地租的增值，但认为这部分增值是土地所有者不劳而获的收入，不应归于土地所有者，而应归于全社会。这个观点在19世纪英国经济学家约翰·穆勒的《政治经济学原理及其在社会哲学上的若干应用》中就有非常明确的论述。他写道：

> 社会的进步和财富的增加，使地主的收入无时无刻不在增长；……他们不干活儿，不冒风险，不节省，就是睡大觉，也可以变得愈来愈富。依据社会正义的一般原则，他们究竟有什么权利获得这种自然增加的财富？如果国家从一开始就保留有权利，可以根据财政上的需要对地租的自然增长额课税，又有什么对不起地主的呢？

于是，穆勒设计了如下的制度：在"确保地主得到其土地的现时市场价格"后，对土地因社会进步的"自然原因"而"增加的地租课以特别税"，进而收归国家。也正是在多位经济学家思想的基础上，美国的亨利·乔治进一步提出了"涨价归公"理念和相应的"单一地价税"政策。

亨利·乔治的"涨价归公"理念

从历史上看，19世纪末期美国知名社会活动家和经济学家亨利·乔治（Henry George），是诸多明确主张土地"涨价归公"者中最有影响力的人物。

在1879年发表的著作《进步与贫困》中，亨利·乔治提出，资本主义在创造巨大财富的同时也带来了更大的社会不平等：

> 只要现代进步带来的全部增加的财富只是为个人积累巨大财产，增加奢侈，使富裕之家和贫困之家的差距悬殊，进步就不是真正的进步，它也难以持久。这种情形必定会产生反作用。塔楼在基础上倾斜了，每增加一层只能加速它的最终崩溃。对注定必然贫穷的人进行教育，只是使他们骚动不安。把理论上人人平等的政治制度建筑在非常显著的社会不平等状况之上，等于把金字塔尖顶朝下竖立在地上。[17]

他进一步指出，经济革命虽然使生产力上升，但它并不是在底部对社会结构起作用，把整个社会都抬高，反而"好像一个巨大的楔子，在社会的中部穿过去。那些在分裂点以上的人们处境变更好了，但是那些在分裂点以下的人们被压碎了"。

为什么会出现这种情况？亨利·乔治所给的答案就是地租："生产能力提高的同时，地租趋向更大的提高，因而产生迫使工资不断下降的趋势。"

亨利·乔治进一步说：

> 现在有两个同样收入的人，一个人的收入来自他劳动的使用，另一个人的收入来自地租。要他们同样负担国家的费用，公平吗？

显然不。一个人的收入代表了他创造的财富,并把它加进国家的总财富中;另一个人的收入只代表他从财富总量占有的一份,他没出一点力。一个人享受他收入的权利以自然的正当理由为基础,自然把财富报答劳动;另一个人享受他收入的权利仅仅是虚构的权利,是社会法规的创造物,是不为自然所知道和承认的。有人告诉当父亲的,他必须以劳动所得抚养孩子,他必定默认,因为这是自然的命令;但只要还有一个便士属于从垄断自然机会中取得的收入,此人便可以公正地要求不能从他用劳动获得的收入中取走一个便士,因为自然机会是大自然公平地给予所有人的,是他的孩子生下来就有的权利,他们也有平等的一份。

亨利·乔治提出,"由于土地的供给弹性为零,地价上涨完全取决于需求的变化,所以地主有可能一觉醒来就暴富。同时零供给弹性意味着对土地增值部分课税不会转嫁出去,因而不会影响经济运行"。所以,他的对策并不是直接的土地公有化,而是所谓的"地租公有化"。

> 我提议的不是收购私有土地,也不是充公私有土地。前者是不公正的;后者是不必要的。……如果我们取得了核仁,可以让他们据有外壳。没有必要充公土地;只有必要充公地租。

为此,亨利·乔治主张课征"单一地价税",又称"土地价值税"。他认为,应该通过"单一地价税"使土地变成一种实际上的公共财产,社会就可以重新获取这种公共财产的价值,并同时取消社会对生产活动的所有其他直接税,尽可能降低其他税收对经济活动,尤其是劳动积极性的负面影响。

在亨利·乔治提出的解决方案中,"单一地价税"必须达到占用土地所需支付租金的全部价值。比如，可以根据最近的周边空地销售价来决定这个价值，就像租用土地的人一样。但房主在交税时，政府完全不考虑建造在土地上的建筑价值，即房主会保留土地上的建筑所创造的额外价值。换句话说，政府只是对土地所有权征税，结果是可以高效使用这些土地的人就愿意买地后再交税，也有能力交税，而其他本来愿意空置自己土地者则会把土地卖出避税。

显然，亨利·乔治的"单一地价税"有助于实现最高的土地资源"配置效率"，避免因所有者闲置土地带来的效率损失，但可能会同时降低土地的"投资效率"。毕竟，这种"单一地价税"将剥夺任何建筑下土地的所有价值，因此无法激励土地所有者对土地进行任何投资。

但是，现实中的土地价值显然会受到所有者对土地直接投资的影响，比如，环境污染和生态破坏都会影响到土地本身的价值，而"单一地价税"会消除土地所有者保护土地相关环境与生态的任何积极性，反而让土地资源出现类似"公地悲剧"的不利局面。

此外，亨利·乔治对于被征税的自然土地和不应被征税的地上建筑进行的区分，仍是一个相当主观的区分，实践中基本无法操作。比如，某块土地上建设了一个工厂，但这个工厂一旦建成就不容易搬迁，同时还助力于周边社区的发展，增加了周边土地的价值。这就让政府很难有效区分土地的价值和建造于土地上的建筑价值。

正是由于上述情况，"单一地价税"无法全面实施：一方面，"单一地价税"难以形成一套有效的实施机制；另一方面，"单一地价税"虽重视公平和资源"配置效率"，对土地"投资效率"的考虑却严重不足，实际推行非常困难。

虽然没有最终实施，但亨利·乔治发起的"单一地价税"运动仍然产生了巨大的影响。在英国，亨利·乔治理论的典型应用就是所谓的"规划得益制度"，指地方规划部门在授予规划许可时，规划申请人（通常是开发商）必须付出一定的利益，利益的表现形式可以是实物、现金或是某种权益。日本受亨利·乔治影响也形成了"受益者负担"制度，日本《旧都市计划法》规定，对于道路、河流、给排水设施等公共品，从特定公共项目中获得正外部性影响的受益者，应该在受益的同时负担项目的建设成本，一般通过税收或特别负担金的方式来实现。

可见，"国家所有权至高无上"和"私有产权不可侵犯"两个极端之间并不是非此即彼。近年来，美国兴起的"土地增值溢价捕获"（land value capture）虽只针对政府投入带来的土地增值，但仍可以看到亨利·乔治理念的直接影响，不失为一种"涨价归公"的形式。正是从"土地增值溢价捕获"的理念出发，美国衍生出了一系列用于土地开发、城市建设与管理、公共物品提供的政策性工具，比如土地发展权转移制度、土地储备、开发权交易、特别受益费等，用以调节由政府规划导致的土地增值不公。[18] 上述"土地增值溢价捕获"理论的主旨，就是捕获土地价值上涨中得益于公共投资的那一部分并将其再用于提供公共服务，其已经被视为"公私协作"（public private partnership）的第三条道路。

迄今为止，亨利·乔治的理念仍在不同程度上影响着澳大利亚、新加坡、南非、韩国、墨西哥、爱沙尼亚等国家。在这些国家，政府征收形式不同的土地价值税。我们现在熟知的许多土地政策工具，比如源于瑞典，传播到新加坡和我国香港的土地储备制度（land banking），就是意在捕获土地升值的收益并用于支撑福利国家的政策；再如发轫于德国，传播到日本的土地重划（land readjustment），也是通过公私合作来捕获增值溢价并实现片区更新的自我筹资，其帮助这两个国家的城市在"二战"废墟上实现了快速的重建。

亨利·乔治的理念对中国的影响要更为深远，孙中山正是受到亨利·乔治的影响才提出了"自报地价，照价征税，照价收买，涨价归公"的政策。这个思想在中国影响深远，在大陆表现为相当长一段时间内政府通过强制性征地、按土地原用途补偿并实现了几乎完全的"涨价归公"，而在台湾地区则表现为实施已久的土地增值税。

孙中山一直倡导，后来在台湾地区土地改革中付诸实践的"平均地权"，与一般望文生义的理解有所不同。依据台湾学者林英彦的说法，平均地权从来就不是或者不主要是土地产权的平均，其本质上是一个捕捉土地增值溢价并用于社会公共服务的筹资模式，是一个把土地增值收益用于全社会公共福利并推动社会平等的政策。[19] 从表面上看，它是一项土地政策，但在功能上，其实是一项公共财政制度，尽管不同于通常意义上的再分配。

在台湾，户籍制度仅仅是人口登记管理的工具，而基本公共服务的均等化，特别是教育、养老、医疗，甚至包括一部分保障性住房服务，都在很大程度上得益于这种"平均地权"理念下所实施的土地财税政策。

具体而言，在目前台湾平均地权的四个环节，即"规定地价、照价课税、照价收买、涨价归公"中，涉及两项重要的地方税，即地价税和土地增值税。尤其是其中的土地增值税，就是直接用于公共服务和建设并实现"涨价归公"的财税工具。在台湾，土地增值税的运用要受到约束，即以供育幼、养老、救灾、济贫、卫生、扶助残障等公共福利事业，兴建居民住宅，征收公共设施保留地，兴办公共设施，促进农业发展、农村建设等及实施平均地权之用。

实践中，台湾不仅改进了传统征收制度，探索出了具有一定创新性的"区段征收"方法，还发展出了与之平行的"市地重划"方法。

"区段征收"是指相关机构出于"公共利益"，将一定区域内的连片土地先全部征收并重新进行规划，然后将其中部分土地直接用作公共设施建设，如道路、学校。此外，机关机构还会公开拍卖一部分土地以偿还开发费用，其余可建筑土地部分由原土地所有者按一定比例申请领回作为补偿或优先买回，部分售予居民住宅或其他的需地机关使用。前者被称为"抵价地"被返还给业主，大约占土地总面积的40%—50%。由于这部分土地容积率大幅提高，可确保原业主的财产利益不受损害，甚至还有所提升，从而有效捕捉了基础设施投资带来的增值溢价，以周边房产的升值支持了区段的开发。

台湾"区段征收"实现了片区内公共基础设施建设成本和用地由区域内土地所有权人承担，利益分配在区域内封闭进行，片区内实现资金平衡，更符合"谁受益谁付费"的公平原则；而相关机构通过拿出一部分"抵价地"给土地原权属人并共享升值收益，又在很大程度上降低了拆迁阻力和开发成本。

相比于先收回土地，进行一级开发后再返还部分"抵价地"给业主的"区段征收"，"市地重划"是非强制的，而且更具市场导向，从而更多体现了参与人的意愿。[20]

作为一种完全自我融资、公私合作的社会建设，"市地重划"一般依照都市规划将都市地区一定范围内地籍凌乱、利用效率低下的土地全部加以整理；其中至多55%的土地并不变更原土地所有权，土地重划后，形状方整且直接面临路街，此时再重新分配给原权属人；由于市地重划后的平均地价较重划前上涨的幅度约2—4倍，按照土地所有人可保留55%的比例计算，其土地财产价值在重划后不仅没有减少，反而有一定幅度的增加，而土地所有权人需要至少交出45%的"抵费地"，部分用于兴办各项公共设施，部分用于出售来为基础设施和开发建设融资，于是对重划地区的整理使得城市美化、公共服务增加、居民生活水平提高、社区未来经济发展前景向好。

在"市地重划"中，由于相关机构从土地原权属人获得的"抵费地"（包括基础设施、公共服务用地和出售偿还基础设施与重建投资的用地）一般为45%，低于"区段征收"中获得的50%—60%，即所有土地扣除返还给原权属人40%—50%"抵价地"后的土地，因此"市地重划"更为普遍。

除"公办市地重划"，台湾还出现了土地所有权人自己组织推动的"自办市地重划"。由于"自办市地重划"只需将30%左右的土地贡献出来作为公共设施用地，比"公办市地重划"的45%还要更低，所以近年来其重划面积和项目数量都有超过"公办市地重划"的趋势。[21]

四　中国的实践和改革方向

考察中国的土地增值收益分配时，必须要区分城市土地和农村土地。在城市土地部分，1994年颁布了《中华人民共和国土地增值税暂行条例》并开征了土地增值税，但该税只是对有偿转让国有土地使用权及地上建筑物和其他附着物产权后取得增值收入的单位和个人征收，并没有覆盖全部国有土地。

在城市土地增值税的实际征收中，出于促进二手房市场发展的考虑，很多城市一度免征二手房交易土地增值税。当然，即使严格按照《中华人民共和国土地增值税暂行条例》规定，按照累进税率计算，一套原价100万元的房子如果以150万元出售，投资者须缴纳增值收益的30%，即15万元；如果以200万元出售，投资者须缴纳35万元，占土地增值收益的35%。换言之，土地增值收益的大部分依然留给了城市住房的投资人。

然而，现行的土地增值税政策没有覆盖到农地部分，相当一段时间内，绝大部分城市以土地征收并按原用途补偿课征了近乎100%的土地增值收益。这也是征地补偿标准长期偏低，相当部分被征地农民难以满意的关键所在。

2009年,我们在江苏、福建、广东、吉林、陕西、四川等省的调查也发现,在大部分地区,农民大约只得到地价5%—10%的补偿。但最近10多年以来,农民谈判力量增加,地方政府也有维护社会稳定的需要,于是在部分城市,尤其是一些特大城市,大批城中村、城边村农民拆迁后成了千万、亿万富翁,却不用缴纳任何收入所得税或土地增值税,这一度引发了舆论的广泛关注。

应该说,"涨价归公"的理念本身并没有错,问题在于实施这个理念的具体政策设计得是否合理。不可否认,城市政府需要通过一定程度的"涨价归公"来覆盖基础设施建设和公共利益维护的投入,而这个目标既可以通过土地增值税这样的税收方式来实现,也可以通过一些非税收的方式来实现。但无论是哪种方式,政府在政策制定上都必须充分考虑政策的公平和效率。

政策要公平,就要实现政策的全覆盖,不能因房地产市场一时不景气就任由地方政府免除对城市权益人的土地增值税,更不能以土地强征这种非税方式对所有的"农地转非"课征近乎100%的增值税。后一种情况恰恰是相当一段时间我国绝大部分地方政府征地的真实写照:一方面,农民赖以生存的农地被征收后只能获得很低的补偿;另一方面,城里人买房、炒房获得的增值收益,或者城中村拆迁获得的货币及住房补偿却被免除了缴税的义务。即使是房地产开发商从政府获得土地,经过两三年开发后,隐藏于房价中的地价已远高于原地价时,政府课征的土地增值税仍非常有限。

政策要有效率,无论什么政策都不应降低市场对土地资源的"配置效率"和"投资效率"。这就要尽可能保持"政策中性",同时,政府的目标应该是收支平衡,而非取得财政盈利。只有满足这两个要求,才能不干扰土地在"最高最佳用途"上被利用,从而才能鼓励私人积极投资于土地。

举例来说，在一个土地私有的市场经济中，如果不考虑"钉子户"这种"广义垄断权"的情况，那么所有土地在用途竞争中就会自然被导向其"最高最佳用途"。如果政府通过土地增值税来捕获增值溢价，对各幅土地收取的增值税税率就不仅不应改变该幅土地（在无干预情况下）的"最高最佳用途"，而且还应保持政府的收支平衡，即扣去相关基础设施和其他公益投入成本后，政府不应实现额外的盈利。

所以，土地增值税的税率应为正，也完全可以依不同区位或用途的增值幅度有所累进，但基础税率和累进幅度都不应太高。如果基础税率过高或累进幅度过高，就可能带来政府的额外盈利并降低土地资源的"投资效率"，或者可能会因课税过重导致土地市场的严重萎缩，结果是土地资源的"配置效率"最终丧失。实际上，绝大部分国家或地区都不会让土地增值收益完全归于土地所有者，也不会百分之百地实现"涨价归公"，100%的增值税率一定会带来税收的"闭锁效应"并导致土地的低效利用。

基于以上讨论，可以进一步考察我国传统征地模式下农地征收的土地增值收益分配。显然，地方政府是通过农地征收，而不是土地增值税来实现"涨价归公"。由于农地征收大都按原用途补偿，所以土地增值税的税率相当于接近100%。显然，在一个土地私有制的市场经济条件下，这么高的税率将完全消灭土地转用的市场，但在土地公有制的中国，地方政府恰恰可以将土地征收、储备后，再人为创造出一个城市土地的出让市场。

不过，这个被地方政府创造出来的城市土地市场其实是一个充满了扭曲的市场。在"国际国内两层逐底式竞争"和"二、三产业交互强化型溢出"这两个效应的双重影响下，地方政府不得不以越来越低的价格补贴性地供应工业用地，然后通过垄断、限量供应商住用地去获取高额出让金，再以商住用地盈利补贴工业用地出让的净亏损。

换句话说，地方政府用巨大的强制力近乎完全抽取了农民土地的增值收益，但又通过垄断、限量和高价供应商住用地让包括购房者在内的所有城市商住用地使用者为此"买单"，完成了政府对土地增值收益几乎完全的捕获，最后再将土地增值收益的相当一部分通过极低地价和超标准建设的基础设施补贴给工业用地者，以此推动招商引资的"逐底式竞争"。

在这种情况下，虽然政府捕获了农地转用的几乎所有增值收益并实现了额外的盈利，这些额外盈利的相当部分却在"逐底式竞争"中因低效工业用地和过高标准的城市基础设施建设而被耗散掉了，甚至在2008年国际金融危机后，不少地方政府还为此积累了巨额的债务。

如果强制性低价征地带来的是农民利益损害以及大规模的社会矛盾，并引发如此不合理的土地增值收益分配，那么，我们不禁要问，还有必要继续采用这种征地方法去推动工业化和城市化吗？

"圈内"与"圈外"

前文指出，如果在征地中能通过动态提高货币补偿和"留用物业安置"尽可能实现对农民的"公平补偿"，就不需要对政府的土地征收权本身过度纠结。只要能实现"公平补偿"，就可以改变政府单方面压低货币补偿来过度征地甚至滥用征地权的局面，"在土地利用规划确定的城镇建设用地范围内"，即所谓的"圈内"推动"成片开发"实施征收将不会带来太大的矛盾。在这种情况下，"圈内"的集体经营性用地"直接入市"的必要性将大幅度降低。

目前的政策限制集体经营性建设用地进入商品住宅用地市场，而地方政府完全可以通过各种规划管制防止集体工业、商业用地对国有工业和商业用地形成竞争，"圈内"集体经营性用地入市的前景很难乐观。

虽然我们支持对农民、村集体在内的业主进行"公平补偿"，尤其是在赋予一定开发权和收益权的基础上，逐步推动我国城郊的集体经营性建设用地的渐进式国有化，但这个国有化还是要在农民感觉到对自己有利、自愿支持的前提下才能推动。如本书之前提出的，政府可以通过将部分集体经营性建设用地转化为住宅，然后让出部分住宅用地出让金且计入"区片综合地价"，最后让农民自己选择是继续保留土地集体性质但只能用于工业和商业，还是土地转为国有但获取新补偿模式赋予的更高"区片综合地价"。

可以合理地预期，大部分农民和村集体将选择集体经营性建设用地走一个"集体转为国有"的征收程序并拿到更高的补偿。但是，也完全有可能出现一种情况，即还有一部分城乡接合部的村民、村集体选择部分保留经营性建设用地的集体所有性质并寻求永久的收益权，对农民的这个选择我们当然应该尊重。

但上述方式，是否适合于那些"在土地利用规划确定的城镇建设用地范围外"，即俗称的"圈外"的大量集体经营性建设用地？

我国城市的"圈外"地区仍有大量的集体经营性建设用地，从全国看，面积甚至还可能超过城郊的集体经营性建设用地。现有4000万亩到5000万亩的集体经营性建设用地中有50%—60%的"圈外"用地，面积高达2000万亩到3000万亩。但这些土地主要是过去的村办企业和乡镇企业用地，大部分处于闲置状态。其中很少一部分已用于农产品加工、制造业发展、乡村文旅开发，以及未来相关产业发展还可能再使用一小部分，除此之外，未来用于工业、商业并实现增值的潜力并不大。

这恰恰是现有"圈外"集体经营性建设用地入市最为尴尬的地方：由于"圈外"工业、商业发展的机会相对有限，允许其进入工业、商业用地市场，多少有点像给"圈外"的农民画了一个基本上吃不到嘴里的"大饼"。因此，有没有办法将这个"大饼"真正做实，就成为未来我国乡村振兴中必须要考虑的一个重要问题。

如果"圈内"的，尤其是城乡接合部的村民和村集体，可以通过集体经营性建设用地"直接入市"或"成片开发"征为国有后"间接入市"的方式获得较大增值收益，而"圈外"的农民却守着只能大片闲置的集体经营性建设用地难以利用，那就很容易导致利益失衡和社会不平等，这肯定不是政府乐见的结果。

一种解决思路，就是考虑在"圈外"通过试点适度放开集体经营性建设用地只能用于工业、商业规划用途的管制，特别是在合适的区位允许利用此类土地进行一些中低密度的中高档商品住宅建设。这样既可以大幅度提高这些土地的非农利用价值，也有利于城市中高收入人群在"圈外"的农村进行能得到法律保障的合法住宅物业投资。

由于这些集体经营性建设用地分布在"圈外"，而中国各个城市的"圈内"已包含了绝大部分市场价值最高的商住用地，上述政策就不至于对地方政府的土地出让金收入造成太大的负面影响。

如果政策制定得当且执行有效，地方政府甚至还可能通过土地增值税收入或分享部分出让金等方式，来增加"土地财政"收入。当然，不是所有"圈外"的集体经营性建设用地都适合建设中高档住宅，但上述思路至少给"圈外"低效建设用地的再利用提供了一种非常有意义，也值得未来进一步探索的政策方向。

只要城市的中高收入居民对"圈外"农村的中高端住宅，甚至是一些中高档商业型养老、休闲、度假、旅游地产有一定的市场需求，那么即使"圈外"的很多集体经营性建设用地由于区位未必适合进行中高档住宅或商业型养老、休闲、度假、旅游地产开发，也完全可以通过空间置换的方法来让一个较大片区内的"圈外"集体经营性建设用地以"片区统筹"的方式实现"异地入市",或如前面讨论过的转为国有后实现间接的"异地入市",而地方政府则可以分别通过抽取增值税或制定出让金分成比例,并在各参与村集体之间进行合理分配的方法来实现各参与村庄的普遍受益。

不妨通过一个虚拟的案例来进一步阐明上述思路。例如,某城市"圈外"A村有闲置集体经营性建设用地300亩,且该地块适合进行低密度的中高档住宅或商业地产开发,地方政府就可以在与A村集体讨论的基础上制定相关政策,例如赋予该村150亩经营性土地"直接入市"实现出让或转为国有后"间接入市"并分享部分出让金的权利。在前一种情况下,地方政府将抽取一定比例的土地增值税,而如果是后一种情况,地方政府则可分享部分出让金给村集体。无论是哪种情况,政府都可以抽取土地增值收益的某个比例(如50%)来实现"涨价归公"。

此时,地方政府就可以要求A村将剩下的150亩集体经营性建设用地的相应开发权无偿交给政府,而由于之前150亩的部分开发权收益已经使A村大幅受益,因此A村愿意接受这样的安排。此后,就可以由政府授予A村之外的附近其他一个或多个有闲置集体经营性建设用地但不适合进行住宅开发的村庄,如B、C、D村来分享A村剩余150亩土地的开发权益,然后以同样方式在政府和B、C、D村集体之间进行开发利益的分享,而政府赋予B、C、D村在A村相应的部分开发收益权的对价或说的条件,就是B、C、D村要将其现有集体经营性建设用地进行复垦。政府除了收取"圈外"集中供地后的部分土地出让金收益,还可以获得一些额外的建设用地指标。

但如果只有A村适合上述商住开发,本村没有足够的闲置集体经营性建设用地,却仍有部分一般农田可以转用,那么就可以通过在更大片区范围以"增减挂钩"方式将B、C、D村的闲置集体经营性建设用地先进行复垦，然后到 A 村推动部分一般农田的"农转用"后再推动相关建设。

事实上，上述跨村统筹的"增减挂钩"操作，既可以跨村实施，也可以跨乡镇实施，政府只需确保那些减少集体经营性建设用地的村集体、村民获得一定的开发权增值收益，或者用这些收益在相应开发地段（或其他任何有投资价值的地段）购买一些可以给村民带来长久收益的经营性资产。

上述思路，不仅可以为很多原来没有开发潜力的低效农村建设用地创造出价值并实现更广泛的收益共享，也可以为地方政府在"圈内"的土地财政收益之外开拓新的"圈外"增收空间，获得的更多财政收入将助力农业、农村建设。

当然，"圈外"集体经营性建设用地，以及传统农区农村上亿亩的低效和闲置宅基地，不可能都通过上述方法充分发挥效益。其中相当部分未来会通过所谓的"城乡增减挂钩"或"城乡增减挂钩节余指标"跨区域有偿调剂的方式复垦来处理，甚至部分有条件的未来还可以转化为永久基本农田。这就意味着未来需要进一步推动"城乡增减挂钩"或"城乡增减挂钩节余指标"跨区域有偿调剂，甚至需要允许地方政府在完成基本农田保质、保量任务的基础上，适度灵活地调整基本农田的位置，从而为城市连片建设开拓空间，也才能为传统农区的大片低效集体经营性建设用地和宅基地整理，为传统农区通过市场机制获得大笔资金并推动农业、农村现代化创造条件。本书第六章还将对这些问题再次进行讨论。

土地增值收益的调节

如果可以通过试点改革实现上一小节提出的政策突破，就必然会出现这部分"圈外"集体经营性建设用地直接入市后的土地增值收益在政府和村集体之间分配的问题。同样的问题也出现在"圈内"那部分选择不被成片开发征收而直接入市的集体经营性建设用地上。对此，政府可以制定相应政策实现合理的"涨价归公"。

需要强调的一点是，集体经营性建设用地，无论是在"圈内"还是"圈外"，无论是"本地入市"还是"异地入市"，无论是"直接入市"还是转为国有后再"间接入市"，都要考虑对入市增值收益抽取部分土地增值收益调节金或土地增值税及抽取比例高低的问题。

例如，如果一些省份制定并公布的"圈内"的"区片综合地价"在部分地段导致征地拆迁困难，而且这些地段原来就是集体经营性建设用地或者经过空间置换可以变更为集体经营性建设用地，那么集体经营性建设用地"直接入市"并配合征收相应的土地增值税，也仍然可以实现相同的土地利用和政府财税目标。

或者，如果可以放松"圈外"的集体经营性建设用地土地的规划用途管制，那么在集体经营性用地出让中就可以直接引入"招拍挂"或某种谈判机制，允许农民和用地者进行补偿谈判，地方政府则可以根据谈定的补偿额度课征土地增值税。

又或，无论"圈内"还是"圈外"的集体经营性建设用地，如果村民和村集体愿意在"集体转为国有"后由政府出让并分享部分出让金收益，那么也可以对村集体获得的较高出让金收入抽取合理比例的土地增值税。

中央政府可以授权一些地区在扎实研究的基础上，展开集体经营性建设用地"直接入市"或"间接入市"的增值税试点工作，从而将现行《土地增值税暂行条例》的适用范围扩展到集体土地。通过设计合理的税率，这个改革就可以扩大地方政府在农村土地使用权的出让、转让和租赁收益上的税源，而纳税对象既包括严格限定征地范围后用于非公益性项目的集体非建设用地的出让、租赁收入，也包括集体经营性建设用地的流转收益，还可以包括"间接入市"

后所获得的集体土地增值收益。

到目前为止,地方政府基本上按照《关于引导农村产权流转交易市场健康发展的意见》以及《农村集体经营性建设用地土地增值收益调节金征收使用管理暂行办法》(以下简称《办法》)的要求,在农村集体经营性建设用地入市后,对农村集体经济组织取得的出让收益收取一定比例的土地增值收益调节金。《办法》明确规定:

> 农村集体经营性建设用地土地增值收益,是指农村经营性建设用地入市环节入市收入扣除取得成本和土地开发支出后的净收益,以及再转让环节的再转让收入扣除取得成本和土地开发支出后的净收益。

根据董祚继的说法,执行这一规定的最大困难是土地入市成本的测算,这通常包括三个方面:一是入市土地的初始取得成本,一般包括土地使用权退出补偿费、建筑物和附着物补偿费、建设用地异地调整费、社保资金等;二是入市土地开发成本,一般包括集体建设用地的复垦、整治费用,以及测绘费、评估费、配套设施等;三是建设用地交易市场的运转费用。其中第一、第三项一般比较明确,难点主要在第二项。与城镇土地开发成本比较明确、易于计算不同,农村集体经营性建设用地形成的时间跨度长,基础资料普遍欠缺,实物投入、劳务投入等情况难以掌握,因此很难计算土地开发成本。所以,迄今为止,大多数试点地区都是按照成交总价款的一定比例确定调节金。

以浙江德清为例,基本上是分两步走来确定土地增值收益调节金收取比例。第一步是参照国有土地出让金提取情况确定收取的集体经营性建设用地出让收入调节金基础比例。目前,国有土地出让金提取用于社会保障、廉租房建设、教育、农业发展、农田水利、农业土地开发、生态补偿等7项基金，总计约占出让总价款的16%，县域内各类集体经营性建设用地以此作为调节金收取的基础比例。

第二步再考虑不同用途、不同区位政府投入的基础设施配套费用，分别确定集体经营性建设用地调节金收取的最终比例。目前德清县政府投入的基础设施配套费用平均占出让总价款的13.9%，但不同用途、不同区位受益情况明显不同，经测算后确定县城规划区内、县城规划区外乡镇规划区内、乡镇规划区外的工业用地分别按24%、20%、16%收取，商业用地则分别按48%、40%、32%收取。

超出基础比例的额外调节金比例，主要是考虑要确保土地征收转用和集体土地入市的收益大体实现平衡。德清首先将国有建设用地有偿使用收入扣除征地补偿安置费用及土地开发支出等成本后，计算近年来征收转用产生的平均土地增值收益；然后，再将集体经营性建设用地入市扣除取得成本和模拟开发成本后，计算已入市土地平均增值收益；最后对两个测算结果进行比较研究和统筹分析，确定超额调节金收取比例。

根据德清实际测算的结果，前期入市的66宗集体经营性建设用地出让并通过增值收益调节金调节后，农村集体和农民所得约20万元/亩，土地征收补偿安置所得约21万元/亩，总体基本平衡。

应该说，浙江德清对集体经营性建设用地入市的土地增值收益再分配，有其自身的逻辑基础和测算依据。在"德清模式"下，地方政府希望确保村民从农地征收中所获收益与集体经营性建设用地入市所获收益基本平衡，因此，可以将这个模式理解为地方政府在无法直接反对集体经营性建设用地入市的情况下，采取的一种限制性对策。这实际上反映了地方政府希望继续征地，而不希望村民通过"集体经营性建设用地入市"去得到超出现有征地货币补偿标准的收益。

但这里的关键问题是，集体经营性用地早已是建设用地，而且已经用于经营，本身就比农地具有更高的利用价值，这和农地还需"农转用"指标专用后再用于非农用途根本就不是一个概念。在这种情况下，"德清模式"在操作中要确保两种入市方式收益基本均衡，其中的道理何在？

更重要的，也是本书一再讨论的，不少地方政府之所以在招商引资中对工业用地者进行高额补贴，恰恰是因为政府基本垄断了商业住宅用地的出让，并因此获得高额净收益。显然，只能在政府规划限制下将其建设用地用于工业和商业用途的村集体并没有这样的补贴能力。

在这种情况下，如果还对本来就受规划用途管制而只能大部分用于工业、少部分用于商业的集体经营性建设用地，收取基础调节金之外的超额调节金，如何真正实现"公平补偿"，以及让农民获得相应的土地财产性收益？如果各地都采取德清的做法，那些规划为工业用途的集体经营性建设用地哪里还会有什么竞争力？又怎么激励大量"圈内"的闲置低效集体经营性用地入市，并切实提高城市存量土地资源的利用效率？除非本地建设用地资源非常紧缺或者集体土地位置非常好，否则村集体基本上无法和国有工业园展开任何有意义的竞争。"德清模式"的本质，实际上是希望尽可能地限制集体经营性建设用地直接入市，但又不愿意在征地上给予更高的现金补偿，不愿意推动更多元的征地补偿方式。

我们的实地调研发现，在对集体经营性建设用地态度更为友好的珠三角城市，只要村集体自行改造或通过合作方式改造存量低效工业用地为新型产业用地，地方政府基本不会抽取任何额外的集体土地出让调节金，甚至连基础调节金也不收取。毕竟，集体建设用地入市之前的基础设施不是地方政府投入的，而入市之后相关制造业企业还会给地方带来直接缴纳及间接引致的各种税收。

作为浙江的一个经济发达地区，德清现有的征地补偿模式限于货币补偿。这不仅和本书提倡的现金补偿加"留用物业安置补偿"有明显差距，地方政府甚至还要将集体经营性建设用地入市的收益上限，规定在有限的征地货币补偿水平。

前文曾述及，政府可将部分集体经营性建设用地转化为住宅，然后以分享部分住宅用地出让金的方式制定"区片综合地价"并补偿村集体，以此引导后者选择集体经营性建设用地转为国有土地后进行统筹开发利用，此时，集体经营性建设用地虽是"间接入市"，但最终所获收益明显更高。[22] 在这种情况下，政府当然可以对村集体所获补偿收入提取一定比例的土地增值调节金，或者直接开征土地增值税。

当然，如果村集体选择继续保留土地的集体所有制性质，但限于工业和商业办公用途，那么对集体经营性建设用地在商业用途上所获的较高出让金，提取一定比例的土地增值调节金还可以说得过去。但如果坚持按照现有集体经营性建设用地入市只能用于工业与商业用途，那么，在抽取基础调节金之后，就没有很强的理由再去抽取额外调节金。

总之，无论是"圈内入市"还是"圈外入市"，无论是"直接入市"还是"间接入市"，无论是"本地入市"还是"异地入市"，都存在一个集体经营性建设用地的增值收益在地方政府和村集体之间合理分配的问题。不同入市方式的收益不同，入市的土地取得成本也存在差异，必须通过试点方式来确定合理的土地增值税抽取比例，或者当土地取得成本难以准确评估时，确定合理的土地增值收益调节金抽取比例。

例如，董祚继就提出，可以参考其他国家或地区的增值税标准，例如，我国台湾地区对都市等土地按"涨价总额"20%—40%征收增值税，其中涨价100%部分按20%征收，涨价200%部分按

30%征收，涨价300%部分按40%征收。国际"土地重划"操作中，公共基础设施用地和抵费地所占比例一般也在30%—45%之间。我国现有的《农村集体经营性建设用地土地增值收益调节金征收使用管理暂行办法》也规定："调节金分别按照入市或再转让农村集体经营性建设用地土地增值收益的20%—50%征收。"[23]

应该说，上述提法具有一定的合理性，但到底最后是通过抽取增值收益调节金，还是通过抽取土地增值税更为合理，以及两种方式下合理的抽取比例分别是多少，不仅需要更为深入的研究探索和政策争鸣，更应通过改革试点来完善相应的政策设计。

五 改革思路的一个小结

随着区域之间招商引资的竞争日益激烈，地方政府因担心影响招商引资而不敢收回存量的低效工业用地，而不得不继续低价征地去建设更多工业园区来招商引资，同时还要建设更多的新城区用于出让商住用地并收回基础设施的投资。如此循环往复，不仅宝贵的耕地资源被过度占用，而且城市存量建设用地的配置效率也会越来越低，工业用地过剩的情况日益严重，本来更适合建设住宅的城市土地也被低端工业厂房持续占用，从而难以实现向"最高最佳用途"的转换。

显然，传统的征地、收储、出让体制不利于经济和社会的可持续发展，且其在既有增长模式下，又有不断自我强化的趋势。这是一个相当不利的局面，一旦处理不当，就可能出现因预期改变而带来城市房价下跌、地方债务难以偿还等问题，甚至还可能引发重大的金融和经济风险。

因此，未来必须通过有效的制度改革，逐步且坚决地扭转现有

"土地财政"乃至整体增长模式的巨大惯性。这里所谓的"逐步",是指改革中要适度考虑既有"土地财政"的利益格局,不能采取过于激进的政策措施。同时,也不能放任现有模式按既有惯性继续前行,必须通过有效的改革措施,引导地方政府逐步跳出现有的运行轨道。

中国城市土地制度改革可以朝以下三个方向推动。

第一,有效调整城市存量土地结构,降低工业用地比例。地方政府完全可以有效利用城市住宅用地与工业用地之间的巨大价格差异,以调整城市存量用地结构为主要突破口,通过降低城市低效用地的总量,增加住宅用地的供应。在允许地方政府继续利用储备土地提供住宅用地的同时,中央可以要求地方必须同时从城市存量低效用地,尤其是工业用地中,通过挖潜提供一定比例的住宅用地。在通过存量转化渠道供应的住宅用地中,要确保返还一定比例的住宅用地出让金给存量低效用地的业主,但在操作上,政府要全面收回整个片区所有存量低效用地,再以"区片综合地价"返还的方式,将其部分转为居住用地,剩余部分经整理更新后升级成高效产业用地。

第二,必须调整城市增量土地的获取方式和供地结构。在"圈内",允许地方政府以"成片开发"方式继续征地,且不施加过高的公益用地比例要求和过严的程序性限制,适度增加地方政府的征地成本,在继续完善货币补偿动态调整机制的同时,逐步推广农地征收中的"留用物业安置",确保被征地农民"生活水平不降低,长远生计有保障"的要求落到实处。

第三,建立合理的土地增值收益分配机制。在调整包括"圈内"集体和国有存量用地结构时,政府可以把部分城市存量低效用地转化为住宅用地,并让出部分住宅用地出让金进行"区片综合地价"补偿,抽取土地增值收益调节金。对选择直接入市的村集体经营性建设用地,也可以制定相应的土地增值收益调节金,但考虑到其受到政府土地用途管制的约束，抽取比例不宜太高。待试点测算土地入市成本的方法成熟后，完善《土地增值税暂行条例》，全面抽取土地增值税。

注释

1 郑振源:《征地补偿中的几个理论问题》,《中国土地科学》2012 年第 7 期。
2 同上。
3 中国土地勘测规划院:《中国征地移民风险管理能力建设项目研究报告》,亚洲开发银行，2006 年。
4 参见北京新翰律师事务所进行的各省市相关统计，见 https://www.tuliu.com/read-77934.html。
5 "区片综合地价"包括征收农用地的土地补偿费和安置补助费标准，不包括法律规定用于社会保险缴费补贴的被征地农民社会保障费用。
6 如在保障项目方面，天津、厦门、青岛、秦皇岛等多数城市仅将其限定为基本养老保险，只有西安、哈尔滨、上海等少数城市涵盖了失业和医疗保险。至于农转非问题，一些城市，比如在北京和成都，首先进行农转非，然后将失地农民分别纳入城镇职工基本养老、医疗和失业保险体系或城镇居民最低生活保障体系；在青岛，失地农民仍然保留农业户口，按照该市农村社会养老保险缴费的规定缴纳费用，村集体和地方财政按相同比例补助。更有一些地区，如天津、西安，建立专为被征地人员设计的社会保障基金和征地养老人员社会保障基金，资金来自征地补偿费和政府补贴。
7 聂路豪、徐建春:《浙江:因地制宜完善征地区片综合地价政策》,《中国土地》2020 年第 12 期。
8 2014 年 1 月 22 日，原中农办主任陈锡文在国新办发布会上曾表示留地安置不会全国推行，可以将"留地安置"视为不通过"招拍挂"而由政府决定的国有土地来使用，用于村民今后的生计保障。
9 董祚继:《土地征收安置方式有哪些创新？》,"政之本"微信公众号。
10 张占录指出，广东、浙江部分地区也有将留用地保留为村集体建设用地，让农民享有永久集体土地所有权的情况。实践操作中，政府往往以协议方式出让给村集体，即使收取出让金也会全额返还，让村集体无偿取得留用地使用权。参

第四章 "涨价归公"、公平补偿和征地合法性　　　　　　　　　　　　　　223

见张占录:《征地补偿留用地模式探索:台湾市地重划与区段征收模式借鉴》,《经济与管理研究》2009 年 第 9 期,第 71—75 页。

11　参见董祚继:《土地征收安置方式有哪些创新》。

12　即使那些出售财产的人也主要把钱浪费于放纵娱乐,而不是投入新兴事业,而即使是最幸运的佃农也没有理由投资土地,因为土地随时可能会被他们懒惰的地主剥夺。随着人口增长和生产力提高,地主们向佃农收取更高的租金,进一步抑制了生产力的发展,留给佃农的更少了,收入分配差距进一步扩大。参见〔美〕埃里克·A.波斯纳、E.格伦·韦尔:《激进的市场》,胡雨青译,机械工业出版社,2019 年版。

13　这不仅仅是土地所有权的问题。任何资产的私有制,除了同质化的资源或商品,都可能降低资源的配置效率。

14　〔美〕迈克尔·赫勒:《困局经济学》,闾佳译,机械工业出版社,2009 年版。

15　市场经济条件下也经常可以看到企业家因土地垄断问题而屡屡受挫,想扩大工厂规模时土地所有者坚持非高价不卖。这就引导我们进入罗纳德·科斯的研究,他认为类似摩擦实际上是"市场的交易成本",而为避免这种混乱,大公司出现并直接拥有土地在内的许多资产,直接雇用工人,这样公司就可以不进行持续谈判而直接指导工人完成目标。19 世纪和 20 世纪早期,公司迅速接管了商业领域。但公司也有因规模过大带来的管理和技术极限。此外,即使公司克服了一些垄断问题,但它们积累的财富和权力让它们变成另一种垄断力量,通过压低工资、提高价格阻碍了经济发展,所以,虽然公司计划发挥了重要作用,且有助于克服许多地方性的垄断,但它从未取代市场成为组织经济的主要手段。

16　根据波斯纳和韦尔(2019)的论述,三位"边际革命"经济思想先驱者 [(威廉·斯坦利·杰文斯(William Stanley Jevons)、里昂·瓦尔拉斯(Leon Walras)和卡尔·门格尔(Carl Menger)] 中的两位对私有产权深感怀疑。杰文斯写道:"产权只是垄断的另一个名称。"瓦尔拉斯在他对社会经济的论述中说:"宣布个人土地所有权……意味着……阻止土地被社会最有效地利用,这样压制了自由竞争的有益影响。"

17　参见〔美〕亨利·乔治:《进步与贫困》,吴良健、王翼龙译,商务印书馆,2010 年版。

18　高峰、叶剑平:《新型城镇化时期我国建设用地拓展的路径选择与政策建议:基于亨利·乔治理论的改进与实践》,《现代管理科学》2016 年第 8 期。

19　林英彦:《土地经济学通论》,台北文笙书局,1999 年版。

20　刘守英、王瑞民:《我国台湾地区的两种土地征收与借鉴》,《中国产业经济动态》2015 年第 15 期。

21　黄卓、蒙达、张占录:《基于"涨价归公"思想的大陆征地补偿模式改革——借鉴台湾市地重划与区段征收经验》,《台湾农业探索》2014 年第 3 期。

22 这种方法给业主带来的具体收益可参见前文所述集体经营性建设用地按照"间接入市"模式后的一个模拟测算案例。

23 参见董祚继:《农村集体经营性建设用地入市收益如何分配（下）》,"政之本"微信公众号。

第五章
传统农区土地改革的局限和进路

改革开放早期，我国全面推动了农村家庭联产承包责任制，农户家庭代替村集体成为农业生产决策的基本单位，从而有效解决了集体化时期农业生产劳动激励不足的问题，使农业生产效率大幅度提升。各地在自发的变革中，都选择了"保证国家的，留足集体的，剩余都是自己的"的承包合同结构。[1]

和土地私有制转为集体所有制不同，中国在把集体土地分给农户时，保留了法律意义上的集体土地所有权，农户获得的是长期的承包经营权。这种集体土地所有权与农户承包经营权"两权分离"的制度安排，有效降低了彼时政治环境下"一大二公"意识形态的阻力。

20世纪末以来，在高速工业化和城市化浪潮的冲击下，我国城乡之间的大门逐步打开，大量农村人口开始离开故土进入城市。一段时间内，每年从农业向城镇地区非农就业转移的劳动力，就超过1500万，中国已经由"乡土中国"较快地转型为"城乡中国"。[2] 在"一半是城市、一半是农村"的"城乡中国"格局下，传统的人地关系也开始逐步转变，并出现了重大挑战。

本章将考察近年来我国传统农区土地制度改革的主要进展和挑

战。我们将聚焦于除城乡接合部之外的传统农区土地，也就是那些区位上不具备成为城市建设用地条件的农村土地，特别研究其从"两权分离"到"三权分置"后出现的变化，尤其是农地、宅基地确权、抵押政策实施的情况。

过去几年，传统农区推动的土地改革仍然存在相当大的局限性，特别是农村土地确权的直接和间接成本较高，但收益相当低。因此，应该在进行更充分的土地整理后，再逐步推动传统农区的农地和宅基地确权，才能让农村的土地确权经得起历史的考验。

进一步来看，未来要最终实现传统农区土地的高效率利用和更有效投资，必须推动更深层次的农村土地所有制改革。目前我国传统农区的农地、宅基地乃至集体经营性建设用地，都存在较为严重的低效利用和浪费问题，光是每年撂荒的耕地就超过3000万亩，近年甚至还有所增加。不仅如此，宅基地废弃空置规模也极其庞大，虽因"城乡建设用地增减挂钩"政策而有所减少，但低效利用的宅基地存量仍然相当大。

正是由于城乡土地改革进展的不足，我国农村人口和建设用地占地出现了非常不利的逆向变化。2016年，全国农村常住人口5.89亿人，比2000年的6.13亿减少了2333万，而2016年全国村庄占地面积2.87亿亩，反而比2000年的2.17亿亩增加了约7000万亩。之所以会出现农村"减人未减地"现象，主要就是因为农村外出人口的"两栖"占地。在农村建设用地占地增加了7000万亩的同时，2000年到2016年间，我国城市建成区面积也增加了4785万亩，增幅达到150%。[3] 因此，可以说，现有土地制度下的城市化，除了带来城市扩张占地过快，并没有起到促进农村节约用地的效果。

整体而言，传统农村地区有相当数量的农业和非农土地，并没有发挥其应有的价值，配置效率和投资效率都非常低下，严重制约了农地的规模经营、农业现代化以及国家耕地保护目标的实现。

问题的关键就在于，目前集体土地所有制下，村民对土地财产的转让、交易、抵押权利不完整。为此，对传统农区的农地、宅基地及集体经营性建设用地，可以逐步推动自愿基础上的国有化，同时赋予使用者对农村土地的永久使用权，实现土地权利人更充分的交易和抵押权。这将有助于同时提高传统农区土地资源的"配置效率"和"投资效率"，减少传统农区的农地、宅基地及集体经营性建设用地低效利用乃至大量浪费的情况。

一 从"两权分离"到"三权分置"

1978年党的十一届三中全会拉开了改革开放的大幕，而农村土地承包制度成为整个改革的先导。这场对几亿农民乃至整个国家命运产生重大影响的制度变革，最初在贫困地区发轫，后来又得到有改革意识的地方和中央领导人的赞许，再经由政策推动在全国普遍推行，最终以法律形式实现了制度的确立。

现行的农村土地承包制度有如下三个特点：

第一，坚持土地集体所有制。这是中国农村合作化运动留下的最主要制度遗产，是中国社会主义基本经济制度的主要组成部分，也是中国农村制度有别于世界其他国家和地区的最为独特的制度安排。在这个制度下，农户和集体保持承包关系，集体组织拥有土地发包权和处置权，土地使用者不得买卖土地。每个集体成员平等享有集体土地的使用权，集体所有制演化为成员权集体所有制，集体的每个成员享有土地非农后的收益分配权。

第二，农户成为土地实际使用权能的拥有者。近年来，通过不断完善土地产权，包括明确和巩固农户的主体地位，稳定并延长土地承包关系（从承包期15年到30年并进一步到长久不变），以及明确以农户为主体的土地流转，农户拥有了物权化的土地产权。同时，在产权赋予上，确定承包农户获得的土地权利是承包权和经营权合一的土地承包经营权。

第三，家庭经营成为农业生产的主要经营和组织形式。家庭经营替代集体化时期的生产队经营是农村制度改革的重要成果之一。家庭经营成为农业生产的最主要组织和经营形式，是由农业生产的自然特性和农业劳动的特点决定的，前者要求生产者对农业生产各环节的精心呵护，后者则要求努力和回报的直接对应。[4]

但是，历经多年的运行，现行农地承包经营权制度开始暴露出一定的制度缺陷，尤其是在农村人口变动以及城市化加速、农村人口和劳动力大规模非农化之后，这套制度安排的不适应性开始凸显。

首先是集体所有制下的"成员权"不断自我强化。在农村集体不同家庭人口不断相对变动的情况下，中央政府提出的承包期延长和不再调地的政策不断受到农村社区内部人口变动的挑战。

其次是人口流动背景下土地承包权和经营权分离后的权利保护问题。长年出外打工者以及在城镇购房农民继续拥有承包权，却不再经营土地，这种现象日益普遍。一方面，保护承包权导致经营权弱化，这并不利于农村土地流转和土地经营规模的扩大，另一方面，强调经营权又容易导致原农村集体组织成员承包权的丧失。

最后是承包地的权能残缺。在强化农地使用权、收益权的赋权和保障的同时，对处置权、抵押和担保权以及继承权等其他权能的赋权明显不足。

在"两权分离"的制度安排下，土地的集体所有权对土地的分配规则影响深远。集体所有意味着每个集体成员都有资格分享集体土地的使用权，而在家庭承包制下，按人口而非家庭均分土地，就是上述规则的典型体现，集体中的新增人口也有资格分享原有成员的土地权利。

虽然中央一再强调土地承包15年、30年乃至长久不变，但村庄内部根据人口增减变化对土地进行调整的压力始终存在。1998年，中央强调和落实"延长承包期30年政策"，有62%的被访农户不赞成30年内不再调地，而且越是在传统农区这个比例越高；81%的被访农户不接受"新增人口不再配给土地的做法"。[5] 2003年《中华人民共和国农村土地承包法》实施后，尽管赞成延长承包期到30年的农户比例上升到62.9%，但还有20.6%的农户明确主张要缩短承包期。赞成承包期内不再调地的比例上升到51.1%，但仍有36.8%的农户认为在承包期内可以调地。[6]

到2008年，认为"农地承包期内30年完全不调整"不合理的被访者高达62.79%。认为"增人不增地"和"减人不减地"不合理的被访者比例分别高达61.98%和59.95%。[7] 中国人民大学和美国发展研究所的5次17省调查也显示，从2001年到2010年，支持"增人不增地、减人不减地"的农户比例从42.0%下降到38.2%，持中立态度的农户则从15.9%上升到33.2%，反对该项政策的农户比例从42%下降到28.6%，比例依然不低。[8]

农村"大包干"实施初期，大多数农户都是自耕农，承包者即经营者，承包权和经营权高度统一。当时农民既是一种身份，也是一种职业。只有具备集体内农民的身份才能承包土地，并作为职业农民经营耕作土地以获取收入。近年来，随着农村劳动力非农化加快，承包权和经营权发生了事实上的分离。

根据国家统计局《2017年农民工监测调查报告》的抽样调查结果，全国农民工总数达2.87亿，其中外出农民工总量达1.72亿。考虑到部分流动人口的兼业问题，流动人口承包权和经营权并未彻底分离，但到了2016年年底，农地流转的总面积已占家庭承包经营耕地面积的35.1%。此时，所有权和承包经营权"两权分离"框架已难以适应流动人口承包权和经营权分离的趋势。特别是耕作产出的收入占农民收入的比重持续下降，单靠承包土地的耕作产出已经无法养活农民。刘守英等提出，农地的经济重要性下降以后，"承包农户持有土地的观念（安全性）越来越强于其收入功能"，农地承包权的财产属性凸显。[9]

在上述背景下，农地"三权分置"成为十八届三中全会后农村改革的核心议题。党的十八届三中全会《决定》指出：坚持农村土地集体所有权，依法维护农民土地承包经营权；赋予农民对承包地占有、使用、收益、流转及承包经营权抵押、担保权能，允许农民以承包经营权入股发展农业产业化经营。2013年年底召开的中央农村工作会议，则明确要顺应农民保留土地承包权、流转土地经营权的意愿，把农民土地承包经营权分为承包权和经营权，实现承包权和经营权分置并行。

2016年11月，中央深改组审议通过《关于完善农村土地所有权承包权经营权分置办法的意见》，明确了"三权分置"改革的原则为，"牢牢坚持农民集体对农村土地的所有权，严格保护农户承包权，放活土地经营权，使经营主体有稳定的经营预期"。

一种观点认为，"三权分置"突破了承包经营权流转的身份固化[10]，使经营权可以在更大范围内实现优化配置，不仅可以提高土地利用效率，还能提升务农人口的劳动生产率，进城农民可安心务工经商而不必担心失去土地。换言之，"三权分置"改革的核心是稳定地权，通过将经营权从承包经营权中分离出来，既稳定了农户的承包权，又稳定了实际从事农业者的经营权。

但有学者指出，"三权分置"尚无立法上的有力支持和制度保障。[11] 在实际操作中，经营权的担保抵押也困难重重。因此，如何在保障农户承包权和放活经营权之间实现平衡成为一个重大挑战。

二　农地的确权和抵押困局

农地确权是推动"三权分置"的一个基础性工作。新中国成立以来，我国已经先后进行了四次农村土地确权工作。第一次确权时，农村土地制度仍为私有制，本质上是对土改结果的确认；20世纪80年代的宅基地确权，则因为政策不明确半途而废；20世纪90年代的第三次确权发证率较高，达到90%以上，但确认的土地权能是残缺的，农户无法出租或转让自己占有、使用的宅基地和房产；第四次农村土地确权，始于2010年的中央一号文件，以还权赋能为核心，这次确权的最终目标是实现农民完整的土地财产权。[12]

整体来看，农地集体所有权确权的进展较快，到2012年年底发证率已达到95%；而农户承包权的确权则要相对滞后。

2014年中央一号文件提出，要"抓紧抓实农村土地承包经营权确权登记颁证工作……可以确权确地，也可以确权确股不确地，确权登记颁证工作经费纳入地方财政预算，中央财政给予补助"。随后，11月印发的《关于引导农村土地经营权有序流转发展农业适度规模经营的意见》指出，用5年左右时间基本完成土地承包经营权确权登记颁证工作，妥善解决农户承包地块面积不准、四至不清等问题。

为有序推进确权登记颁证工作，中央农办、农业农村部会同相关部门，协调统筹各方力量，指导各地从2014年开始整省试点农村承包地确权登记颁证并逐步全面推开；汇总各方意见，提出"2年扩大试点，3年全面推开"的总体思路，实现全国"一盘棋"梯次推进。每年组织现场会或视频会部署工作，建立县市月报制度，不定期开展专项检查，并委托第三方抽样评估。

理论上，农地确权可以在法律上确认和落实农民更为完整的土地权利。确权之后，农民工在家乡的农地承包权可以固化并得到保护。农民更有可能通过农地抵押贷款支持农业生产，甚至还可以通过农地流转带来财产性收入。这些都有助于那些外出农民工在城市立足。

但是，农村土地确权工作非常艰巨。它涉及全国2747个县、3.3万个乡镇、54万个行政村，每宗地的确权过程都相当复杂，包括土地登记申请、地籍调查、核属审核、登记注册、颁发土地证书等。截至2017年年底，完成确权的土地有11.59亿亩，仍有约占台账面积16%的承包地未确权完毕，且剩下的均为"难啃的硬骨头"。

农地确权的亩均直接成本基本上在40元以上，有的甚至过百元。即使中央给一定补贴，地方也还要出大头。全国现有耕地20.27亿亩，即使保守按亩均成本50元测算，全国农地确权总成本也会超过1000亿元，商业利益介入后估计还会更高。

此外，农地确权的台账面积不等于实际面积。1998年农村土地"二轮承包"时，由于土质、地力、远近以及降低农业税费缴纳等因素，部分地力较差的土地按一定比例折算，台账面积普遍小于实际面积。按照上述比例倒推，台账面积为13.8亿亩，而全国第二次土地调查公布的耕地数为20.3亿亩，超出台账面积47%。二者之间的差异在传统农区可能更大。[13]

由于确权面积关系到粮食直补等惠农补贴，农户希望将多出的面积落实到户，但中央尚缺乏统一的政策，基层政府也往往仍按"二轮承包"时的档案面积计算相应惠农的补贴。村与村、户与户之间的权属争议在确权中凸显，往往争执不下并导致确权难以推进。农村土地确权过程中还会出现村民之间、村民和村集体之间、村民和推动确权的地方政府之间的矛盾。

确权中遇到的第一个问题是按什么规则确权。1998年"二轮承包"时，中央基本确定了土地承包关系长期稳定不变的原则。如按既有农地分配现状确权，那么很容易引致"二轮承包"后家庭有新增人口但未获土地农户的强烈反对；而重新根据现有人口进行土地分配并确权，又一定会带来那些已占有土地农户的反对。如果未能妥善处理上述问题而一味赶进度，就会在确权中引发矛盾，或者把矛盾往后推延。实际上，不少农村地区"二轮承包"后有20%—30%的农民目前没有土地，包括刚出生的小孩和婚迁来的人口，土地现在要按照现状确权，这就意味着他们未来都没地了。实际操作中，大部分地区为了避免矛盾，还是按照现状确权，给未来土地产权的稳定留下了隐患。[14]

第二个未来可能引起矛盾的问题，就是在大批农村人口已外出打工甚至部分已永久迁移的情况下，到底应该给谁确权。一般而言，城市化因其可释放农村人口进入城市，有利于那些留在农村的劳动力实现规模经营并提高务农收入。但在中国特定的城乡土地制度下，现有政策却使得城市化的这个好处无法实现。

目前，中国已有接近2亿农村流动人口迁移到城市，并以城市为就业、居住和生活的主要地点。在这种情况下，应该如何处理这些迁移人口留在农村的土地？一方面，绝大部分农村外出打工者收入要远远高于留在农村的务农者，而后者恰恰是因为农地规模小、农业基础设施水平差而收入低下。如果各地确权过程中一视同仁地为外出打工者确权，农村留驻人口就不得不支付更多租金才能扩大经营规模，农业收入的提高将非常有限；另一方面，不给外出流动人口确权也未必合理，且必然招致这些农民的反对，尤其在外出人口还无法向城市实现永久性举家迁移的情况下。

除上述矛盾，过快推进土地确权还有另一个问题，就是它对未来的农业适度规模经营、农田水利基础建设，乃至农业技术推广都将带来较高成本。

中国农地利用的一个基本特征是土地规模小、块数多，存在所谓的"碎渣地"困境。我国家庭农场的规模普遍偏小，因兼顾土地肥力和地块位置差异，土地分配时不得不好坏搭配和远近搭配，结果是农地细碎化严重且互相插花。中国平均每个农民家庭大约有8亩地，但每个家庭的土地平均分割为五到六块，这不仅导致田埂和一些未利用地的闲置，而且还不利于农田基础设施建设和农业科技推广。

显然，按土地细碎化的现状确权，无疑会提高未来农地整理和规模经营的成本。近年来，耕地撂荒已经成为我国传统农区农业发展中越来越突出的问题。除了农产品价格等因素导致农业生产缺乏收益外，确权后的农用地仍维持"细碎化"的现状，对农机具使用、规模化经营及农田水利设施建设造成了一定的自然障碍，这不仅无形中提高了劳动成本，而且很容易限制"三权分置"后农地经营权的规模化流转。毕竟，谁愿意去转包这些破碎、分散、未经有效整理且缺乏相关农田水利基础设施的土地呢？[15]

过快推动农地确权的收益却非常有限。农地确权当然是为了取得确权后的多方面收益，包括确权可以推动土地的转租、抵押和买卖。但就我国现有的农地政策看，农地确权后，"经营权"不能买卖，仅允许转租和抵押，这使得绝大部分农地，尤其是那些破碎农地，转租价值非常有限，而抵押价值则几乎不存在。即使破碎的承包地可以转让，理论上还可以到银行融资，但因不能自由买卖，其抵押价值必然很低。这一方面是因为几十年承包权租金的定价困难，另一方面是因为银行为小额放贷承担的单位成本太高。[16]

因此，现有的农地确权无助于实现这一政策希望支持的家庭农场发展。尤其是对通过家庭承包获得的原始经营权而言，由于面积不大、地块分散，且不同地块所种作物不同，所以收益有限，而收益权评估的成本很高。如果抵押贷款的经营主体出现风险，政府设立的土地抵押贷款风险补偿专项基金将不得不承担80%的本金损失。

此外，承包地抵押还存在法律制约。现有政策虽允许承包地的经营权用于抵押，但经营权实际上是承包权的子权利，在"母权利"无法抵押的状况下，允许"子权利"抵押，不仅和现有法律法规有冲突，而且发生风险时，银行难以将抵押物变现。如是，承包经营权的资产价值无法体现。在实际操作中，金融机构更多考虑的是土地收益权。

从积极面来看，如果农地抵押政策可以推行下去，短期内至少可以让农村大户或下乡的农业企业受益。但如果最后不允许农地实现市场化流转，甚至不允许农地永久使用权的买卖，那么抵押融资反而可能带来更多问题，包括农村收入分配问题和小农凋敝问题。因此，在渐进国有化后，赋予农地永久使用权，再逐步放开使用权的自由转让，是土地抵押融资市场有效为小农服务的必要条件。

在我国农村当前的发展阶段，即使是很多农业大户、农业企业从农民那里转包的农地，也缺乏充分的法律保障。特别是一些地方政府单方面推动大规模的农地转包，一旦未来农民工失业返乡，就可能要求收回已转包出去的土地，从而带来大规模的违约风险。即使这些返乡的农民未必占理或合法，但如果不归还土地会对社会稳定造成影响，最后的结果很可能是政府不得不对要地的农民让步。

总体来看，无法买卖的农地不仅确权成本高昂，而且确权收益非常有限。按照相关政策推动农地确权，基本上只是增加了相关部门的工作经费，而不能有效推动农地资源的市场化配置。

不管怎样，我国这一轮的农地确权到2020年已基本完成。根据农业农村部网站2020年11月2日援引农业农村部新闻办公室消息，农村承包地确权登记颁证工作到2020年已经取得了显著成效。目前全国2838个县（市、区）、3.4万个乡镇、55万多个行政村已基本完成承包地确权登记颁证工作，将15亿亩承包地确权给2亿农户，并颁发土地承包经营权证书。目前，全国农村承包地颁证率已超过96%。

三 农村宅基地制度的困境与改革

中国现有农村宅基地制度是集体化的产物。集体化时期，由农民私有的宅基地收归集体（生产队）所有，"一律不准出租和买卖"，但归农户长期使用，其上的房屋仍可租赁和买卖。改革开放后，农民兴起了建房潮，为规范建房秩序，中央出台了限定宅基地面积的"一户一宅"制度，同时允许宅基地使用权随房屋买卖而转移，也允许某些城镇非农业人口申请使用宅基地建房。

但从20世纪90年代中期开始，尤其是1998年以后，为进一步加强耕地保护，我国对农村建房和农民宅基地加强了管理。依据现有法律，农村宅基地由村级组织分配给村民，属农民集体所有，个人只能在上面建造房屋供自己使用，转让只能在村集体内部进行，农民住宅不得向城市居民出售，不能为在农村购买房屋的城市居民发放土地证和房产证。

下面，我们重点围绕农村宅基地制度的特殊性、所面对的困境和改革展开论述。

中国宅基地制度的特殊性

刘守英[17]指出，宅基地制度是我国农村土地制度中最特殊的制度安排，其独特性表现在三个方面。

第一，特殊的权利安排制度。宅基地集体所有权和"已经实体化为成员使用权的集合"的耕地集体所有权不同，集体组织仍掌握宅基地的分配权，拥有对村庄内未分配到农户的集体所有空闲地、公共用地、经营性用地的控制权，享有集体建设用地收益权。农户宅基地使用权存在习惯规则和正规法律两个权利规则：按照习惯规则，农民在得到宅基地以后，就可以自由支配和使用；而在正规法律上，则只有占有权和使用权而没有收益权和转让权，也即只有居住权而没有财产权，不得转让、抵押、收益。在农民住房财产权上，习惯规则和正规法律是高度一致的，即农房是农民的私有财产，对农民房屋的买卖、出租、抵押、典权、转让等权利予以充分保障。

第二，特殊的取得制度。宅基地具有成员身份性，只有集体经济组织成员，才有资格申请和得到宅基地，非集体经济组织成员无法获得宅基地。另外，宅基地是无偿取得的，这就导致农民多占多用宅基地的情况。[18]

第三，特殊的社会目标。一是严守耕地。农民盖房受制于规划、年度用地计划和用途管制，以防止占用大量耕地。二是稳定农民。农地承包经营权制度的底线是保证农民不失地，宅基地制度的底线是保证农民不失所。

实践中，我国现有宅基地制度面临的困境正越来越大，既造成了政策实施困难，也伤害了法律的权威性。

首先，宅基地实际上已经大量入市。尽管法律上没有赋予宅基地出租、转让和交易权利，但事实上，农民宅基地进入市场已呈普遍化趋势。宅基地大量入市，不仅解决了工业化、城市化进程中农民的财产收入增长问题，也解决了进城人口的居住问题，有效降低了城市化的成本。但是，这种自发入市却和现行法律有直接的冲突。

其次，宅基地的成员权取得和无偿获得制度难以实施。一是无偿取得宅基地被认为是政府给农民的福利，但在沿海地区和广大城乡接合部地区，随着城市化进程中土地级差收益的大幅提高，无偿分配宅基地和土地资本化却出现了背道而驰的局面。二是以成员权划定宅基地使用资格的制度受到集体内外夹击，集体内部成员要实现财产价值，有出租或转让宅基地的需求，集体外的成员或迫于高房价压力或为了寻求新的生活方式，纷纷租赁或变相购买农民宅基地（房）。三是在城市化地区，"一户一宅"很难管理。随着宅基地价值凸显，农民充分利用现有宅基地，纷纷加盖房屋，有的突破了原来分配的宅基地面积。四是在传统农区宅基地无偿分配不利于保护耕地。

再次，宅基地管理失控。尽管法律规定严格，但事实上很难实施。一是土地管理很难落地，实施机制缺乏，管理成本高昂。二是村干部既是土地所有权主体，也是宅基地管理方，但出于农民盖房的实际需求，往往"睁一只眼，闭一只眼"。三是用途管制只是自上而下控制用地规模，在用地计划和指标上难以顾及农民盖房需求，这导致农民新盖房大量占用承包地，危及耕地保护。

最后，宅基地的无序扩张不利于城市健康发展。由于宅基地使用现状和法律严重冲突，规划和用途管制无法实施，农民宅基地的扩张更是处于无序蔓延之势，城中村私搭乱建、基础设施和公共服务不足、治理无组织、治安问题严重，这些都加大了城市管理成本和未来更新难度。

传统农区的宅基地利用现状和改革绩效

如前所述，我国传统农区宅基地利用的突出问题是面积普遍超标，一户多宅屡见不鲜。随着中国高速的经济增长和城市化，传统农区的宅基地使用面临严峻挑战，主要表现为土地和房屋利用效率低下，甚至出现"空心村"现象。

按照原国土资源部规划司的数据，1996—2007年，不包括常年在外务工的农民，我国农村人口减少约1.2亿人，而农村建设用地反增加了130万亩，人均建设用地增加了34平方米。在这10年全国增加的130万亩村庄用地中，新增宅基地就约占80万亩，其根本原因就是绝大部分外出打工的农民无法向城市实现永久性迁移。在快速城市化的背景下，虽然越来越多的农民通过非农就业获得了较高收入，并长期生活在城市地区，但户籍改革的滞后使他们无法到城市定居，即大量外迁农村人口仍然继续保留着农村的宅基地。无论是利用外出打工收入建设的新房，还是数量巨大、没有翻建或改造的大量旧房，利用率都非常低，被闲置或弃置的住房也越来越多，许多农村成了名副其实的"空心村"。

目前，闲置宅基地已成为传统农区闲置土地的重要组成部分。在我国上亿亩农村宅基地用地中，"空心村"内老宅基地闲置面积至少占10%—15%[19]；除进城打工、经商或举家迁移的村民仍保留了原来房产，还有部分农民工虽已在城市购买了商品房，但仍没有放弃农村的宅基地。很多老房年久失修、杂草丛生、破败不堪；此外，部分地区经过旧村改造，村民已经搬进了新住宅，但旧宅基地依旧保留并出现闲置；最后，我国农村的传统分家方式也造成了一部分宅基地闲置。按现有法律，家庭成员成家后可再申请一处新的宅基地，即一家占有两处甚至多处宅基地，但老人过世后，一般不会把旧宅基地按规定返还给村集体。

显然，宅基地之所以大规模闲置，关键在于现有体制下合法的住房和宅基地市场没有建立起来，结果是农村新组建家庭不能通过正常市场交易获取农村住房。为了满足新组建家庭的住房需求，基层政府和社区组织又不得不给新增家庭安排宅基地，结果是村庄宅基地面积不断扩大并经常占用耕地。

显然，这些问题的出现，本质上是因为缺乏宅基地的福利分配以及退出机制。农民对宅基地的使用权基于集体成员权而无偿取得，法律上只能居住而不能转让、抵押、收益。虽然农村房屋一直为农民私有，但由于农房所占宅基地的赋权不充分，而住房和其下的宅基地不可分割，住房的权能就难以充分实现。

再来看一下近年推动的农村宅基地确权。由于确权中村干部经常要面对"一户多宅"、超标准占地等多种非法用地问题，很容易出现确权中的干群矛盾，并成为影响确权进度的主要因素。

以 2014 年调查的云南省广南县那洒镇为例，那洒镇应进行宅基地颁证的有 10797 宗，但符合颁证条件的仅有 5055 宗，还不到总数的一半。不符合颁证条件的 5742 宗，因违法违规擅自占地建房的有 2604 宗，占用城市、集镇规划区而无法颁证的有 145 宗，已接受罚款、但未及时补办用地手续的 14 宗，超出规定面积标准的 1783 宗，占用基本农田的 783 宗，少批多占的 74 宗。由于农村房屋所有权确权必须在宅基地确权发证的基础上进行，宅基地无法颁证直接影响了农房所有权的确权进度。

即使可以确权颁证，农民宅基地抵押时仍然面临两个困难。首先是价值评估问题。传统农区宅基地的价值较低，但评估成本高、处置难。如那洒镇符合确权颁证的 5072 户农房，均为 1987 年以前建成的土木结构房屋，价值极低，难以抵押。其次，各地的宅基地抵押条件中要求，除抵押的农房，还要有其他稳定住所，而这显然和"一户一宅"政策相互矛盾。设置这一前提的政策初衷是为了防止贷款不能偿还后农民可能流离失所，但农房和宅基地的确权颁证是按"一户一宅"的原则进行，结果就是，最后符合抵押贷款条件的，只有在城镇购买了商品房的农户和违反"一户一宅"规定并建有多处农房的农户，而老实本分的农户反而很难通过住房财产权抵押获得贷款。

实践中，有不少外出打工农户挣钱后会翻建新房，虽然新房尚未建起来，仍能用农房所有权和宅基地使用权进行抵押。但此时信用社等金融机构更多考虑的是农户的第一还款来源，这在本质上更接近信用贷款，实质上失去了农村住房抵押贷款的意义。

整体来看，正是因为宅基地无偿取得且缺乏有效的退出机制，传统农区的农村宅基地才会低效闲置，而且供需矛盾突出。特别是严格限制宅基地使用权流转范围，只允许在农村集体经济组织内部流转的政策，不仅抑制了宅基地流转的需求，还降低了流转价值，打击了农民转出空闲宅基地的积极性，这就必然导致宅基地总量增加和闲置浪费并存，供需矛盾不断加重。

2018年中央一号文件提出，宅基地也可以推动"三权分置"改革：在保障集体的所有权和农户的资格权基础上，适度放活使用权。虽然理论上"三权分置"有利于实现农民对宅基地的财产权，但由于买卖范围限制，宅基地的抵押很难实现。

至今，宅基地"三权分置"改革的具体制度安排，包括买卖、退出、外来人员和资本进入方式等，还没有合理与明确的政策依据和操作细则。[20]

四 传统农区土地制度改革的解决方案

推动渐进国有化

为了进一步打通城乡土地市场，同时激励相关部门和地方政府推动改革，从中长期看，中央政府应该考虑以渐进方式推动农村土地的国有化，在全面加强国土部门对农村土地用途管制和耕地保护的基础上，赋予传统农区的农民对农地和宅基地的永久使用权，并在此基础上逐步推动使用权的市场化交易和流转。

与第六章将要提出的土地指标交易改革相配合，中央政府应认真考虑如下方案：在对传统农区的农地、宅基地使用权加以整理、整治再确权后，在一些地区推动农村土地所有权的国有化改革试点，并在一定规模上限的约束下，逐步放开农地、宅基地的永久使用权市场化流转，配合城郊集体建设用地入市制度的改革，全面实现城乡土地市场一体化。[21]

中国经济发展到当前阶段，现行集体土地所有制对实现农业和农村现代化以及推动以人为本的新型城镇化，已经形成严重的阻碍。

无论是与国有制相比还是与私有制相比，农村土地集体所有制实际上都是一个土地"配置效率"和"投资效率"更低的制度安排。

即使从社会公平的角度看，考虑到中国大批农村人口已向城市实现永久迁移并取得了比在农村高两倍以上的收入，为他们中的大部分人继续保留农村宅基地和农地，也对留守农村者不公平。因此，要真正实现"乡村振兴"和以人为本的新型城镇化，农村土地的集体所有制确实有改革的必要性。

在我国现有制度下，土地私有制不仅缺乏可能性，也未必是最合理的农村土地所有制安排。在这种情况下，与其保留农村土地的集体所有制，还不如在村民自愿的基础上逐步推动集体土地的渐进式国有化。这不仅有助于规范和强化自然资源管理部门对农村土地的用途管制，而且还能以此为基础赋予农民对农地、宅基地的永久使用权，并全面推动永久使用权的市场化流转和抵押。

农村土地所有制改革的重大意义，还可以从我国国有土地改革的效果看出端倪。虽然中国城市土地是国家所有，但只要给予足够长的国有土地使用权年限，建筑在国有土地上的私有住房市场就完全可以建立并运作起来，在拉动经济增长的同时，为几亿城市居民提供安居之所。

与此相似，在逐步推动传统农区的农地和宅基地所有权国有化之后，通过"先整治、后确权"的方式赋予原集体成员可交易、可抵押的永久使用权，这可以为全面实现乡村振兴奠定良好的制度基础。这个改革不仅可以实现农村土地的"国有私用"或"国有永佃"，还能避免集体所有制下土地利用效率低下、公平难以保障的"双重诅咒"。

改革开放以来，中国在立法上曾有两次推动农村土地国有的尝试,但因为种种原因没有实现。第一次是1982年宪法修改。当时不少委员要求规定农村土地收归国有,其主要理由是,如果不国有化,国家征地时会遇到漫天要价的土地所有者,这会妨碍经济和国防建设。但由于一些领导同志认为这样会带来过大震动而没有实现。[22] 第二次是1986年制定《土地管理法》。草案"明确规定集体所有制土地为乡镇公有","劳动群众所有制土地,为乡镇公有"。对此,许多常委和委员以及19个省、自治区、直辖市不同意,认为农村集体所有土地改为乡镇所有,可能在农村中引起波动;有的提出,改为乡镇所有,等于宣布国有,对农民震动太大,农民还是把土地当作命根子,这样改,接受不了,最后规定"集体所有的土地依照法律属于村农民集体所有"。[23]

学术界早有"农村土地国有制"的相关意见。例如,吴敬琏课题组早在1988年就提出:

> 改革原有土地制度,着手建立现代土地管理制度。当前的主要措施:(1)成立国土管理机构,对全国土地资源进行分等分级的调查;(2)宣布现有土地包括农村土地的国有制,政府以宏观管理者的身份征收各种土地税,以所有者的身份收地租;(3)允许土地使用权转让,转租费由市场供求决定,政府可征交易税和增值税;(4)在农村实行土地国有化时,应将土地使用权永久性地交给农户,政府保留有偿征用的权利,但当耕地转变为非农用地时,应征收高额交易税和增价税。[24]

显然,上述建议的本质就是"国有永佃",虽然未直接明确土地使用权包含交易权,但已提出允许使用权转让并获取转租费。

和上述直接宣布农村土地国有的思路不同,本章提出的集体土地国有化,是农民在自愿基础上推动的渐进国有化。

首先，无论是集体经营性建设用地，还是农地或宅基地，都要赋予农民或农民集体在自愿基础上选择转为国有或保持集体所有的权利，政府只能通过政策引导而不应单方面宣布国有。

其次，在自愿基础上的选择必然意味着农村土地的国有化是一个渐进过程，国有土地和集体土地在相当长时间内仍将并存。

再次，本书第六章将提出，在推动"农民工市民化"的同时，政府可以考虑整合土地发展权跨区交易资金和部分"三农"财政支出，向实现永久性举家迁移的农村外出家庭购买其留在农村的土地，转为国有后再分配或有偿转让给那些可以有效利用土地的农业经营者。

未来，可以在逐步推动农村土地国有化的同时，赋予农民对土地的永久使用权，明确界定转让权、交易权、出租权、继承权、抵押权这五项权能。[25] 应该说，对改革已超过40年、城乡关系面临关键转折的我国而言，时机已基本成熟。无论是按照土地类型划分的农村"三块地"（集体建设用地、宅基地、农地），还是按照地理位置划分的传统农区土地和城郊农村土地，都可以在"国有永佃"或"国有私用"的基础上，推动政府合理用途管制下的市场化配置，有效打破当前农村土地制度运行中出现的各种困局。

尽管学术界屡有动议，但现阶段提出农村土地渐进式国有化，并赋予农民永久可交易的使用权，还是会引起争议。毕竟，推动农村土地的渐进国有化，不仅和坚持农村土地集体所有制的政策有一定冲突，还会涉及农村土地国有化后政府如何进行农村基层治理的问题，而且本已强势的政府可能进一步侵蚀农民土地权利，甚至还会影响到为数众多的农村基层干部的切身利益。

此外，如果推动农村土地国有制，那就要由一个新的机构来行使现有村"两委"的各项管理职能。这个新机构和现有村集体经济组织的关系如何处理？现有村集体经济组织手上的土地及非土地集体资产如何安排？在政府基层治理和土地管理进一步"下沉"的同时，如何发挥社会组织作用，培育乡村自治能力，并提高地方政府对农村居民的问责度？如果全面赋予村民对永久使用权的各项权能，尤其是交易权和抵押权，是否会出现土地过度集中的危险？

对这些在推动农村土地国有制改革过程中必须回答的重大问题，下面将给出初步的论述，以期引起进一步的讨论。

农村基层治理体制调整

只要政策设计合理，从试点开始，审慎推动，渐进式推动农村土地国有化改革，应该会得到各方的支持。

首先来看地方政府。农村土地的渐进式国有化，实则更有利于提升地方政府在农村土地规划、用途管制、农业和农村基础设施投资、纠纷仲裁、基本公共服务和社会保障等基层治理方面的角色。如果在传统农区逐步建立与城市居民社区管理水平看齐的农村居民社区，并配套建设完善的基层治理体系，政府的角色不仅不会削弱，甚至还可以进一步强化，因为土地市场化会促进农业和农村现代化，而且基层治理体系也会得到有效重构。特别是农村土地渐进国有化后的永久使用权市场化，将助力"农民进城"，同时促进"资本和人才下乡"。城乡劳动、资本要素的双向流动，将大幅促进农村土地资源的高效利用。

其次看最可能反对这项改革的村干部群体。实际上，2006年农村税费改革之后，很多处于传统农区、集体资产较少的村集体日益依赖各级政府的转移支付，村干部多少成了"准财政供养人员"，村民选举的意义已经没有之前那么重要。在传统农区的村级财政基本由政府全覆盖后，村基层治理体制已从现有的农村集体组织管理转型为农村居民的社区管理，并逐步向城市社区管理模式和服务水平靠拢，这应该是一个合意的转化。在这类地区，很多基层村干部不仅不会反对，反而还会欢迎这种改变，因为他们可以从"准财政供养人员"转变为"财政供养人员"，实现更好的福利保障。

一旦推动类似城市社区的基层管理体制，并打破传统的在村集体内部选择村干部的限制，农村社区反而可以改变过去那种相对封闭的人员招聘模式，向全社会公开招聘社区干部和管理人员，逐步提升农村居民社区的公共服务水平。过去10多年，配合"增减挂钩"政策，很多传统农区已经开始推动"农民集中居住"，不少农民已搬迁到新建的集中社区。这就为建立乡镇政府指导下的农村社区居民委员会创造了条件。

最后再来看农民。如前所述，只要通过农地整理提高了农地质量和数量，在此基础上再推动低成本、低矛盾的农地确权，就会因做大了土地"蛋糕"而有效减少农地确权带来的直接矛盾和潜在矛盾，而且，在农村宅基地逐步推动国有化后再确权，允许宅基地使用权在更大范围实现永久使用权的市场化流转，这些对农民也是一个福利的改进。只要确保农民对农地、宅基地的永久使用权，以及相应的转让权、交易权、出租权、继承权和抵押权，那么，包括农村外迁人口在内的绝大多数农民都会支持土地所有权的渐进国有化。更重要的是，国有制下的农村土地流转，不仅可以为资本下乡带来更好的法律保障，还会增强政府保障少数弱势农民土地权利的能力——政府完全可以购买部分农村国有土地的使用权，并在需要时对弱势农民提供支持。

此外，还有一个担忧是农村土地国有化会进一步强化国家的征地权，甚至强化地方政府损害农民财产权利的能力。考虑到在高速城市化和基础设施建设中，确实出现过损害农民财产权益的情况，上述担忧不无道理。能否在引导"政府有为"的同时限制"政府乱为"，关键还在具体的制度设计和政策措施。

过去十几年中，城市高速扩张已让地方政府手上掌握了较多的土地储备。此外，很多城市的城乡接合部也有大量集体经营性建设用地可"直接入市"，或者通过与政府分享增值收益的方式转为国有后再"间接入市"。因此，对人口流入地的主要城市而言，大规模征地"谋发展"的时代已经过去，提高征地补偿及采取多元化补偿方式的征地改革正当其时。

渐进推动农村土地国有化，不仅政府的行政和社会管理职能会"下沉"，而且农民也会得到更充分的土地赋权。真正实现国家向农民的充分赋权，防止过于强势的地方政府在"村改居"后"乱为"，是未来改革必须面对的挑战。在传统农区，农村税费改革后村"两委"干部已基本成为"准财政供养人口"，依靠村"两委"维护村民权益的必要性开始下降，农村基层民主近年也开始日益"形式化"。在这种情况下，推动农村基层的社会和经济组织发育，并最终实现向农村社会充分赋权，就成为未来主要的着力方向。

除以股份制改造原有集体经济组织并实现村级党政管理职能的分立外，未来还需要在农村大力培育具有一定权威的半自治性社会组织，协助地方政府更有效地处理农民内部纠纷，并在地方政府可能"乱为"时帮助农民维护权利。例如，不少研究发现，类似于"老人协会"之类的农村社团，由于兼具一定的"自主性"和对地方政治的"嵌入性"，得到农民和政府的双重认可，建立了体制内外都有一定话语权的"交叠权威"。[26]这些自主性组织不仅有助于处理农民内部矛盾，还有助于协调政府和百姓之间的矛盾，最终在积极为百姓维权的同时，也维护了农村基层社会的稳定。因此，总结这些地区的成功经验并积极推广，真正发挥农村社会组织的作用，可以实现地方政府治理、农村社会调节和农村居民自治的良性互动。

农村集体经济组织

农村土地所有权的渐进国有化改革，还需解决现有农村集体资产处置和集体经济组织地位的问题。我国有相当规模的农村集体资产并没有分配到户，而是掌握在村集体经济组织手上。[27]

未来推动农村土地的渐进国有化，并不需要改变现有村集体经济组织作为这些集体资产的所有者及实际使用者地位，相应的收益权、转让权配置也无须改变。政府完全可以推动在村集体清产核资的基础上，全面推行面向原有村民分配相应股权的股份制，但应规定股权可以转让，以便旧成员的有偿退出和新成员的有偿进入。

在这个模式下，村集体经济组织的经济职能和农村基层社区的行政管理职能可以逐步分离。不仅如此，村集体经济组织还会在产权明晰、治理机制完善的前提下发展壮大，并和农村社团组织一起维护并扩大农民的权益。2014年后，中国农村推动的"农村集体产权制度改革试点"为相应的股份化改革创造了条件。[28]

渐进国有化过程中的土地集中问题

迄今为止，政府一直不允许农地自由买卖，一是担心会引起农村土地过度集中，甚至可能导致大批农民失地，二是担心农地利用失控，无法实现耕地保护的目标。

但上述担心都缺乏足够的理论和经验支持。如果说农地在我国局部地区出现了过度集中和保护不力的情况，恰恰是现有土地管理体制带来的问题。

先来看农地的过度集中。实际上，恰恰是农村土地集体所有体制给村集体乃至地方政府过度推动土地集中创造了便利条件。不少县市以推动农业产业化、现代化，推动农业集中经营为名，引导农业大户和现代农业企业去长期转包个体农户的承包地，其中，很多集中是强势地方政府单方面推动的，有时候农民本人，尤其是外出打工的农民并不知情，或并不同意。如果允许农地使用权在渐进国

第五章　传统农区土地改革的局限和进路　　　249

有化后自由买卖，反而可以让政府真正成为相对中立的裁判员，有助于遏制农地的过度集中。

再来看耕地保护。农地永久使用权不允许买卖，而农村大批劳动力虽外出打工，却没有在城市定居的稳定预期，因此出现了外出农民的农地转租现象，或者他们干脆把农地交亲戚朋友照顾，有的甚至直接撂荒。这不仅不利于耕地保护，农地也无法流转给种田能手。倘若允许农地使用权自由买卖，只要政府在农地转用上严格执法，就不会出现农地用途改变的情况。反倒是现有的"土地财政"模式，尤其是低价出让工业用地的做法，使得地方政府因随意扩张城市建设边界而大规模征地，这才最浪费农地，最不利于耕地保护。

实际上，和我国国情比较接近的越南就实行了土地国有制。1987年，越南国会出台首部《土地法》，确立土地归全民所有，政府实施统一管理，并将土地使用权授予特定的使用者。1993年，越南国会又再次审议通过第二部《土地法》，核心内容是明确界定土地使用权的五项权能：转让权、交易权、出租权、继承权、抵押权。当时，农户被授予20年的土地使用权。1998年，再次修改后的《土地法》则将土地使用期限最长延至70年，基本确立了农民对农村土地使用、收益和处置的长期权利。[29]

根据世界银行等机构的研究，越南允许永久土地使用权市场化交易后，并未出现土地过度集中的现象，因经济困难而被迫卖掉土地的农户比例可以忽略不计。实际上，即使有少数经济困难而被迫出卖永久使用权的农民，对他们来说，出售也大都是一个更有利的选择，而政府完全可以通过完善农村社保体系来兜底。[30]

为缓解对土地过度集中的担忧，推动农村土地渐进国有化改革时，政府完全可以根据地方资源禀赋情况和人口迁移情况，设定一定时间内土地使用权买卖规模或农业经营规模的上限。随着人口城市化的推进，上限可以逐步提高。

我们建议，选择几个在国内有一定典型农区的市县，推动农区土地渐进国有化，并同时放开使用权流转的改革试点。在试点地区的选择上，应该优先考虑人口主要流出地，特别是那些已进行了较充分的农地整理和农村居民点整治的地区。无论是农村土地确权，还是促进使用权流转，这些地区的条件都更为成熟。

在改革试点中，可以县级国土管理部门为主管机关发放永久土地使用权证，并进行农村土地综合用途规划和管制，这将有助于全面建立一体化的城乡土地市场。同时，应充分调动地方政府、村民组织和广大百姓的积极性，积极探索农村居民委员会、集体经济组织和农民社会组织相互支持也相互制约的农村基层治理模式，之后根据试点的情况，再决定完善措施和推广方案。

还要强调的一点是，中央的改革政策虽然不能一刀切，但也绝不能放手让地方自己做主。以农地确权为例，成都在10多年前就已经大力投入推动本地农地确权，但确权后由于土地不能买卖，更难以抵押，所以意义非常有限。因此，必须在对"三农"问题有全局把握以及对地方改革的成功经验和失败教训进行充分总结的基础上，进行更合理的整体改革方案设计，然后再逐步推动经得起历史考验的农村土地确权。换句话说，中央的政策要来自地方的实践，但又不能囿于地方的实践。

注释

1 刘守英:《中国农地制度的合约结构与产权残缺》,《中国农村经济》1993年第2期。
2 周其仁:《城乡中国》,中信出版社,2014年版。
3 董祚继:《如何看待"人地挂钩"》,微信公众号"政之本",2018。

4 刘守英:《直面中国土地问题》,中国发展出版社,2014年版。
5 参见龚启圣、刘守英:《农民对土地产权的意愿及其对新政策的反应》,《中国农村观察》1998年第2期。
6 参见赵阳:《共有与私用:中国农地产权制度的经济学分析》,生活·读书·新知三联书店,2007年版。
7 陶然、童菊儿、汪晖:《二轮承包后的中国农村土地行政性调整——典型事实、农民反应与政策含义》,《中国农村经济》2009年第10期。
8 丰雷、蒋妍、叶剑平:《中国农村土地调整制度变迁中的农户态度——基于1999—2010年17省份调查的实证分析》,《管理世界》2013年第7期。
9 刘守英、高圣平、王瑞民:《农地三权分置下的土地权利体系重构》,《北京大学学报(哲学社会科学版)》2017年第5期。
10 潘俊:《农村土地"三权分置":权利内容与风险防范》,《中州学刊》2014年第11期。
11 孙宪忠:《推进农地三权分置经营模式的立法研究》,《中国社会科学》2016年第7期。
12 于建嵘、石凤友《关于当前我国农村土地确权的几个重要问题》,《东南学术》2012年第4期。
13 以2014年的云南文山州为例,承包地台账面积为306.12万亩,而第二次全国土地调查耕地面积为1021.42万亩,后者为前者3倍多,部分村组实测面积较二轮延包面积大10倍以上。
14 参见陶然、汪晖:《中国农村土地改革的误区与进路》,微信公众号"新三农",2014年12月25日。
15 正是从这个角度看,农业生产比较利益不足的一个重要原因就是农地破碎化导致新技术推广困难,农民没有积极性进行农业投入,普遍形成"多种地多赔,少种地少赔,不如弃耕出外挣现钱"的局面。
16 2014年我们在云南的调研中发现,承包土地的经营权抵押,其价值评估的依据主要是经营权的收益,即农业生产经营的直接收益与国家农业补贴之和。专业合作社和农户反映土地承包经营权的评估价值主要是作物价值,不仅很低,而且可获贷款只有评估价值的50%左右。
17 刘守英:《农村宅基地制度的特殊性与出路》,《国家行政学院学报》2015年第3期。
18 一段时间内,我国还推动了农村宅基地的有偿使用试点工作。1990年1月国务院批转国家土地管理局《关于加强农村宅基地管理工作请示的通知》,除提出加强农村宅基地审批管理工作外,认为"1988年以来,山东省德州地区和全国二百多个县的部分乡、村试行了宅基地有偿使用,取得了明显效果",据此提出了要进一步搞好农村宅基地有偿使用试点。国务院批准该请示后,除少数边远、贫困地区外，各地普遍开展了宅基地有偿使用试点，并制定了相关制度。1990—1992 年间，试点扩大到全国 28 个省、自治区、直辖市，总计 1200 个县（市）、6600 个乡镇、约 13 万个行政村实行了宅基地有偿使用。从各方面情况看，各地开展的宅基地有偿使用试点取得了明显成效，但在后来国家部署减轻农民负担时，包括农村宅基地有偿使用费在内的 37 项收费项目又一并取消。

19 若将人均用地控制在 150 平方米，可整治土地超过 1 亿亩。如果对村庄宅基地、公益用地中的闲散地、废弃地进行整治调整，腾出空间除部分挂钩用于城镇建设外，还可以转化为集体经营性建设用地的至少 5000 万亩，加上存量集体经营性建设用地 5000 万亩，未来全国可入市集体经营性建设用地总量当在 1 亿亩以上。参见董祚继：《农村集体经营性建设用地入市是否包括新增建设用地》。

20 刘守英：《宅基地"三权分置"影响几何》，《时事报告》2018 年第 3 期；刘守英、熊雪锋：《经济结构变革、村庄转型与宅基地制度变迁——四川省泸县宅基地制度改革案例研究》，《中国农村经济》2018 年第 6 期。

21 陶然、王瑞民：《农村土地改革的制度创新与路径》，《比较》2018 年第 4 期。

22 参见许崇德：《中华人民共和国宪法史》，福建人民出版社，2003 年版，第 679—682 页。

23 参见宋汝棻：《对集体所有的土地的所有权应当如何规定——审议土地管理法草案时的不同意见》，载《参加立法工作琐记》，中国法制出版社，1994 年版，第 120—125 页。

24 参见吴敬琏课题组：《经济体制中期改革规划纲要》，载国家经济体制改革委员会综合规划司编《中国改革大思路》，沈阳出版社，1988 年版。

25 这里的五权概念，参考农村土地国有制度下的越南相关土地制度安排，可参见张千帆：《土地管理制度比较研究》，中国民主法制出版社，2013 年版。

26 参见陶郁、刘明兴：《双重认可与交叠权威：理解当代中国农村社团与群体性抗争的关系》，载《中国社会稳定研究论丛（第五卷）》，学林出版社，2014 年版；Lu Yao & Tao Ran．"Organizational Structure and Collective Action: Lineage Networks, Semi-autonomous Civic Associations, and Collective Resistance in Rural China", *American Journal of Sociology*, Volume 122, Number 6 (May 2017)。

27 据统计，全国农村集体经济组织账面资产总额（不含西藏）为 2.86 万亿元，村均 493.6 万元。其中东部地区资产总额 2.16 万亿元（占 75.5%），中部、西部资产总额分别为 4400 亿元（占 15.4%）、2600 亿元（占 9.1%）。在人口流入地的很多城中村、城郊村，经营性资产一般较多，但存在成员边界不清、资产家底不明的问题。对那些资产较少或没有资产的纯农业村，集体资产主要包括"四荒地"、机动地等没有确权到户的资产，未来都需要在明晰产权关系的基础上量化资产股份，推动股份合作制。

28 2014年11月，农业部、中央农办、国家林业局印发《积极发展农民股份合作赋予农民对集体资产股份权能改革试点方案》，确定在29个县（市、区）开展试点。2017年，农业部会同中央农办，选择了100个改革基础较好的县（市、区），作为新一轮农村集体产权制度改革试点单位。2018年改革试点继续扩大，试点县将增加到300个。同时，再选择50个改革基础较好的地市和个别省份开展整省整市试点，鼓励地方结合实际扩大改革覆盖面，力争到2021年底基本完成改革。

29 2003年，越南政府颁布第三部《土地法》，进一步扩展了四项土地使用权利，增加了转租、赠予、担保、出资的权利。参见江丽，郑文博：《泰国、越南两国土地确权的经验及对中国的启示——以农村土地确权为侧重》，《世界农业》2017年第9期。

30 Griffin, K., Khan, A. R., & Ickowitz, "Poverty and the Distribution of Land", *Journal of Agrarian Change*, 2002.

第六章

耕地保护和土地指标交易

对于拥有 14 亿人口，但人均耕地面积不到世界平均水平一半的中国而言，出于粮食安全的顾虑，在相当长的一段时间内保持一定规模的耕地数量，可以说有相当充分的理由。

有学者认为，"以保护粮食安全的口号来保护耕地的做法，将中国的耕地保护政策单纯和粮食安全相连，是不妥的，相关政策也混淆了粮食安全与耕地保护的关系"，并认为，"18 亿亩的说法混淆了保护耕地和不允许耕地转换用途（从农用地转为非农用地）这两个完全不同的政策。反对 18 亿亩红线并不是不要保护耕地，但是必须允许将农地转变成非农用地"。

应该说，上述观点有一定道理。2013 年 12 月 30 日，国务院新闻办举行的"第二次全国土地调查主要数据成果发布会"公布的数据显示，截至 2009 年 12 月 31 日，中国耕地总量为 20.3 亿亩。和 1996 年的第一次调查相比，耕地面积增加了 2.04 亿亩。[1] 也就是说，我国耕地的实有数量有超过 20% 的显著增加，这显然是一个好事，至少让政府在耕地保护上有了更多的回旋余地。

但实有耕地数量的增加，并不意味着应该放弃耕地保护的国策。要全面审视中国耕地保护政策，还需考虑如下几方面的问题：

首先，我国迄今仍然缺乏出于耕地肥力培育目的的休耕制度，绝大部分耕地长期处于耕作状态，并保持着相当高的复种指数。如果未来要实行休耕制度，并确保相对安全的粮食产量，在现有的农业技术条件下保持一定规模的耕地数量，就还是必要的。

其次，绝大部分城市、工业园区分布在平原地区，大规模的农地转用往往占用了质量较好的耕地，而按照现行的"占一补一"政策，在耕地被占的行政区域内补充的耕地，由于各地后备土地资源禀赋的差异，质量通常较低，这就是所谓的"占优补劣"现象。换言之，在现行耕地保护政策下，大规模农地转用后，尽管耕地面积保持了数量上的平衡，耕地质量在平均意义上却有所下降。

再次，耕地保护的意义并不仅限于粮食安全。耕地不仅是可以用作粮食生产的土地，也是可以起到调节生态环境作用的湿地。从这个意义上讲，大规模占用平原地区的耕地，再通过滩涂围垦或荒地开发来补充耕地，可能对生态环境带来破坏。

最后，现行征地制度在占用大量耕地后出现了利用效率低下的局面。相当部分耕地被用于过度建设各类工业开发区，导致优质耕地资源大规模浪费。

综上，推动耕地保护确有必要，甚至提出一个具体的耕地规模目标也不无道理。但关键的问题在于，如何才能更有效地既保证一定规模的耕地数量，又尽可能地维持甚至提升耕地的平均质量？

本章主要讨论中国既有耕地保护制度的运行机制及其完善，尤其是如何通过土地发展权空间转移和跨区市场交易，更有效地实现耕地保护的目标。

一　当前耕地保护制度

1994年8月18日，国务院发布《基本农田保护条例》，正式将优质耕地部分作为基本农田加以保护。1997年，中央政府下发《中共中央　国务院关于进一步加强土地管理切实保护耕地的通知》，首次提出"耕地总量动态平衡"的概念，要求各地做到耕地总量只能增加，不能减少，并努力提高耕地的质量。1999年，全国首次完成了全覆盖的中央、省、市、县、乡镇五级土地利用总体规划，并通过了各级政府的审批。其后，政府在以土地利用总体规划为依据进行的建设用地审批过程中，开始执行耕地"占一补一"的政策。[2] 我国现有耕地保护制度的三个核心内容，分别是"农地转用的计划管理和分级审批制度""耕地占补平衡制度"和"基本农田保护制度"。

农地转用的计划管理和分级审批制度

农地转用的计划管理和分级审批制度，是我国耕地保护制度中最主要的内容。我国建设用地实行计划管理，主要通过土地利用总体规划（以下简称"土地规划"）和年度土地利用计划（以下简称"土地计划"）实现。土地规划一般规定了较长时段（例如10—15年）内一个地区可新增的建设用地总量，并在空间上落实到具体地块。新增建设用地规模主要取决于建设占用耕地的"规划指标"，因为大多数地区新增建设用地占用的主要地类是耕地。

原则上讲，一个地区在规划期内实际新增建设占用耕地数量，不仅不能超过规划指标总量，而且还必须符合土地规划的空间布局。在符合土地规划的前提下，年度计划进一步规定了一个地区当年可新增的建设占用耕地数量，即所谓的农地转（建设）用的计划指标。[3]

简言之,从土地规划角度来说,必须同时拥有规划指标和计划指标,农用地尤其是耕地,才可合法转为建设用地。土地规划中确定的规划期内建设占用耕地量并不能被随意使用。这个规划指标只是划定了规划期内可以建设占用耕地的总量和空间范围,但每年各地实际能用于建设的耕地数量必须符合自上而下逐级下达的土地计划,获得年度计划指标后,才可以办理"农转用"的审批手续。在一个规划期内,规划指标总量通常是在统一部署修编土地规划时自上而下层层分解下达,而计划指标则逐年下达。

1997年,出于对全国耕地数量持续快速减少的担忧,中央对土地规划编制定下的基调是"保护耕地、严格控制非农建设用地"和"以供给引导和制约需求";同时,对各省首次提出耕地总量动态平衡的要求。[4] 显然,这种基于指标约束型的土地规划和日益严格的土地计划目标,就是要既从空间和总量上,又从用地时序上对各地新增建设用地进行严格控制。

《1997—2010年全国土地利用总体规划纲要》确定的1997—2010年14年间全国建设占用耕地量为196.67万公顷。这个指标被层层分解到省、地级市、县乃至乡镇,并落实在各级土地规划中。统计上一轮土地规划实施后到2017年年底全国建设占用农用地审批的情况,可以看到,1999—2005年全国批准建设占用耕地77.78万公顷,其中由国务院审批的为25.99万公顷,省级政府审批的为51.79万公顷。

近年来,中央政府开始启动农地转用计划管理和分级审批制度的改革。例如,根据2020年《土地管理法》第46条规定,征收永久基本农田、超过三十五公顷的永久基本农田以外的耕地、超过七十公顷的其他土地,必须由国务院审批;单个项目占用非基本农田不超过三十五公顷或者其他土地不超过七十公顷的,由省、自治区、直辖市人民政府批准,并报国务院备案。

2020年3月,国务院发布《关于授权和委托用地审批权的决定》,将国务院可以授权的永久基本农田以外的农用地转为建设用地审批事项授权各省、自治区、直辖市人民政府批准,同时试点将永久基本农田转为建设用地和国务院批准土地征收审批事项委托部分省、自治区、直辖市人民政府批准,试点期限一年。

2020年4月《中共中央 国务院关于构建更加完善的要素市场化配置体制机制的意见》和同年5月《中共中央 国务院关于新时代加快完善社会主义市场经济体制的意见》出台之后,2021年年初,中办、国办又印发了《建设高标准市场体系行动方案》,围绕构建高标准市场体系进一步做出部署。在改革土地利用计划管理体制方面,提出要"实施年度建设用地总量调控制度,增强土地管理灵活性,推动土地计划指标更加合理化,城乡建设用地指标使用应更多由省级政府负责。在国土空间规划编制、农村房地一体不动产登记基本完成的前提下,建立健全城乡建设用地供应三年滚动计划"。在坚持"年度建设用地总量调控"的基础上,实行"指标使用更多由省级政府负责"和"三年滚动计划",延续了党的十八大以来推动计划管理体制改革的要求。[5]

耕地占补平衡制度

1997年,《中共中央 国务院关于进一步加强土地管理切实保护耕地的通知》首次提出"耕地总量动态平衡"的概念,其后,以土地规划为依据的建设用地审批,开始执行耕地"占一补一"政策。所谓"占一补一",就是建设占用一亩耕地必须等量补充一亩耕地,并且原则上必须在本行政区域范围内先补后占。

尽管1999年《土地管理法》规定,"个别省、自治区、直辖市确因土地后备资源匮乏，新增建设用地后，新开垦耕地数量不足以补偿所占用耕地的数量的，必须报经国务院批准减免本行政区域内开垦耕地的数量，进行易地开垦"，但直到2018年国办出台《跨省域补充耕地国家统筹管理办法》之前，绝大多数省份都在本省范围内实现耕地占补平衡。

为实现"耕地占补平衡"，中央还将规划期内补充耕地总量下达到各省区市。因此，如果某地区补充耕地潜力不足，建设占用耕地就必然会受到规模限制。1997年，中央提出各省、自治区、直辖市必须严格按照"耕地总量动态平衡"的要求，做到本地耕地总量只增不减。[6] 原国家土地管理局下达至各省的早期方案，则严格依据"耕地总量动态平衡"原则，要求各省到规划期末实现耕地净增。[7]

随着经济发展和城市扩张，我国耕地的后备资源越来越紧张，难以做到占优补优、占水田补水田，因此"占补平衡"即使能在数量上做到，但因耕地质量下降而打了折扣。2016年，国土资源部下发《关于补足耕地数量与提升耕地质量相结合落实占补平衡的指导意见》，进一步提出在补足耕地数量的前提下，对现有耕地进行提质改造，更好地实现耕地占补平衡。

2018年3月，国务院办公厅印发《跨省域补充耕地国家统筹管理办法》，明确建设占用耕地跨省域补充的国家统筹措施。之后，自然资源部为贯彻落实该办法规定下发《关于实施跨省域补充耕地国家统筹有关问题的通知》，开始允许在国家统筹下跨省补充耕地。

基本农田保护制度

中央要求建设用地及其规划指标必须落实在非基本农田保护区域内，因此，在某种程度上，各地的基本农田保护任务指标决定了新增建设占用耕地的上限，从而大致决定了新增建设用地总量的上限。和"规划指标"一样，基本农田保护任务也是自中央逐级下达。

1994年8月18日，国务院首次发布《基本农田保护条例》，提出将经国务院有关主管部门或者县级以上地方人民政府批准确定的粮、棉、油生产基地内的耕地，有良好的水利与水土保持设施的耕地，正在实施改造计划以及可以改造的中、低产田，蔬菜生产基地，农业科研、教学试验田等耕地纳入基本农田加以保护。其后这一政策正式成为1998年《土地管理法》修正案的法律条款，并规定"各省、自治区、直辖市划定的基本农田应当占本行政区域内耕地的百分之八十以上"。

换句话说，基本农田保护任务从数量和空间上同时限制了建设占用耕地的规模和选址。实践中，合法占用基本农田的行政成本很高。1998年修订的《基本农田保护条例》第15条规定，只有国家能源、交通、水利、军事设施等重点建设项目选址确实无法避开基本农田保护区的，方可占用基本农田，并须经国务院批准。

2008年，中央进一步提出"永久基本农田"概念，即无论什么情况下都不能改变基本农田的用途。到2017年9月，全国永久基本农田划毕，保护面积高达15.5亿亩，包括城市周边新划入的3,135万亩，平均保护比例从45%上升到60%，其中，水田、水浇地面积占总量达到48%。

2020年新《土地管理法》继续强化了永久基本农田管理制度。第34条规定，永久基本农田落实到地块，纳入国家永久基本农田数据库严格管理，乡（镇）政府将永久基本农田的位置、范围向社会公告，并设立保护标志。

如上所述，永久基本农田保护无论从数量还是空间上都限制了建设占用耕地的规模，尤其是城市周边的永久基本农田不得随意占用和调整。重大建设项目、生态建设、灾毁等确需占用或依法认定减少永久基本农田的,需经国务院批准,并在原县域范围内补划"质量和数量"相当的永久基本农田。

换言之,永久基本农田以法律的形式固定下来并落实到地块后,地方政府没有调整的权限,对城市扩张形成了非常刚性的制约。2020年新《土地管理法》更是明确禁止地方政府通过调整土地利用总体规划等方式规避永久基本农田农用地转用或土地征收审批。

尽管中国还有相当多的其他法律法规和政策涉及耕地保护,但"农地转用的计划管理和分级审批制度""耕地占补平衡制度"以及"基本农田保护制度",无疑是我国耕地保护三个最核心的制度安排。与此对应,建设占用耕地量(规划指标)、补充耕地量以及基本农田保护任务是我国土地规划的核心指标。这三个指标一旦确定,也就确定了一个地区的未来新增建设用地总量和空间布局,其中,"耕地占补平衡制度"的目标在于保证耕地总量不下降,"基本农田保护制度"在总量和空间上限定了可建设占用的耕地范围和最大可能数量,"农地转用计划管理制度"则限定了各地长期以及各年允许建设占用耕地的上限,而"农地转用的分级审批制度"更是在单个项目占用耕地的数量上在中央政府和省级政府之间进行了权力配置。

二 既有耕地保护制度的局限

在实践中,我国耕地保护制度主要面临着如下四个方面的主要挑战:

首先,"农地转用的计划管理和分级审批制度"并未真正达到控制建设占用耕地的预期目标。以耕地为例,1986—2002年全国每年约有16.84万公顷的耕地转换成非农用地,但近20年来增加非常迅速。[8]

《全国土地利用总体规划纲要》确定从1997年到2010年全国建设占用耕地总量为196.67万公顷，但是从1997年到2007年，全国通过合法程序建设占用的耕地就已经达到了196.65万公顷，到2010年规划期内实际建设占用耕地的数量则超过250万公顷，突破规划30%左右。从2009年到2015年的7年间，年均建设合法占用耕地为22.62万公顷，尤其是2009年达到超高的31.90万公顷，2011年和2012年也都超过25万公顷。[9]

实际上，除了合法建设占用的耕地，大量违法用地的规模更不容忽视。从1999年至2005年，全国共发现土地违法行为100多万件，涉及土地面积500多万亩，比2004年全国新增的建设用地总量402万亩还要多出近100万亩。根据《中国国土资源公报》的信息，2007年全国土地执法百日行动中，查出违规违法案件3.1万多件，涉及土地330多万亩，其中"以租代征"30多万亩，违规扩区设区约100万亩，未批先用先占约200万亩，而在全国未被发现或查处的违法用地数量也相当大。因此，如果将违法建设占用耕地的数量考虑进去，1997年至今全国建设占用耕地的规模应该大大突破全国土地利用总体规划的预期目标。

其次，虽然"耕地占补平衡制度"可以维持一定规模的耕地总量，却难以遏制耕地质量平均下降的趋势。《土地管理法》规定"占一亩，垦一亩"，并未考虑占用耕地质量和垦造耕地质量之间的平衡。

城市扩展和工业园区发展占用的耕地大多地处平原地区，往往是农业水利基础设施良好的耕地。即使是公路等基础设施建设占地，出于安全和成本考虑，通常也多占用地势平缓、质量较好的耕地。但是，垦造耕地的质量在各地呈现出巨大的差异。在我国东北，后备土地资源丰富、地形平缓、土地肥力较高，垦造耕地质量较优；而在沿海发达省份，例如浙江、福建、广东等地，后备土地资源匮乏，垦造耕地的质量欠佳，恰恰这些地区的土地需求和实际建设占用耕地数量往往超过别的省份，从而在总体上造成"占优补劣"的现象。

2006年，国土资源部首次公布了按建设项目考核耕地占补平衡的结果，除西藏外，全国列入2006年度考核范围的建设用地项目共有13018个，涉及建设占用耕地14.94万公顷，补充耕地14.99万公顷，全国补充耕地的数量总体上平衡有余。对照八项考核标准，补充耕地数量方面得分最高，满分为20分，全国平均分为19.56分。最突出的问题集中反映在补充耕地的质量上，满分15分，全国平均分只有11.1分。许多地方补充的耕地分布在交通偏远、不便耕作、农田生态系统脆弱或有生态障碍的地方，农田基本条件较差，许多地方还出现抛荒；大多数补充耕地也普遍缺少后期管护。[10]

2005年，国土资源部下达《关于开展补充耕地数量质量实行按等级折算基础工作有关问题的意见》，计划在全国推行耕地补充按数量与质量等级折算，以数量的增加来折抵质量的下降。2008年，在全国各省区市进行试点，但效果并不理想，主要原因是地方政府的积极性不高，没有从根本上解决耕地质量平均下降的趋势。相反，为满足占补平衡政策的要求，一些资源匮乏的省份将投入更多的资金垦造更多质量更差的耕地，甚至不惜破坏生态环境。

再次，基本农田保护制度刚性有余弹性不足，地方政府缺乏激励，基本农田保护的效果不佳。1998年《土地管理法》第45条规定，经国务院有关主管部门或者县级以上地方人民政府批准确定的粮、棉、油生产基地内的耕地；有良好的水利和水土保持设施的耕地，正在实施改造计划以及可以改造的中、低产田；蔬菜生产基地；农业科研、教学试验田；以及国务院规定应当划入基本农田保护区的其他耕地等五类耕地必须划入基本农田。1998年颁布实施的《基本农田保护条例》第10条补充规定："根据土地利用总体规划，铁路、公路等交通沿线，城市和村庄、集镇建设用地区周边的耕地，应当优先划入基本农田保护区"，1998年在全国各级土地利用总体规划编制过程中，国土资源部更提出"非农业人口100万以上大城市建成区周围的耕地，原则上也应划为基本农田"。[11]

这种刻意限制城市发展空间的基本农田划定要求，以及85%左右的基本农田保护率，压制了地方政府进行基本农田保护的激励，以至于在快速推进城市化、工业化和大规模招商引资的过程中，地方政府通过各种手段调整基本农田的空间布局，规避国务院占用基本农田的审批标准，造成基本农田质量的实际下降。

最后，现行耕地保护制度保留着明显的计划经济时代的痕迹，不仅制度运行的效率低下，政策执行成本也相当高昂。目前，不论是占补平衡政策、基本农田保护制度，还是农地转用的计划管理制度，都是"计划指标"下达和执行的管理模式，缺乏弹性，更缺乏经济效率。

由于在经济发展阶段、城市发展对土地需求以及耕地资源禀赋等方面存在较大差距，各地建设占用耕地的边际产出、补充耕地和基本农田保护的边际成本必然存在较大的差异。但是，现行耕地保护制度并未充分考虑这一情况，不论是耕地补充和基本农田保护的任务，还是建设占用耕地的数量，都是按照计划管理模式层层分解下达给地方政府，这带来了两个方面的不利结果：一方面，在耕地资源丰富但经济欠发达的地区，建设占用耕地指标用不完，丰富的后备土地资源也由于缺乏足够的资金而无法投入耕作；另一方面，在耕地资源匮乏而经济发达的地区，建设占用耕地指标严重不足，违法用地查不胜查，当地政府还不得不投入巨资补充质量不高的耕地来完成占补平衡的任务。

过去10多年来，一些欠发达地区为招商引资以极低的成本征收大量耕地，建设各种各样的工业园区，最后的效果却非常糟糕，大量耕地被占用后闲置多年未能投入利用；而在发达地区，大量的投资者排队等候土地的现象非常突出，甚至还出现大量的违法用地。现行的耕地保护制度难以达到政策制定者希望达到的效果。因此，要真正实现保护耕地的目标，还是要有效的制度改革和合理的政策引导，从根本上降低地方政府建设占用耕地的激励，从制度上提高耕地保护的经济效率。

本章也旨在研究如何通过土地发展权的空间转移和跨区交易来提高我国耕地保护的经济效率，并在此基础上促进土地增值收益在更大空间范围内实现公平的分配。

三 "土地发展权"与"增减挂钩"政策

除所有权、使用权和经营权，土地权利束还包括所谓的"土地发展权"（land development rights），其可以进行相应的空间转移和跨区市场化交易，即将一块土地进行非农开发的权利通过市场机制转移到另一块土地上。[12]

为实现耕地的有效保护，除征地改革，还必须在现行耕地保护制度中引入土地发展权空间转移和跨区市场化交易。只要采取合理的改革政策，那不仅可以实现18亿亩耕地保护的数量目标，还可以确保补充耕地的质量；更重要的是，还可以优化全国范围内土地指标的配置，大幅提升土地的利用效率。

如果我们把在某个地块上进行非农业开发的土地发展权，从权利发送区的地块上分离出来，并被有偿转移到权利接受区的另一地块上，这样，权利接受区就可以获得比原来土地利用规划确定强度更高的开发强度，而权利发送区则在出售发展权后受到严格的开发限制。

近 20 多年，在我国，各种土地发展权转移和跨区交易不仅出现了，而且还发展到了相当大的规模。自 1990 年代后期以来，中央和地方政府推动了一系列有创新价值的土地发展权转移和跨区交易体制改革，突破了传统土地计划管理模式对建设用地供应的约束，为发达地区的城市和工业发展腾挪了用地指标。这些实践不仅极大地影响了传统农区农民对其农地、宅基地实际利用和获取收益的权利，而且其自身的完善也是农村土地整理的主要融资来源。

最近 20 年，中国耕地保护政策体系的一个重大举措，就是原国土资源部推动的"城乡建设用地增减挂钩"。20 世纪 90 年代后期，随着工业化、城市化和新农村建设加快，城乡建设用地供需矛盾不断加剧，违法占用耕地问题日益突出。为了解决这些问题，一些地方开始探索采取用地置换、周转和土地整理折抵等办法，调整用地结构，拓展供地渠道，以化解供需矛盾，减少占用耕地。

为规范和引导各地村镇改造行为，促进小城镇集聚发展和集约用地，2000 年 6 月的《中共中央 国务院关于促进小城镇健康发展的若干意见》提出：

> 要通过挖潜，改造旧镇区，积极开展迁村并点，土地整理，开发利用荒地和废弃地，解决小城镇的建设用地，……鼓励农民进镇购房或按规划集中建房，节约的宅基地可用于小城镇建设用地。

以上文件可以看成"增减挂钩"政策的起源。

2004 年，国务院下发《国务院关于深化改革严格土地管理的决定》，提出城镇建设用地增加要与农村建设用地减少相挂钩。2005 年，国土资源部出台《关于规范城镇建设用地增加与农村建设用地减少相挂钩试点工作的意见》，提出将若干拟复垦为耕地的农村建设用地地块（即拆旧地块）和拟用于城镇建设的地块（即建新地块）共同组成建新拆旧项目区，通过建新拆旧和土地复垦，最终实现项目区内建设用地总量不增加、耕地面积不减少、质量不降低、用地布局更合理的土地整理工作。

这项政策的核心逻辑是，符合条件的地方可以将本区域内农村地区的宅基地等农村建设用地复垦为耕地，新增耕地在扣除当地必要的农民安置等建新占用后，节余下来的建设用地指标就称为"城乡建设用地增减挂钩节余指标"。

2006年，天津、浙江、江苏、安徽、山东、湖北、广东、四川开展了"增减挂钩"试点。为此，中央政府还制定了《关于规范城镇建设用地增加与农村建设用地减少相挂钩试点工作的意见》。[13] 2008年6月，国土资源部印发《城乡建设用地增减挂钩试点管理办法》，对增减挂钩试点工作进行了全面规范，在总结各地实践的基础上，系统规定了增减挂钩的指导原则。[14]

国土资源部于2008年、2009年先后下达了第二批和第三批"增减挂钩"周转指标，分别为15.37万亩和20万亩，试点范围扩大到天津、江苏、浙江、安徽、福建、山东、湖北、湖南、广东、重庆、四川、河北、内蒙古、辽宁、江西、河南、云南。

随着试点省份的增加，"增减挂钩"的示范效应不断扩大，越来越多的地方提出开展试点，到2010年，试点省份已增加到27个（北京、海南、西藏、新疆未开展），当年新下达挂钩周转指标30.9万亩。

除了那些具有全国知名度的地方改革实验，例如成都的"拆院并院"、天津的"宅基地换房"、嘉兴的"两分两换"、重庆的"地票交易"，[15] 各地以"新农村建设""新民居建设""城乡统筹发展"为名推动的撤村并居和农民集中居住，不管是否进入国土部试点名单，都一直在大规模进行。[16]

一些地方片面追求增加城镇用地指标、擅自扩大试点范围、突破周转指标、违背农民意愿强拆强建等现象有所抬头，还有一些没有被列为试点的地方也大规模开展"增减挂钩"及指标置换,部分城市通过加速循环使用周转指标的方式增加建设用地规模,城市建设用地规模出现了失控的现象,社会各界关于"增减挂钩"的议论大幅增加。

为此,国务院于2010年12月发出《关于严格规范城乡建设用地增减挂钩试点切实做好农村土地整治工作的通知》,提出"两个坚决""三个严禁",即坚决扭转片面追求增加城镇建设用地指标的倾向、坚决制止以各种名义擅自开展土地置换等行为,严禁突破挂钩周转指标、严禁盲目大拆大建和强迫农民住高楼、严禁侵害农民权益;明确要求,将"增减挂钩"纳入土地计划,挂钩的建新区和拆旧区控制在县域范围内,挂钩收益及时全部返还农村,实行"增减挂钩"试点项目网络直报备案制度。同时要求国土资源部会同有关部门组织全面检查,对不符合政策规定的一律叫停,进行整顿、规范和限期整改。[17]经过多次整顿及监管的不断强化,"增减挂钩"试点日益步入规范化轨道。

从2013年开始,随着经济下行压力增大,建设用地供需矛盾趋缓,中国各地对增减挂钩节余指标的需求有所减少,开展挂钩的动力随之下降。试点工作的主要矛盾也出现了转变,一些地方由于用地需求减小,导致建新指标不能及时落地,影响了前期整治资金的周转;有的地方土地出让收益减少,出现了挂钩指标价格下降、复垦农户所得减少的现象。

2011年,国土资源部在《关于严格规范城乡建设用地增减挂钩试点工作的通知》中明确规定挂钩指标不能跨县。

然而,在总结陕南、巴中等地经验的基础上,2016年2月国土资源部下发《关于用好用活增减挂钩政策积极支持扶贫开发及易地扶贫搬迁工作的通知》,除将增减挂钩指标安排向贫困地区倾斜,中央政府还针对扶贫开发的特殊需要,调整了"增减挂钩"试点政策，规定集中连片特困地区、国家扶贫开发工作重点县和开展易地扶贫搬迁的贫困老区，可将增减挂钩节余指标在省域范围内流转使用；增减挂钩节余指标在省域范围内流转使用的，复垦产生节余指标的县（市）和使用节余指标建新的县（市）可以分别编制项目区实施方案，实行分别管理和报备。

2018年，"增减挂钩"政策进一步地突破了省域限制。2018年中央一号文件提出，建立高标准农田建设等新增耕地指标和"城乡建设用地增减挂钩"节余指标跨省域调剂机制，将所得收益通过支出预算全部用于巩固脱贫攻坚成果和支持实施乡村振兴战略。为此，2018年3月，国务院办公厅印发《城乡建设用地增减挂钩节余指标跨省域调剂管理办法》，"增减挂钩"政策不断升级，允许深度贫困地区跨省调剂。

为贯彻落实这一部署，2018年自然资源部印发《城乡建设用地增减挂钩节余指标跨省域调剂实施办法》，进一步明确增减挂钩节余指标跨省域调剂有关要求。"增减挂钩节余指标跨省域调剂"的调出地区限定在"三区三州"及其他深度贫困县，目的是集中力量帮扶深度贫困地区脱贫攻坚。根据经济承担能力，确定北京、天津、上海、江苏、浙江、福建、山东为主要帮扶省份。至此，从过去严格封闭在县域范围内实施到根据脱贫攻坚等需要鼓励跨省域调剂，"增减挂钩"的政策导向发生了较大的改变。[18]

应该说，"增减挂钩"政策有其现实的社会、经济背景。在高速城市化的过程中，农村人口大规模外迁，农村开始逐步"空心化"。尤其在人口大量外迁的纯农区，"空心化"更为突出。由于农村宅基地分散分布，要为留守人群提供公共服务并逐步提升农村生活基础设施的水平，确实存在成本过高、规模过大的问题，且一旦土地市场下滑，地方财政就很容易捉襟见肘。

虽然2006年我国的农村税费改革降低了农民负担，但其也导致很多传统农区的村集体和基层政府没有提供本地公共产品的资金来源。结果是农村道路修建、村落内的河沟整治、小型水利设施、学前教育、五保供养等农村内部公共产品严重缺乏。在欠发达地区的不少传统农区，还出现了自然村街道狭窄、路面质量不高、排水设施落后、垃圾成堆、污水横流的情况。部分农村地区的水、电等农民生活必需的基础设施不足，电网老旧、破损、存在隐患。因此，从提升农村生活基础设施和公共服务水平角度看，适度进行宅基地复垦并推动农民集中居住确有一定的必要性。

在"增减挂钩"政策的引导下，很多地方政府开始推动"撤村并居"。在那些工作比较好的地区，通过土地发展权指标交易所获得的资金有效实现了农村居住点基础设施改善和公共服务提升，有助于实现对农村留守人群的集中服务，改善其居住条件。

但上述政策在执行中也带来了不少问题，有时候甚至引发非常严重的社会矛盾。地方政府在建设用地指标驱动下往往倾向于过度推动政策执行。从近年来我们及其他研究者的实地调查来看，无论是宅基地拆迁补偿水平，还是集中居住标准，基本上都是由地方政府主导制定，缺乏公共参与，结果是各种社会矛盾不时涌现。

第一，一些地区在城镇边建设大规模的高密度公寓式农民居住小区，而镇内几个被拆除村庄的原居民统一被安置到农民居住小区。对农民而言，尽管生活方便了，但农业生产受到很大的负面影响。一些地方政府宣称，通过"宅基地换房"，农民获得了市值几十万元且基础设施配套齐全的全新住房，农民却认为这些自住的住房并没有大产权，也缺乏市场价值。相反，安置房居住面积比原来小了，庭院和道场也没有了，居住条件反而恶化，加上公寓式住房将来还要交水电、物业管理费，生活成本明显提高。

第二，村庄整治及建设新型农村社区往往需要规模庞大的资金，一般投资数亿元才能建成一个容纳5000人口规模的新型农村社区。

因此，有些地方就出现了政府的土地指标交易收入只能覆盖集中居住点的基础设施，但无法覆盖建房成本的情况。结果是被"集中居住"的农民还要自己掏钱买房，甚至还可能花掉多年打工的积蓄。[19]

第三，在一些地方推行的大规模、运动式整村拆迁中，被拆农民住房中有相当部分是质量较好的砖瓦结构房屋，而且本来就常年有人居住，拆迁导致了明显的资源浪费。尤其在我国北方平原地区的很多农村，农民居住本来已相当集中，但地方政府为获得建设用地指标，强制要求农民"集中上楼"，完全违背了改革的初衷。

第四，还存在宅基地复垦后耕地质量下降的问题。据我们调查地区的部分干部和群众反映，拆旧村带来的耕地，其肥沃程度不如"熟地"，而"生地"变为"熟地"一般需要三到五年的时间。虽然采取施加有机肥等措施可以缩短这个过程，但由于地方政府"拆旧"的初衷并不是提高土地质量及粮食生产，因此很多地区并没有采取任何提高"生地"质量的措施。

第五，各地虽一再强调"宅基地换房"中要充分尊重农民的意愿，但实际操作中有不少地区并没有切实做到。一段时间内，尤其是在2009年后的多轮宽松货币财政政策激励下，地方政府有取得建设用地指标来推动城市和工业发展的超强激励。此时，很难相信"搬还是不搬"会是一个自愿的选择，甚至以断水、断电等方式强迫农民"集中居住"的例子屡有出现。

整体来看，虽然2018年后允许"增减挂钩节余指标"的跨省交易是一个进步，但经常容易出现过度推动政策执行的情况。而且，"宅基地换房"的建设成本相当高，一旦政策推动不当，维稳成本还会更大。

因此，如果除计划指标，只能通过"城乡建设用地增减挂钩"才能获得额外建设用地指标，地方政府就会过于注重农民集中小区建设，而相对忽视农业基础设施的建设，这未必是中国通过土地发展权指标有偿转移和跨区交易来实现耕地保护和农业现代化的最佳政策组合。

四　浙江模式

上一节分析了"城乡建设用地增减挂钩"政策的正面效应以及政策过度推动带来的各种问题，那么，有没有更好的政策组合和制度设计？答案是肯定的，这就是本节要详细介绍的"浙江模式"。

我们提出，未来应该以"农地整理折抵建设用地指标"为核心的"浙江模式"为基础，总结已有实践的经验和不足，建立更多类型的土地发展权转移和跨区交易市场，并将这些土地发展权转移和跨区交易推广到全国，不仅能有效提高我国耕地保护制度的运行效率，还可以全面提升全国范围内的土地指标跨区配置效率，甚至可以全面缓解目前地方政府过度推动"农民集中居住"引发的各种矛盾。[20]

新增建设用地指标的二元机制

在推动土地发展权有偿转移和跨区交易方面，浙江自 1999 年起就进行了非常有益的尝试和探索，而且发展出了以二元机制新增建设用地指标，并分别建立三种土地发展权跨区交易的政策体系。

其中，二元机制新增建设用地指标，是指除通过"增减挂钩"和农村建设用地复垦获得新增建设用地指标，还可以通过农地整理新增耕地折抵部分新增建设用地指标。"农地整理"就是通过对农地进行综合整治和归并零散地块等措施，在加强农田水利设施建设、提高既有耕地质量的基础上，有效增加耕地的面积。

1998年，浙江省政府颁布《关于鼓励开展农村土地整理有关问题的通知》，推行"农地整理新增耕地折抵建设占用耕地指标"（以下简称"折抵指标"）政策，准许农地整理新增有效耕地的72%可以折抵为建设用地指标，以此鼓励农地整理资源丰富但建设用地指标需求不大的县市推动农地整理。

这里需要详细介绍一下浙江"折抵指标"政策的起源，以及其折抵比例72%的依据。

1986—1996年，浙江通过农村土地整理新增耕地只有12.93万亩，占同期新增耕地面积总量的17.3%。之所以比例非常低，是因为当时土地整理新增耕地的成本远远高于以诸如滩涂围垦、荒草地开发等方式进行的所谓"土地开发"。但按1997—2010年土地规划的要求，中央下达给浙江省通过土地整理复垦补充耕地（即"占补平衡"）的任务达到了74万亩，如果按照以前土地整理的进度，浙江省补充耕地的任务就无法完成。

1997—1998年，浙江省国土资源厅在省内的11个地级市各设立了一个土地整理试点，测算出每亩土地整理的平均成本大约是1500元，整理后新增耕地比例平均为10%，因此新增耕地的直接成本约1.5万元。当时浙江以"土地开发"方式新增耕地的成本只有3000—4000元。显然，地方政府更愿意通过"土地开发"而非"农地整理"的方式来完成补充耕地的任务。企业、村集体和农民更没有激励投资农地整理的项目，而省政府当时也没有足够的财力承担这笔巨额的投入。

为了推动农村土地整理工作，浙江在学习了上海、江苏的一些非正式做法后，通过颁发《关于鼓励开展农村土地整理有关问题的通知》，提出了五条鼓励政策，其中第二条就提出土地整理新增有效耕地的72%可以折抵建设用地指标。

例如，一个土地整理项目区的面积是100亩，如通过农地整理后可以新增耕地 10%，即 10 亩耕地，那么所需投入的整理资金为 15 万元，即每亩 1.5 万元。如果依据 72% 的新增耕地折抵指标政策，新增 10 亩耕地可以折抵 7.2 亩新增耕地，按当时建设用地指标费每亩 2 万元计算，就可筹措 14.4 万元，基本可以覆盖上述 15 万元的土地整理资金。考虑到当时城市中每亩建设用地的出让金远远超过 2 万元的指标费，完全可以使折抵指标加上通过"增减挂钩"政策取得的复垦指标，成为计划指标之外的重要补充来源，这一政策因此同时解决了土地整理资金筹措和经济发达地区建设用地指标不足两个问题。

这里特别需要说明的是，无论是和"增减挂钩"政策对应的复垦指标，还是和"农地整理"对应的"折抵指标"，地方政府一旦获得后就同时达到了我国三项核心耕地保护制度下城市占用耕地所需满足的两个要求，即必须有配套的建设用地指标，必须实现"耕地占补平衡"。因此，地方政府只需要再满足第三个要求，即本地基本农田保护率一般不低于 80%，就可以占用一般农田耕地进行非农建设。

以"增减挂钩"节余指标为例，通过将本区域内包括农村宅基地在内的建设用地复垦为耕地，建设用地就腾退出来，同时也新增了耕地，在扣除必要的农民安置住房等建新的占用后，富余指标就被称为"城乡建设用地增减挂钩"节余指标。显然，该节余指标可以直接作为建设用地指标使用，而上述"增减挂钩"操作本身也通过复垦补充了耕地，满足了"耕地占补平衡"的要求。

"折抵指标"也是类似的道理。农地整理一样可以达到增加耕地数量的效果，甚至还因农地整理同时提高了存量耕地的质量而比"增减挂钩"更有利于耕地保护。因此，从逻辑上看，和"增减挂钩"带来的复垦指标一样，农地整理新增的耕地完全可以按 100% 的比例来对应新增的建设用地指标，而且同时满足了"耕地占补平衡"

的要求。

但是，由于浙江在推动相关政策时，中央政府对农地整理新增的耕地是否能直接兑换建设用地指标只给出了一个比较含糊的表述，而不像增减挂钩节余指标有非常明确的界定，浙江省才通过前面介绍的测算方法搞出了一个72%的折抵比例。换句话说，通过农地整理新增耕地带来的折抵指标可以被理解为浙江省依据中央政策精神发明的一个本省特有的"地方粮票"。

与"城乡建设用地增减挂钩"政策产生的复垦指标一样，通过农地整理产生的折抵指标虽然类似计划指标，但从地方政府使用角度看，要优于计划指标。这是因为计划指标具有时效性，当年未用则过期作废。

在折抵指标和复垦指标的使用上，浙江还通过建立土地整理折抵指标库和建设用地复耕指标库实现了跨年度的优化利用。每个县都有一本指标账册，通过地形图、规划图和竣工图的比对核算，县国土局初验、地级市国土局复验和省国土资源厅抽验后，省国土资源厅将某县产生的折抵指标或复垦指标核拨给该县，计入指标账册；同理，折抵指标和复垦指标的使用也在省国土资源厅审查后通过县市指标账册予以核减。这样，折抵指标和复垦指标如同银行存折里的资金，可不断积累并分年度支取，不存在当年没有使用完就作废的问题。[21]

2000年之后，浙江省的折抵指标市场运行良好，非常有力地推动了全省的农地整理工作。到2004年年底，浙江省就通过土地整理，建成了1,000多万亩超过基本农田质量的标准农田，新增耕地达182万亩，核拨土地整理折抵指标131万亩，使用折抵指标批准的耕地104万亩，占全部批准建设占用耕地179万亩的58%，大大缓解了建设用地计划指标严重不足的问题。

"浙江模式"的优点，就在于没有推翻现有建设用地计划管理体系的基本框架，而是在接受基本农田保护任务和耕地占补平衡要求的基础上，创造性地引入市场机制来配置土地发展权。

相比于"增减挂钩"，"农地整理新增耕地折抵建设用地指标"有以下几个明显优势：

首先，平均而言，农地整理成本大大低于宅基地复垦，可以避免因过度推动"农民集中居住"造成的社会资源浪费。宅基地复垦除了复垦成本，还需支付很高的搬迁和安置建设成本，但农地整理的成本主要来自土地平整和农田水利基础设施建设，要比宅基地复垦加搬迁安置低很多。

其次，农地整理可有效改善农业基础设施，提高农地质量，真正对农民、农业有利，更有利于实现耕地保质、保量的目标。一般而言，经过农地整理后，由于农田水利设施的改进以及更便于引入新技术，存量耕地的主要农产品产量可以增加10%—15%，这相当于在直接新增的至少3%—5%左右的耕地数量外，又通过耕地质量的提高新增了10%—15%的农地生产力。如果同时考虑耕地保护的数量和质量，通过农地整理新增耕地的方法，显然要比单纯宅基地复垦有明显的优势。

最后，农地整理不会直接影响农民的生活，反而有助于增加耕地数量和质量，促进农业的规模经营和农业现代化生产。更重要的是，农地整理还因做大了农地"蛋糕"而有助于缓解农民在土地分配上可能产生的矛盾。

"折抵指标"政策的争议和终止

虽然有上述诸多优势，但浙江的"折抵指标"政策开始运作时就受到上级有关部门的质疑，甚至有部分官员认为这是钻了中央政策模糊的"空子"。

为什么"折抵指标"政策会令上级部门有关官员质疑？当时中央的相关政策表述是否存在模糊性？"折抵指标"政策是正确理解了中央相关政策文件的精神，还是钻了中央政策表述模糊的"空子"？

1999年《土地管理法实施条例》第十八条规定："土地整理新增耕地面积的百分之六十可以用作折抵建设占用耕地的补偿指标。"这里的关键是，到底该条款中的"补偿指标"是指"耕地占补平衡"指标，还是同时也包括了"建设用地指标"？

如前所述，在中国，农地要转为建设用地，不仅需要上级下拨的建设用地指标，还必须满足"耕地占补平衡"，两者缺一不可。显然，"耕地占补平衡"可以通过农地整理、土地复垦或土地开发等方式实现，但地方政府往往选择那些比农地整理成本更低，而生态上也往往更不利的开发措施，比如开荒、开发滩涂乃至填湖、填海造田等。正是因为农地整理的成本相比于开荒等措施较高，地方政府才缺乏激励推动农地整理。浙江省的"折抵指标"政策，却同时有效地解决了地方政府缺乏农地整理激励和建设用地指标需求难以满足这两个问题。

实际上，"折抵指标"政策的基础恰恰来自中央政府的文件，即国土资源部1999年《关于土地开发整理工作有关问题的通知》。该文件第三点标题为"执行好'百分之六十折抵'政策，鼓励投资者整理土地"。但出于控制建设用地总体规模的考虑，国土资源部之后又认定该条款中的"土地整理新增耕地面积的百分之六十可以用作折抵建设占用耕地的补偿指标"，是指土地整理新增耕地的百分之六十可以用来补充建设占用的耕地，也就是说，只能用于"耕地占补平衡"。

显然，国土资源部的上述解释自相矛盾。如果将"土地整理新增耕地"理解为可用于建设占用耕地的补充来源，即"耕地占补平衡"，为何还要有60%的规定？按照现行法律法规，因垦造、复垦或者土地整理而获得的新增耕地,只要质量达到要求,就全部可以用于补充建设占用耕地。

因此,对上述"土地整理新增耕地面积的百分之六十可以用作折抵建设占用耕地的补偿指标"政策,浙江理解为可以"折抵建设用地指标",不仅非常合理,而且应该就是国土资源部政策的原意。只是为了控制建设用地总体规模,国土资源部才改变原有的合乎逻辑的思路,反过来指责地方钻了中央政策的"空子"。

非常可惜的是,"折抵指标"政策在浙江有效运行了一段时间之后,于2007年被中央叫停,2009年被全部终止。与此同时,以"城乡建设用地增减挂钩"为政策支撑的农村宅基地复垦和大规模"农民集中居住"就在全国展开了。

如果控制建设用地总规模的最终目标是保护有限的耕地资源,如果通过农地整理不仅可以新增耕地数量,还能有效提高存量耕地的质量,就没有理由去禁止"折抵指标"这样的好政策。毕竟,和有些地方过度推动宅基地复垦并强制"农民集中居住"的做法相比,农地整理无论如何对农村、农业和农民都是有益无害的投资。即使不考虑农地整理对存量耕地质量的提升,如果取得同样数量的新增建设用地指标,农地整理平均成本是宅基地复垦加安置的十分之一甚至更低,为什么非要只走一条"事倍功半",且在一些地区引发较大社会矛盾的道路?为什么不能"两条腿走路",让地方判断不同新增耕地方式的相对成本收益而自行选择?

如前文所述,这里并不是反对宅基地复垦和"增减挂钩"政策。在一些地区,这项政策确实改善了农村的居住条件和公共服务,但在另一些地区,也确实存在过度推动并引发较大社会矛盾。在这种情况下,如果中央政府可以调整对"折抵指标"只能是"耕地占补平衡指标"的认定,那么进一步完善我国耕地保护政策的局面就可以彻底打开,从而引导地方政府更多地进行农地整理,而不是一门心思去拆农民的房子。这对农业发展以及农业和农村建设同步现代化，对于改善政府和农民的关系的意义也不言而喻。

三类土地发展权跨区交易

实际上，"浙江模式"在土地发展权转移和跨区交易上的创新，还要超过前面讨论的"农地整理折抵建设用地指标"。

虽然折抵、复垦指标这样的"区域内土地发展权转移"政策，可以增加建设占用耕地量，但仍存在一个跨区域平衡的问题。[22] 例如，在浙江经济最发达的地市，如杭州、宁波，以及部分特别发达的县市，如义乌、乐清、瑞安、东阳和绍兴越城区等地，建设用地需求远超过省内欠发达地区，但土地整理和复垦的潜力却低于全省平均水平，因此，通过本地土地整理可获折抵、复垦指标量非常有限。在资源多但经济欠发达地区，如衢州、龙游等地，建设用地需求小，土地整理产生的折抵指标有大量富余。而且，基本农田保护任务是在1999年批准的土地规划中明确下来的，而一些建设用地需求较大、土地整理新增耕地潜力很小的发达地区，由于新增基本农田很少，往往无法通过基本农田置换的方式增加待置换用地区面积，从而限制了其新增建设用地空间。最后，不同地区都需要满足"耕地占补平衡"要求，常见的矛盾依然是经济发展快速地区建设占用耕地量大，但补充耕地潜力较小，而经济欠发达地区的情况正好相反。

为破解上述问题，从21世纪初开始，浙江创造性地引入了土地发展权的跨区市场交易机制，通过构建"折抵指标有偿调剂""易地补充耕地"和"基本农田易地代保"这三个具有可操作性的政策，实践了"跨区域土地发展权交易"的一整套政策体系和大规模的市场交易。

"跨区域土地发展权交易"的首要内容，是"折抵指标有偿调剂"。为了破解建设用地供给与需求的区域不平衡，从2000年开始，浙江允许折抵指标和复垦指标的跨区域有偿调剂，从而构建了一个新增折抵和复垦指标市场。需要指出，计划指标依然自上而下层层分解下达到乡镇，只能用于本地建设占用，不能跨区域交易。

由此，省内欠发达地区政府要么可以选择把农村土地整理后获得的折抵指标用于本地发展，要么选择出售给其他地区来获得指标收入，而省内的发达地区，要么可以选择减少本地投资，降低建设用地需求，要么可以选择向欠发达地区购买折抵指标来满足建设用地需求。各地在使用折抵指标上的边际收益和通过土地整理获得折抵指标的边际成本各不相同，因此存在很大的交易空间。

自2000年以来，浙江的折抵指标市场开始大规模发育，指标交易量也迅速上升。截至2004年年底，全省经批准跨市县调剂的折抵指标达到30万亩。到2004年左右，折抵指标市场价格大约在每亩4万元，该项收入成为一些县市重要的财政收入来源，大大推动了资源丰富欠发达地区的土地整理工作，而发达地区则通过折抵指标交易市场获得了大量的建设用地指标。

第二个内容是"易地有偿补充耕地"。为解决发达地区用地多、补充耕地潜力小，但仍需实现"耕地占补平衡"的矛盾，浙江省内的一些地方政府开始考虑尝试易地有偿补充耕地的做法。1999年，杭州市委托上虞区在上虞所属海涂垦造耕地3万亩，分三期实施；杭州市则在随后4年内向上虞区支付造地费9900万元，平均每亩3300元。同年，浙江省政府正式出台了易地垦造耕地政策，界定了易地垦造耕地的适用范围、实施措施和管理政策。[23]在此之后，浙江省陆续出台了政策规范易地有偿补充耕地的做法，建立各级垦造耕地项目储备库，征收耕地开垦费。

最后一个内容是"基本农田易地代保"。为了解决土地利用中碰到"基本农田"就难以建设的问题，2001年3月浙江省国土资源厅推出了基本农田"跨县市有偿代划和保护"政策[24],即所谓的"基本农田易地代保",并于 2002 年被正式纳入当年修订的《浙江省基本农田保护条例》。

自该政策出台后,浙江省跨县市交易共达成 80 多笔,共计 60 多万亩,价格从 2001 年的 1500 元/亩左右上升到 2003 年的 2000 元/亩甚至以上。委托代保的县市主要分布在杭州、宁波、温州、台州等地级市,以及金华的义乌市、婺城区和东阳市,绍兴的越城区和绍兴县,嘉兴的南湖区和海盐县;而代保的县市主要分布在衢州市、湖州市和丽水市。基本农田易地代保政策大大拓展了经济快速增长地区的用地空间,仅杭州和宁波两地就置换出 30 多万亩基本农田,为浙江省内这两大都市区的经济发展提供了用地空间上的保障。

"浙江模式"的系统性创新

需要指出,折抵指标(复垦指标)、易地有偿补充耕地以及基本农田易地代保等政策,并非浙江省所独有,中国沿海其他一些发达省份,如广东、江苏,也有类似做法。比如,江苏省一度也建立了"耕地易地补充机制",在全省范围内调控资源,利用苏南的资金在苏北进行土地整理,用苏北的新增耕地调剂苏南耕地占补指标。

但这里之所以要单独提出存在一个"浙江模式",主要基于以下三个理由:

第一,浙江省在其土地发展权管理的政策体系中,创造性地引入了"三合一"的整套市场机制,全面实现了土地发展权三个互补性要素的系统性跨区市场化交易,并以此构成浙江土地计划管理政策改革的核心内容。如前所述,一个地区要真正利用一块建设用地,必须要同时满足"土地利用指标""耕地占补平衡"和"基本农田保护"

三个条件，但就某一个市、县而言，在本市、县区域范围内的特定建设项目可能无法满足其中的一个、两个或者所有条件。

如果我们把这三个条件称为土地发展权的"权利束"的三个互补性要素，那么浙江进行的土地发展权转移和交易实践，就是通过建立"折抵指标有偿调剂""耕地易地有偿补充"以及"基本农田易地有偿代保"这三个配套制度体系，把这个整体"权利束"分立地实现了跨市县的市场化配置，从而在保证跨区发展权初始分配较为平等的基础上，通过市场机制降低了计划用地管理体制下因无法识别土地边际产出区域差异而造成的信息成本，在跨区市场化再配置土地发展权的同时，实现了对传统计划用地管理模式的重要突破。

第二，浙江省将这一套完整的制度，通过省级立法、政府规章等途径正式地规范起来，从而建立起一个运行良好、效率较高的土地发展权交易市场。在其他省份，政策要么缺乏完整性，要么缺乏规范性。比如，"折抵指标"的做法最早出现在上海和江苏的部分地区，基本农田"易地代保"的做法则最早出现在广东和福建。但当时上述地区并没有将这些做法以立法或者政府文件的形式正式确立下来。只有浙江在学习这些地区经验并进行试点的基础上，通过省人大立法、政府规章或主管部门文件的形式，引入并改进了"折抵指标"和基本农田"易地代保"的做法，制定了"待置换用地区"等一系列政策，从而正式建立起一套完整的、独一无二的土地发展权转移和交易体制。

第三，"浙江模式"还建立起一套总体上行之有效的监管机制。比如，土地整理项目的初验、复验和抽验制度，折抵指标核拨和核减的指标库和指标账册制度，基本农田"易地代保"、折抵指标"有偿调剂"和跨地区"有偿补充耕地"协议的省政府备案制度。此外，还有土地整理的"地形图、规划图、竣工图"和基本农田划区定界等技术支撑。

应该说,"浙江模式"是浙江有关部门在面临计划用地管理模式和经济高速发展之间尖锐矛盾的情况下进行的体制性创新。其之所以在浙江发生,一方面是因为浙江耕地资源特别缺乏,而城市化、工业化速度又特别快,这使得按传统计划用地管理体制制定的耕地保护任务与建设用地需求之间的矛盾特别尖锐;另一方面,浙江是中国市场经济发展的重要起源地且居于领先地位,市场经济观念在政府部门深入人心,在面临体制性约束时,对作为制度创新主体的省国土部门进行观念突破和体制创新也起到了重要的推动作用。

"浙江模式"的意义和价值

整体来看,浙江的这套政策体系不仅让其可以在充分尊重农民意愿的前提下,稳妥而不是过度推进"城乡建设用地增减挂钩",充分调动地方政府农地整理的积极性,而且也使其在省域范围内全面满足"耕地占补平衡"和"基本农田保护率"要求的前提下,为省内发达地区提供了城市扩张所需的各类土地发展权指标。

指标交易产生的收入,本质上来自城市化过程中城郊农地转化为非农用地的土地增值,因而,土地发展权的跨区交易有效实现了土地资源在更大范围内的"涨价归公",并同步推进了城市化和农业现代化。可以这么说,没有"折抵指标有偿调剂""基本农田易地有偿代保"以及"耕地易地有偿补充"政策的出台,杭州、宁波、温州、台州等耕地资源匮乏地区,根本不可能获得快速工业化、城市化所需的建设用地指标。

实际上,自 2000 年以来,长三角南翼最重要的杭州、宁波两大都市区和浙南的温州、台州之经济的迅速发展,与浙江在土地利用政策上的创新和突破密不可分。正是上述改革保障了这些地区的建设用地,助推其经济高速增长的同时,吸纳了浙江 500 万省际迁入人口和省内迁移人口的绝大部分,降低了外省及省内其他欠发达地区农业人口对当地耕地的压力,以及那些欠发达地区通过本地城市化、工业化吸纳就业和占用当地耕地资源的压力。

更有价值的是,在基本实现全省整体耕地资源有效保护,并通过土地整理建立了1000万亩比基本农田质量和等级更优的"标准农田"的前提下,"跨区域土地发展权市场化交易"为浙江省内相对欠发达地区提供了几百亿元的财政支持,既保证了浙江省完成基本农田保护的规划目标,又通过市场机制重新跨区分配了用地空间和用地指标,从而走出了传统的土地指标计划管理体制面临的"平等和效率"两难处境,让不同地区在耕地保护和经济发展之间找到了各自的平衡点。

当然,学界也有人认为浙江的做法规避了中央政府的基本农田审批权和新增建设用地有偿使用费,这导致基本农田质量下降和建设用地总量失控。[25]

应该说,"浙江模式"也不是尽善尽美,其中一些问题值得重视和分析。例如,无论是在浙江,还是在其他省份,有些地区确实把鱼塘、河滩、坡地、园地也纳入农保范围,出现基本农田"上山、下海"的现象,而且部分地区补充的耕地质量下降,减少的耕地中有灌溉设施的比例高于补充耕地中有灌溉设施的比例。这恐怕也是中央政府有关部门对把"浙江模式"推广到全国有所保留,甚至直接叫停相关操作的一个重要原因。虽然其中有些质疑有夸大的成分,但不能否认的是,局部地区土地发展权转移的操作也的确存在一些问题。

但我们认为,在总结"浙江模式"经验和教训的基础上,只要进一步完善土地发展权改革在执行、监督方面的制度与技术体系,这些问题是可以大大减少和避免的。[26] 同时,我们也必须看到,上述问题本身就是因现有体制下土地发展权无法实现跨区市场化交易，一些发达地区不得已才进行违规操作。限于浙江内部的跨地市土地发展权交易，必然会因为浙江本省耕地资源的局限而被限制了交易空间，到一定阶段后，省内的发达地市或买不到指标，或购买成本过高，结果还不如违规操作。

实际上，"浙江模式"发展到后期，省内进一步进行"折抵指标交易""耕地易地有偿代保"和"异地耕地占补平衡"的空间日渐缩小，市场开始萎缩。因此，如果上述土地发展权转移和跨区交易的改革不能在全国范围内推广，"浙江模式"在本省内也无法持续。[27] 因此，总结"浙江模式"并在全国进行推广，就具有重大的意义。

如同"排污权交易"一样，在全国范围内推广"浙江模式"，不仅能增加发达地区的发展空间和欠发达地区的指标收入，也可以通过市场化指标交易大大节省耕地保护的信息成本和监督成本。正是因为现有建设用地指标的计划分配模式不能完全反映各地建设用地的边际产出差异，无法和各地用地需要实现有效匹配，才会出现近年来土地指标较多的欠发达地区大搞工业开发区进行低效率建设，浪费土地指标，而急需建设用地指标的发达地区，却因指标严重不足，不得不通过各种土地整理和复垦补充（低质量）耕地，甚至直接违法占地的情况。这种情况下，一方面，自然资源管理部门无法保证建设用地的利用效率，另一方面，还不得不承担远远超出其能力的监督工作。因此，如果能基于"浙江模式"的经验，建立一个全国性的土地发展权转移和跨区市场化交易制度及技术体系，必然有助于大大缓解建设用地效率低下、违法占地屡禁不止的问题。

从那些拥有更多耕地资源的欠发达地区角度看，"浙江模式"还有助于其通过土地发展权交易获得耕地保护和农业发展资金，不仅促进了区域间财力转移和区际财力平等，还有助于充分发挥其农业比较优势。

可以说，浙江省土地发展权转移和跨区交易实践，给我们提供了一个审视我国现有耕地保护和建设用地计划管理制度的新视角。作为一个地区间耕地资源禀赋差异巨大、经济发展非常不均衡的发展中大国，在维持既定耕地保护目标和不对土地利用计划管理整体框架进行根本性调整的前提下，在全国范围内推动"区域内土地发展权转移"和"跨区域土地发展权交易"的系统性改革方案，实现土地利用效率提高和跨区域经济协调发展的目标，是深化耕地保护制度改革的主要方向。

总之，在全国完善和推广"浙江模式"，不仅有助于全国耕地资源保护目标的实现，也有助于实现主体功能区规划目标，还有助于提高我国土地利用、人口、劳动力跨区配置的效率，同时提升土地资源空间配置的效率和平等。[28]

五　土地发展权转移和市场化交易的顶层设计

基于浙江和其他地区的相关改革经验，本节将提出在不触动现有中国耕地保护制度基本框架的前提下，通过建立三类土地发展权转移和跨区交易市场来增加耕地保护制度的弹性，并为农村土地整理提供制度平台和融资来源。

如前文所述，允许以农地整理新增耕地折抵部分建设用地指标，将会有效调动地方政府和农民进行农地整理的积极性。这些折抵指标的跨区交易收入，完全可以用于农地整理并覆盖整理后的农地确权经费。加上整理后的农地的质量和数量都会提升，而且土地实现了连片，农地确权的成本还可以大幅降低。

因此，在不触动既有耕地保护制度基本框架的前提下，即使不考虑中央计划下达的建设用地指标，也完全可以在"浙江模式"的基础上，培育和建立三个相互关联但又适当分立的土地发展权区内转移和跨区交易市场，也即"增减挂钩节余指标和农地整理折抵指标跨区交易""易地补充耕地实现占补平衡"和"基本农田易地代保"三个土地发展权市场，并逐步推动全国跨区的市场化指标交易。由此产生的指标交易收入，则可整合成一个"全国土地整理基金"，并用这个大盘子内的资金推动广大传统农区的农地整理、农地确权和农民居住条件改善。

通俗一点讲，上述做法相当于把各地都有的增减挂钩节余指标这样的"一类地方粮票"，以及原来浙江独有的以"折抵指标"形式出现的"二类地方粮票"，统一变为各地都可使用并能实现跨区交易的"全国粮票"。

需要指出，只要某地区通过跨区市场交易获得了"折抵指标"和"增减挂钩节余"指标，该地区就满足了"耕地占补平衡"的要求。此时，通过"易地补充耕地实现占补平衡"的需要会有所缩小，但这个市场仍会存在。这是因为一些地区还是可以通过"土地开发"来补充耕地，而另外一些地区，虽然无论是通过宅基地复垦还是通过农地整理，其补充耕地的潜力都已耗尽，但在其使用计划指标用于非农建设时，还是需要去异地购买"补充耕地指标"。

至于最后一种"基本农田异地代保"市场，由于涉及对永久基本农田保护率的调整，难度显然更大，涉及的问题也更复杂，所以需要进一步深入研究、试点并调整相应政策之后再行考虑。

如果把上述"全国土地整理基金"和中央、地方政府每年"三农"投入的一部分进一步整合，还可以建立一个更大的基金盘子用于全国的土地整理工作。如果有部分结余资金，还可以用于直接购买那些从农村向城市实现永久性家庭迁移者的农地和宅基地，从而实现第五章提出的农村土地所有制渐进式国有化。

在上述操作中，政府可以在购买农村人口永久性外迁后留下的

第六章 耕地保护和土地指标交易

农地乃至宅基地后，再以直接拍卖或适当收费的方式（前提是国有土地的长久使用权可以买卖）将其转移给农业大户，或者分给那些留在农村的人口或农村新增的家庭，从而促进农地产权的稳定和流转，降低农村新增家庭使用宅基地继续占用宝贵耕地资源的压力。

上述多种措施的有效组合，还将有助于实现农地整理和宅基地复垦之间的良性平衡，实现发达地区和欠发达地区发展权收益的平衡，实现农地数量质量提高、农民务农收入提高和农村生活设施及公共服务水平改善之间的良性平衡，最终全面缓解城市化中的城乡矛盾，实现耕地保护和城市建设并举、农业现代化和农村建设现代化协调发展的目标。

那么，建立本章提出的三类全国性指标交易市场，对于农村土地整理有多大的推动力？

这显然是一个很难给出准确答案的问题，因为它取决于这些指标的跨区交易金额能达到什么规模，而即使只测算几类土地发展权指标的预期交易收入，其难度也相当大，更何况这些指标的市场价格会随经济周期、城市化进程以及城市用地需求变化而出现很大的波动。

但从"浙江模式"运行10年的经验来看，浙江不仅通过"跨区土地发展权市场交易"实现了全省整体耕地资源的有效保护，还为省内相对欠发达地区的财政提供大几百亿元的支持，走出了传统土地指标计划管理体制必然面临的"平等和效率"两难，不同地区也在耕地保护和经济发展之间找到了平衡点。

虽然很难准确估计在全国范围内建立和推动"三类全国性指标交易市场"可能带来的收入，但还是可以从"十二五"期间农村土地整理和"增减挂钩"两方面的总投入水平做一个大致的推断。

"十二五"期间，全国各地土地整治（包括农地整理）累计投入资金5500多亿元，其中，农民参加土地整治劳务所得合计超过

1100亿元，惠及1.01亿农民，项目区农民人均新增年收入900多元。资金来源主要是新增建设用地有偿使用费和耕地开垦费，后者规模较小，主要用于占补平衡和低丘岗地改造，前者主要用于基本农田改造和整体项目推进，土地整理的重大工程项目则由国家和地方共同出资。此外，"十二五"期间，"增减挂钩"累计投入资金更达到了6000亿元，主要用于加大对农村散乱、闲置、低效建设用地整理。因此，"十二五"期间仅上述两项，年均投入就达到上万亿的量级。

因此，如果能逐步推动上述三类土地发展权指标跨区交易，那么当前因推动农地整治而收取的新增建设用地有偿使用费和耕地开垦费，就可以慢慢淡出，甚至还可以考虑直接进行计划建设用地指标的全国市场化拍卖，并将拍卖收入并入"全国土地整理基金"。未来只需用各类土地发展权指标收入充分调动地方积极性，就可以全面高效地实现政府制定的耕地保护目标。相比于目前不同类型土地发展权的分割式和定向化交易，新模式显然是一个重大的改进。

近年来，中央政府已经意识到土地发展权转移和跨区交易对我国耕地保护以及各类土地指标跨区优化配置的重要性。2020年4月《中共中央 国务院关于构建更加完善的要素市场化配置体制机制的意见》和同年5月《中共中央 国务院关于新时代加快完善社会主义市场经济体制的意见》，都要求"深入推进建设用地整理，完善城乡建设用地增减挂钩政策，为乡村振兴和城乡融合发展提供土地要素保障"。这一规定既肯定了农村建设用地整理和城乡建设用地增减挂钩在乡村振兴和城乡融合发展中的积极作用，同时还提出了完善政策的要求。

2021年年初，中办、国办印发的《建设高标准市场体系行动方案》进一步提出，"对城乡建设用地增减挂钩节余指标跨省域调剂政策实施评估，探索建立全国性的建设用地指标跨区域交易机制"。城乡建设用地增减挂钩由起初在县域内封闭实施，到后来在

第六章 耕地保护和土地指标交易

省域内市县间平衡，再到作为脱贫攻坚重要手段跨省域调剂，已经显示了较强的生命力。由此可以想见，如果可以在此基础上进一步允许农地整理新增建设用地折抵部分建设用地指标并推动跨区交易，那么还将进一步实现资源配置效率提升，并以创造更多财富的方式实现全社会土地增值收益更公平的共享。

除建设用地指标，《建设高标准市场体系行动方案》还提出"探索建立全国性的建设用地、补充耕地指标跨区域交易机制"。实际上，早在2018年，国办就出台《城乡建设用地增减挂钩节余指标跨省域调剂管理办法》和《跨省域补充耕地国家统筹管理办法》，受到地方政府的普遍欢迎，其根基就在于实现了资源和资金在城乡之间、区域之间的双向流动、平等交换和优化配置。

总之，在总结经验的基础上，对既有的两项跨省域指标交易进行拓展和深化，在此基础上再增加农地整理新增耕地折抵指标并允许跨省交易，同时基于深入研究和扎实试点考虑未来推动"基本农田异地代保"，将是全面完善我国耕地保护制度的方向所在。

市场化交易，还是"指标换户口"？

这里不妨将本章的政策建议和当前一个流行的、少数地方考虑推行的"宅基地指标换户口"，或更广义而言的"土地指标换户口"的政策进行比较。

我们明确反对这个"土地指标换户口"的政策。

首先，这个政策只覆盖了建设用地指标，且不完全是市场化操作，并不同于本章前面提出的三类相互关联又可以分立的土地发展权指标跨区交易。

其次，也是更重要的，这个方案会带来土地利用指标跨区配置的低效率。从理论上看，建设用地指标跨区交易有利于提高土地利用效率，但指标交易应该是一个独立运作的市场。只有交易指标的多个买方和多个卖方通过市场寻求均衡价格才能达到土地指标的最高空间"配置效率"。如果把它和户口准入捆绑起来，只会降低建设用地指标交易市场的效率。

例如，江苏、浙江的农民去上海打工，按照宅基地指标异地换户籍的方式就不得不复垦江苏、浙江的农民宅基地，以获得建设用地指标。但从经济效率上看，相对于江苏、浙江的宅基地复垦，一些以农业为主的地区，如安徽、黑龙江的宅基地，其占地面积往往要更大，而住房建筑面积更小，投资更少，每单位面积宅基地复垦的成本要远远低于江苏、浙江宅基地复垦的成本。

相反，如果建立一个单独的建设用地指标跨区交易，上海就一定会去安徽、黑龙江购买宅基地复垦指标，而不会去江苏、浙江购买。换句话说，从社会最优角度来看，拆迁江苏和浙江的宅基地复垦并置换用地是一个次优选择，而宅基地指标异地换户籍则锁定了这种选择。

进一步讲，由于人口迁移和土地利用不是线性关系，特大城市土地利用集约度更高，人口吸纳能力也更强，但未必需要与所吸纳人口同比例的土地，这样"宅基地换户籍"政策就很难实现供求均衡。

"双轨制"和渐进并轨

再回到三类土地发展权中最重要的建设用地指标，考察未来我国深化耕地保护制度改革的路径选择。

当前，各地政府的建设用地指标主要通过中央层层下拨的"计划轨"来获得，如果未来可以推广浙江的"农地整理折抵建设用地指标"政策，那么该指标就能和"增减挂钩"指标一起，形成一个建设用地指标的"市场轨"并实现全国范围内的跨区交易。

第六章 耕地保护和土地指标交易

对全面建立各类土地发展权指标市场并推动跨区交易的一个可能反对意见，是认为中国经济目前整体上处于"去杠杆"阶段，地方对土地指标的需求已不像过去那么旺盛，此时，是否有条件把"多元化培育土地发展权指标市场并开放指标跨区交易"作为改革当前中国集权式土地指标管理体制的突破口？

不可否认，过去10多年来的快速城市化和工业化的确让一些地方政府储备了大量土地，尤其是很多城市工业存量用地利用效率低下，因此采取集约利用措施后，可以腾退出大量不再需要指标的建设用地。因此，土地指标已不再像以前那么紧缺。但总体来看，即使地方政府手中控制着（以及未来可以收回）不少存量土地，仍然还是可以考虑推行建设用地指标的"双轨制改革"。

首先，"城乡建设用地增减挂钩"和"农地整理折抵建设用地指标"两种方式，可以为地方政府新增建设用地指标，并在此基础上推动建设用地指标的跨区交易。随着建设用地指标跨区交易比例逐步提升，中央下拨的计划轨指标可以逐步缩小。等各地城市化空间范围趋于稳定时，中央可考虑逐步退出建设用地的计划指标管理体制。只要政府认为耕地保护制度不可或缺，既有耕地保护的目标不能妥协，那么，上述市场化的指标交易体制就一定比现有体制更能有效配置土地发展权，更好地在全国范围内实现耕地保护的目标。

即使全国总体的各类土地发展权指标并不稀缺，但各地工业化、城市化仍然很不平衡，区域之间土地发展权指标的稀缺程度必然存在较大差异，不少沿海发达地区以及内地少数大中城市，其发展潜力和人口吸纳能力依然较大。

与此相反，还存在第二类地区，大多分布在内地，尤其是三、四线城市，这些城市不仅政府土地储备过度，地方已供土地也严重过剩。即使中央不硬性压缩，"去杠杆"后地方的工业投资和商住地产销售也会大幅度萎缩，地方政府将不得不大幅下调土地供给。

此时，地方土地出让金收入将迅速下滑，前期大规模基建投入也难以收回，地方政府肯定会面临债台高筑的局面。

此时，中央恰恰应该允许第二类地区的地方政府将已征用、但尚未配套基础设施的土地重新进行农业开发。如果地方政府承诺给失地农民的补偿还没有到位，可以考虑在引入商业资本予以开发后，给失地农民一些"农庄股份"作为补偿。更重要的是，应该允许第二类地区的地方政府将因此收回的土地指标投入跨区指标交易市场，然后用指标出售收入弥补部分财政亏空。

上述改革的实质，就是在中央层面推动建设用地指标配置的"双轨制确立及渐进式并轨改革"。这将有利于推动全国性的市场化地价机制的形成，从而打破城市政府对建设用地的行政性垄断；还有利于中央政府识别各地的真实用地需求，进而通过市场调控，实现城市建设用地上"有保有压"的弹性紧缩。

一旦推行这个措施，中央就可随跨区交易指标增加而逐步缩小目前逐级下拨的计划指标，自然资源管理部门也能将工作重点从行政配置用地指标，逐步转移到建设并管理全国范围内的三类土地发展权指标跨区交易市场，以及在指标交易前后监控宅基地复耕、农地整理后耕地的质量和数量，考察地方是否认真完成了"基本农田易地代保""易地补充耕地实现占补平衡"。

上述改革的要义，就在于放开土地指标的市场轨，短期内仍保留既得利益的计划轨。因为改革弱化了自然资源管理部门行政配置用地指标的权力，为减少改革阻力，可以考虑赋予中央自然资源管理部门建立全国性多类型土地发展权指标交易市场和控制指标交易总量与指标分类调控的权力。

同样非常有利于实现国土空间规划环境保护目标的另外一个思路是，允许计划指标直接进入市场轨交易，甚至考虑放弃现有的计划轨指标无偿划分的计划配置模式，直接推动计划指标在全国层面的拍卖，并由中央按照一定测算方式将指标拍卖收入直接用于补贴新一轮国土空间规划中那些被限制发展的县区。相比于从中央财政争取转移支付来补贴生态保护区域的方法，直接拍卖计划指标不仅可获得的收入更高，而且可以实现土地增值收益在全国范围内的共享。

助推土地有效确权及渐进国有化

本书在第五章指出，从当前中国农村的确权实践来看，无论是农地还是宅基地，依据现状进行确权都存在收益不高、矛盾不小、确权后难以交易和抵押等问题，因此推动意义有限。

未来可能还需再次推动农村土地确权，但各级政府必须在做好顶层设计的基础上充分准备，循序渐进，才能在确权后真正赋予农村土地可交易和可抵押的权利，让农村土地确权工作经得起历史的考验。

如前所述，解决农地细碎化的一个关键措施是农地整理，而农地整理是在科学规划和设计的基础上，通过土地权属调整，实现"田成方、路成框、树成行、沟成网"的新型农业生产布局、农业规模经营和农业基础设施改善，以及最终提高农业生产力的最有效手段。因此，在农地整理的基础上再进行农地确权，这不仅有利于农业生产，更可以因"做大蛋糕"而全面缓解农地确权中出现的各种矛盾，摆脱有限存量上的"零和博弈"困局。

2006年农村税费改革后，由于地方政府无法继续从农业获得税收，农田水利基础设施建设受到很大影响。虽然中央通过多种渠道加大了农田水利基础设施投入，还要求地方使用土地出让金收入的10%进行农田水利基础设施建设，但地方的积极性并不高。

目前，我国每年几百上千亿计的农地整理投入主要来自中央政府。但此类专项转移支付会随中央财力限制和未来一般性转移支付比重提高而减少。此外，中央转移支付过程中还不可避免地出现各种"跑冒滴漏"现象，个别地区甚至因土地整理资金监管不力出现了群体性寻租、干部成批落马的情况。

结合浙江经验，通过农地整理推进农田水利基础设施，地方政府的积极性就会马上被调动起来，中央就可以在减少支出的同时确保农田水利基础设施的资金投入。实际上，在"十二五"期间，中国的农地整理平均增加耕地数量3%—5%（1000万亩以上），而经整治后的耕地质量平均提高1个等级，亩产平均提高10%—20%，相当于增加了15%—20%的耕地面积，按"十二五"期间整理5亿亩耕地计算，相当于增加了7500万到1亿亩耕地。根据"十三五"规划，通过整理土地可以建设4亿—6亿亩高标准农田，光农地整理本身就可以补充耕地900万亩。

农地整理逐步完成后，政府就可以跟进推动农地确权，这不仅会缓解这轮确权中出现的大量矛盾，而且有助于在确权时直接推动连片确权，而不是现在的破碎化确权，防止出现"反公地困局"。

宅基地确权也是类似的道理。即使不谈部分地方政府曾因过快推进"城乡建设用地增减挂钩"引发很多社会矛盾，也不谈目前很多农户"一户多宅"情况下确权缺乏充分的法律依据，考虑到中长期推动农村居民点集中并更有效提供公共服务仍是一个大趋势，过快推动宅基地确权反而可能给未来农村社区公共服务的提升制造障碍。

进一步来看，上述讨论还涉及中国政府财政支出中的三农支出投向问题。经过多年超高速的财政收入增长，包括一般公共预算收入、基金预算收入及社会保障在内的全口径财政收入占国内生产总值的比重已达到相当高的水平，中央和地方财政继续保持超高速增长的潜力已经不大。过去相当一段时间，通过农作物良种补贴、种粮农民直接补贴和农资综合补贴（2016年后合并为农业支持保护补贴）等方式，中央政府对农业生产进行了大规模投入。虽然这些补贴政策对稳定农民收入有所助益,但也带来了较大的财政负担,更强化了中国和国际主要农产品的价格倒挂,最终并没有提升、反而降低了中国农产品的竞争力。

中央政府最近几年每年的相关财政支出已超万亿,相当部分以专项转移支付形式下拨。但这些专项转移支付真正符合地方解决"三农"问题的需求吗?又有多少被真正用在或者有效率地用在农业与农村发展上?审计署在审计专项转移支付执行情况时发现,一项支农资金大概涉及十几个部门,分工很细,大类项目、小类项目都要由中央一些部门来审批,不仅成本高,而且项目交叉重复,没有重点。[29]很多地区前些年还在筹集资金搞"村村通"工程,现在却又开始大规模搞集中居住;前些年还在大力投资建设村小学,现在又开始在乡镇集中办学,一些村小学甚至变成了鸡舍猪舍。这其中的浪费到底有多少?[30]应该说,花钱不是本事,把钱花好才是本事。换句话说,创造新机制和资源去更有效地解决问题,才是未来土地及财税改革应该寻求的目标。

因此,除充分利用本节提出的土地发展权跨区交易收入来激活农村土地整理,各级政府应该合理调整现有财政支农支出的投向。和土地交易和土地发展权交易的市场化改革一致,政府可以考虑将财政支出的重点转移到支持农业、农村的生产、生活基础设施建设和农村社会保障事业上。

这些财政支出的最终目标,是通过对农业、农村基础设施建设给予财政奖补,通过建立土地市场化后的相关社会保障体系,在农村人口大量外迁、农业土地整理的基础上,逐步推动农业的规模化经营,全面提升中国农产品的竞争力,降低农产品以及土地市场化对农村少数弱势群体带来的潜在风险。

与本书前面几章的思路相呼应,中国必须努力改变目前大量农村外迁人口"离乡不放土"的不利局面,而这需要各级政府整合利用土地发展权指标收入、部分城市土地出让金收入乃至部分财政支农资金，推动农村土地整理，购买农村永久外迁人口留在农村的农地和宅基地，以此启动传统农区土地的渐进式国有化。同时，政府可以考虑将购买的农地和宅基地，以合理方式转移给留在农村的务农人口，提高后者的农业收入。

农村土地改革的方法论问题

最后不妨以农村宅基地复垦和农民集中居住为例，讨论一下未来推动农村土地改革的方法论。

在各地实践中，地方政府创造了很多模式，包括成都的"拆院并院"、浙江嘉兴的"两分两换"、天津"宅基地换房"以及重庆的"地票交易"等，但都没有、实际上也难以跳出原国土资源部城乡建设用地"增减挂钩"政策的约束。特别是在全国推广后，很容易变成大范围的"运动式"拆迁，导致该政策给农民生产、生活带来的好处被降低，带来的问题却被放大。浙江省一度推行的更行之有效的模式，却因和相关部委的目标不合拍而被叫停，更不用说在全国范围内得到推广。

另外一个例子涉及永久基本农田的划定和调整问题。目前全国各地正在进行新一轮国土空间规划的制定工作。2021年，中共中央办公厅、国务院办公厅印发《关于在国土空间规划中统筹划定落实三条控制线的指导意见》，提出必须"统筹划定落实生态保护红线、永久基本农田、城镇开发边界三条控制线"。

但在这一轮国土空间规划中，是否可以在确保耕地数量和质量的前提下，合理调整现有基本农田的空间位置成为非常关键的问题，甚至决定了此轮国土空间规划的成败。目前很多地区，尤其发达地区的城市，基本农田一旦划定就很难调整，而之前的划定往往缺乏科学依据，更不能适应城市发展的要求。由此经常出现的情况是，基本农田插花分布，四面八方地包围城市。凡是发展建设几乎必然碰触基本农田，凡碰触基本农田就必须报经国务院审批。有时地方政府想拉直一条路，本可以节约土地，却因碰到基本农田只好作罢。[31]

因此，我们认为，应该借此次国土空间规划的机会，允许地方在耕地保质保量的前提下，一次性调整现有基本农田的空间位置，推动集中连片和规模经营，同时，建立一个调整基本农田位置的动态机制，为未来10—15年的城市与农村连片开发创造条件。

特别需要指出的是，中国农村现有将近5000万亩的农村集体经营性建设用地，其中，"圈外"至少有2000万—3000万亩，此外还有上亿亩的闲置低效宅基地。未来这些土地的非农利用价值很低，未来完全可以、也应该大部分复垦为耕地，再利用"增减挂钩"将土地指标转移到其他区位更优越的地段，甚至跨区交易到其他地区，予以高效非农业使用。此类操作不仅可以为指标输入区的城市发展和地方财政奠定良好的基础，而且利于指标输出区的农村土地整理，以及复垦村庄利用闲置集体建设用地有效分享土地增值收益，肯定是未来耕地保护及城市空间规划的一个主要政策方向。

但是，能否实现此类区域内的发展权转移以及跨区指标交易，受到指标输入区域基本农田划定的空间限制。如果不能利用此次国土空间规划较大幅度地调整基本农田的空间位置，不仅城市发展马上会受到巨大影响，未来"异地"置换农村存量低效集体建设用地（包括经营性建设用地和宅基地）的条件也无法具备。正是从这个意义上讲，不仅最近一轮国土空间规划应该允许调整基本农田的位置，而且未来还应该加强基本农田管理体制的科学性，逐步推动分级管理：上级政府只需要求地方政府对本辖区的基本农田保质和保量，而不应该直接去划定和控制基本农田的空间位置。只有允许下级政府在完成基本农田保质保量任务的基础上适度灵活地调整位置，才能为城市连片建设开拓空间，也才能为传统农区的大片低效集体经营性建设用地和宅基地整理，以及传统农区推动农业、农村现代化创造条件。

改革从来需要妥协，更不可能完美，最重要的是各相关利益群体都应有代表参与改革政策的讨论和辩论，有机会摆明各自的利益所在，这样才能一起去研究不同改革方案给各自带来的损益，然后再寻求以"做大蛋糕"的方式来解决问题，尤其是给潜在受损者相应补偿来减少改革的阻力。只有这样，才能在结合地方改革经验和教训的基础上，制定出既照顾全局又能在关键领域实现突破的有效改革方案。

本章提出的一些改革思路肯定需要进一步细化和深化，也需要通过更深入的政策讨论乃至辩论来增加实施的可行性，但包括土地指标在内的土地资源市场化配置，肯定是我国城乡土地制度改革的根本方向所在。只有通过市场化，提高资源的配置效率和投资效率，做大"社会蛋糕"，才有条件降低各方利益冲突，实现全社会对发展红利的更公平分享。

注释

1　公布的耕地面积的大幅度增加，主要是调查标准、技术方法改进和农村税费政策调整等因素产生的影响，使得此次调查的数据比之前更全面、客观和准确。参见国新办举行第二次全国土地调查主要数据成果发布会图文实录，http://www.scio.gov.cn/xwfbh/xwbfbh/wqfbh/2013/20131230/tw30012/Document/1358109/1358109.htm。
2　改革开放早期，以家庭联产承包责任制为核心的农村改革不仅大幅度提高了农业劳动生产率，还起到了保护耕地的作用。在农业劳动机会成本较低、农民缺乏更

第六章　耕地保护和土地指标交易　　301

多就业机会的改革初期，对分到户的农地精耕细作以提高农地生产力是农民增加收入的唯一选择，于是"家庭承包责任制"为从数量和质量上保护耕地提供了有效的激励。当时，大规模城市化和工业化尚未开始，政府也没有材料推动大规模基础设施建设投资，城市发展对建设用地的需求有限，耕地保护的压力不大。

3　年度土地利用计划的编制是依据《土地利用年度计划管理办法》进行的，该办法于1999年首次发布，并于2004年和2006先后做了两次修订。最后一次修订改变以往年度土地利用计划只下达农转用计划指标的做法，增加了新增建设占用未利用地计划指标，从而控制了新增建设用地总规模，因此现行年度土地利用计划对新增建设用地的管制更加严格。特殊情况下国土资源部也会在土地规划批准后追加规划指标，比如给重点基础设施项目。

4　参见《关于认真做好土地利用总体规划编制、修订和实施工作的通知》。

5　董祚继：《稳妥推进土地要素市场化配置》，《瞭望》2021年3月8日。

6　详见《中共中央　国务院关于进一步加强土地管理切实保护耕地的通知》。

7　参见《关于认真做好土地利用总体规划编制、修订和实施工作的通知》《关于下发1996—2010年土地利用总体规划编制和修订主要控制指标的通知》。但国务院批准的《全国土地利用总体规划纲要》将耕地保有量调整为192015万亩，比1996年底现状耕地减少3045万亩，这主要是因为部分生态退耕和灾毁的耕地减少指标最终未纳入占补平衡方案，相应地中央下达到各省区的补充耕地量均超过各省区的建设占用耕地指标，但低于耕地减少量

8　谭荣、曲福田：《中国农地非农化与农地资源保护：从两难到双赢》，《管理世界》2006年第12期。

9　历年《中国国土资源公报》。

10　夏珺：《耕地占补平衡考核算细账——国土资源部耕地保护司司长潘明才专访》，《人民日报》2007年9月6日。

11　详见《关于明确当前土地利用总体规划修编工作中几个问题的通知》。

12　Robert A. Johnston, Mary E. Madison, "From Landmarks to Landscapes: A Review of Current Practices in the Transfer of Development Rights", *Journal of the American Planning Association*, 1997, 63(3):365-378.

13　《规范意见》开宗明义地提出，试点是："为了贯彻党的十六届五中全会关于建设社会主义新农村的精神，落实《国务院关于深化改革严格土地管理的决定》关于城镇建设用地增加与农村建设用地减少相挂钩的要求……扎实推进农村建设用地整理，促进节约集约用地和城乡统筹发展"。

14　包括以规划统筹试点工作，引导城乡用地结构调整和布局优化；以挂钩周转指标安排项目区建新拆旧规模，调控实施进度，考核计划目标；以项目区实施为核心，实行行政辖区和项目区建新拆旧双层审批、考核和管理；零拆整建，先易后难，突出重点，分步实施；尊重群众意愿，维护集体和农户土地合法权益；

以城带乡、以工促农，改善农民生产、生活条件，促进农业适度规模经营和农村集体经济发展。《办法》还明确了各级政府的职责，规定国土资源部负责对全国挂钩试点工作的政策指导、规模调控和监督检查；试点省（区、市）省级国土资源部门负责辖区内试点工作的总体部署和组织管理；试点市、县国土资源部门负责本行政区域内试点工作的具体组织实施；挂钩试点工作由市、县人民政府组织协调，相关部门协同配合，共同推进。

15 参见北京大学国家发展研究院综合课题组：《还权赋能：奠定长期发展的可靠基础——成都市统筹城乡综合改革实践的调查研究》，北京大学出版社，2009年版；以及2010年"北大林肯中心土地制度改革论坛——中国土地制度改革：来自地方的创新与梳理"的以下会议论文：蒋胜强：《农民再次从土地上获得新的解放——浙江省嘉善县"姚庄模式"实践样本》；罗蓉等：《城乡统筹背景下土地发展权转移与补偿的"成都实践"》；杨庆媛：《土地发展权转移与交易的创新探索——以重庆市为例》；天津的经验参见杨正莲：《天津，宅基地换房换来了什么？》，《中国新闻周刊》2009年6月8日。

16 比如，除了在城市大搞"一年一变样，三年大变样"的城市大规模拆迁改造，河北省在2010年之前的一段时间内还开始以三年为一个阶段推动农民集中居住。在山东，诸城、淄博、临沂、济宁、德州和聊城等地都部分开展了"撤村改社区"并推动农民集中居住。全国已经有20多个省区开始推动形式规模各异的纯农区农民集中居住和宅基地复垦运动。参见汪晖、陶然、史晨：《土地发展权转移与农民集中居住的地方试验：挑战与出路》，北大林肯中心工作论文，2011年。

17 《国务院关于严格规范城乡建设用地增减挂钩试点切实做好农村土地整治工作的通知》文件下发后，各地均停止了试点外的建设用地调整置换审批，并对存在的问题进行了严肃整改。在此基础上，国土资源部于2011年12月下发了《关于严格规范城乡建设用地增减挂钩试点工作的通知》，对贯彻落实《国务院关于严格规范城乡建设用地增减挂钩试点切实做好农村土地整治工作的通知》文件精神进行了部署。《通知》进一步严格了增减挂钩试点条件，明确农村内部乡村、村村挂钩推进小城镇和中心村建设的试点项目，也必须经省级人民政府批准，并控制在国家下达的增减挂钩指标内，纳入试点管理。

18 参见焦思颖：《〈城乡建设用地增减挂钩节余指标跨省域调剂实施办法〉解读》，《中国自然资源报》2018年8月8日。

19 据中国社会科学院农村发展研究所课题组在河南的调查发现，新型农村社区建设中的修建新房费用主要由农户承担，该调查收集的279户农民总支出数据显示，参与"拆旧建新"农户平均负担达到14.03万元，其中建新房支出占78.82%，新房装修支出占21.54%。参见中国社会科学院农村发展研究所课题组：《土地综合整治促进城乡统筹发展作用调查研究》，2013年。

第六章　耕地保护和土地指标交易

20　汪晖、陶然:《论土地发展权转移与交易的"浙江模式"——制度起源、操作模式及其重要含义》,《管理世界》2009 年 9 期。
21　为了推动土地发展权区内的转移,浙江省还实施了"待置换用地区"政策,即一个地方即使获得了相应的土地指标(折抵指标和复垦指标)也还须落实在类似"建设留用地区"的具体空间才能使用。"待置换用地"与"建设留用地"都属于规划建设用地区,区别在于在"待置换用地"内的农用地转用不允许使用国家下达的计划指标,只能使用土地整理后的折抵指标和复垦指标。2000 年以后,在浙江省大部分乡镇在基本农田划区定界过程中,将一部分城镇规划区内的和其他可能会建设占用的一般农田划入了"待置换用地区",作为日后建设用地审批的规划依据。与规划指标和计划指标相对应,"待置换用地"和"折抵(复垦)指标"成为土地规划指标和计划指标的重要补充。
22　汪晖、陶然:《论土地发展权转移与交易的"浙江模式"——制度起源、操作模式及其重要含义》。
23　《浙江省人民政府办公厅关于加强易地垦造耕地管理工作的通知》。
24　《关于土地利用总体规划实施管理的若干意见》。
25　谭峻等用坡度衡量耕地质量并得出浙江衢州、丽水等丘陵山区为杭州、宁波等地代保的基本农田质量较低的结论。但事实上,根据我们实地调查,在丽水等地的梯田,土地的肥力是非常高的,农产品的产量和质量也要优于在坡度虽低、污染较重的发达地区,尤其是城市和工业区周边的耕地上生产的农产品;而规避上交给中央的建设用地有偿使用费的问题在 2004 年之后就得到了解决。参见谭峻、戴银萍:《浙江省基本农田易地有偿代保制度个案分析》,《管理世界》2004 年第 3 期。
26　比如,在折抵指标政策实行的初期阶段,折抵指标的使用没有限制,很容易导致欠发达地区为了折抵指标过度投资土地整理,甚至在新增耕地比例上弄虚作假,或发达地区通过购买折抵指标无限制扩张城市和工业园区用地。为解决这个问题,2004 年后,浙江省开始将折抵指标使用纳入计划管理,有效地解决了上述问题。又比如,外界质疑的补充耕地质量下降问题,国土资源部拟出台补充耕地数量质量按等级折算政策来加以解决,而浙江省在 2008 年开始积极推动试点工作,得到了国土资源部肯定。再比如,为更有效地管理通过土地整理建成的 1,000 多万亩标准农田,浙江省在 2008 年进行了标准农田上图入库工作,对每一块标准农田的四至范围、面积进行了认定,并建立起数据库,为标准农田的保护奠定了技术基础。
27　由于多种原因,浙江既有的土地利用政策改革已经部分被叫停,比如基本农田集中置换和易地代保政策,在国土资源部《关于进一步采取措施落实严格保护耕地制度的通知》和国务院办公厅《关于深入开展土地市场治理整顿严格土地管理的紧急通知》公布后,已经停止执行;折抵指标政策则在《文件待查》颁布后停止执行。

28 可以比较"浙江模式"和欧美国家展开的土地发展权交易，二者都是基于权利可分离、可买卖并通过交易可获得帕累托改进这个基本的逻辑。但美国和欧洲发展的阶段较高，工业化和城市化已基本结束，跨区发展权转移的主要目的是推动自然环境或历史资源保护，主要目标区域是作为发展权转出区的农地、其他自然资源或历史资源的保护区。在中国，人口和劳动力迁移主要是从内地向沿海集中，土地发展权交易和转移就不仅仅有通过发达地区购买土地指标来保护欠发达地区，特别是粮食主产区耕地和自然环境的意义，更有为发达地区提供更大用地空间，促进资本、劳动力和人口在整个国土空间上实现更有效配置的含义。

29 《财政部承诺规范转移支付》，《经济观察报》2007年7月2日。

30 由于激励有问题，很多由地方申报项目的目的主要是为了获得资金而不是真正解决问题，经常出现地方政府违规调剂挪用转移支付甚至结转闲置资金的情况。由于三农专项转移支付涉及基础设施、农林水、国土气象、教育科技、医疗卫生、社保等多部门，很多部委都有相应的权力，而地方官员也不得不频繁"跑部钱进"。2017年，一位民营企业家蔡晓鹏在中纪委座谈会上的发言，指出"三农转移支付"已成高腐领域，在社会上引起很大反响。参见 https://www.sohu.com/a/212151464_671303。

31 海川图:《国土空间规划的若干问题》;转引自《今日国土》，见 https://baijiahao.baidu.com/s?id=1700692752481589183&wfr=spider&for=pc。

第七章
产业升级与城市存量低效用地再开发

中国很多城市，尤其是人口流入地主要城市，近年来已经开始进行产业升级，第三产业的比重日益增大，制造业的比重相应降低。与此同时，制造业的技术含量和用地要求有所提高，与高端制造业相关联、为制造业发展提供生产和生活服务的不同层次劳动力也有日益集中的趋势。

上述新趋势对既有的土地、户籍、财政和规划体制提出了重大挑战。推动产业升级背景下的土地高效利用和存量用地再开发，成为当前中国城市，尤其是人口流入地主要城市土地改革的重要内容。

既有的工业化和城市化模式带来了面广量大的城市存量低效用地，但地方政府仍持续大规模征地并不断占用宝贵的耕地资源，因此未来必须通过有效的改革来实现产业升级背景下的存量低效用地再开发。

本章将讨论如何通过对城市存量低效用地的结构调整，特别是将一定比例的低效用地转化为高价值的住宅用地，实现城市存量低效土地的再开发。考虑到城市存量低效用地主要是工业用地，我们将以工业用地为主要讨论对象。

一　工业用地：挑战、政策和探索

主要挑战

如前所述，城市工业用地价格过低，工业用地在城市建设用地结构中占比过高，用地不集约，是最近20多年我国工业化、城市化过程中最为突出的问题之一。

近年来，我们就工业用地出让在珠三角、长三角、京津冀等地区的调研发现，目前工业用地供应中存在如下几个方面的问题。

第一，工业用地供应普遍采用"前期选商＋挂牌供应"模式。原则上讲，工业用地供应主要包括招标、拍卖、挂牌、协议、租赁五种方式，而中央政策基本上是鼓励更具有竞争性的"招拍挂"方式。在中央政策的约束下，出于区域之间招商引资竞争的压力，地方政府则倾向于选择"招拍挂"中竞争程度最低的挂牌方式出让工业用地。

由于工业用地不同于其他用途用地，不同项目因产品、生产安全、环境保护等要求不同，其地块规模、位置、形状、配套条件都存在明显差异；同时，不同区域的经济发展导向对产业类型和项目准入有不同要求，地方政府供应工业用地往往会提前设置产业类型、准入要求等前置条件，或者直接确定招商项目和单位，结果是土地"招拍挂"变成了"走过场"。

为了让优质企业项目落地，很多城市普遍采用"前期选商＋挂牌供应"模式供地。其中，有的"带产业"挂牌，如上海市，聚焦实体产业项目，对有明确产业类型和准入要求的项目，经产业部门认定和区政府集体决策后，采取"带产业"挂牌模式，编制产业项目"两图一表"。有的"带方案"挂牌，如江苏省，要求自然资源部门会同投资、规划、环保等部门编制出让方案，包括准入条件、

第七章 产业升级与城市存量低效用地再开发

规划设计条件、环保要求、建设项目用地规模、投资强度、出让年限、开竣工期限、出让底价等土地使用条件。

第二，工业用地审批时间偏长，配置效率较低。工业用地配置环节复杂，且多为依次审批，前一环节通过后，后一环节才能进行。按照程序，一套流程全部下来，至少需要40天。[1]实际操作中，影响开工建设的主要是在取得土地后的报建环节，企业在取得土地使用权后，须通过规划、建委审核，取得建设工程规划许可证、施工许可证等证书，这涉及规划、建设、消防等多个部门，周期在6个月左右。[2]

第三，工业用地出让多以底价成交，市场竞争严重不足。各地区为吸引企业投资，降低企业拿地成本，加上前期有准入要求，工业用地基本按照最低保护价挂牌出让，最后成交价也基本是最低保护价或略高一点。工业用地实行"招拍挂"以来，一直按"价高者得"原则确定受让人，但这种供地方式和现有的工业用地开发模式难以匹配，企业能耗、污染排放、科技创新、税收等因素日益重要，在完善工业用地配置方式时必须综合考虑。实际运作中，工业用地出让往往实行"预申请"制度，出让条件"量身定做"日益普遍，定向挂牌的结果是土地以底价成交。从调研中企业反映的情况来看，企业的土地取得成本一般约占项目投资总额的2%—8%，地价压力不大，而政府的前期投入成本较高，新增建设用地成本往往高于平均出让价格，若涉及村庄拆迁成本还会翻倍。

第四，工业用地出让年限过高。工业用地使用权出让最高年限不得超过50年，但实际供地多以50年出让。目前企业的生命周期一般在10年到15年之间，某些资源型企业的生命周期可超过30年，但仍远低于工业用地出让最高年限。因此，50年出让年限非常不利于工业用地的退出。

第五，工业用地供后监管责任难以落实到位。前期的企业类型、投入产出强度、容积率、绿地率等开发建设用地指标由多个部门设定提出，后期用地监管却主要靠自然资源管理部门一家推动。如果部分企业没有严格按照要求推动建设，单靠自然资源管理部门是无法实现有效监管的。

截至 2017 年年底，上海、江苏、浙江、湖北、辽宁、陕西、广东全面启动了城镇低效用地再开发工作，共认定城镇低效用地面积 41.33 万公顷，已完成改造再开发项目 1.48 万个、面积 4.61 万公顷，约占认定总面积的 11%。[3] 城镇低效用地再开发已完成项目的地区主要集中在广东、浙江和江苏三个地区，在低效用地的认定上，广东、浙江和江苏的低效用地中，工矿仓储用地占比较大，面积均在 50% 以上，其中江苏工矿仓储用地占比接近 75%。可见，我国存量工业用地的开发效率提升空间很大，再开发的潜力巨大。

中央政策和地方探索

2013 年 3 月，国土资源部发布《开展城镇低效用地再开发试点指导意见的通知》，明确指出存量工业用地再利用的必要性和重要性。2014 年，国土资源部提出"实施建设用地总量控制和减量化战略"后，城市新增工业用地受到了更为严格的限制。

为实现工业用地高效利用，党的十八大以来又推动了一些新举措。十八届三中全会提出，"健全土地节约集约使用制度，合理供给城市建设用地，提高土地利用效率"，"建立有效调节工业用地和居住用地合理比价机制，提高工业用地价格"。随后，中央城镇化工作会议明确提出，建设用地利用要"严控增量，盘活存量，优化结构，提升效率"。《国家新型城镇化规划（2014—2020 年）》则要求，"适当控制工业用地……建立有效调节工业用地和居住用地合理比价机制，提高工业用地价格"。

第七章 产业升级与城市存量低效用地再开发

2015年，中共中央、国务院《生态文明体制改革总体方案》要求，"改革完善工业用地供应方式……建立有效调节工业用地和居住用地合理比价机制，提高工业用地出让地价水平，降低工业用地比例"。2016年，"十三五"规划纲要提出"完善工业用地市场化配置制度"。2016年，国务院《关于深入推进新型城镇化建设的若干意见》明确指出，低效用地再开发是新型城镇化建设的重要举措，要求建立城镇低效用地再开发激励机制，坚定和明确了存量工业用地再开发的方向。同年，国土资源部《关于深入推进城镇低效用地再开发的指导意见（试行）》以及《城镇低效用地再开发工作推进方案（2017—2018年）》等文件出台，对推进存量工业用地再开发工作提出了一系列激励政策和相关工作要求。

2017年，《全国国土规划纲要（2016—2030年）》强调，"减少工业用地比例，提高工业用地投入产出效益"。中央政府2016年和2019年先后出台了《产业用地政策实施工作指引》（以下简称《指引》）。

2019年版《指引》的政策导向是，对各种所有制经济一视同仁，重点保障新产业新业态发展和民生服务设施建设需求，主要内容包括规定可按原地类管理的情形、明确优先安排用地计划指标的情形、确定新产业新业态的土地用途、细化多种方式供应国有土地使用权规定、明确企业转型涉及用地的管理措施、确定可使用集体建设用地的产业领域等。该《指引》还明确了国有企事业单位改革改制土地资产处置办法，涉及协议、作价出资（入股）等；2019年7月，国务院办公厅《关于完善建设用地使用权转让、出租、抵押二级市场的指导意见》提出了存量划拨土地盘活利用要求，涉及转让、出租、抵押等。

2020年4月《中共中央 国务院关于构建更加完善的要素市场化配置体制机制的意见》和同年5月《中共中央 国务院关于新

时代加快完善社会主义市场经济体制的意见》，推动了如下三个方面的产业用地政策创新：第一，创新土地供应方式，健全长期租赁、先租后让、弹性年期供应、作价出资（入股）等工业用地市场供应体系；第二，促进用地结构调整，在符合国土空间规划和用途管制要求的前提下，调整完善产业用地政策，推动不同产业用地类型合理转换；第三，拓展土地供应渠道，健全工业用地多主体多方式供地制度，在符合国土空间规划的前提下，探索增加混合产业用地供给。此外，上述意见还要求"推进国有企事业单位改革改制土地资产处置，促进存量划拨土地盘活利用"。

2021年年初，中办、国办印发的《建设高标准市场体系行动方案》重申："在符合国土空间规划和用途管制要求前提下，推动不同产业用地类型合理转换，探索增加混合产业用地供给。"其中，"探索增加混合产业用地供给"被认为是近年来产业用地制度创新的最大突破。与之前"以一种用途为主，允许含有少量其他相关用途"不同，混合产业用地没有规定产业类型及其占比。2020年，中央在支持深圳的综改方案中也明确提出，"推进二、三产业混合用地"。[4]

从地方实践来看，部分省市已开始尝试通过出台地方性相关政策来盘活存量工业用地。[5]截至2017年年底，广东、浙江、江苏等七省（市）共制定出台相关政策文件220份，涵盖法规、政策、技术标准以及具体操作细则等多个层次。[6]从全国来看，城镇低效用地面积共认定41.33万公顷，已完成改造再开发项目1.48万个、面积4.61万公顷，约占认定总面积的11%。已完成项目主要集中在开展工作较早的广东、江苏、浙江三省。[7]

以广东为例，2009年出台的《关于推进"三旧"改造工作促进节约集约用地的若干意见》和《关于"三旧"改造工作实施意见（试行）》，重点在违法用地手续完善、协议供地方式激励、土地使用权人补偿激励、集体转国有手续简化等；2011年出台的《关于"三旧"改造实施工作有关事项的通知》，聚焦于完善和解决"三旧"改造工作实施过程中的细节问题；2016年出台的《关于提升"三旧"改造水平促进节约集约用地的通知》，进一步明确了连片改造、审批权限下放、公共用地保障、金融支持、新增建设用地指标奖励等重点政策；2018年4月出台的《关于深入推进"三旧"改造工作实施意见》，对调整完善"三旧"改造地块数据库、加强土地规划保障、明确"三旧"改造申请条件、加快"三旧"用地审批、规范"三旧"改造供地、加强"三旧"改造实施监管等六大项20条细则进行了完善。2019年《广东省人民政府关于深化改革加快推动"三旧"改造促进高质量发展的指导意见》更明确全面推进土地供给侧结构性改革，优化"三旧"改造市场化运作机制，加快推动"三旧"改造取得突破性进展。[8]

近年来，各地政府还开始探索并积极推行工业用地弹性年期出让、长期租赁、先租后让、租让结合等多种供地方式，优先保障战略性新兴产业、先进制造业等重大项目用地，保障新产业、新业态项目用地等。

调研发现，各地在高效利用工业用地上进行了以下几方面的探索：

第一，采取分类供地方式，合理制定出让年限。根据项目类型和生命周期，采取不同的供地方式。对于规模较小且适合标准厂房的项目，不单独供地，尽量安排进入标准厂房。对一般产业项目鼓励实行"标准地"出让、"先租后让"方式，出让期限不超过20年。对投资规模大的产业项目推行租赁方式供地，降低企业用地成本。政府采取不同的供地方式有效降低企业负担，支持实体经济发展。

2019年4月，自然资源部发布《产业用地政策实施工作指引》，呼应了近年一些较新的用地政策措施，对地方产业发展和产业引导更具有指导意义。该文件对弹性年期制供地也做了具体规定。

一些地方政府探索了弹性年期供地制。近年来浙江温岭开始探索推行工业用地"先租后让"差别化供地模式。基本思路是在盘活存量土地时，土地使用者先与自然资源管理部门签订租赁合同，再与所在镇（街道）、管委会签订投资开发协议，在一定租赁期内达到约定的投入产出条件后再缴清土地出让价款，获得该用地使用权。[9]

温岭将工业用地出让分成前期租赁和后期出让两个阶段，实施土地先期租赁，将后期出让租让总年限设定为 50 年，其中租赁年限为 6 年，出让年限为 44 年。通过工业用地先期租赁的方式，竞得企业在租赁期内只需支付先期租赁金，这就减少了企业前期用地成本支出的资金压力。[10]

广东佛山市南海区明确对符合条件的培育企业协议出让（包括已租用公有资产的先租后让）供地的适用范围、供地年限、供地价格、供地程序、考核评价等要求，放宽协议出让的条件，对于因增资扩产需要而在本区内购地建厂的培育企业，可以不受地域、面积及现用地方式的限制，通过协议出让方式在区内跨镇、镇内跨地段供应工业（仓储）用地，出让地价可以优惠至基准地价。

第二，全面完善税收政策，提高工业用地利用效率。为全面完善落实资源要素差别化配置，推行企业分类指导，一些地方建立了以"亩产税收"和集约节约用地为导向的评价机制，按照亩产税收贡献实行工业用地使用税分类分档差别化减免政策，在税收、用水、用电等方面给予正向激励，加大对亩产税收贡献大、符合产业发展方向企业的扶持力度。对于低效或者已经被列为淘汰产业的企业，调节其土地使用税、房产税，加大企业持有成本，建立反向倒逼机制。

仍以温岭为例，地方政府采取措施不断完善租让地块的绩效评估体系，重点加强对受让企业在固定资产投资强度、亩均产出、亩均税收、单位能耗等关键指标的动态监管，倒逼企业加大投资力度、加快转型步伐。对于达标、超标企业，政府给予奖励扶持，并在租赁期满后，按规定帮助其办理后续转让手续。对于未达标企业，政府定期督促整改，按期仍未达标的，按照约定予以清退。

第三，适应新型与升级产业用地要求，全面提升用地效率，实现工业用地"一块地，多用途"，实施低效用地改造，积极盘活存量。

近年，一些发达地区开始推动存量工业用地再开发。浙江上虞大力推行工业标准厂房用地公开出让和标准厂房建设，规定凡用地10亩以下、投资1000万元以下的项目，不再单独供地，全部用标准厂房解决。通过优先办理标准厂房项目，对标准厂房建设企业及入驻企业给予奖励和补助等措施，大大提高了土地集约利用水平。[11]

又如，由于工业物业体量较大、易受限制、市场较小等特性，加上交易手续复杂，工业物业市场不活跃，变现能力弱。为解决这些问题，广东省佛山市南海区积极探索产业用地分割转让模式，即工业仓储用地在满足自身需要后仍有节余的，达到出让合同和监管协议约定的开发条件后，且拟分割转让地块具有可建容量、具备单独开发条件、符合规划控制要求的，可按幢、层分割登记及转让，通过改革为企业"减负"，同时高效盘活存量土地资源。

更值得讨论的，是一些城市近年来在存量土地再开发中推行的"一块地，多用途"政策。

由于发达地区尤其是特大城市有产业升级和城市更新的需要，很多国有、集体的低效工业用地需要进行高效再开发，因此，城市对新引入产业的土地供应，也须适应新产业的特点及其用地需求。尤其在"工业4.0时代"，产业在布局时表现出更大的灵活性，用地需求趋于混合，以深圳为例，糅合城市功能和产业的中间载体新型产业用地（M0）应运而生。[12]

2014年出台的《深圳市城市规划标准与准则》新增了新型产业用地（M0）类型，作为城市更新"工改工"政策的落脚点。具体而言，就是将现有的普通工业用地（M1）改变为新型产业用地（M0），将旧工业区拆除重建后升级为新型产业园，推动原产业用地的多元化利用。比如，在原产业用地选址范围内申请建设新型产业用房、配套商业、配套公寓等多种物业形态。[13]

当然，上述盘活用地的措施也存在一定的风险，尤其是盘活过程中可能出现的"房地产化"问题。深圳的做法原意在于提容增效，实现政策的精准服务，但由于深圳房地产市场火热，提容后出现了用地的"房地产化"，比如业主在改造中建设了较多公寓并进行分割销售套利。结果，实施一段时间后，深圳市政府不得不严控用地程序，明确监管实施细则。[14]

应该说，在很多城市，政府早就将工业用地征收完成，支付了全部或大部分征地成本，以低价大规模出让给制造业厂商40年到50年。因此，在存量工业用地利用非常不集约的情况下，地方政府确实可以考虑采取包括征收空地闲置税、规划调整、政府和厂商合作开发等各种综合手段，推动政府与开发区/工业用地者重新谈判，或直接投资或引导资本选择开发区合适地段兴建多层厂房，推动既有工业用地者进一步集约用地。

表7.1给出了工业用地转型的可能路径。总体来看，工业用地政策创新是推动产业转型升级、提高工业用地节约集约利用水平、落实供给侧结构性改革的重要路径。根据发展情况，地方可以探索和完善符合企业发展规律、产业生命周期和发展方向的工业用地政策。为鼓励市场主体参与改造，政府可给予适当的政策帮扶与激励，探索土地混合使用和建筑复合利用的新模式，如存量工业用地转型开发为综合用地，集工业、仓储、研发、商办等功能于一体。[15]

表 7.1　工业用地转型可能路径

类型	实施方式	适用条件
政府回购	政府给予企业一定的土地补偿金后将土地收回，重新土地整理后进行储备或变更用地性质后流入市场，再由新投资者通过出让方式取得土地使用权	土地历史遗留问题严重，短时间难以解决；地块所属区位不佳，短期内没有开发价值
异地置换+拆迁补偿	政府在给予一定资金补偿同时，在区位相对偏远、地价较低的地区置换新地块，或者在市区内置换面积相对于原地块较小的商业用地	进行业务转型发展的企业
土地换股权	企业以土地作价，与政府招商引资进来的企业成立项目公司，双方按照出资比例共担风险、共享收益	企业本身具备一定的投资经验
工改 M0	企业向地方政府提出申请，将工业用地变更为新型产业用地（M0）	自身有一定创新资源
老旧厂房改造	通过追加投资，将老旧厂房改造为文化创意园区、商务园区或艺术园区等形式，通过管理运营实现增值	本身有一定产业资源，且愿意多元化发展的企业
补交地价+公益性补偿	在满足地方政府对于公益性设施要求的前提下，对于零星工业用地在满足一定条件，经相关政府部门决策同意后，可由原土地权利人采取补交地价的方式，按照规划用途自行开发或自行变更土地使用方式	当地有相关政策且符合条件的企业
企业股权转让	企业股权直接转让给开发商，由开发商推动土地的整理、收储、出让等流程	资金紧缺，急于变现的企业

但从各地的实践来看，已有的措施仍远远不够，不仅对存量低效用地再开发的整体效果有限，而且确实有"房地产化"风险。[16]

实际上，正是因为工业用地、用房的价格太低，即使改造升级后也难以有效提升，所以业主即便单纯进行"工改工"也缺乏积极性。这也是为什么深圳要出台新型产业用地（M0）政策。

深圳政策的本意就是要通过适度"房地产化"来增加"工改工"的激励。一旦发现此类"准住宅"性质的"配套公寓"的套利行为有所失控，政府便又调整政策要求提容增加的建筑面积不得转让，对调整后的宗地具体使用标准、用房标准（以新增建筑面积的15%为基准）开始施加各种限制，这实际上等于把前面打开的"政策口子"又关掉了。这种政策上的前后摇摆带来了一个相当被动，政策操作上难以拿捏甚至前后矛盾，并最终让业主无所适从的局面。

不可否认，在M0政策的执行中，有一部分业主利用该项政策提供的空间去"打擦边球"甚至"过度套利"。但是，如果不让土地原权属人及合作开发商去打这种"擦边球"，业主配合政府推动"工改工"的积极性从何而来？把打开的"政策口子"重新关上，不就又回到原来的局面了吗？但如果不关上这个"政策口子"，套利甚至过度套利就很难避免。更糟糕的是，在实践中，什么算"合理套利"且实现了"工改工"，什么又算"过度套利"而没有实现"工改工"，往往难以区分，政府"左右为难"自然不可避免。

在这种情况下，地方政府与其允许业主进行M1用地向M0用地的转换，还不如直接允许将一定比例的工业用地直接转换为住宅和配套商业用地，并和业主分享部分商住用地出让金，以此激励业主将剩余的大部分工业用地升级为新型产业用地。

当然，要推动工业用地存量高效利用并调整出部分土地转化为商住，需要全盘的改革方案、详细的测算和谨慎的操作。

二 南海实践："工改工"+"工改居"

佛山市南海区是珠三角经济发达地区土地制度创新的一个典型。相当一段时间内，在推动农村土地改革，尤其是集体经营性用地入市上，南海区都有非常重要的创新，甚至被学者称为"南海模式"。例如，蒋省三和刘守英就提出，通过让农民以土地权利参与工业化,"南海模式"不仅可以屏蔽征地制度对农民权益的侵害,而且也让农民在推动地方工业化过程中分享了土地增值收益。[17]

但最近10多年,南海区传统的集体经营性用地入市模式也开始面临一些新的挑战,存量集体经营性建设用地利用低效的问题日益突出。

随着珠三角的"腾笼换鸟"政策的推行和国际经济贸易环境的变化,南海区集体经营性建设用地上的原有工业,有不少开始向广东省的欠发达地区或其他欠发达省份乃至其他的发展中国家转移,现有的存量集体经营性建设用地出现了较大规模的低效利用甚至部分闲置的情况。一些个人或公司还在受让集体经营性建设用地后,补办了"集体转国有"手续,结果很多集体经营性建设用地和国有工业用地插花分布,甚至有些市场主体和各类业主以市场方式获得集体及国有工业用地使用权,以期未来规划调整后"套利"。

南海区政府希望将这些存量低效的国有和集体工业用地改造为新型产业用地,以满足本区旺盛的新型产业用地需求,并实现城市产业升级。但由于各地招商引资竞争激烈,改造后的新型产业用地出让金最多也就是每亩100万元左右,而商住用地出让的单价则是工业用途的15—30倍。因此,如果只是单纯推动"工改工",各类土地原权属人预期收益肯定偏低,必然不会积极配合地方政府实现产业更新升级的目标。

为此,南海区探索了"工改工"加"工改居"的城市存量低效用地更新模式改革。《佛山市南海区城市更新("三旧"改造)实施办法》的相关条款如下:

第三十八条 改造类型要求,南海区旧厂房改造主要分为以下三类:

(一)保留工矿仓储用地性质(简称"工改工");

（二）调整为居住用地（可按城乡规划要求兼容一定比例的非居住用地）的（简称"工改居"）；

（三）调整为商业服务业用地（可按城乡规划要求兼容一定比例的非商业服务业用地）的（简称"工改商"）。

为解决实践操作中土地原权属人单纯推动"工改工"积极性不足的问题，南海区又提出，旧厂房改造中可以进行部分"工改居"，通过"工改居"来补贴"工改工"，激发旧工业用地的土地原权属人"工改工"的积极性，顺利实现城市的产业升级和产城融合。

2020年4月颁布的《佛山市南海区城市更新（"三旧"改造）实施办法的补充规定》要求：

> 在行政村范围内实施联动改造……集体土地工改居（包括商改居）项目与工改工……项目实施联动改造，以土地出让面积计算，与工改居项目联动改造的项目不低于以下比例：
>
> 工改居 : 工改工 =1 : 1……

换句话说，如果"工改居"搭配"工改工"，"工改工"的土地出让面积不能低于"工改居"的土地面积。在南海现有的"工改居"政策中，"工改居"后的政府土地出让金的相当比例（2.5容积率以下的50%以及其上的5%）可以返还给土地原权属人，而"工改工"后的土地出让金则可以完全返还给土地原权属人。但考虑到居住地价与工业地价之间十几倍乃至几十倍的价差，采取不同改造方式的业主之间，在土地增值收益上就出现了巨大的差距。因此，如果"工改居"可以搭配"工改工"，就可以确保在同一更新片区内，无论是"工改居"还是"工改工"的土地原权属人，都可以获得相同水平的土地补偿收益。

在实际操作中,南海区若要有效推动"工改居""工改工"及"以居补工"的统筹与改革,那么平均补偿标准就不能太低而导致片区更新难以推动,也不能太高,否则加大未来相似片区更新项目的难度。

如第三章所述,要想有效改变城市用地结构和价格扭曲,就必须适当减少工业用地,适度增加商住尤其是住宅用地,降低二者之间的价差。正是由于该价差,适度减少工业用地并同时增加居住用地,可以创造出一大块的额外资源,用以推动传统工业用地的回收和再开发,进而吸引新产业落地,实现产城的有机融合。

那些可为地方带来长远发展的新兴产业,其发展所需的用地条件,在大部分城市都比较容易满足,而且此类产业用地往往更加集约,在工业用地内部就可以实现部分"厂办结合"和"厂商结合",建设地块的容积率较高,和传统制造业容积率低、用地浪费以及亩均税收强度小形成了鲜明对比。

因此,通过"工改工"搭配"工改居"实现的旧厂房改造模式创新,可以同时化解城市房价过高引起的居住困难和招商引资困难。也正是从这个意义上讲,南海区的创新,对珠三角乃至全国城市的旧工业区改造具有重大的示范意义。

三 基于一个模拟案例的一般化讨论

这里将基于一个模拟案例进行更一般化的讨论,尤其要研究地方政府未来在"工改工"搭配"工改居"的模式创新中,如何制定一个更为通用,也具备更高合理性的工业用地原业主补偿标准,防止工业用地改造补偿标准"水涨船高"、"钉子户"不断出现、越改越难的不利局面。

在任何工业片区改造的补偿方案测算中,最终影响补偿标准的因素有三个：一是原有工业用地中"工改居"和"工改工"土地面积的比例；二是居住用地和工业用地各自的市场出让价格；三是地方政府在更新中设定的居住用地出让金和工业用地出让金分享给业主的比例。

一般而言，在一个城市或区域，第二个和第三个因素相对较为明确，但原有工业用地中"工改居"与"工改工"的面积比例，在每个更新片区都可能存在较大的差异。比如，区位较好、距离城市中心较近的片区，更适合规划为居住和商业用途，因此，在这类片区，"工改居"与"工改工"的相对比例一般较高，业主可得的补偿也就较高，更愿意配合政府改造；而那些区位相对较差、距离城市中心较远的片区，更适合新型产业招商的升级改造，"工改居"与"工改工"的相对比例往往较低，此时业主可得的补偿较低，往往不愿意配合改造。

为了更便于叙述，我们这里用一个模拟案例来进行测算说明，并做如下假定：

1. 一个城市内有三个老旧工业片区，各占地1000亩。其中，片区Ⅰ距离城市中心较近，合理规划是400亩毛居住用地，600亩毛新产业用地；片区Ⅱ距离城市中心次近，合理规划是350亩毛居住用地，650亩毛产业用地；片区Ⅲ距离城市中心位置最远，合理规划是300亩毛居住用地，700亩毛产业用地。

2. 片区Ⅰ商品住房价格每平方米3万元，片区Ⅱ每平方米2.5万元，片区Ⅲ每平方米2万元，相应的片区Ⅰ、Ⅱ、Ⅲ楼面地价分别为每平方米1.5万元、1万元和0.5万元，三个片区的住宅地块净地容积率都定为3。

3. 住宅用地出让后容积率2以下出让金的一半补偿给业主，改造后的工业用地出让金全部补偿给业主。

第七章　产业升级与城市存量低效用地再开发

4. 片区Ⅰ改造后工业用地出让价格为每亩 100 万元，片区Ⅱ改造后工业用地出让价格每亩 90 万元，片区Ⅲ改造后工业用地出让价格每亩 80 万元。

5. 政府在"工改居"的毛地中需扣除 25% 的公共配套用地，在"工改工"的毛地中需扣除 15% 的公共配套用地。只有扣除公共配套用地后的净地才能进行各自用途的出让。

6. 在每个片区依据政策给予的补偿资金只能用于本片区内业主的补偿，且每个片区都对片区内所有业主实行统一标准的补偿。依据第三章提出的"区片综合地价"测算方式，地方政府在收回整个片区内的存量低效用地时，按如下方式测算补偿标准：首先将整个片区中规划要转化的居住用地面积，乘以这些居住用地单位面积出让金的某个比例，加上片区中升级为新兴产业用地面积乘以新兴产业单位面积市场出让金，得到整个片区总出让金，最后除以片区总面积，即作为片区内所有存量低效用地的"区片综合地价"。

如表 7.2 所示，依据上述方法可以测算出三个片区在各自"工改居"比例下给予业主的补偿标准。

可见，依据三个片区各自"工改居"比例进行测算，由于片区Ⅰ、片区Ⅱ和片区Ⅲ"工改居"的比例递减，而且居住用地价格与工业用地价格也同时递减，三个因素叠加会导致三个片区的补偿差距较大，分别为每亩 351 万元、225 万元和 123 万元。显然，这个巨大的价差将使得补偿标准越低的片区就越难以实现和"工改居"配合的"工改工"。

为解决上述"苦乐不均"的问题，可以在某个辖区内的不同片区制定一个统一适用的"工改居"和"工改工"比例，以此进行不同片区的补偿标准测算，就可以合理且有效缩小不同片区因实际"工

表 7.2 依据各片区"工改居"比例测算的业主补偿标准

	片区 I	片区 II	片区 III
住宅毛地（亩）	400	350	300
住宅净地（亩）	300	262.5	225
住宅单价（万元/平方米）	3	2.5	2
楼面地价（万元/平方米）	1.5	1	0.5
容积率	3	3	3
业主补偿部分（万元）	300150	175088	75038
政府净出让金部分（万元）	600300	350175	150075
工业毛地（亩）	600	650	700
工业净地（亩）	510	552.5	595
工业用地单价（万元/亩）	100	90	80
业主补偿部分（万元）	51000	49725	47600
片区每亩基准补偿（万元）	351	225	123

改居"和"工改工"比例差距带来的过大补偿差距，实现不同片区补偿标准的相对平衡。

仍以上述三个片区的模拟案例来说明，假定政府在所有三个片区中都按照片区 II 的"工改居"和"工改工"比例（350∶650）测算补偿标准。需要指出，这个测算并不会影响三个片区实际规划及执行的"工改居"和"工改工"之间的比例，而只是为了测算各片区补偿标准所用。在实际操作中，三个片区实际规划及执行的"工改居"和"工改工"比例仍依规划合理性来决定。

表 7.3 给出了统一各片区"工改居"和"工改工"比例测算的三个片区原权属人的补偿标准。可以看到，此时片区 I、片区 II 和片区 III 的业主补偿标准分别为每亩 314 万元、273 万元和 135 万元，差距较上表的每亩 351 万元、225 万元和 123 万元有明显缩小。这是因为，上表中不同片区之间补偿的差距，不仅来自从片区 I 到片区 III "工改居"比例的依次递减，也来自三个片区各自居住用地和

工业用地价格的依次递减,从而两个因素的叠加效果被放大。

下表的测算则通过制定统一的"工改居"和"工改工"的比例,消除了第一个因素带来的差距,但合理保留了因片区居住及工业用地价格差异引致的补偿差距,从而通过补偿标准测算公式的调整进行了一定程度的"抽肥补瘦"。

表 7.3 统一各片区"工改居"比例测算的业主补偿标准

	片区 I	片区 II	片区 III
住宅毛地(亩)	400	350	300
住宅净地(亩)	300	262.5	225
住宅单价(万元/平方米)	3	2.5	2
楼面地价(万元/平方米)	1.5	1	0.5
容积率	3	3	3
原权属人补偿部分(万元)	262631	175088	87544
政府净出让金部分(万元)	637819	350175	137569
工业毛地(亩)	600	650	700
工业净地(亩)	510	552.5	595
工业用地单价(万元/亩)	100	90	80
权属人补偿部分(万元)	51000	49725	47600
片区每亩基准补偿(万元)	314	225	135

进一步,按照上述方法调整补偿标准的测算,政府在片区 I 的土地出让金增加了 3.75 亿元,在片区 II 的土地出让金没有变化,在片区 III 的土地出让金减少了 1.25 亿元。总体来看,政府净出让金收入增加了 2.50 亿元。

和政府收益的变化相对应,片区 I 的土地原权属人收益减少了 3.75 亿元,每亩毛地的补偿从 351 万元降到 314 万元,片区 II 中的土地原权属人收益不变,每亩毛地的补偿不变,而片区 III 中的土地原权属人收益则增加了 1.25 亿元,每亩毛地的补偿从 123 万元上升到 135 万元。

上述补偿标准的测算方法调整，相当于从片区Ⅰ的土地原权属人抽取了 3.75 亿元的"肥"，补了片区Ⅲ的土地原权属人 1.25 亿元的"瘦"，政府则实现了 2.50 亿元的收益净增加。但即使经过上述的"抽肥补瘦"，片区Ⅰ、片区Ⅱ和片区Ⅲ业主的补偿仍有相当差距，分别为每亩 314 万元、225 万元和 135 万元。但这个差距具有较强的合理性，因为它反映了三个片区工业用地尤其是住宅用地出让价格上的差异。对土地原权属人而言，此类补偿标准差距不仅容易理解，也大都愿意接受。

结合上面的讨论，未来推动"工改居"搭配"工改工"政策时，可以参考上述方式进行补偿标准的测算。换句话说，在同一行政区域内的不同工业片区，政府可以设定统一的"工改居"和"工改工"比例来测算补偿标准。当然，在实际政策制定中，政府到底如何设定辖区范围内的统一"工改居"和"工改工"比例可以具体研究，其中关键在于政府期望的全区"工改居"和"工改工"比例是多少，或者说平均而言，地方政府希望拿出现有低效工业用地中的多少比例进行"工改居"来补贴"工改工"。

具体而言，在全市或者全区的同一个行政区范围内，将部分存量工业用地转化为住宅用地时，可能某些具体片区的工业用地从规划上适合大部分或全部转为住宅用地，而其他一些片区的工业用地则完全不适合转为住宅用地。比如，某个城市较为核心位置的某个老旧工业园（片区Ⅰ）的周边房地产价格较高，也适合全面转化为住宅用地，而另外一个老旧工业片区（片区Ⅱ）周边房地产价格较低，更适合完全转化为新型产业用地。那么就不妨将片区Ⅰ的土地全部转换为居住用地，政府就可以在取得该块土地的高额住宅用地出让金后，用合理的、考虑了区位差异的区片综合价格全面收回两个片区的所有低效工业用地。

此时，政府就因片区Ⅰ和片区Ⅱ土地实现了再开发的"最佳最高用途"而获得一个更高的土地出让金，其中部分以区片综合价的方式用于补偿原业主并全面收回土地，还可以有额外的土地出让金收益用于政府推动相关基础设施建设与公共服务提供，甚至可以将部分片区Ⅰ的住宅用地出让金以赠送现金或住房的形式来补贴落户于片区Ⅱ的新型产业落地。只要片区Ⅰ周边的住房价格足够高，将片区Ⅰ全部改为住宅用地，政府就可以创造足够的额外资源来吸引新型产业落户到片区Ⅱ。对城市政府的税收而言，外来企业到片区Ⅰ还是到片区Ⅱ落户是一样的，但片区Ⅰ全部改为住宅用地，片区Ⅱ全部转换为新型产业用地，意味着政府可以获得额外的土地出让金来补贴到片区Ⅱ落户的企业落地。

注释

1. 程序如下：制订出让计划、拟订出让方案→编制出让条件→出让公告发布（20天）→组织"招拍挂"（10天）、签订成交确认书并公示（10天内）→签订国有建设用地出让合同、缴款、交地。
2. 有的地方探索试行"模拟"审批，各环节先独立审核，颁发"模拟"审核通过证书，企业竞得土地后，前期的模拟审核证书可直接更换正式证书，大大缩短了预审周期。
3. 《自然资源部关于城镇低效用地再开发工作推进情况的通报》，参见 http://www.gov.cn/xinwen/2018-11/07/content_5338074.htm。
4. 这里的所谓"增加混合产业用地供给"是将两种以上相关联的产业用地归为一宗地出让，即所谓的"捆绑出让"。比如，企业可以选择将某种市场前景长期看好，但短期投入很大的产业，和短期赢利丰厚的传统产业，以"捆绑"方式申请土地供应，解决产业起步阶段投入巨大和赢利不足的矛盾，推动项目尽快落地。但如何加强监管，避免混合用地中实体产业不足，防止国有土地资产流失则成为重大的挑战。

5 引自国地研究院:《城市存量工业用地现状与优化建议》,"国地资讯"微信公众号,2021年5月24日。

6 引自《自然资源部关于城镇低效用地再开发工作推进情况的通报》,参见 http://www.gov.cn/xinwen/2018-11/07/content_5338074.htm。

7 参见自然资源部人力资源开发中心等:《中国节地发展报告2019—2020》,地质出版社,2021年版。

8 王磊、王然、姚舜、贺燕子、李远和:《城镇低效用地再开发政策探析——基于高质量发展要求的思考》,《中国国土资源经济》2019年第11期。

9 为推动上述改革,温岭制定了专项实施办法以强化协作机制。其中,自然资源管理部门负责工业用地先租后让管理工作,编制年度土地出让供应计划及出让方案,办理报批手续,组织实施具体地块拍卖挂牌出让工作,公示地块出让结果;镇(街道)、管委会负责"净地"出让前期工作,拟定投资开发协议书,待租赁期满后对地块投资开发情况进行验收;经信部门负责提出年度各产业用地安排建议意见和拟出让地块的产业准入条件,对项目租赁期满后的投资强度、亩均产出等指标进行认定;税务部门重点对项目租赁期满后的亩均税收情况进行认定。

10 如台州中天卫厨有限公司以2100万元竞得温岭市箬横帽业园区某地块,前期一次性交付6年的租金252万元,暂缓支付的1848万元出让金可以先用于厂房建设、技术研发等,企业发展活力较传统的供地模式大幅增强。

11 规划建设的标准厂房建筑物均在4层以上,容积率在1.3以上,建筑密度在35%以上,投资强度达每亩135万元以上,绿地率控制在15%以内,行政办公和生活设施占地比例控制在7%以内,行政办公和生活设施建筑面积控制在15%以内。

12 在早期的产业园区或产业新城规划中,产和城是分开考虑的。但随着时间推移,矛盾日益显露,特别是城市更新中的"退二进三"导致产业用地日渐萎缩,新产业难以在服务条件最好的区域找到低成本空间;而外围产业新区的培育过分让位于产业,为相应就业与服务人口的配套不足。对于深圳这样一个产业更迭迅速、用地需求集中的创新型城市,M0用地政策在一定程度上打开了城市更新的空间,有助于通过存量地块的用途多样化,激活市场主体对原产业项目的升级改造动力。

13 2019年,深圳市又出台了《深圳市扶持实体经济发展促进产业用地节约集约利用的管理规定》,主要对已出让产业用地进行挖潜,通过赋予用地主体相应的权限,鼓励用地主体在原存量土地上增加产业空间、扩大产能,从而推动产业转型升级。通过该政策把用地主导权灵活地下放给产业主体,以改变容积率为主要方式,让产业主体在政策框架范围内根据自身需求来差别化地申请用地空间扩展,从而满足全市产业用地扩容增效及用地主体的实际用地需求。

14 比如,严格要求容积率增加的建筑面积不得转让,权属人还必须严格按照与产业部门签订的产业发展监管协议来开发利用土地。在明确监管实施细则方面，深圳市扶持实体经济的产业用地政策，不但规定了产业用地容积调整后，通过新建、扩建、拆建及三种方式组合的实施路径，还对调整后的宗地具体使用标准以及贡献公共设施用地、用房标准（以新增建筑面积的 15% 为基准）进行了规定。

15　国地研究院：《城市存量工业用地现状与优化建议》。

16　近年来，一些地区甚至还出现了以产业项目立项获批工业用地指标，再以准商品房形式对外兜售别墅、写字楼、独栋厂房。参见《天津张家窝产业勾地"大跃进"调查》，《中国房地产报》2021 年 5 月 26 日。

17　参见蒋省三、刘守英：《土地资本化与农村工业化——广东省佛山市南海经济发展调查》，《管理世界》2003 年第 11 期；蒋省三、刘守英：《土地资本化与农村工业化——广东省佛山市南海经济发展调查》，《经济学（季刊）》2004 年第 4 期。

第八章
城市更新的困局和模式创新

自20世纪90年代中后期以来,我国逐步建立起来的城市征地、储备和出让体制极大地助推了工业化和城市化进程,越来越多的农村土地被征收转用,城市边界不断向外延伸,城市空间出现了大幅的扩张。

除征占农村的耕地,城市扩张还不可避免地会碰到农村宅基地。宅基地的拆迁成本要远高于农地征用,因此,地方政府通常会选择绕过宅基地,这就是很多大中城市出现为数众多的城中村、城边村的关键原因。

最近10多年,城市房价飙升,不少人口流入地城市的城中村、城边村土地再开发价值迅速提升。于是,一些地方政府以"提升城市形象"为名,开始了大规模的"运动式"拆迁,结果一段时间内暴力拆迁频发,群体性事件此起彼伏。

在我国南方的部分地区,尤其是珠三角地区,由于城中村房租收入很高,原有村民的凝聚力和社会组织较强,地方政府要推动旧村居的"运动式"拆迁难度很大。地方政府只好通过更为市场化的"城市更新"实现拆迁,让作为更新实施主体的开发商去主导拆迁补偿谈判,然后政府再以协议方式给开发商一个优惠的土地出让价,以补偿开发商前期服务的投入和安置成本。但是，开发商开启拆迁谈判后，往往就会发现"钉子户"不断涌现，加上政府规划审批程序繁复，城中村、城边村更新进度非常缓慢。

目前，中国超过3亿的流动人口主要向为数不多的大城市和特大城市集中，而人口流动地主要城市政府提供的保障性住房，基本只针对本市的户籍人口。因此，大部分城市外来流动人口只能选择居住在租金成本较低的城中村、城边村，本地城中村村民则利用自有宅基地为外来人口建设租赁住房，同时也获得了可观的房租收入。

在我国城市化进程中，为数众多的城中村、城边村发挥了非常重要的作用。但在目前各地的城市更新模式中，除原村民安置房中的部分可以用于租赁，大部分城中村改造后都变成了中高档商品房小区。虽然基础设施和城市面貌大大改善，但也基本上丧失了容纳流动人口的功能。此外，城中村改造后出现的"绅士化"现象，往往还会引发更偏远的城中村、城边村的租金上涨，出现更多的"法外"租赁房建设，加大了未来更新工作的难度。

基于对城市土地开发中的"反公地困局"和过去十年珠三角"三旧改造"经验的考察，本章将主要研究如何通过模式创新有效突破既有城市更新存在的多类"反公地困局"。

一 反公地困局

传统的市场经济模式一般是通过产权私有化来创造财富。比如，发明一种产品即可以申请专利，创作一首歌曲就能得到版权，把整片的土地先合理划分成块再建造房屋就能单独出售。但市场经济演化到今天，财富创造往往需要对多个持有人分别掌握的不同产权要素进行有效整合。从制药到电信，从软件到半导体，几乎所有高科技产品都必须整合大批的专利。

城市建设和土地开发领域的整合问题更为突出。这是因为各类房屋和基础设施建设都要对不同主体分散持有的产权进行整体设计和统一开发。但无论是高科技产品的开发,还是土地的整合式利用,往往困于现实中"易分难合"的传统私人所有权而难以实现。

就我国城市土地改革必须重点突破的城中村、城边村和老旧小区更新而言,地方政府遇到的最严重挑战并不是大家熟知的"公地悲剧",而是所谓的"反公地困局"。[1]

所谓的"公地悲剧",一般是指太多人都可使用同一种资源时,该资源很容易被过度使用,但"反公有资源"带来的困局正好相反。"反公地困局"的提出者迈克尔·赫勒教授分析了美国因机场建设不力导致航班延误和航空运输效率下降的情况。1978年,美国航空业取消管制后的30多年里,乘客周转量翻了3倍,但之后全美只在1995年新建了一个丹佛机场。这主要是因为很多计划新建的机场涉及的地方社区和本地居民通过阻碍土地整合而有效地阻止了其他所有新机场的建设。由于有能力影响地方土地利用规划流程,一些居民甚至不需要拥有那些可能被征的土地就可以实现抵制建设的目标。另外一些地区的居民还阻止了现有机场的扩建,例如芝加哥奥黑尔机场几十年前就需要重新规划现有跑道并新建几条约两英里长的喷气式飞机跑道,但该机场所在地的业主们成功阻止了项目的推进。

因此,除公有资源和一般私有资源,还有一种"反公有资源"。对此,仅有明晰的产权和普通的市场是不够的,所有权本身或政府的管制措施过分零散或破碎化,很容易导致"反公有资源"的利用,进而导致出现"反公地困局"。

"反公有资源"很容易带来"集体性排斥",即数量有限的所有者或者占有者互相设置障碍,最终导致该资源无法被有效地整合式利用。土地是一种具有广义"垄断性"的资源，如果不能有效整合就难以实现有效利用。例如，一块土地有20个甚至200个业主，为了最大化自身利益，少数人可能成为"钉子户"，结果是资源的整合式开发和社会财富的最大化无法实现。

政府此时可以考虑收回零散的权利或创造混合型的产权制度去降低所有权整合成本。和过度利用的"公地悲剧"一样，对容易出现"集体性排斥"的"反公有资源"也可以考虑以市场为基础的协作来解决问题。比如，如果多个所有者之间关系密切，他们就可以自己组织起来想办法克服"反公地困局"。但现实中关系密切且可相互合作的条件往往难以满足，此时政府就可以介入产权的重组来消除协作障碍。

二 珠三角"三旧改造"经验考察

由于历史的原因，在我国南方很多人口流入地，尤其是珠三角，集体建设用地以出租屋乃至"小产权房"形式进入城市住宅用地市场的问题非常突出。虽然对城市规划、土地有效利用乃至基础设施建设和公共服务带来了一些挑战，但这些城中村、城边村的集体建设用地入市，确实发挥了积极作用，不仅在政府住房保障职能缺位的情况下为外来人口提供了大批可支付住房，也为城市化扩张中的被征地农民解决了失地后的收入来源问题，部分弥补了政府低价征地对其生活带来的影响。

例如，深圳在20世纪80年代就出现了"城中村"现象。目前，全市城中村总用地面积为96平方公里，以城市化转制前的原行政村为单位的城中村有320个，以自然村为单位的城中村有1725个；共有各类私房约35万栋，总建筑面积超过1亿平方米。据不完全

第八章　城市更新的困局和模式创新

统计，城中村居住人口规模超过 500 万。整体上，在深圳 917.8 平方公里的建设用地中，大约有 300 平方公里的"法外"用地；在 8.2 亿平方米的建筑总量中，有 3.9 亿平方米为"法外"建筑，约占 48%。

虽然缺乏规划且没有足够的基础设施和公共服务覆盖，深圳面广量大的城中村还是基本满足了大批外来流动人口的居住要求。但由于大部分建筑属于"法外"建设，缺乏必要的基础设施和公共服务，其中普遍存在着消防隐患遍布、卫生状况较差、部分地段容积率过高和道路过窄等情况。就很多城中村的区位而言，土地利用并没有达到"最高最佳用途"。

如果能通过制度创新实现有效的"公私合作"，就可以在政府不额外增加投入的情况下，完成城中村的升级改造，在有效提升基础设施和公共服务水平的基础上，为流动人口供应大批量的中低端商品房和租赁住房。[2]

实际上，在我国珠三角地区的人口流入地主要城市，土地资源增量已非常有限。如果可以实现城中村的"拆除重建式"更新，就可以有效盘活城市存量土地，对破解城市土地资源瓶颈、提升城市建设品质和促进流动人口定居都有重大的意义。

但由于历史遗留的城中村、城边村数量庞大，用地类型错综复杂，并与民众利益的敏感问题交织，更新改造难度非常之大。因此，如何通过制度创新迅速推动"拆除重建式"更新已成为城市面临的巨大挑战。

经常出现的情况是，城中村、城边村居民的房租收入很高，拆迁补偿往往很难谈拢。一旦少数"钉子户"抗拒拆迁或索要过高补偿，更新就难以推进。为解决"钉子户"问题，地方政府往往倾向于将拆迁问题下移至开发商，但这往往无助于减少"钉子户"，反而可能导致开发商使用各种方法去铲除"钉子户"并破坏社会稳定，还可能出现开发商和村民"合谋"压迫政府过度增加容积率、降低土地出让金或减少公共配套用地贡献的情况。

因此，需要建立一个包括地方政府、业主、外来人口以及开发商在内的多方博弈平台，实现土地最高利用价值和增值收益的合理分享，具体来说就是，要既能促进城中村基础设施和公共服务改善，保留城中村对流动人口的容纳能力，还能有效提升改造速度。[3]

2009年以来，国土资源部给广东省的特殊政策是包括旧厂房、旧村庄、旧城镇在内的"三旧改造"。其基本要旨是在"三旧"集中的地区做好规划，确定每一地块的用途功能、建筑密度、容积率、配套设施后，实施"拆除重建式"更新。地方政府在确定作为"三旧改造"实施主体的开发商后，与后者协商需补缴的融资开发地价和公益事业用地，开发商负责安置物业建设并同时进行融资物业的开发。

相比于既有的国有土地出让制度，"三旧改造"突破了国有土地必须"招拍挂"出让的规定，允许经政府批准后的更新项目以协议方式交由实施主体完成。应该说，珠三角的"三旧改造"实现了从传统政府主导向开发商主导的城市更新模式转型，推动了土地增值收益在土地原业主、市场主体和政府之间更为合理的共享。

一般而言，整个旧村更新片区分为两块，一块是用于村集体和村民还建安置物业的"安置地块"，另一块是开发商用于建设开发性商住房并实现市场销售的"融资地块"。相比于通过"招拍挂"获得政府储备土地，"旧村居改造"中开发商向政府缴纳的出让金，一般会先扣掉安置物业建设成本及垫资利息、临时安置成本等"总安置成本"后，再打一个折扣。

开发商之所以愿意加入"旧改"并负责拆迁谈判，就是看重政府给予的"融资地块"出让金优惠，而政府向作为旧改实施主体的开发商让利，也意在调动包括村集体、村民和房地产商的积极性。

应该说，这种开发商主导拆迁的模式一度推动了原本停滞的珠三角旧村居改造。

但从过去10多年的经验看来，珠三角这种旧村居改造的模式开始出现较为严重的"博弈困局"和"时间陷阱"。其中，"博弈困局"是指业主（村民、居民和集体物业持有者等）、开发企业和政府在项目推进的三方博弈中往往难以达成最终的合作协议；而"时间陷阱"则表现为很多项目耗时很长，看不见项目完成的终点。一个项目耗时五六年很正常，有的项目甚至十年也没有实质性进展，甚至把开发商拖到破产。

明明是可以"多赢"的局面，为什么会出现上述严重的"博弈困局"和"时间陷阱"？关键还是现有拆迁谈判机制的缺陷导致更新博弈中的各方利益难以兼容，加上现有城市更新的流程过度复杂，结果出现了三个主要的"反公地困局"，即"钉子户困局""政府审批困局"和"村民表决困局"，三个困局相互强化，最终导致拆迁谈判效率低下和城市更新进度缓慢。

钉子户困局

"钉子户困局"，又可称为"漫天要价类反公地困局"。这里的"钉子户"，是指在某块土地上实际居住或使用时，被政府或开发商"要约"去变更土地用益关系，但拒不接受要约方的单方定价并拒绝交易的民事主体。抵抗本身不直接产生利益，但会增加交易要约人的机会成本，因此，"钉子户"实际上希望获得交易方的更高对价。特别是2007年《物权法》和2011年《国有土地上房屋征收与补偿条例》通过后，越来越多城市的被拆迁群体加入"钉子户"行列，而社会维稳机制也或多或少刺激了"钉子户"的出现。

"钉子户"现象的本质，实际上是"少数人的蛮横"阻碍了多数人的利益实现。虽然那些愿意接受补偿协议的业主，因"钉子户"阻碍整体开发而利益受损，但"钉子户"造成的损害却是间接的——其过高要价针对的是作为外来者的开发商或实施拆迁的地方政府。在这种情况下，虽然大多数业主愿意配合拆迁并及早兑现收益，但一般很难动员起有效的社会压力，甚至还有更多人希望"搭便车"提高自身要价。即使"钉子户"的"敲竹杠"并不存在强制的现象，甚至还可看成正常的市场行为，但片区更新因交易成本过高而难以完成，最终无法实现最优的土地利用价值。

在珠三角开发商主导拆迁的模式中，地方政府一般会制定相应的拆迁补偿标准作为开发商谈判的基础，但开发商一旦介入就发现村民、村集体不断提出要求，希望突破政府既定的补偿标准。

由于拆迁是大部分业主实现人生财富跃迁的唯一机会，他们当然是"能多要就多要"：一方面，开发商不得不适当让步，甚至想方设法用金钱、实物去讨好村民和村干部；但另一方面，在耗时漫长的谈判中，开发商也有不断向政府夸大报告业主所提要求的动机，诸如修改规划条件，以提高容积率和融资住宅开发量，调整成本认定方法，或者进一步降低出让金等。

不仅如此，在开发商主导谈判的拆迁模式下，地方政府和开发商之间，在被更新地段到底有多少"钉子户"、谁是"钉子户"、处理"钉子户"要支出多少成本等问题上，出现了严重的信息不对称。无疑，开发商在和政府的博弈中占据了信息优势。所以经常出现的情况是，开发商从政府那里争取到的利益只有少部分给了村民，剩下的大部分留给了自己，地方政府的财政利益和社会的公共利益反而被损失掉了。

更糟糕的是，除少数片区顺利完成谈判并最终成功更新，大部分项目难以完成。开发商面临的风险非常大，村民和村集体大都倾向于认为开发商能与政府博弈并做大可分配的"蛋糕"。

第八章 城市更新的困局和模式创新

在这种情况下，业主自然会和开发商不断讨价还价，重复博弈。结果是部分业主"今天刚谈成，明天就反悔"，前面一些业主已经谈成，但等到后面其他业主谈出更好条件后，消息难免走漏，前面谈好的业主又反悔。"钉子户"此起彼伏，开发商经常是"这边刚刚按下葫芦，那边就浮起了瓢"。

从地方政府角度看，政府的规划和出让金条件已经提前确定，缺乏积极性帮助开发商处理"钉子户"。更何况基层政府的人财物有限，工作压力很大，往往不愿太积极介入这种可能会给自己带来麻烦甚至维稳压力的工作。所以，即使有加快更新工作的压力，地方政府往往也不愿甚至不能插手。

在拆迁补偿谈判中，开发商以及与开发商挂钩的前期服务商，一般要在谈判完成之前投入大量的人财物去做村民和村集体的工作，但很难知道到底需要多久才能谈成，也不知道谈成后还要多久才能通过政府审批。

如果预期谈判需要很长的时间或时间不确定，且对之后的房地产市场难以做出准确判断，出于风险防范，开发商就会要求政府提供尽可能好的规划条件，或在完成大部分业主谈判后不断向政府提出新要求。为了尽快完成更新，此时政府就不得不满足开发商的新要求。更可能出现的情况是，这些要求实在难以满足，结果是城市更新陷入僵局，前期服务商和开发商只好自认倒霉，政府更因不能及时推动更新而无法实现财政收益，也无法对更新地段提供有效的公共服务。

开发商主导拆迁的模式还会带来更多的挑战。首先就是拆迁补偿标准的"水涨船高"。在珠三角的旧村更新实践中，上一片区的拆迁谈判达成的最高标准往往会自然而然成为下一片区谈判的基础标准甚至最低标准，被拆迁村民的胃口越来越大。一个城市中越晚参与更新的村庄完成拆迁谈判的难度就越大。比如，一些城市对合法权益面积一般给予的以旧换新补偿比例为1:1，但"法外"面积很容易从第一个村谈的3赔1的以旧换新比例，到后面的旧村变成2.5赔1、2赔1、1.5赔1，甚至最后到1赔1。珠三角甚至还出现了所有法内、"法外"面积都达到"拆1赔1.2"乃至更高的情况。以深圳为例，即使城市房价的不断飙升非常有利于旧村更新实现财务平衡，但开发商主导拆迁谈判导致村民胃口不断增大，房价上涨带来的好处几乎抵消殆尽，越往后反而越改不动。

此外，由于地方政府对更新片区内产业用地比例或面积的过高要求[4]，规划严重缺乏弹性[5]，以及政府直接确定部分旧村居只进行综合整治等措施[6]，深圳城市更新推动的难度日益加大。在符合市场化更新条件并已完成的更新项目只达到全市可更新面积的不到30%时（如果考虑那些现有政策下只能进行土地整备的更新地块，该比例将低于20%），深圳就发现要进一步推动城市更新举步维艰。一旦更新无法推动又会进一步加剧城市房价的过快上涨，地方政府希望整理出的产业用地无法供应出来，最终是超高的房价和新型产业用地不足同时出现，极大地损害了城市的竞争力。[7]

另外，在上述市场化谈判模式下，开发商必然会"挑肥拣瘦"、"只想吃肉却不愿啃骨头"。由于拆迁谈判时间过长，前期成本过高，开发商自然对那些位置相对较差，或现有容积率较高、但规划容积率限制较大的片区缺乏改造的兴趣，"挑肥拣瘦"成为必然。

政府审批困局

这里的"政府审批困局"，指的是政府常态性的"多机构管制"，也可以称之为"九龙治水类反公地困局"。这是因为政府的规划制定权与批准权的过度分散化和分层化。从最初有开发设想到最终破土动工之间，开发主体都不可避免地要通过多个管制机构与多级别

第八章 城市更新的困局和模式创新

政府的审批。开发主体和多机构、多层级政府之间博弈的结果往往是审批过程过于漫长，甚至可能出现开发主体被拖到破产的情况。由于法律法规的障碍太多，各机构相互推卸责任，结果是过多的互补性管制增加了建设成本，太多互不协调的规章安排减少了土地的供给，也抬高了房价。

首先是"横向多机构管制"，即同一级政府要求开发商去多个部门征求批准而导致审批效率低下。实际上，这种情况在全世界也屡见不鲜。例如在美国华盛顿，一个典型的建筑项目要拿到开工许可证需要盖11种不同的公章。在洛杉矶，开发商拿一个开工许可证也需要得到13个市政部门的批准。其次是"纵向多机构管制"，即开发商要拿到许可证还必须获得从上到下多级政府的批准，而不仅仅是同一级政府的不同部门。比如，在美国，想建房不仅要拿到开工许可证，还需城市级别的区划批准、州级别的环境分析、联邦级别的《清洁水法》审批，而不同级政府法规可能彼此冲突，结果是要符合各级政府规定的难度非常之大。

在中国的城市更新和城中村改造中，"政府审批困局"也有明显的表现。以深圳市龙岗区"拆除重建类更新"项目的审批流程来进行一个说明（参见图8.1）。

首先，某个项目必须首先纳入"更新单元计划"立项。在这一环节中，开发主体需要从城市功能、用地比例、公建用地补偿等方面进行分析测算并制订计划；然后，需经区更新局、各相关部门及区政府领导小组等区内多机构和多层级审批，方可纳入计划立项。

其次，开发主体需要将"计划"内容转化落实入"更新单元规划"。这一阶段主要侧重将功能转化为空间语言，往往涉及用地性质改变等重大规划内容调整，需要对法定图则做出相应的修改。这一过程还需经区内多部门审批。此外，如果涉及水源保护、生态控制线、地铁线路等问题，项目还需经过市区多部门联合审查后，才可报至

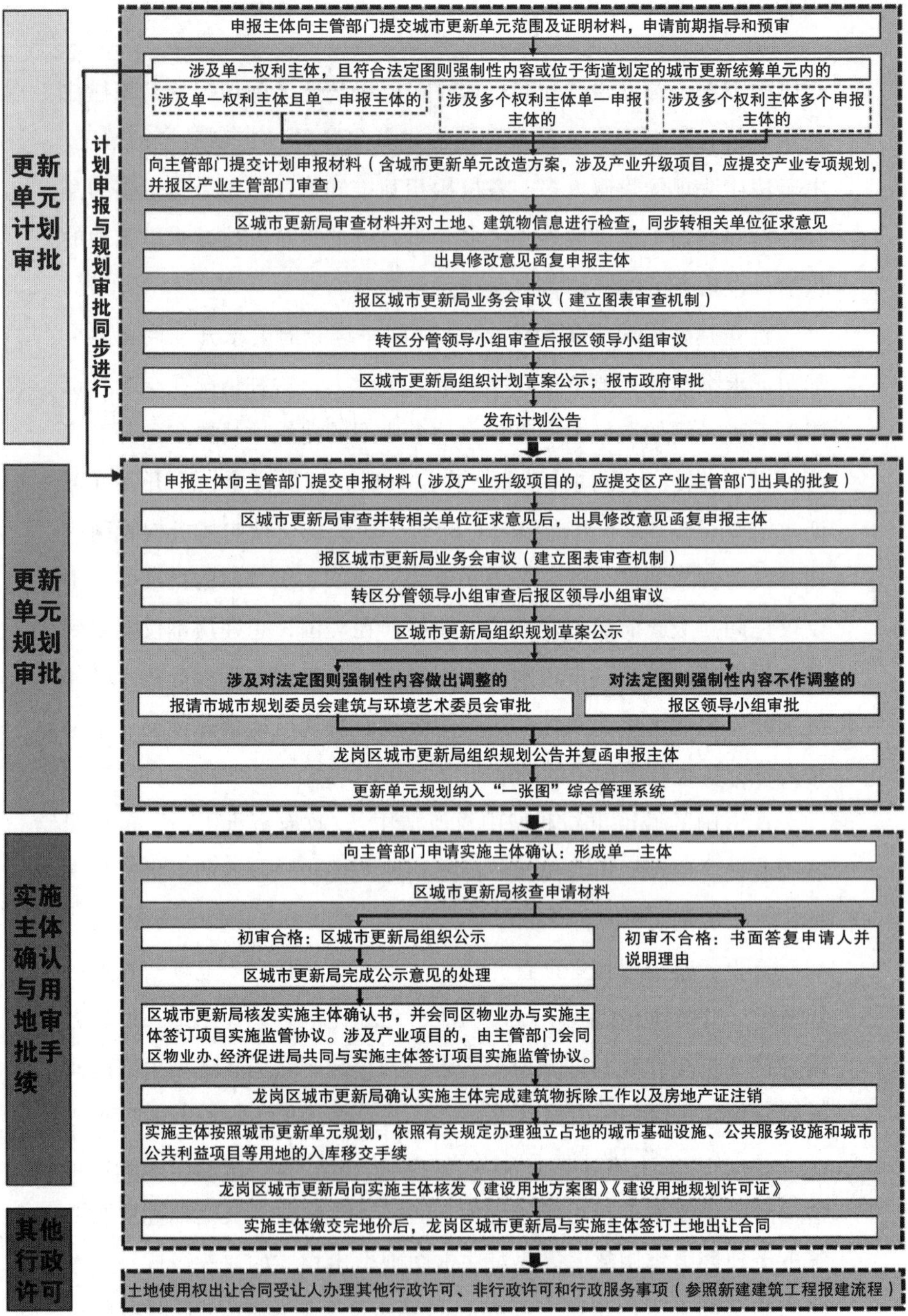

图 8.1 龙岗区拆除重建类城市更新项目审批流程图

市级城市规划委员会完成法定图则修改。

再次，在完成法定图则修改后，进入实施主体确认和用地审批手续阶段。在这一阶段，开发商需要和所有相关业主签订协议形成"单一主体"后，才可进行拆迁。由于完成前两个阶段大约分别需要一年以上和两年以上，其间房价可能出现的变化会显著加大第三阶段开发商和相关业主达成利益分配协议的难度。不少城中村改造项目，从谈判开始到开工建设，少则两三年，多则五六年甚至更久。

客观地说，龙岗区的审批流程远不是最复杂的，甚至还是"拆除重建式"更新中比较简化的。很多其他城市的审批要更为复杂，流程所需时间还要更长。

总体来看，无论是横向还是纵向"多机构管制"带来的"政府审批困局"，都会使城中村改造和城市更新受阻。不少城市政府的繁复审批成为拖慢城市更新的最主要因素，一些开发商甚至指出政府其实成了城市更新的最大"钉子户"。

村民表决困局

旧村居改造的不同阶段都要求村民进行多次表决，但不同阶段村民表决衍生的博弈关系和政府审批面对的矛盾又不尽相同。因此，在"钉子户困局"频发的市场主导模式下，如果村民多次表决的博弈机制设计不合理且和政府各次审批的内容有矛盾，更新时间就会进一步拖长。

以广州为例。广州城中村的全面改造报批程序主要分为五个阶段，一共涉及四次村民表决和表决前后不同级政府及同级政府不同部门的多次审批（参见图8.2）。[8]

首先是计划申报阶段。此一阶段的主要目标是通过改造意愿表决将本村改造纳入全市更新的年度计划。虽然泛泛而言大部分村民

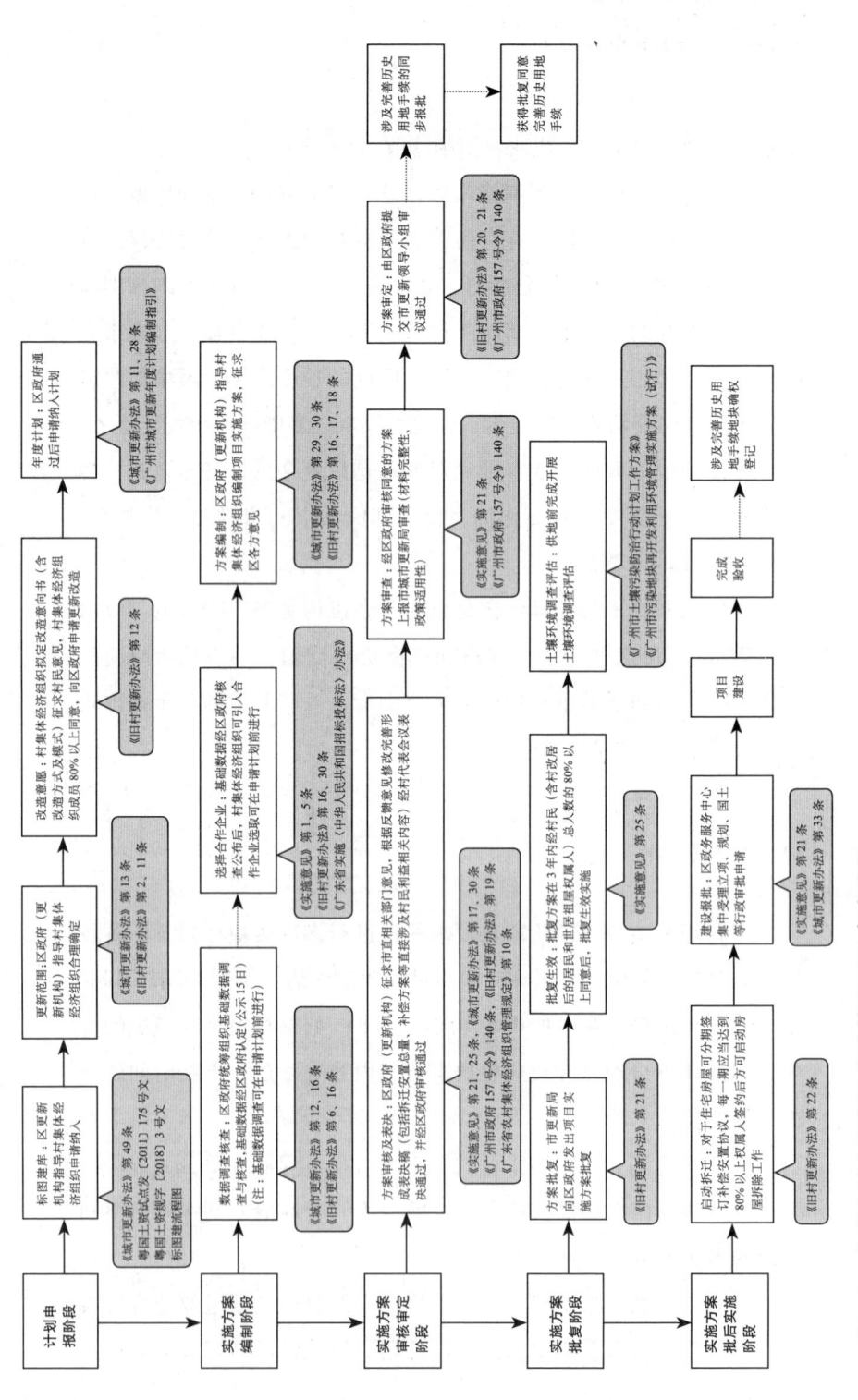

图 8.2 广州市城市更新政府审批和村民表决流程

都有改造意愿，但如果地方政府没有给出一个较为市场化拆补方案直接进行改造意愿表决的意义非常有限。虽然村民知道政府定出的拆补标准，但大部分村民还是预期未来可以和开发商谈判并获得更高补偿。因此，这种表决不仅没有形成村和村之间的竞争机制，更难以让政府和开发商判断各村真正支持改造的村民比例，难以挑选出实际改造意愿最强的片区去重点展开片区策划和单元规划。结果往往是地方政府和开发商投入了大量资源进行了很多村的片区策划和单元规划，却发现很多片区更新被后面几轮的村民表决否决，大量人力、物力、财力和时间被浪费。

其次是实施方案审核审定阶段。这一阶段需要超过80%以上的村民代表同意实施方案后上报市更新领导小组审批，但通过表决的难度往往很大，村民代表很可能对前期片区策划方案确定的复建总量不满意。由于片区策划方案缺乏村民的参与，更没有进行全村范围的表决，村民自然认为这个策划方案是政府和开发商博弈后的结果。在这一阶段，村民代表会选择以手中的投票权表达对片区策划方案的不认可，并提出增加赔偿量的诉求。但由于片区策划确定的建设总量一般难以突破，而村民向开发商提出的让渡部分融资建设量、增加赔偿量的要求必然会带来开发商利润的下降，难以通过开发商内部审核流程。此时，开发商一般会和村集体就可让渡建设量协商，结果往往是长时间的拉锯和旧村改造的停摆。[9]

第三是实施方案批复阶段。由于批复方案必须在三年内取得超过80%村民的同意，尽管在实施方案审核审定阶段已有超过80%的村民代表同意，但村民代表并不能完全代表所有村民，因此，这一阶段很难保证取得80%以上的村民支持。此时，开发商和全体村民的博弈已相对次要，而村庄内部不同利益群体之间的博弈成为主要博弈，尤其是村内不同宗族、不同派系、不同利益群体的诉求差异很容易导致僵局。即使前一阶段主要宗族和派系的诉求得到了满足，但村内小宗族、小派系的诉求却可能被忽略。因此，如果方案批复阶段这些被忽略的利益群体规模足够大且其要求难以满足时，就会和村里主要的利益群体再度博弈，结果是第三次全体村民的表决难以通过。[10] 此时，城市政府或开发商就不得不介入并进行协调，而最希望加快进度的开发商往往不得不付出额外成本来处理村庄内部矛盾，这又进一步增加了谈判难度并拉长了谈判时间。

最后是实施方案批复后的具体方案实施阶段。这一阶段开发商需要在项目实施方案批复后的3年内取得80%以上权属人的签约后方可启动房屋拆除，否则实施方案要重新报批。这一阶段，如果开发商和特定业主在具体赔偿细节上无法达成一致，片区改造就会停滞。由于村民的诉求是个人赔偿总量最大化，往往会以自己原有物业的区位较好、租金较高等为由要求开发商给予更高的赔偿，但这意味着开发商的安置成本进一步增加，且满足个别村民诉求还会引发其他村民的反弹。当少数业主以拒绝签约威胁时，开发商通常会派人进行谈判并在满足个别村民诉求和加快项目整体进度之间进行权衡。开发商还会动员村领导和亲朋好友进行耗时耗力的游说，希望降低额外要求并尽快签约。

在实施方案审核审定阶段、实施方案批复阶段以及实施方案批复后实施阶段，不同表决程序涉及的博弈主体并不一致。尽管三个阶段中开发商都参与了博弈，但和开发商博弈的主体一直在变换。此外，村庄内部还存在不同群体之间的博弈。多元的博弈主体以及频繁的博弈主体转换最终带来了"村民表决困局"。

在某些情况下，"村民表决困局"实际上就是"钉子户困局"。例如，在实施方案批复阶段的不同利益集团互斗，以及实施阶段开发商和个体业主的博弈，本质上都是"钉子户"问题。

在另外一些情况下，"村民表决困局"还会加剧"政府审批困局"。例如，在实施方案审核审定阶段，如果片区策划方案没有充分和村民沟通，而政府审批的建设总量和赔偿量已预先锁定，村民代表就会提出增加赔偿总量，开发商此时不得不要求政府调整规划；又如，在实施阶段，为解决某些村民的诉求以及其他村民的反弹，开发商还可能申请政府改变规划条件，结果是政府不得不调整规划实施方案并再度审批，时间进一步拖长。

安置补偿方案表决通过后还要完成分户安置补偿协议的签署。此时，具体拆补方案难以明确、不同阶段开发商和政府的博弈对象发生变化，以及不同级政府、同级政府不同部门之间的来回审批和交叉审批，往往又会引发"村民表决困局"和"政府审批困局"，并和"钉子户困局"互相强化，结果是推进更新困难重重。

三　模式创新：两个竞争加一个腾挪

如何才能有效解决现行模式下的博弈成本过高、谈判时间过长的问题？如何通过有效的政策调整让目前政府、开发商、业主久拖不决导致的"三输"变成新模式下和谐顺利拆迁的"三赢"？

我们认为，关键是，第一，设计有效的推动各个潜在更新片区之间作为土地供应方的竞争机制；第二，设计有效的激发不同开发商之间作为潜在土地需求方的竞争机制；第三，为充分发挥前两类竞争机制的作用，还要适度加大规划的灵活度，合理调整更新片区范围，利用更新片区附近的农地、产业用地乃至片区内部相对连片且容易拆迁的地段制造出一个有效的"腾挪空间"。

不妨将上述思路称为"两个竞争加一个腾挪"。其中，第一个竞争是指作为土地的潜在供应方，各潜在更新片区的所有业主为被政府列入年度更新计划，而就市场化拆赔标准展开的项目供给方支持度（或支持比例）竞争。第二个竞争是在第一个竞争完成并挑选出纳入年度更新计划的片区后，让各房地产开发商为争取成为更新实施主体，而就更新方案、缴纳地价、公共设施及配套招商目标而展开项目实施主体竞争。一个腾挪则是指在取得更新片区大部分业主支持的基础上，充分利用和更新地段连片的一般农田或更新地段内部及附近的集体产业用地，甚至是片区内部相对连片且较易拆迁的地块先行推动（全部或部分的）安置物业和融资开发建设，尽可能降低少数"钉子户"业主对更新进度的干扰，在实现大部分支持更新业主顺利搬迁的同时，通过地方政府、开发商和支持更新业主的协力，用"胡萝卜"和"大棒"集中解决剩余少数"钉子户"，最终成功完成更新。

六步法

具体而言，可以通过以下六步来实现上述土地供给方和需求方的"两个竞争"，同时完成城市更新的博弈简化和流程优化。

第一步：制定一个合理的、具有一定弹性的中期更新规划和相应的年度更新计划，为推动潜在更新片区之间的强力竞争创造条件。

首先，整个城市或某市辖区应制定未来5—10年的中期更新计划。比如，某区现有50条城中村要推动更新，那么政府就可以规划每年平均更新5—7条村，10年内基本完成更新工作。在确定中期的城市更新计划时，地方政府应主要依据本地产业和房地产市场现状，基于未来一段时间内经济发展、人口流入和中央宏观政策的预判，制订一个5—10年的中期更新规划及相应的年度更新计划。中期规划和年度计划要确保本地房价的平稳可控，既要防止更新太慢带来的房价过快上涨，又要避免更新过快带来的房价下跌。

第二步：确定一个全区通用的市场化拆补标准来有效稳定业主预期。

依据本区现有的政府拆补标准和市场拆补标准，制定一个全区适用且对村民而言合理可行的新拆补标准，包括对村民、村集体合法物业面积以及不同时期"法外"面积的实物和现金补偿标准。在此基础上，明确告知潜在更新片区的所有业主未来将在全区适用新标准，全面稳定村民和村集体的拆赔预期，防止开发商完全主导拆迁模式下拆补标准的"水涨船高"。

当然，实际操作中可依据各个片区的现状容积率来制定一个（达成协议并启动更新后的）安置面积奖励政策。比如，本区所有城中村平均住宅容积率为 1.5，那么就可以对现状低于 1.5 容积率的片区奖励一个可以分配到个体业主的合理复建面积。这个奖励面积在片区内不同业主间的分配可优先考虑那些现状建筑面积低于平均水平的村民。对超过 1.5 平均容积率的更新片区则不给予任何奖励。这就既维护了统一拆补标准的严肃性，又通过奖励实现了不同片区之间、同一片区内不同业主之间合理的灵活性，避免"老实人吃亏"。

第三步：以第三方工作小组摸查村民在新拆补标准下的改造意愿，以各片区业主的支持比例排序来确定优先改造的片区。

当制定了一个稳定的拆赔标准及更新奖励政策，并确定了中期更新规划后，政府可通过第三方工作小组向所有片区的全部业主公布政策并展开宣讲。地方政府可以委托利益相对中立的第三方工作小组，或专业的前期服务商提供这个服务。后者的职责是将新制定的拆补标准发布到每个片区的所有业主手中，进行政策宣讲后再提请各片区全部业主进行第一次表决，并询问反对者的理由及其具体诉求。

应该指出，上述工作甚至在对更新片区进行物业测量、片区策划和更新单元规划之前就可以推动。只要对所有潜在可更新片区的财务平衡有一个基本可行的判断，就可以将相应片区纳入更新范围并推动各片区业主的第一次表决。实际上，根据周边房价和片区现状容积率，很容易判断新模式下哪些片区能实现财务平衡，并以此判断某个片区是否应该参与中期更新规划和年度更新计划的竞争性准入。

由于片区的每个业主都掌握了自己物业的全面信息，村集体掌握了本集体物业的全面信息，他们都会对新拆补标准能带来多大利益做出明确的判断。在第三方工作小组的政策宣讲下，各片区内的所有业主都将了解每年只有数量基本固定的少数片区会被纳入年度更新计划，政府也会选择业主支持度最高的少数片区并给予相应的规划和配套政策支持，这就让业主倾向于相互合作而不是相互拆台。完成第一轮村民表决后，政府（或第三方工作小组）就可以迅速挑出支持度排序靠前的片区，同时也识别了片区中为数较少的潜在"钉子户"。按业主支持比例排序挑选片区可有效避免经常出现的一种情况，即政府或开发商在不完全了解村民拆赔预期时就贸然投入人力、物力、财力进行片区测量、策划和单元规划。

一旦上述跨村支持度排序机制开始运作，就可以每年进行一次。不断滚动排序确定年度更新计划对象将全面激发辖区范围内各片区之间的竞争意识和所有业主的紧迫感。

第四步：一次性对列入更新年度计划的片区完成个体业主和集体物业测量，并在村民、村集体和多个潜在开发商之间，展开片区策划方案和单元规划方案的沟通，全面提高更新方案的可行性，然后对片区策划、规划方案以及个人、集体物业的具体拆补方案进行第二次村民表决，迅速取得大部分业主的支持，同时锁定剩余的少数"钉子户"。

在完成程序第三步后，就可以一次性完成各方参与的片区策划、财务测算及单元规划，然后召集所有村民说明安置区规划，同时明确各户物业、现金补偿的具体方案，政府的公益用地安排，融资开发地块的位置和范围等信息，直接提请全体村民对更新规划、集体和个人物业安置进行第二次表决，并给出同意/反对意见，包括同意情况下的安置房面积偏好以及反对的原因及相应诉求。在锁定了少数"钉子户"并了解其数目、空间分布、具体诉求后，政府、村集体和第三方工作小组可以想办法协调解决那些有一定合理性的诉求，之后就可以锁定那些要求超标准补偿的极少数"钉子户"。

在这一步中，如果发现在第三方工作组进驻的各个片区中，有个别片区出现了一定比例以上的村民（如20%以上，包括第一轮表决就不支持以及第一轮表决支持、但第二轮表决时反悔的村民）表达反对意见，而且即使对相关规划和补偿尽可能调整后也难以取得足够比例的村民支持，政府就按照之前明确制定并宣布的规则将该村调整到片区排序的最后一名，同时不再纳入未来几年的滚动排序；或将该片区确定为一定时间内只进行综合整治的片区，这就意味着未来多年内该片区将不再列入拆除重建式的年度更新计划。[11]

这一步可以邀请第三方工作小组、村民、村集体和多个开发商共同参与，通过集思广益确保片区策划和单元规划顺利通过第二轮表决。在这一步骤中，政府应该邀请多个潜在开发商对片区的单元策划和规划方案提出具体意见，这不仅有助于提高开发商参与片区更新的积极性，更能充分利用开发商的丰富经验为政府确定并最终批准单元策划和更新规划奠定扎实的基础。

第五步：通过公开招标引入合作开发商推动单纯的"居改居"，或依据政府的工作目标对开发商明确提出除"居改居"之外的产业招商要求。

这一阶段，政府启动招标引入作为片区更新实施主体的合作开发商。政府可与多个潜在的实施主体直接沟通关于片区已同意业主及少数"钉子户"的具体信息。在对这些信息进行全面评估后，开发商参加政府主导的竞争性谈判，向政府提出可缴纳地价、可贡献公配土地、配套招商引资条件，以及其他愿意履行的义务。通过竞争性谈判，政府最后确定中标的开发商。由于此时政府和开发商都已了解了片区的"钉子户"及其分布信息，各方对项目的具体执行风险，包括处理"钉子户"的大致成本等问题就掌握了更为对称的信息，此时政府就掌握了竞争性谈判的更多主导权。

依据片区特点和工作目标，地方政府可选择只推动单纯的"居改居"，也可以选择提出额外的产业招商要求。

第六步：政府和签约开发商、村民及村集体多方合力，启动拆迁并最后完成更新。政府通过第五步招标确定了合作开发商后，中标开发商就可以制定具体的实施方案，并在第三次表决取得绝大部分村民支持后迅速完成签约，最后提交政府审批后实施更新。

在更新方案的具体实施中，对仍剩的少数"漫天要价"的"钉子户"，政府可以在第三方工作小组、开发商、已签约村民和村集体的配合下并用"大棒"和"胡萝卜"来降低少数"钉子户"对整个更新项目的阻碍。其中，村民和村集体可以启动法律、行政程序向法院或相关政府部门申请强拆，而开发商则主要通过"胡萝卜"来引导所有村民完成签约，比如除了安排每户签约的现金和住房面积奖励，还可以设计一个全村所有业主都签约后的每户现金奖励和集体奖励。上述多种措施结合，就可以对"钉子户"施加社会、行政和法律压力，让各方以利益为纽带聚合力量，全面完成签约，最终顺利实现更新。

两种模式

依片区特点和工作目标不同，政府可考虑在如下两种模式中择一实施。

第一种是"单纯居改居模式"。政府在旧村更新中不考虑引入产业，而选择最大化土地出让金收入和公共配套用地的贡献。

以广州为例，假定某个更新单元中共有 1000 亩土地，其中 500 亩为村民宅基地，另外 500 亩为集体物业用地。当开发地块为净地时，该片区的楼面地价为每平方米 2 万元。根据广州现有城市更新政策，优惠后的楼面地价为每平方米 1.4 万元。[12] 假定政府给开发商 40 万平方米的融资开发面积，则该地块净地总地价为 80 亿元，而优惠后的毛地价为 56 亿元（80 亿元 × 0.7）。但这里的 56 亿元并不是地方政府最后可得的净出让金，还必须扣除安置物业复建成本、开发商为安置建设垫资的利息成本、业主临迁成本、拆迁奖励成本以及一定比例的不可预见费等。

假定该片区的复建安置物业为 60 万平方米，每平方米建安成本为 5000 元，总计 30 亿元，加上开发商垫资建设安置房的利息成本 6 亿元（此处计为 2 年共 20%），总复建成本为 36 亿元；还要加上临时安置成本约 6 亿元（60 万平方米 × 360 元/平方米 × 3 年），那么，即使不考虑不可预见费及拆迁奖励等其他各种成本，开发商所需支付的复建和临迁成本至少为 42 亿元。

在上述假定下，开发商给政府缴纳的净出让金最高为 14 亿元（56 亿元 -42 亿元）。但在新模式下，政府可要求各个开发商以 14 亿元（对应开发面积每平方米 3500 元的地价）为起点向上竞价。即使维持临时安置成本 6 亿元和开发商垫资的利息成本 6 亿元不变，极限招标地价可以从原来的 14 亿元增加到 38 亿元，净增 24 亿元。此时，开发商每平方米融资开发面积缴纳地价，实际上会比原来的每平方米 3500 元净增 6000 元，达到每平方米 9500 元。

如果采用了下一小节提出的"空间腾挪"，还可以进一步降低原模式下约 6 亿元的临时安置成本和 6 亿元的垫资建设利息成本。相比于传统模式，新模式给地方政府带来的额外出让金净收益甚至可能达到或超过 30 亿元。为获得这个增量的至少一部分，地方政府就有很强的动力去配合最后中标的开发商，并动员村集体、其他已签约业主等多方力量,充分利用行政、法律裁决手段和社会压力向少数"钉子户"施压,通过并用"大棒"和开发商适度的"胡萝卜",将大大有助于处理"钉子户"问题。

第二种是"旧村居改造加招商引资协同模式"。在这个模式中,除完成"居改居",政府还希望引入可为本地未来带来税收和就业的新型产业。这种方式往往适用于待更新片区中除旧村居外,还有不少旧产业用地能推动统筹改造的情况。

事实上,很多地方,尤其是产业欠发达或有强烈产业升级需求的城市,对获得即期土地出让金有一定的需要,但更有提升本地产业结构和夯实城市发展基础的需要。在这种情况下,如果可以推动城市更新中产业升级和旧居住区的同步改造,并在更新中实现相互助力,就可以推动招商引资和产城融合。

在实践中,地方政府完全可以利用模式创新带来的额外资源来吸引新型产业。假定如下一种极端的情况:政府仍保留原来的地价优惠,即让开发商获得每平方米最高 6000 元的楼面地价优惠,开发商只需向政府缴纳每平方米 3500 元、总额 14 亿元,而不是最高的 38 亿元出让金,此时,开发商就有 24 亿元的额外空间去协助政府招商引资。哪个开发商能利用这个地价优惠从其他城市招来具有更强实力和更好发展潜力的产业,或吸引优质教育和医疗资源来本地落户,该开发商就可以在与被招商对象、地方政府签订三方协议后中标旧改项目。

在这种情况下,开发商就会有很强的积极性组织专业招商团队,并利用地价优惠去其他城市寻找那些已展现出较强实力和发展潜力的优质产业来本城市落户。此时,开发商完全可以通过创新模式新增的 24 亿元利益空间向拟招商企业提供包括产权房、员工人才房、优惠产业用房乃至一定税收补贴在内的优惠条件,去实现更有针对性的强力招商引资。地方政府只需评估各潜在开发商所招企业的实力，包括产值、纳税、就业等资料，就可以判断企业的发展潜力并选择更新项目的中标开发商。

当前，很多城市采用压低产业用地、用房价格，提供配套基础设施，减免税收以及提供"人才房"、保障性住房等多种手段推动招商引资。但这些手段已成为大部分地区的常规操作，城市获得招商竞争优势的难度日益加大。一旦采用上述新的招商引资模式，那些产业基础不扎实、产业升级需求迫切的城市，就可以利用模式创新获得的额外资源去争夺其他地区已展现实力和潜力的存量企业，从而有效避免开发商配套招商方案难以兑现，政府事后缺乏约束手段的不利局面。

实际上，很多人口流入地主要城市的房价已明显过高，不少企业主和管理层都难以支付，更不用说一般的技术人员。实施新模式后，开发商可以降低各种更新成本，然后利用政府依然愿意给出的地价优惠直接向企业及其管理层提供优惠甚至免费的产权房，这比政府提供的只有部分产权的"人才房"或"共有产权房"以及没有产权的保障性租赁房要更有吸引力。同时，地方政府也就不再需要建设更多的"人才房"或保障性住房。

上述"旧村居改造加招商引资协同模式"意味着那些参与拆除重建式更新的房地产开发商，可以逐步摆脱现有消耗大量时间、金钱和人力去和村民、村干部"博感情"的工作方式，不会在更新片区"争相插旗"和"互拆墙脚"，转而组织专业化团队去协助地方政府招商引资。这不仅意味着参与更新开发商工作模式的根本性转变，还大幅降低了地方政府自己招商引资的工作压力。由此，地方政府可以实现招商引资模式的良性升级，彻底改变此前的"逐底式竞争"，转型为提供更好生活条件和公共服务的"逐顶式竞争"。

可以预期，先行推动新模式的城市将会在招商引资竞争中占得先机，将有更多精力、人力和财力去做好城市更新工作，把更多的精力用于加强城市发展所需的基础设施提升和公共服务覆盖，真正实现工作重心从经济建设向民生领域的良性转换。

有效拓展或直接创造"腾挪空间"

即使加强片区间竞争的策略能有效降低"钉子户"出现的概率，也未必能完全消除剩余少数"钉子户"对整个更新工作的负面影响。剩下的少数"钉子户"完全可能过度拖长谈判时间，甚至让更新无法启动，或启动后难以顺利完成。那么，该如何破解此类难题？

我们认为，在适度提高规划灵活性的基础上，地方政府应该有意识地在更新片区内或附近寻找有效的"腾挪空间"，有效消除少数"钉子户"对更新项目启动及实施的负面影响。如果在更新中有效地利用了"腾挪空间"，"强化两个竞争"的措施才能全面发挥作用。

仍以前面的案例来说明创造一个有效的"腾挪空间"对加速城市更新的重要价值。某旧村有1000亩建设用地，假定其中500亩为连片宅基地，另外500亩为相对连片的村集体物业用地。传统"三旧改造"的操作模式是局限在这1000亩的建设用地范围内做文章，而开发商则要综合考虑地价优惠幅度、拆迁谈判难度、复建安置总面积和总成本以及可开发总面积及其结构（商业和住宅比例）等因素，在完成初步测算后决定是否介入并启动拆迁谈判。

一般而言，由于不涉及个体村民的宅基地拆迁，只要愿意支付合理的过渡期费用并给予足够的集体物业补偿，开发商就可以相对容易地取得大部分村民的支持并对该村中的500亩集体产业用地先行拆迁。但在绝大部分情况下，整个片区更新的安置和开发用地要超过500亩，所以只进行集体产业用地的拆迁是不够的，这就意味着开发商必须取得相当比例，甚至是全部村民对宅基地拆迁的支持，才能顺利启动并完成更新工作。一旦出现少数"钉子户"，且其分

第八章 城市更新的困局和模式创新

布较为分散,更新工作就可能遭遇重大挑战。

在实际操作中,开发商往往要等几乎所有个体业主都谈妥并签约后,才启动安置物业和融资物业建设,甚至是谈妥一家就马上拆迁一家,生怕业主反悔,"夜长梦多"。有些业主也吃准了开发商的心态,非要通过"熬时间"来提高要价,结果是开发商必须为已拆迁业主支付更长时间的临时安置费用。

但如果该村还另有一定数量的一般农田,那么在区位和规划允许的前提下,就可以利用这部分一般农田,配合500亩相对连片的集体产业用地,直接推动融资物业和安置物业建设。只要通过谈判取得绝大部分村民对其个人和村集体物业拆迁补偿方案的支持,就可先征用一个比如面积为400亩的一般农田,结合500亩的集体产业用地,在总面积为900亩的空地上启动更新。待安置物业建设完成后,原旧村居宅基地上的业主就可以直接迁入安置物业,政府再将腾出宅基地复垦成为农地,完成一个更新片区内的小范围"建设用地增减挂钩"。当然,要使用400亩的一般农田需首先征地,此时政府将向村民支付征地费用,同时还可以给予村民相应的留用地指标,或者直接将这部分指标折算为改造后的留用物业或等值现金补偿。

上述片区内小范围"建设用地增减挂钩"所进行的腾挪,不仅有现实的政策依据,所需政府审批的层级也不高,一般是市、区一级就可审批,报省级政府有关部门备案。

具体而言,推动片区内小范围"增减挂钩"的创新模式具有以下四个方面的优势:

首先,创新模式将显著提高政府可获得的地价水平。由于融资开发和安置物业建设基本上都在空地上进行,少数"钉子户"基本不能影响整个更新的启动和完成。只要完成绝大部分村民的拆补谈判,就可以通过片区内的小范围"增减挂钩",实现融资物业和安置物业的同步建设。正是因为融资物业和安置物业建设都在空地上进行，政府给开发商的地价优惠就可以大幅度减少，极限情况下甚至可以接近净地"招拍挂"地价；部分条件成熟的片区甚至还可以考虑对融资地块土地直接进行"招拍挂"，然后政府另外招标完成安置物业建设。

其次，上述腾挪将大幅度减少现有模式下数额可观的临迁费、复建垫资利息成本以及各种不可预见费。在开发商主导拆迁谈判模式中，临迁费原来要计入开发商的开发成本，最后用融资地块的地价优惠来覆盖。但在创新模式下，由于找到了一个有效的腾挪空间并先期建设安置物业，开发商可以节省部分乃至全部的临时安置成本。此外，由于是在空地上建设开发物业和安置物业，开发商能更快实现开发物业的销售，村民和村集体也能更快获得安置物业，这也会大幅降低开发商垫资建设的利息成本。此外，由于剩下的少数"钉子户"基本不会影响整个更新进程，传统模式中开发商一般要列入的不可预见费将大幅降低。从而，上述临迁费用、开发商垫资复建利息、不可预见费的节省，相当于创造了额外的利益空间并由政府主导分配。

第三，创新模式有助于降低融资开发所需的用地面积，或抑制融资开发地段的过高容积率，甚至还可能给地方政府带来额外的建设用地指标。因此，在给定更新地块容积率以及片区总建设面积后，开发商实现财务平衡所需的开发面积以及融资地块的土地面积都会有所降低，传统模式下开发商不断要求突破现状容积率的压力大幅降低，政府增加公共配套用地的要求更容易得到满足。

更重要的是，政府完全可能获得额外的建设用地指标。在上述案例中，一个完全可能出现的情况是，政府只需征收400—450亩农地，加上原有的500亩集体物业用地，就可以满足该片区融资和安置物业的用地要求，而片区内原有的500亩宅基地只需复垦

400—450亩就可实现"建设用地增减挂钩",因而政府最终还可获得50—100亩的额外建设用地指标。当开发商在空地上建设完安置物业后,即使少数"钉子户"继续拒绝签署拆迁协议,也不会对完成400—450亩的"建设用地增减挂钩"产生任何影响。当绝大部分业主搬入安置物业后,对原有宅基地的复垦就可以开始,此时要完成足额宅基地的复垦非常容易,而"钉子户"面临的局面将非常被动,在政府和村集体做工作后选择搬迁的可能性将大幅增加。当少数"钉子户"最终选择搬迁后,政府将获得50—100亩的额外建设用地或指标,或用于公益事业,或用于商住与产业开发,或将其复垦并将指标转移到其他区位使用。

理论上,由于原来使用的400—450亩耕地已经支付了征地补偿费用,而且在复建物业中折抵了"留用地安置"或"留用物业安置"指标或给予了相应的现金补偿,这里复垦的400—500亩农地在所有制上就变为国有农地。政府可以选择在一段时间内免费交给农民耕种,但保有未来收回的权利,这样就有效实现了对这部分复垦农地的储备,未来通过安排计划指标,或购买外地指标,或通过本地其他片区类似建设用地增减挂钩节余指标等方式,完全可以实施再开发。因此,这种做法如果可以在多个片区内推动,还有助于缓解用地指标短缺的问题。

第四,还有一个附加优势,就是在前述引入土地供应方和土地需求方两个竞争主体的基础上,通过有效的"空间腾挪"切实提高了旧改效率,真正全面做大了社会"蛋糕",创造出了一块额外的资源去实现更有针对性的强力招商引资或公益事业建设。

虽然上述片区内"建设用地增减挂钩"是一个理想案例,但其思路完全可以推广到其他用地条件不那么理想的片区更新中。比如,一些更新片区附近没有一般农田,但片区内或片区附近有相当数量的集体产业乃至国有产业用地。那么,只要和相关用地业主谈判并达成合理的利益分配条件，就可以将这些额外土地作为一个"腾挪空间"进行先期的融资开发和复建物业建设，最后再对腾挪后取得的旧村居用地实施拆迁并将部分或全部土地用于新产业招商。通过这样的操作，政府将得到类似前述片区内小范围"增减挂钩"的大部分好处。

当前，很多城市在更新中强调要"保产业"，其主要手段仍然是机械地保留现有产业用地的空间，但此类做法未必能真正实现"保产业"的目标。上述"两个竞争加一个腾挪"的创新模式，恰恰有助于大幅降低旧居住区改造的成本，并吸引有实力的产业来本地投资。

当然，实现"空间腾挪"意味着城市规划的灵活性要有所增加，比如，在原有工业用地上建设住宅，在原有住宅用地上发展新型产业。在创新模式下，因为开发商在中标旧改项目之前就已经明确了配套招商引资的对象（否则根本无法中标），其吸引来的产业既可以在本更新片区落地，也可以依据政府安排在本城市任何其他地段，如特定开发区落地，开发商只要确保该企业落地所需的额外住房优惠条件就可完成任务。

上述讨论假定更新片区内部或附近有一个较为理想的连片空间可以腾挪，但如果某个更新片区附近既没有一般农田，产业用地也不足，或者产业用地和住宅用地相互插花，必须动迁部分居民才能推动更新，是否仍然可以利用空间腾挪来提高财政净收益并加快更新速度？

回答是肯定的。假定一个片区只有居住用地，此时政府完全可以在制定一个相对统一的拆补标准后，委托第三方工作小组直接进入该片区逐户摸底，争取获得部分连片地块上的所有业主支持并完成签约[13]，这样就有机会先进行该连片地块的拆迁，从而营造出一个腾挪空间进行安置物业建设乃至融资开发建设。实际操作中完全

第八章　城市更新的困局和模式创新

可以进行如下操作：如果某连片地段的所有业主一致同意签约，那么每个业主都可以获得一个有吸引力的现金奖励，同时做好这部分业主的临迁安置，并通过优先分配安置住房、优先选择安置住房楼层等方法来强化激励。

一旦通过第三方工作小组的前期工作营造出一个足够的"腾挪空间"，政府就可以启动此类"老大难"地块的拆迁。比如，如果在上述人为营造的腾挪空间上进行先期建设可确保所有业主至少能获得其第一套安置房，那么就可以通过规划把集体物业和村民剩余的安置房物业直接安排到"钉子户"集中的位置，以此助力后续的拆迁。一旦在大部分业主支持的基础上启动了更新工作，这种规划措施就有助于动员起整个社区对剩余少数"钉子户"的压力，降低片区更新难度。

很多开发商在城市更新实践中积极地使用了类似方法，但他们在使用这些方法时一般很难具备系统性，经常还会受限于城市规划不够灵活、规划调整难度较大、缺乏有效手段对付"钉子户"等约束条件，开发商往往不得不等片区全部拆迁完毕后才能开始建设。但在创新模式中，政府及其委托的第三方工作小组可以发挥更积极的作用，全力配合其他村民、村干部以及开发商一起去解决"钉子户"问题。如前所述，有意识地创造"腾挪空间"会提高拆迁效率并带来一块额外的资源，政府既可以为获得这块额外资源而更努力使用"大棒"来协助开发商，也可以将额外资源的部分或全部通过开发商释放给业主，即提供更多的"胡萝卜"，或者两手并用。

实际上，在一些现状高密度城中村的更新中，只要周边房价足够高，政府愿意给出较高的容积率，拆迁改造在财务上就是可行的。但由于这些地段的业主建设了较大规模的"法外"物业，租金收入也较高，因此不愿意接受政府在现有拆迁赔偿标准下对其"法外"物业的低现金补偿，结果根本谈不拢。但创新模式有效降低了各类成本，实际上等于创造了一个额外的利益空间，政府完全可以将其至少一部分让渡给开发商，由后者通过现金奖励、物业奖励等方法对"法外"建筑规模较大的业主进行更高标准的补偿，甚至开发商还可通过部分自持物业直接落实到个人业主等方式来柔性处理"法外"建筑的赔偿问题。

比如，对"法外"建筑面积较多的业主，政府可以允许开发商建设一部分租赁公寓，此时土地可定性为商业用途，由于地方政府一般对商业用地可以给出较高容积率，这样就回避了住宅用地容积率更严格的限制。此时，开发商也不会因对"法外"建筑赔偿过多住宅而降低商品房可售量。对那些"法外"物业较多的业主而言，如果可以通过这个方法获得更大面积或更高租金的新租赁物业，也会从抵制拆迁变成愿意配合。

上述思路完全可以适用于城市老旧小区的"拆除重建式"改造。相比于城中村业主单栋住宅的拆迁，老旧小区拆迁改造的难度往往更大，片区中任何一栋公寓楼只要有一个"钉子户"，整栋楼就无法拆迁，甚至还可能导致整个片区难以启动更新。因此，地方政府往往不愿意惹这个麻烦，干脆不拆了事。

如本书第二章所述，一段时间内，不少城市利用中央"棚改政策"推动老旧小区改造，而纳入"棚改"的小区可以对少数"钉子户"实施强拆。这种做法主要依据《国有土地上房屋征收与补偿条例》中关于旧城区改造的规定。

"棚改"主要在人口流出地城市推动，更应该进行改造的大部分人口流入地城市，却基本没有大规模推动老旧小区改造。更进一步来看，"棚改"政策未必适用于这些城市很多老旧小区的"拆除重建式"改造，因为这些老旧小区达不到"棚改"要求的"危房集中"标准，而且小区居民往往不愿意拆迁后被异地安置。

从我们对一些城市老旧小区的调研来看，不少人口主要流入地城市的老旧小区确有必要进行拆除重建式更新，因为只有这样才能全面完善公共配套，包括拓宽道路、增加绿地、加配地下停车设施等。而且，不少老旧小区位置良好，房价完全可以支撑拆除重建的财务平衡要求。在这种情况下，除了制定一个较为优厚的统一拆补标准，并开展各老旧小区对拆迁支持度的竞争，第三方工作小组或潜在开发商还可以将片区竞争的原则进一步延伸到老旧小区内部的不同公寓楼之间。

比如，那些首先取得全楼支持的所有业主将获得一笔具有吸引力的现金奖励，而如果多个相邻楼的所有业主都支持拆迁，还可以在前一个奖励的基础上增加一个额外的奖励，从而取得局部连片的土地并启动建设，然后以滚动方式逐步完成小区的全面更新。

当然，如果老旧小区附近有一些低效利用的国有或集体土地，也可以纳入更新单元并作为"腾挪空间"来降低拆迁谈判和临时安置成本。只要通过上述腾挪创造的新增利益空间足够大，而且实现了较为合理的利益分配，就有机会说服那些周边地块的业主加入并实施统筹更新。在旧村居和城市老旧小区的更新中，地方政府应该有意识地将相邻的低密度空间纳入更新单元并推动统筹改造，全面降低老旧小区更新的难度。

目前，我国各级政府对老旧小区更新，乃至部分城中村、城边村改造的态度，不倾向于"大拆大建"，只鼓励"微改造"，或只推动所谓的"综合整治"。考虑到部分城市存在强拆现象并引发社会不稳定，以及因"钉子户"问题、拆迁标准"水涨船高"等因素带来拆迁难度过大等问题，推动"微改造"确实有一定道理，但也不应简单化甚至绝对化，因为难拆就干脆不拆。

事实上，我国很多人口流入地主要城市有大批20世纪90年代乃至20世纪80年代建成的老旧小区，其建筑质量和基础设施配套相当差，不仅楼房没有电梯，小区还缺乏绿地。而且，地方政府推动老旧小区"微改造"只有财政投入,没有资金回收途径,即使改造带来了居民房产的升值,业主也基本不愿意支付任何费用。

一些老旧房屋加装电梯时,往往还会引起不同楼层的纠纷,甚至有些城市还出现政府花了钱老百姓却未必满意的情况。比如,一些老旧小区和城中村居民非常希望被拆迁,可"微改造"或"综合整治"后,相当一段时间内就不可能再进行"拆除重建式"改造;又如,一些小区由于没有纳入政府"微改造"计划而无法受益,而其他一些小区被纳入后受益了,引发对财政投入公平性的抱怨。考虑到地方政府的财政收入和债务情况,未来全面推动"微改造"的难度不小,地方政府的积极性堪忧。

更重要的一点是,人口流入地主要城市的很多老旧小区所在区位优越,周边地段的商品房价相当高,远未实现土地的"最高最佳用途"。地方政府只要适度增加容积率,并同时让出部分或全部融资商品房所对应的地价,就完全可以覆盖对业主进行原地回迁的安置房建筑成本。因此,如果继续保留现有老旧建筑的基本形态,只进行"微改造"或"综合整治",在经济上不是一个合理的选择,甚至未必是一个公平的方案。

此时,如果可以采用本章提出的创新思路,政府不仅不用额外支出就可以顺利实施"拆除重建式"更新,甚至还可以获得更多的公配用地和出让金收入,且原业主基本不用自己支出就可以"以旧换新"。通过大幅压低老旧小区"拆除重建式"更新中"钉子户"出现的概率,创新模式不仅可以通过原址回迁实现业主居住条件的大幅度改善,还通过给予开发商一定的融资开发面积而有效增加了城市商品房的供应,完善了城市公共配套设施。因此,除了选择部分小区进行"微改造",推动新模式下的老旧小区"拆除重建式"更新,应该作为未来一段时间人口主要流入地城市的重要政策导向。

第八章　城市更新的困局和模式创新　　　　　　　　　　　　　　　　363

需要解决的几个问题

以"放权简政"破解"政府审批困局"

除了"两个竞争加一个腾挪",地方政府也要推动规划体制创新,大幅度简化审批程序,优化审批流程。

在应对"纵向多机构管制困局"时,城市政府完全可以把大部分审批的权力从市级下放到区级,而在处理"横向多机构管制困局"时,可以考虑推动相关的机构和法律、法规的合并。当然,政府未必需要修改已制定且被证明为合理的地方建筑和基础设施配套标准,也未必需要调整本地的相关法律法规,而只需采取一些政策措施来更好地协调既有的多部门审批流程,就可以大幅缩短审批时间。比方说,地方政府可以为更新许可证设立"一站式窗口",而开发商和业主可以通过政府内设的这个联络点去获取相关部门的快速回复。另一种方法是对参与开发主体实行"默认批准",倘若相关部门不能在规定时间内提出有效的反对意见,更新主体的提案自动获得批准。

总之,要破解"多机构管制困局",关键是城市政府要下决心将改革的对象设定为政府本身,消除多机构、多层级政府来回审、交叉审、相互推诿责任,甚至分散寻租等多种阻碍城市更新的不利情况。这需要对当前严重阻碍城市更新进度的规划审批体制进行体制性和技术性的调整,尤其适度增加规划的弹性来适应社会、经济乃至产业发展的趋势性变化。

比如,为了促进产业发展,某些城市在城中村改造过程中,要求必须至少保留与原用地面积相等的工业用地,但由于原有工业用地上建设的基本是低层的分散式厂房,本来土地利用就非常不集约,因此,在对此类地段实施更新时,完全可以在改造中建设多层厂房,以更小的土地面积提供更多的工业建筑面积,一方面可以满足制造业升级的需要，另一方面可以腾出部分土地满足升级后的居住、商业及公共设施建设需要。与此相反，在更新中坚持过高的产业用地面积比例，不仅不是保障城市产业发展的有效途径，反而可能严重阻碍城市更新和产业升级。

第三方工作小组的独立性

在我们的调研过程中，地方官员普遍有一种担心，就是如何建立真正独立和中立的第三方工作小组（或前期服务商）工作机制。在各地既有的工作模式中，很容易出现第三方工作小组和前期服务商与开发商利益捆绑的情况，甚至一些地方引入的前期服务商就是开发商的直接代表。

我们认为，创新模式在机制设计上就避免了上述利益捆绑情况的出现。这是因为，当政府预先制定了统一的拆补标准后，第三方工作小组或前期服务商进入那些改造意愿最高的片区开展工作时，即使政府和第三方可以向多个潜在的开发商就单元策划和规划方案征求意见，但这些开发商并不确定自己未来是否一定会中标而成为实施主体。

总体来看，第三方工作小组和前期服务商主要是为政府和全体业主服务的，其任务主要包括政策宣讲、片区策划、规划、物业测量，以及在拆补标准指引下征求村民改造意愿等，并不参与实施主体的中标决策，开发商自然没有理由对其进行利益输送。因此，从工作流程的设计上，创新模式反而有助于培养独立的、具有专业标准的第三方工作小组或前期服务商。

当然，上述讨论只是一个理想模式。由于很多片区已有开发商或前期服务商进入，因此，我们还需考虑的是，在这种情况下，如何让创新模式和已进入的开发商、前期服务商进行合理衔接。

第八章　城市更新的困局和模式创新

和传统模式的衔接

如果一些潜在的更新片区已引入开发商或与之相关联的前期服务商，且已经和村集体签署合作意愿，如何导入本章提出的创新模式？

我们认为可考虑如下两种处理方式：

第一种方式，政府仍然制定全区统一的市场化拆补标准和奖励措施以稳定村民预期，然后通过更新支持度排序确定纳入年度更新工作的片区。此时，政府可提前将排序方法和操作程序全面告知进入各村的所有开发商和前期服务商，引导其为争取排名而展开竞争。

一旦某片区列入年度计划，就可以引入第三方工作小组，由其主要负责工作宣传和基础摸底工作，而相关片区的策划和规划仍可继续交给开发商或其委托的前期服务商完成。

我们参与的实地调研和更新实践都表明，前期已进入片区工作的开发商或前期服务商一般都非常欢迎第三方工作小组进行政策宣讲和基础摸底，也有意愿全力配合第三方工作小组的工作。在第三方小组完成任务后，政府既可以考虑给最后中标的开发商保留以前的规划条件或出让金优惠，也可以和开发商协商新的片区规划和出让金条件。

第二种方式，政府通过改革试点选择试验片区，先回避那些开发商或关联前期服务商已进入的更新片区，让这些片区的前期服务商和开发商继续进行谈判，但如果这些片区在各片区业主支持度竞争中的排名一直没有靠前，那么达到政府规定年限后这些片区就自动退出，然后再将其纳入创新模式进行推动。

还有一个实践中可能碰到的复杂情况，就是对那些因多个开发商争相"插旗"或村内各派恶性博弈陷入僵局的村庄，如何利用创新模式缓解矛盾乃至破解僵局？

我们认为创新模式本身就有助于缓解片区内不同利益主体之间的恶性竞争。因为在创新模式下，争取每一个业主对统一拆补标准的支持并早日列入政府年度更新计划,已经成为各方的共同利益所在。

由于某个片区列入更新年度计划后,地方政府具有决定项目实施主体的主导权,完全可以明确告诉各方,政府将依据各个主体是否与政府合作来配置开发权和相关的开发收益。加上政府还掌握着依据各"插旗"主体的表现来决定其未来能否参与本区其他旧改项目的权力,无法实现协作的各方将无法实现任何收益,因此,原来斗争的各利益群体就会倾向于停止斗争而选择团结协作,原来各个利益群体内的个体业主出于自身利益也会最终抛弃那些继续斗争的领导者。

正是从这个意义上讲,即使创新机制不能完全解决开发商争相"插旗"、不同派别"互扯后腿"的僵局,也将大幅缓解这类僵局带来的各种矛盾。换句话说,创新模式本身内置的片区间竞争机制不仅将有效抑制各方不合作的倾向,而且地方政府也掌握足够的利益分配手段鼓励原来互斗的各方实现合作。

如何真正锁定大多数支持者和少数"钉子户"

另外一个担心是,第三方工作小组或前期服务商是否可以真正锁定大多数支持更新的业主。由于第三方工作小组是地方政府委托、有一定权威性的组织,一旦大部分村民经过政策宣讲和几轮谈判后表示同意就不能随意反悔。

现实中当然不能完全避免事后反悔情况的出现,但完全可以设定如下的明确规则:如果反悔村民超过一定的比例,该村更新自动停止,且未来相当一段时间内不再考虑将该片区纳入"拆除重建式"年度更新计划。这将有效遏制大规模反悔的现象。

最后,即使前期同意的业主事后部分出现反悔,也要远远好过目前开发商在没有第三方小组协助时直接进入片区并导致"钉子户"

频出的情况，何况政府、村集体和开发商还掌握各种资源和办法对这部分反悔的业主进一步开展工作并最终取得支持。

四 一个可行性测算

无论是珠三角地区推动的"三旧改造"，还是全国其他人口流入地主要城市的城中村改造，都因拆除重建普遍出现了"绅士化"，难以继续容纳中低收入流动人口，结果商品房价格和租金持续上涨，城市发展的活力显著下降。

城市在推动更新时往往强调必须保留一定比例的产业用地和用房。应该说，这个思路有其合理性，但在执行过程中也要避免绝对化和机械化。当前阶段，城市要有效地吸引产业和人才，可支付的住房条件甚至比优惠税收、产业用地及用房条件还更重要。[14]

本章提出的创新模式加快旧村居改造，不仅可以大幅增加商品房供应，有效抑制房价过快上涨，还可以为被拆迁业主安排多套安置住房，其中一些则会进入城市租赁住房市场。

在当前各地的城中村、城边村改造中，集体物业补偿中往往安排了过多的商业、办公物业，很多城市的商业、办公物业已经严重过剩，租赁住房却严重短缺。在中央政策积极鼓励利用集体土地建设租赁住房的背景下，如果把部分开发商还建的集体物业安排为租赁住房或长租公寓，不仅可以有效缓解城市租赁住房严重短缺的局面，还将大幅降低地方政府提供保障性住房的压力，从而显著加强对不同收入群体的吸引力。

也就是说，只要城中村、城边村集体土地新建出租屋规模足够大，就很容易实现每平方米年均300元的租金水平。按这个租金标准，流动人口完全能够在现有收入水平下大幅改善住房条件并实现家庭团聚。根据原国家卫计委2016年的流动人口调查数据，就业流动人口平均月收入是4503元，夫妻双方平均收入超过9000元，假如一个三口或四口之家租住一套75平方米的住房，月租金将只需2250元，仅占家庭月收入的25%左右。这基本上就是房租占收入比例的国际平均水平，目前大部分流动人口家庭完全有能力支付。

如果我国居住在集体宿舍或工棚的流动人口可以住进体面的可支付出租房，同时将现有流动人口人均居住面积从15平方米提高到20平方米，那需要至少建设22亿平方米出租屋及3亿平方米左右的公共服务设施。再考虑到未来流入地城市还要接受总额6000万左右的农村留守人群，将还需建设12亿平方米出租屋。即使只考虑消化存量的流动人口与其留守家庭成员，而不考虑未来15—20年中国城镇化进一步提升到70%—80%水平后新增的城市流动人口，以上出租房建设的总面积也要达到35亿平方米。

短期来看，如果措施得当，人口流入地主要城市，尤其是特大城市和大城市，在未来利用城中村、城边村、集体经营性建设用地以及部分国有低效建设用地建设起35亿平方米、4000万套可供租赁的住宅，基本可以解决现有城市的2亿多存量流动人口及其家庭成员在流入地城市的体面租住问题。如是，中国人口完全城镇化率（以户籍人口计算）将很快超过60%，与当前中国经济发展的水平基本适应。

不妨大致测算上述新建出租屋所需集体建设用地数量。如果上述用地按照2的毛容积率进行建设，总计35亿平方米的住房建设所需集体存量土地为1752平方公里左右，加上配套的公共服务设施用地（以25%计），共2336平方公里，仅仅相当于2015年全国城区面积的1.22%。根据第三章和第七章提供的建议，利用现有的集体经营性建设用地或城市国有工业用地中的存量低效用地进行部分租赁住房建设，不仅不会占用耕地，还可以通过适度提升存量低效用地开发强度增加公共服务设施用地和城市新产业发展用地。

近年来中国经济"三驾马车"同时放缓，尤其国际贸易摩擦加剧，下行压力进一步加大，稳投资、稳增长、稳就业的压力很大。但与此同时，利用城市存量低效集体和国有土地建设租赁住房和商品房的潜力巨大，短期内就可以有效消化我国能源、原材料的过剩产能，对内需的拉动作用不可忽视。

表8.1给出了三年内累计建设35亿平方米出租房的经济拉动效应。政策实施三年中，新增租赁房建设本身就可以直接带动钢铁消费1.57亿吨、水泥7.7亿吨、玻璃7.4亿平方米。如果进一步考虑到建设所需配套对钢铁、水泥以及其他能源建材的消耗，加上城中村及其他城市存量低效用地所在地段的更新改造潜力，上述改革对短期增长的拉动和过剩产能的消化效应还更大。

表8.1 集体土地建设出租房的经济增长和产能消化效应

	单位	第一年	第二年	第三年	合计
年建设面积	亿平方米	11.67	11.67	11.67	35
拉动直接投资	万亿	4.67	4.67	4.67	14.01
住房建设直接消耗钢材（每平方米45公斤）	万吨	5252	5252	5252	15755
住房建设直接消耗水泥（每平方米220公斤）	万吨	25674	25674	25674	77022
住房建设直接消耗玻璃（每平方米0.21平方米）	亿平方米	2.45	2.45	2.45	7.35
累计建设面积	亿平方米	11.67	23.34	35.01	35.01
总租金（年租金每平方米300元）	亿元	3501	6000	9000	18501
出租屋所得税（10%）	亿元	350	600	900	1850
流动子女学位提供（年人均5000元）	万人	700	1200	1800	3700
总占地（小区容积率2，配套用地25%）	平方公里	584	584	584	1752

注：每平方米建筑成本4000元，其中建安成本3000—3200元，基础设施配套800—1000元。

上述方案还有助于解决相当数量的流动人口子女在城市享受义务教育的问题。比如，对上述以出租房为主、容纳外来人口的城中村/城边村地段，政府可以利用开发商缴纳的公益用地建设公立学校并接收外来人口子女入学，而学校运营费用完全可以来自对出租屋征收的物业税或租金所得税。

如上表所示，按照累计35亿平方米的建设规模测算，按租金10%抽取租金所得税，政策实施后三年的每年租金所得税可以达到350亿元、700亿元和1050亿元，对应目前义务教育阶段人均年5000元的经费标准，三年出租房屋所得税收入可以分别解决700万、1400万和2100万新增流动人口子女的就学问题，同时还可以创造35万、70万和100万城镇教师就业岗位。如果配合部分中央转移支付和地方政府配套投入，完全可以解决流动人口子女在城市享受义务教育的问题，而严重制约中国未来社会发展和稳定的留守儿童问题将同步解决。

从中长期来看，上述改革将有效推动大批农民工的"市民化"，并进一步增加能源、家具、家电消费，而大批流动人口定居城市后的收入增加和消费提升又会带来城市房地产业和相关服务业的进一步发展，吸引更多农村人口流入城市并对国民经济形成更强大的拉动效应，最终将有助于中国实现经济持续增长和社会和谐稳定，避免落入"中等收入陷阱"。

3亿—4亿的流动人口及其留守家庭成员实现"完全市民化"，可为城市新增1000万—2000万劳动力（主要是现在因照顾留守儿童而不得不返乡的留守妻子），并有助于城市存量流动人口持续工作到退休年龄，抑制城市中低收入劳动力工资的过快上涨，与此同时提高流动人口的家庭总收入；而几千万农村留守儿童进入流入地城市接受教育，更将从中长期增加高质量劳动力供给，从而有助于逐渐培育一个购买力不断增加的中等收入阶层。

要推动上述改革并非易事。在现行体制下，地方政府对土地财政的依赖程度较高，缺乏利用城市集体和国有低效建设用地建设租赁住房的激励。这就需要从中央层面制定相关的管控和激励政策，如人口流入地城市每年需完成一定的租赁房建设要求，并制定包括建设用地指标在内的奖励措施。

大规模推动城市的租赁住房建设需要防范一些潜在的政策风险，尤其要限制村集体、开发商在内的建设方的"明租实售"，与购房人私下签订购房合同，结果出租房变成了商品房。在实际政策操作中，完全可以采取有效措施防止此类套利行为。比如，城市政府可委托市场化的第三方物业管理公司进行住房出租和物业管理，不仅能防止套利行为，还能有效提高小区的管理水平，改善居住环境并增加社会就业。经过10—20年，城市房地产泡沫逐步化解后，可以允许这些出租房在缴纳部分税费后转为"大产权"，最终将实现外来人口"居者有其屋"的目标。

确保住房价格和收入增长匹配，尽可能满足城市居民的住房购买和租住需求，应该是中国构建城市房地产市场调控长效机制的根本目标。要实现这个目标，不能主要依靠地方政府的财政补贴，也不能只在城市国有土地上做文章，因为无论是商品房供应，还是出租房建设，都会因城市政府对住宅用地的垄断而难以有效增加。由于中央房地产主管部门不能控制地方政府建设用地的供给，在设计租赁市场调控机制时就很难要求地方政府通过大批廉价供地来建设长租公寓。当前，在住宅用地拍卖时，一些地方政府直接要求配建一定比例的公租房和人才房，但这很容易对城市的土地财政收益带来冲击，地方政府不会持久推动此类措施。

与此相反，利用集体和部分国有存量低效土地建设出租屋公寓，则可以为建立住房长效调控机制创造良好条件。住房市场主管部门可以要求地方政府建设一定数量规模的出租屋公寓，并把该目标和行政性房价管制政策放松相挂钩。比如，可以将租赁公寓及商品房供应的增加和商品房市场价格管制放松挂钩，给市场传递如下明确信号：一旦逐步增加了商品房和出租屋，就可以逐步放松对商品房销售的价格管制。

为激励人口流入地城市政府推动租赁住房建设，还可以考虑增加中央财政和相关政策性金融机构的财政和信贷支持，对相关更新改造提供部分市政配套补贴。考虑到财政部既有"棚户区改造"政策中已有市政配套补贴，完全可以将相关资金转向人口流入地城市的旧村居和旧城区改造，条件是这些改造能够增加一定的租赁住房供应。

在目前城市更新模式难以为继的情况下，本章建议的创新模式有以下三个方面的优势。

第一，从"要我改"变为"我要改"，政府将在和更新片区业主的博弈中占据主动地位。创新模式通过建立各潜在更新片区争相纳入年度计划的竞争机制，全面扭转了目前政府在推动城市更新上的被动局面，各个潜在片区的村民和村集体将竞相努力达到政府设定的支持率门槛，大幅减轻政府的工作压力。

第二，更新统筹主体由开发商全面回归城市政府，政府在和开发商的博弈中也将占据主动地位。在创新模式下，不仅开发商难以继续和村民合谋要求增加容积率或减少出让金，政府还可以要求开发商适度调高出让金，或直接要求开发商完成配套招商任务；更重要的是，还能有效改变目前开发商投入大量人力、物力、财力去和村民、村干部博弈，却往往多年无果的被动局面，从而将开发商的主要精力导向为城市发展招商引资。这不仅有利于减轻政府自身的招商压力，还有利于培育开发商的专业招商能力。一旦新模式运转起来，各地政府就可以利用三旧改造中的潜在利益，迅速整理城市存量土地，实现改善居民居住生活条件、全面提升城市面貌及优化投资环境的良性竞争格局。

第三，以"有效表决加及时审批"加快城市更新，制约村集体和开发商"合谋"带来的改造成本攀升，减少因赔偿不公平引发的"钉子户困局"。在传统模式下，前期服务商或合作企业完成拆迁谈判至少需要 2 年时间，一般长达 3—5 年。而创新模式采用预先公布拆补标准下的跨片区竞争排序，可以在半年之内实现 80%—90%业主支持率，加上政府招标、实施方案制定和政府审批时间，因此一个更新片区从拆迁意愿调查到启动开发，完全可以在 1 年半到 2 年内完成。

附录
基于一个案例的说明

在现有城市更新实践中，片区策划时的财务平衡测算方法大致如下：

第一，依据政府补偿标准和片区用地及建筑现状，测算复建的安置物业、住房总面积和复建成本，加上4—6年的更新周期所需支付的集体物业租金补偿及村民临时安置费用，以及一些前期费用和不可预见费用，从而测算出整个更新项目的总复建成本，设为$E1$。

由于传统模式谈判一般耗时很长，前期费用和不可预见费用往往设定到相当高的水平。比如，开发商在前期工作中往往需支出各种不菲的前期费用，谈判和拆迁中还会支出大量政府难以了解也无法确认的不可预见费用，都会计入片区策划时的复建成本测算。

第二，测算出总复建成本$E1$后，需要对开发融资地块模拟出一个总地价收入，设为$E2$。一般而言，$E2$要大于$E1$，其中的差值就是地方政府收取的土地出让金净值，设为$E3$。因此，$E3=E2-E1$。当然，某些地块$E3$可能等于0，即政府最终不收土地出让金，只希望完成改造，但可抽取相关增值税、土地增值税和所得税等。[15]

第三，为实现$E3=E2-E1$，就必须给开发商一定的融资地块和相应的商品房开发面积。开发商除需支付土地净出让金$E3$，还需承担复建安置地块的成本$E1$。显然，安置地块总复建成本（含临

第八章 城市更新的困局和模式创新

时安置成本）E1 是由开发商垫付的，而政府在对开发商所获融资地块设定地价时会直接将 E1 扣减，然后收取净出让金 E3。实际操作中，地方政府一般是对融资地块的地价打折（在融资地块"招拍挂"的起拍价或某个评估地价的基础上直接打一个折扣，比如6折或7折，此处 30%—40% 的折扣就是给开发商的地价优惠，用于支付开发商前期谈判所需支出），并给开发商一个社会平均利润率（如3年 20% 或 25%）。此时，按照前述规则，打折后，开发商需要缴纳的楼面地价总额，就是前一步计算的融资地块模拟总地价 E2（E2=E1+E3）。给定 E2，就可以在融资地块上安排出一个相应的商品房、商办物业等可开发的建筑总面积和各类开发面积的比例。

应该说，上述测算方法是建立在现有开发商主导更新模式的基础之上的。因此，对开发商主导的城市更新模式而言，这个方法确实具备一定程度的合理性，在珠三角的更新片区策划中被广为采用。

但恰恰由于开发商主导谈判更新模式存在谈判难以及时完成，开发商前期投入成本过高，从启动谈判到完成更新时间不确定，实际更新周期过长等问题，上述测算方法不可避免地存在着相应的缺陷，包括前期费用、不可预见费用和临迁费用过高，以及开发商、村民乃至前期服务商合谋做大现状建筑面积，将"法外"面积转为"法内"面积提高赔偿量等。结果，很多更新片区按开发商主导拆迁模式及相应的测算方法难以实现资金平衡，开发商"挑肥拣瘦"，"只愿吃肉却不想啃骨头"。

这里将结合一个按开发商主导谈判模式难以实现资金平衡的实际案例，给出一个更简化的资金平衡测算方法，并和传统模式的资金平衡测算对比。我们将看到，只要利用创新模式并简化审批流程，就可以让不可能变为可能，同时为地方政府增加财政收益。

该案例是我们调查的位于广东东莞市虎门镇中心位置的一个下辖社区,该社区情况如下:

1. 总面积大约1平方公里(1500亩);
2. 现状容积率为2.5,改造后的极限容积率不能超过5;
3. 该地段净地"招拍挂"楼面地价为每平方米1.8万—2万元,周边商住综合开发(商住比例按照1:9或1.5:8.5安排)后每平方米售价为3万—3.5万元。

显然,这个社区的现状容积率非常高,而周边房价并不太高,如果规划极限容积率为5,按传统拆补模式进行测算肯定难以实现财务平衡,大部分开发商会望而却步。曾有一个知名开发商考虑到本村面积较大,可能有机会通过适度腾挪降低更新成本,但考察后发现,村内所有地段密度都很高,只好放弃。

但如果采用创新模式和相应的测算方法,该村不仅能够实现改造,甚至可能给政府带来一定的公共财政收益。

一个简化的测算方法如下:该村总面积为1平方公里,即占地100万平方米,包括集体物业和村民住宅在内的所有合法和"法外"建筑的现状容积率为2.5。即使对合法和"法外"建筑都给予1:1的赔偿,复建面积最高为250万平方米(实际中完全可以更低,因为该村"法外"面积很大,依据现有市场化拆迁实践,对"法外"面积根本不需进行1:1拆赔)。假定政府需要该片区提供20%的公共配套用地,那么改造后可用于融资和安置地块的土地总面积为80万平方米。当然,我们还可以适度调高这个比例,后面的测算表明,即使公建配套拿走25%也能实现财务平衡。

由于政府可以给予的极限容积率为5,那么80万平方米土地上可建融资和安置总面积为400万平方米,扣除掉安置地块复建回迁的250万平方米，融资地块的总开发面积为150万平方米。

为简化问题，先假定融资地块全部建设为住宅（实际中可以安排10%—15%的商业、办公），则还需在150万平方米中再扣除11%的小区内公建配套面积16.5万平方米，最后剩下可销售住宅面积133.5万平方米。

进一步假定安置地块复建成本为每平方米4000元（该标准基本符合当地实际成本，而即使假定每平方米复建成本5000元也不会改变最后的结论），此时，安置地块复建总成本为4000元/平方米×250万平方米=100亿元。再假定开发商为安置建设需要预先支付100亿元，并同时支付三年利息成本（每年10%）30亿元，而临时安置和物业租金补偿费用为3年，每年9亿元，总计共27亿元（假定每平方米每月30元，一年360元，总成本为3年×360元/年×250万平方米=27亿元，但社区干部认为可大幅调低，因为相当比例的物业现在没有出租或使用）。这样算下来，总复建（加临迁）成本为157亿元（100亿元+30亿元+27亿元）。假定复建成本为每平方米5000元，则可以测算出总复建成本为189.5亿元。

由于周边商品房房价为每平方米3万—3.5万元，那么融资地块净地"招拍挂"的楼面地价可达每平方米1.8万—2万元，因此，当开发商可销售建筑面积为133.5万平方米时，政府理论上可获得的总地价最高可达到240.3亿—267亿元［133.5万平方米×（1.8万—2万元）/平方米］。扣除总地价和复建成本157亿元（或按每平方米复建成本5000元计算为189.5亿元），剩余仍然可以达到83亿—110亿元（或按每平方米复建成本5000元计算则为50.8亿—77.5亿元）。

上述测算中有两个较强的假定：首先是政府能以接近净地"招拍挂"的价格来出让融资地块，让楼面地价达到每平方米1.8万—2万元，只有这样，政府的毛地价才可以达到240亿—267亿元；其次是假定开发商建设垫资建设安置物业周期较短，设为 3 年，这就不仅降低了垫资建设的资金成本（计为 3 年 30%），而且也降低了临时安置费用（每年 9 亿元，3 年总额 27 亿元）。满足这两个假定，政府理论上可得到的净出让金才会达到 83 亿—110 亿元（或 50.8 亿—77.5 亿元）。这里没有考虑拆迁中还有部分现金补偿支出、现金奖励支出以及包括不可预见费在内的其他各类费用，但上述支出数额较小，不会影响大局。

由于开发商要从头开始对每一户村民进行拆迁补偿谈判，"钉子户"频出，不仅耗时较长，而且人力、物力、财力的消耗非常大。此时，地方政府就不得不给开发商一个相当大的地价折扣，这就使得前述融资地块的毛地价很难接近净地"招拍挂"模式下的地价水平。正是因为开发商主导谈判的模式投入大且耗时长，开发商需垫付的安置地块建设资金成本和临时安置费用会更高，比如可能耗时 4—6 年，而不是前面设定的 3 年。因此，如果在这个案例中使用开发商主导拆迁模式，政府可能拿到的净出让金不仅难以达到 83 亿—110 亿元，甚至还可能为负，而这意味着项目难以实现资金平衡，开发商自然不愿意参与。但如果采用创新模式，尤其是制定一个全区统一拆迁标准并引入"两个竞争加一个腾挪"方法，财务平衡就很容易实现。

在上述测算中，政府可获得的 83 亿—110 亿元的最高净出让金只是一个理论值，在这个空间内，政府最终获得多少取决于运用创新模式后的"钉子户"还有多少，诉求多高，其空间分布给拆迁、复建及融资地块建设带来了多大困难，以及政府愿意给开发商让利水平等因素。

但即使我们把前面政府基础设施配套用地的比例提高到 25%，在改造后最高容积率 5 的假定下，可建设总面积将为 375 万平方米，扣除复建物业 250 万平方米及扣除 11% 的小区内公建配套面积，可售物业面积为 111.25 万平方米，按每平方米 1.8 万—2 万元的净地"招拍挂"楼面地价测算，总价还是可以达到 200.25 亿—222.5 亿元，仍然显著高于复建（加临迁）总成本的（假定复建成本为每平方米 4000 元）157 亿元或（假定复建成本为每平方米 5000 元）189.5 亿元。这说明，即使基础设施配套用地达到 25%，该片区的更新改造也完全可能实现资金平衡。

注释

1 参见陶然、王瑞民、史晨：《反公地悲剧：中国土地利用与开发困局及其突破》，《二十一世纪》2014 年第 7 期。
2 陶然、王瑞民：《城中村改造与中国土地制度改革：珠三角的突破与局限》，《国际经济评论》2014 年第 3 期。
3 实际上，正是因为旧村居的基础设施和公共服务不足，城中村的住房价格要比相邻地段的大产权房低出很多，而这一价差就构成了城中村改造的有利条件。只要政策到位，利用这个价差就可以调动各个利益方的积极性，并不需要政府进行额外的投入来完成这些地段的"拆除重建式"更新。
4 对几乎没有增量土地可开发的特大城市深圳而言，确保产业用地当然有一定合理性，但具体措施不应该过于僵硬。比如，可以对更新片区内改造后工业用地面积或比例适度调低，往往就可以让特定片区的更新从财务不可行变为可行。实际上，新型产业要真正在本地扎根，主要还是吸引中高级人才以及为这些人群服务的中低收入人群能够在城市落地生根。因此，对于深圳、广州这样的一线城市而言，提供可支付的体面居住条件，吸引并妥善安置各类人才以及为这些人才提供各类生产与生活服务的中低收入人群，甚至比供应多少产业用地、用房的面积更为重要。
5 工业红线的划定过于严苛、缺乏弹性，这会给城市更新中实现"有效腾挪"带来严重挑战。比如，在很多城中村改造中，村民大都希望先盖好安置房后直接搬迁。很多城市都出现过村民先临迁后安置，但迁入安置房等待时间过长，结果是村民对政府或开发商缺乏信任。此外，临迁还往往给村民带来了各种麻烦，如一些村民难以找到合适的临迁场所，或对临迁环境难以适应，所以村民要求"先安置后拆迁"有相当的合理性。实际上，村内或相邻片区的产业用地，如果不存在严重的污染问题或绝对的规划约束，恰恰就是先行给村民建设安置住房的可选地段。如果可以把这些产业用地的部分或全部划定为安置区，并提前启动安置建设，不仅能有效缓解村民的顾虑，还可以大幅度降低更新的临迁费用。在这种情况下，待村民安置完毕后，再将部分甚至全部旧村居用地划定为产业用地就顺理成章了。这就意味着政府需要适当调整根据片区现状划定产业红线的政策，让自上而下的规划变成和拆迁策略相容、自下而上的"参与式规划"和"策略性规划"，通过提升城市规划的灵活度和合理性来实现规划的科学性。

6. 由于过去开发商主导拆迁模式带来业主对拆迁补偿要求过高，深圳提出对相当比例的城中村未来五年将只进行综合整治。这本来是一个有效降低村民拆补标准预期的好政策，也是政府和村民进行博弈的一个有力武器。但在实际操作中，政府却直接划定未来五年内只进行综合整治的具体片区。这就不仅会导致相应片区内村民的不满，而且还会进一步提高那些被划为可拆除重建片区业主的要价，结果是更新工作反而难上加难。一个更为可取的做法是只确定未来五年准备进行拆除重建改造村的比例，但暂不确定具体片区，然后明确通知所有潜在更新片区的业主，那些在一定拆赔标准下表决同意比例最高的片区将得到政府的规划与配套政策支持并优先实施改造。这样才会建立片区之间的良性竞争机制，激发村民配合更新的积极性，让城市更新从"要我改"变成"我要改"。

7. 实际上，在解决住房和房价问题上，深圳近年来采取的各种措施，尤其是通过"安居集团"来大规模建设各类"人才房"，有效性非常值得怀疑。地方政府不仅缺乏能力去识别人才，处理不好就可能出现保障性住房套利，而且此类住房保障措施基本难以覆盖为深圳高端产业提供各类生产、生活服务的大量中低收入人口，而只能让他们继续栖居在基础设施和公共服务较差的城中村。迄今为止，全世界也很难找到政府和国有企业大规模建设并有效管理各类保障性住房的成功经验。如果可以通过政策调整有效推动城市更新的模式创新，深圳大量的集体土地完全可以在为深圳提供足够产业用地、用房的同时，大幅度增加本地的商品房和租赁住房供应，有效抑制房价的过快上涨，切实推动深圳的人居环境升级和产业升级。

8. 黎羽龙、袁奇峰、梁小薇：《博弈视角下广州市城中村改造过程中的表决困局辨析》，《城市与区域规划》，2020年。

9. 在这个博弈中，作为更新政策制定者的政府经常缺位。政府仅仅是对实施方案的表决稿进行审议，确定方案没有超过片区策划所确定的总成本与总建筑量，而如何让村民代表理解甚至同意实施方案表决稿并不在政府关注范围之内。然而，作为博弈的焦点，实施方案表决稿中的复建总量是片区策划阶段政府和开发商博弈的结果，村民代表并没有参与。而片区策划后政府就退出了博弈，村民代表开始和开发商展开新一轮的博弈。博弈主体的转换导致了新博弈关系的出现，很

第八章　城市更新的困局和模式创新

容易带来后续长时间的协商和拉锯。

10　参见黎羽龙、袁奇峰、梁小薇:《博弈视角下留用地参与旧村改造问题探析——以广州市南沙区为例》，载 2019 中国城市规划年会:《活力城乡，美好人居——2019 中国城市规划年会论文集》。

11　实际操作中，地方政府还可以不硬性规定每年更新片区的具体数量，而是规定只要村庄中达到一定比例（如 85%）的支持度，就可以纳入年度更新计划，这种方法也可以有效激励各片区，更适合那些已大范围引入前期服务商的城市或城市辖区。

12　广州目前基本是对净地价打 7 折，以此激励开发商进入旧改并全面负责拆迁谈判。该地价优惠实际上是要去覆盖开发商的前期谈判成本以及开发过程中因不确定因素带来的开发风险。

13　实际操作中，如果某连片地段的所有业主一致同意签约，那么完全可以对每个业主提供一个有吸引力的现金奖励，同时做好这部分业主的临迁安置，比如通过优先分配安置住房、优先选择安置住房楼层等方法来强化激励。

14　很多新兴产业的用地、用房需求也和传统产业有所不同，往往多层厂房、高层办公用房、混合式用房、用地条件就完全可以满足要求。但如果城市商品房的房价太高、租赁房的房租太贵，新型产业及各类人才反而难以向本城市集聚。因此，城市更新中对产业用地、用房的强调虽有必要，但在具体政策制定上不能太过僵化。目前，一些地方在城市更新中强制性要求其更新片区必须达到某个产业用地比例或用地面积，这反而会导致很多片区的更新难以实现财务平衡，或者即使实现财务平衡也难以提供足够的可支付住房条件来吸引产业投资和人才向本城市集聚。

15　对地方政府而言，土地出让金收入和开发中收取的各类相关税收有所差异，后者不仅涉及各级政府之间的分成比例，而且虽然土地出让金在土地出让后很快实现，但相关税收，尤其是土地增值税，则需开发和销售完成后才能全额收取。

结 语

贯穿本书的第一个主题，是中国现有的城乡土地制度内生于我国过去 20 多年的特定经济增长、工业化和城市化模式。后者在带来同一时期高速增长的同时，也引发了经济、社会和环境多方面的严重扭曲，并塑造了一个十分强大，且在一定程度上已固化且难以打破的既有利益格局。

虽然 1994 年后中央通过"分税制"大幅集中"财权"，但出现了一个看似相当"反常"的现象，即我国地方政府发展本地经济的积极性似乎没有受到太大的影响，反而在一段时间之后开始大规模低价征地建设各类工业园区，而且在招商竞争中越来越倾向于以非竞争性方式和补贴性价格放量供应工业用地；与此同时，地方政府在商住用地上的策略非常不同，主要以更具竞争性的"招拍挂"方式垄断限量供地。

上述现象是"国际和国内两层逐底式竞争"与"二、三产业交互强化型溢出"这两个结构性效应共同发挥作用的结果。

两个效应的共振，塑造出一个逐步自我强化且各方参与者一旦卷入就"欲罢不能"的利益格局，甚至我国一些地区，例如珠三角，本来更多以集体建设用地入市发展工业，收入分配上也更有利于社会，但在竞争压力之下，不得不建设各类开发区加入"逐底式竞争"。这两个效应不仅解释了中国现有的增长模式为什么会出现严重的路径依赖，还可以解释为什么21世纪初当中国经济增长逐步走出低谷后，征地改革却在将近20年里没有实质性进展。

2008年国际金融危机后的10多年以来，各级政府共同推动了城乡土地制度在多个细分领域的改革，但迄今为止仍未取得应有的突破，中国从"以地谋发展"的传统城市化模式向以人为本的新型城市化模式的转型相当缓慢。事实上，近10多年来，不仅对"土地财政"和房地产的依赖程度进一步加大，而且地方政府还持续通过大规模工业开发区、新城区基础设施建设拉动投资和稳定增长。

与此同时，人口流入地城市和人口流出地城市的差距日益明显：一方面，越来越多的人口流入地城市的房价严重虚高，绝大部分外来流动人口，甚至是新毕业的大学生、研究生都难以获得可支付的体面租住和购住房；另一方面，在越来越多的人口流出地城市，工业开发区土地被大量闲置浪费，新城区住房空置率超高，城市严重缺乏人气，地方债务飙升。

上述所有情况不仅给中国经济、社会的可持续发展带来了严重挑战，而且使得通过城乡土地改革扭转各种不利局面的难度相当之大。"土地财政"和"土地金融"发展模式，已经造就了一个非常强大且还在不断自我强化的博弈模式和利益格局，即使主要参与方，尤其是在招商引资上不断进行"逐底式"竞争的地方政府，都已看到了这个博弈本身的不可持续性，但任何一方都没有积极性，更缺乏足够的力量跳出困局。

这就引出了贯穿本书的第二个主题，就是在既有的博弈模式和利益格局下，只有从中央层面推动全面、平衡的市场化改革才能有效应对经济发展和转型的整体性挑战。

但要实现有效的顶层设计并顺利完成发展模式的转型，绝非易事。既要确保改革方向的正确，又要选准改革的突破口，更要精确把握政策的力度：改革的方向错了就会满盘皆输；突破口选不准将难以实现前后改革措施之间和不同领域政策之间的协力；改革政策的力度不足则难以扭转局面，力度过大又可能反受其害。

首先来看城乡土地制度改革的方向。2017年，党的十九大报告提出经济体制改革必须以完善产权制度和要素市场化配置为重点。2019年，党的十九届四中全会进一步提出要推进要素市场制度建设，实现要素价格市场决定、流动自主有序、配置高效公平的目标。2020年4月，中共中央、国务院出台《关于构建更加完善的要素市场化配置体制机制的意见》，进一步明确落实关于建立现代要素市场的基本指导思想。

既然中央已明确城乡土地制度改革的方向是市场化配置土地资源，在具体政策制定上就必须努力推进实体土地和土地指标市场的发育，以更完善的市场机制来优化土地资源的"配置效率"和"投资效率"，而不是破坏市场机制。

一个典型的反例就是城市住宅用地供应体制改革和相关的城市住房市场调控。只有切实改变目前地方政府垄断供应住宅用地的局面，才能增加人口流入地主要城市的普通商品房和市场化定价的租赁住房供应。这意味着，中央不应强行要求地方大规模提供保障性住房。从全世界各国的情况看，一个健康的房地产行业发展模式是，保障性住房应该主要针对那些连市场水平租金都无法支付的最低收入阶层，而绝大多数城市家庭的住房，无论是购住或租住，都应该也完全能通过正常的房地产市场来解决。如果城市的房价已经高到迫使政府不得不为占人口相当高比例的中低收入阶层大规模提供保障房，那么就应该反思：到底是什么原因导致了城市房地产市场的失常？

在当前的"土地财政"模式下，城市政府不可能大规模建设保障性住房，尤其是给城市非户籍常住人口提供足够的保障性住房，毕竟，如果保障房哪怕是公租房建多了，都会直接影响城市的商品房需求，而这又会进一步降低地方住宅用地的出让金收入。更何况增加保障房还将直接增加地方政府的建房和维修支出，而这样就一定会出现典型的"激励不相容"。

就我国城市的住宅用地和住房市场而言，还存在另一个关乎改革方向的重要问题，就是如何评价近20年来中央政府对城市房地产市场的多轮次行政性调控。本书的分析表明，城市房价不断上涨的主要原因，一是地方政府的垄断导致城市住宅用地供给不足，二是中央政府超发货币带来人民币流动性过剩，而这又可以归因于"国际和国内两层逐底式竞争"及其所引发的外汇储备过高和人民币超发。

因此，中国城市的"高房价"是一个体制性问题，是各级政府没有切实推动土地要素市场化配置和人民币汇率市场化定价的必然结果。可现实中，一旦中央发现自己的货币宽松政策导致城市房价和杠杆率过快上升后，又频频出手以各种行政性手段严格调控城市房地产市场，而且还把"板子"集中打到作为市场主体的住房供给者和购买者身上，比如，对房地产商动辄制定各种销售和融资"红线"，对购房者不时采取五花八门的限购、限贷措施。

即使政府通过限购、限贷暂时抑制了住房投机的需求，但同时也通过对开发商销售、融资的不当约束，更有力地压制了后者购买土地增加商品房供给的能力。随后，当政府的行政性调控导致经济及财政增速的过快下滑时，中央只好放松乃至放弃行政性调控，推动下一轮的宏观刺激，此时被压抑后再度释放的住房需求正好对应着已被强力压制下去的住房供给，结果自然是城市房价的又一轮暴涨和下一轮的行政性调控与宏观放水。不仅人口流入地主要城市的房价越调越高，各种行政性调控措施也没有真正稳定房地产市场，反而扰乱了市场预期，加剧了市场波动。

要实现我国城市房地产市场的健康稳定发展，关键的改革突破口在于切实打破地方政府对住宅用地的垄断供应。但找到这个突破口并不意味着就可以圆满地解决问题。

当前推动城市土地市场化改革面临的主要挑战是地方财政高度依赖住宅用地的净出让收入，而主要人口流入地城市的房价已经到了超高水平。如果打破地方政府垄断的力度太大，比如推动集体建设用地直接进入住宅用地市场，那么不仅地方财政马上会遭遇重大冲击，房地产泡沫大概率也会迅速破裂。因此，即使改革的方向对了，改革的突破口也找到了，仍然需要设计巧妙的政策来实现改革力度的精准拿捏。

应该说，中国的城乡土地改革确实是一个超高难度的任务，它要求中央政府在顶层设计和具体改革方案出台前，必须首先对既有格局产生的原因有精准的理解，并在此基础上把握改革的正确方向，选准改革的有效突破口，特别是把握政策力度的轻重。

如此便引出贯穿本书的第三个主题，就是我国的城乡土地制度改革必须在扎实研究的基础上进行巧妙的机制设计，并制定完善的配套政策方案，让上一个改革的实施为下一个改革的出台创造条件，并最终实现不同领域改革政策的相互协力，以资源的市场化配置做大"蛋糕"，同时实现更为公平的财富分享。

本书提出了一个打破地方政府住宅用地垄断供应的解决方案，就是中央在允许地方政府继续利用储备土地提供住宅用地的同时，要求地方必须从现有城市的存量低效用地中以挖潜方式提供一定比例的新增住宅用地。与此同时，在通过存量转化渠道供应的住宅用地中，地方政府应该让出一定比例的住宅用地出让金返还给存量低效用地的业主，但在返还对象和方式上，要参照特定的"区片综合地价"方式测算补偿标准，即在一个相对较大的低效建设用地片区内，由政府用包含部分住宅用地出让金和全部工业用地出让金的"区片综合地价"全面收回整个片区的所有存量低效用地，然后依据规划将其中一定比例（如30%—40%）的工业用地转化为居住用地，同时收回剩下的（60%—70%）工业用地并经整理更新后升级为新兴产业用地，用于接受符合条件的原有产业和新产业招商引资。

分析表明，上述城市住宅用地供应解决方案，是在充分考虑当前地方财政对住宅用地出让金高度依赖的基础上，通过上级政府施加的合理要求，引导地方将城市存量低效用地的一部分转化为住宅用地。该方案不仅实现了"增量供地和存量挖潜并重"，而且能够调动集体经营性建设用地和国有存量低效用地业主的供地积极性，在对"土地财政"收入不产生过大影响的前提下，实质性地打破地方政府对住宅用地的垄断，最终实现城市住宅用地和住房供应的有效增加，在拉动经济增长的同时逐步缓解房价泡沫及其隐含的巨大金融风险。

更进一步来看，上述改革还有效实现了城市存量低效用地的集约利用，更好地协调了"集体经营性建设用地入市"和"成片开发"实施征收两者之间的关系。相比于集体经营性建设用地"直接入市"，创新模式通过推动集体经营性建设用地"间接入市"，有效避免了地方政府通过土地用途管制对集体经营性建设用地实施的"规制性征收"。而且，"成片开发"实施征收不仅可以针对存量集体经营性建设用地，通过部分"工改居"来补贴其余部分实施"工改工"，还可以包括城郊一般农田征收后进行的"成片开发"。

一旦能推动上述"增量供地和存量挖潜并重"的住宅用地供应模式创新，在存量集体经营性建设用地上推动"成片开发"实施征收就不再困难，甚至还可以放松现有《土地征收"成片开发"标准》

中的过高门槛，比如公益用地比例不能低于40%的要求。我们提出，可以考虑在"成片开发"实施征收中采用如下的认定方法：在40%公益用地的认定中，除包括直接用于基础设施和公共服务的用地，还可以包括为这些基础设施和公共服务建设融资所需的"融资地块"。以这个方式认定"成片开发"中的"公益用地比例"，不仅可以避免因公益用地比例过高给城市规划与建设带来的各种问题，还有其逻辑合理性，更有其他国家、地区"土地重划"操作中的经验数据支持。

当然，在以更宽松条件方便征地的同时，必须要求地方政府提高征地补偿的水平以防止其过度使用甚至滥用征地权。在讨论"成片开发"征收农地问题时，本书特别提出，要在动态提高"区片综合地价"货币补偿的同时，推广在既有"留用地安置"政策基础上进一步创新的"留用物业安置"，尤其是在留用物业安排上更多考虑当地紧缺且租金收益更高的物业，比如租赁住房、配套商业以及一些新型产业物业。这样就可以在解决"留地安置"历史矛盾的基础上，有效约束单一货币补偿方式下地方政府制定农地"区片综合地价"时的过高自由裁量权，真正实现土地征收的"公平补偿"。一旦通过"留用物业安置"实现了"公平补偿"，地方政府继续实施农地征收的合法性就会显著增加，为放松现有《土地征收"成片开发"标准》中40%公益用地面积的过高门槛创造了条件。

不同领域改革政策的协力，还体现为城乡土地改革以及土地、户籍、财政改革联动，首先推动"农民工市民化"，然后再促进"城市人才和资本下乡"和"农村能人留乡"的整体性改革思路上。

推动"农民工市民化"的关键是实现农民工的永久性举家迁移，而这要求流入地城市能够提供可支付的体面家庭居住条件和子女平等就学条件。在地方政府缺乏积极性为农民工提供保障性住房，甚至没有积极性在城市公立学校为外来人口子女提供足够学位的情况下，必须充分发挥市场机制在配置土地和住房资源上的作用，加快人口流入地主要城市的城中村、城边村改造，配合在征地中推广"留用物业安置"来大幅度增加城市租赁住房的供应。

在对城市更新问题的讨论中，我们提出，未来珠三角乃至全国人口流入地主要城市必须在既有城市更新模式的基础上大胆创新，才能突破多重"博弈困局"，并最终跳出"时间陷阱"，大幅加快城中村、城边村的改造速度。其中的关键就是通过设定更为合理的博弈规则，尤其是更为市场化但基本稳定的统一拆补标准来有效稳定业主的利益预期。在此基础上，地方就可以首先推动不同更新片区之间作为土地供应方的有效竞争，然后再激发潜在开发商之间作为土地需求方的有效竞争。为了充分发挥供求两方面竞争机制的作用，创新模式还必须通过适度加大规划的灵活度，合理调整更新片区的范围，并充分利用更新片区附近的农地、产业用地乃至片区内部相对连片且较容易拆迁的地段来制造一个有效的"腾挪空间"。

一旦运用了以上"两个竞争加一个腾挪"的思路，再配合现有政府审批流程的简化，就能显著降低城中村、城边村拆迁的难度，加速城乡接合部旧村居和城市老旧小区的"拆除重建式"更新，全面实现产城融合、流动人口定居以及城市的高质量发展。如果通过创新模式加速了以城中村、城边村为主体的"拆除重建式"更新，就能与征地改革中的"留用物业安置"措施协同起来，有效增加主要人口流入地城市的租赁住房供应，特别是为流动人口家庭提供可支付的体面家庭租住用房。在此基础上，人口流入地主要城市的地方政府就可以对相应的租金征收一定比例的物业税或租金所得税，以此覆盖外来人口子女义务教育阶段城市公立学校的运行经费。

如是，城乡土地制度的市场化改革就可以与配套财税措施协同起来，同时解决流动人口在流入地主要城市的家庭居住和子女平等就学问题，真正实现"农民工市民化"和"人口完全城市化"。

上述城市土地和户籍改革为大批农村外迁人口创造了"市民化"条件后，就可以继续为有效减少农村人口并实现传统农区土地产权的稳定创造条件。结合第六章提出的以"增减挂钩节余指标和农地整理折抵指标"二元方式新增建设用地指标,以及逐步建立包括"增减挂钩节余指标和农地整理折抵指标跨区交易""易地补充耕地实现占补平衡"和"基本农田易地代保"在内的三类土地发展权跨区交易市场,中央政府就可以将多种指标跨区交易的收入整合成一个"全国土地整理基金"。在中央主管部门的全面管理和监督下,地方政府可以利用基金收入来推动农地、宅基地的有效整理,同时实现低成本、低矛盾的农村土地确权。

贯穿本书的第四个主题,就是中国未来应该毫不含糊地坚持市场化导向的城乡土地改革。这是因为市场机制可以同时提高资源的"配置效率"和"投资效率",而效率的提高意味着在做大社会"蛋糕"之后,可以更容易实现各相关利益方对土地增值收益的"公平分享"。

因此,第五章提出政府可以考虑在渐进国有化的同时,赋予传统农区的广大农民对农地、宅基地的可交易、可抵押的永久使用权。同时,第六章指出各种土地发展权跨区交易收益是地方政府可以用来推动传统农区农地、宅基地有效整理和低成本确权的最佳资金来源,有助于逐步解决传统农区的农地破碎化、旧村空心化、农地和宅基地低效利用乃至闲置的问题。

第六章还提出了另外一个和上述思路相似,但更有利于实现国土空间规划环境保护目标的思路,就是允许计划指标进入市场轨交易,甚至考虑放弃现有的计划轨指标无偿分配的模式,直接推动计划指标在全国层面的拍卖,并由中央政府按照一定测算方式将指标拍卖收入直接用于补贴新一轮国土空间规划中那些被限制发展的县区。相比于从中央财政部门争取转移支付补贴生态保护区域的做法,直接拍卖计划指标不仅可获的收入更高，还实现了土地增值收益在全国范围内的合理共享。

总之，城乡土地制度的市场化改革意味着政府要想方设法地创造出新的多类实体土地市场和土地指标市场，全面激活原来低效利用的实体土地资源和土地指标资源，在做大全社会"蛋糕"的基础上实现更公平的土地增值收益分配。

做大全社会"蛋糕"并合理分配还表现在第四章提出的另外一个政策创新上，即中央政府应该考虑在"圈外"以试点方式适度放开对集体经营性建设用地只能用于工业、商业的用途管制，特别是选择合适区位进行低密度、中高档商品住宅建设。配合跨村统筹乃至一定片区范围内"增减挂钩"异地入市，这既可以大幅提升"圈外"面广量大的集体经营性建设用地的非农利用价值，让原体制下缺乏开发潜力的大量低效农村建设用地产生价值并分享给传统农区的村民，还有利于城市中高收入群体在"圈外"进行有法律保障的合法住宅物业投资，更能在基本不影响"圈内""土地财政"收入的前提下，开拓"圈外"新的增收空间，让地方政府获得更多财力投入乡村振兴事业。

贯穿本书的第五个主题是赋予农民更完整的土地使用、处置、交易权利以及部分增值收益权，在自愿选择的基础上引导农村土地走向渐进式国有化。

之所以本书一再提出农村集体土地的走向应该是渐进式的国有化，不仅是因为我国不具备推动土地私有化的体制基础，而且正如第四章指出的，土地是一种特殊的生产要素，无论是非农开发还是农业利用，往往都需要整合开发和成片利用才能充分发挥其价值。无论是土地产权私有化，还是目前以"成员权"为条件进行平均分配的集体土地所有制，都很容易出现实际土地使用者利用其垄断权力而引发的"土地破碎化困局"和"钉子户困局"。

实际上,"反公地困局"在我国城乡现有土地利用中的负面效应并不鲜见。传统农村社区依据"社区成员权"进行的平均分配、好坏搭配、肥瘦搭配和远近搭配,社区内不同家庭相对人口数不可避免的持续变动,城市化过程中农村人口的大量外迁和土地难以实现有效流转,都已导致传统农区的农地破碎化、农地和宅基地低效利用乃至大规模的闲置,而人口流入地主要城市的城中村、城边村更新中更出现了严重的"钉子户"问题。本来可实现更高效利用的城乡土地资源被大量浪费,本来可以完成的"帕累托改进"难以实现。

无论是本书第三章、第四章讨论的农地征收和集体经营性建设用地入市,还是第五章讨论的传统农区的"三块地"改革,以及第八章讨论的城中村更新,我们都提出应该在赋予业主更完整土地使用、处置、交易权利以及部分增值收益权的前提下,让村民在自愿的基础上对其使用土地的所有权做出选择,引导集体所有制土地渐进实现国有化。

第六章特别提出,如果把利用土地指标交易收入建立的"全国土地整理基金"和各级政府每年"三农"投入的一部分进一步整合,就可以建立一个更大的基金盘子,除主要用于农村土地整理工作,部分还可以用于以合理价格直接购买那些从农村向城市实现永久性举家迁移者的农地和宅基地,以此推动传统农区集体所有制土地的渐进式国有化。政府可以将这些国有农地和宅基地的永久使用权转移给那些留在农村的务农人口和农村的新增家庭,或者直接拍卖给农业经营大户。上述措施结合起来,就可以在有效整理传统农区农地和宅基地的基础上实现经得起历史考验的农村土地确权,配合渐进国有化后赋予农民的永久使用权以及相应的交易和抵押权,为促进"城市人才和资本下乡""农村能人留乡"创造有利的条件。

上述推进农村土地渐进式国有化的改革措施,实际上意味着我国未来可以逐步推动城乡土地的"竞争性国有制"。在这个制度下，虽然没有土地的私人所有权，却能通过市场机制的有效运作同时提升土地资源的"投资效率"和"配置效率"。土地资源的"国有私用"可以盘活大量现状低效利用乃至完全闲置的城乡土地，改变目前城市、农村存量土地利用非常低效，但城乡建设用地仍然不断扩张的局面。

贯穿本书的第六个主题，就是在全世界主要经济体超发货币并过度增加流动性的背景下，中国经济的结构性矛盾要更为突出，房地产泡沫吹得更大，地方政府、国有企业、房地产商乃至居民家庭的债务风险更高。因此，城乡土地制度改革的一个重要任务就是缓解货币大规模超发引发的资产泡沫和低效债务累积，将超发的货币引到对城乡土地资源的更有效投资上，而不是像过去那样继续吹大城市房价泡沫和过度增加低效债务。

考虑到人口流入地主要城市的房地产泡沫尤为严重，而不少人口流出地城市的地方财政却在超高负债的基础上带病运行，未来只有通过多领域的城乡土地改革建立具有更大开放性和更强竞争性的实体土地和土地指标交易市场，才能逐步消化经济中过高的流动性，而不是让泛滥的流动性继续吹大人口流入地城市的房价泡沫和增加人口流出地城市的低收益投资。

实际上，在未来中国经济增长率可能进一步下滑的情况下，维持较高的杠杆率，甚至适度提高杠杆率，本身未必是一个问题。但超发的货币和新增的信贷必须在中长期带来合理的现金流，否则只会进一步吹大房价泡沫和增加无谓债务，最后引发不可控的重大金融风险。这就要求必须以有效改革打开那些仍然相对封闭的部门或领域，以市场机制促进更多社会财富的创造，最终实现中高质量增长。

结 语

本书讨论的动员城市存量低效用地增加住宅用地和新型产业用地供应，在传统农区以渐进国有化放开土地永久使用权的市场化交易，培育多种土地指标转移和跨区交易市场，利用指标交易收入建立"国家土地整理资金"推动农村土地整理并完成有效确权，整合"国家土地整理资金"和各级"三农"财政投入并运用部分资金购买农村外出人口农地和宅基地，以创新模式加速推动人口主要流入地城市的城中村和老旧小区拆除重建式改造等，就是我国当前发展阶段为数不多的能容纳较大社会资本，并实现有效投资和创造社会财富的领域。在这些领域以改革试点的方式积累经验，并在试点成功的基础上全面推广，将为实现经济社会的可持续发展提供支撑。

过去 40 年来，中国的改革方式取得了相当的成功，但当前城乡土地制度的各个细分领域，包括征地制度、存量土地管理体制、集体经营性建设用地入市制度、农地承包与农村宅基地制度以及耕地保护和土地指标跨区交易制度的改革，都已经进入攻坚阶段。各个细分领域的改革不仅相互关联，更和城乡户籍体制、城市规划体制、地方财政体制的改革环环相扣，而原来那套缺乏整体性和前瞻性的改革思路确实到了必须调整的时候。

应该说，城乡土地改革不仅是我国从"土地过度城市化"向"人口完全城市化"全面转型的关键所在，也是城乡用地结构优化和功能提升的必然路径，还是国民经济从数量型扩张转向高质量发展的必由之路，更是中国顺利超越"中等收入陷阱"并最终实现国家治理现代化的最重要领域。因此，在城乡土地领域推动系统性改革应对中国转型发展的整体性挑战，其重要性再怎么强调也不为过。

致 谢

本书研究内容得到了国家社会科学基金重大项目（17ZDA075）和北京高校卓越青年科学家计划（JJWZYJH01201910003010）的资助。此外，还要感谢广州市南沙区自然资源分局、珠海市自然资源局、广州市住建局、佛山南海区政府对作者调研的大力支持。

本书在写作中得到了很多学术界同仁和朋友的大力支持，包括张清勇、苏福兵、田莉、邵挺、刘守英、刘苏里、张焕萍、张伦、孙雁、何礼广、王瑞民、魏国学、孔存节、余小琴、原志昕等，在此一并感谢。

考察中国增长模式时，我不得不对相关文献和各种备择性假说进行较为详细的介绍和讨论，而在研究各个细分领域的城乡土地改革时，也不得不先介绍相关政策的历史缘起、演变过程及实施绩效，然后才能提出解决问题的思路和具体的改革政策组合。因此，虽然我尽可能增加文本的可读性，但题材本身确实让我很难以讲故事的方式把信息传递给读者。

但我仍然相信，有耐心阅读本书的读者，大略不会失望。因为你一定会读到一些过去并不知道的新见解，也一定会发现本书的每章都会给出一些化解现实世界复杂矛盾的不同思路。

一頁 folio

始于一页，抵达世界
Humanities · History · Literature · Arts

出品人	范新
品牌总监	恰恰
版权总监	吴攀君
印制总监	刘玲玲
运营总监	戴学林
营销总监	张延
营销编辑	狄洋意
装帧设计	许芸茹
内文制作	闵婕
	陈威伸
	燕红

Folio (Beijing) Culture & Media Co., Ltd.
Bldg. 16C, Jingyuan Art Center,
Chaoyang, Beijing, China 100124

官方微博：@一頁 folio　官方豆瓣：一頁　联系我们：rights@foliobook.com.cn

一頁 folio
微信公众号